FRANKIE HAVA

Die Reise des Lebens

novum ◢ pro

Dieses Buch ist auch als
e-book
erhältlich.

www.novumverlag.com

Bibliografische Information
der Deutschen Nationalbibliothek:

Die Deutsche Nationalbibliothek
verzeichnet diese Publikation in
der Deutschen Nationalbibliografie.
Detaillierte bibliografische Daten
sind im Internet über
http://www.d-nb.de abrufbar.

© 2021 novum Verlag

ISBN 978-3-99107-410-6
Lektorat: Susanne Schilp
Umschlagfotos: Angkana Kittayachaweng,
Vasile Voicu | Dreamstime.com
Umschlaggestaltung, Layout & Satz:
novum Verlag

Gedruckt in der Europäischen Union
auf umweltfreundlichem, chlor- und
säurefrei gebleichtem Papier.

www.novumverlag.com

Liebe Leserin, lieber Leser,
dieses Buch ist Dir gewidmet.

Prolog

„Jetzt habe ich endlich meine Antwort!", sagte Frankie in fast unverständlichem Gemurmel, „die Antwort auf die große Frage meines Lebens: Was ist mein Lebenswerk?"

Diese Frage hatte er sich während seines gesamten Lebens sehr oft gestellt, aber nie so wirklich eine Antwort darauf gefunden. Frankie hatte schon sehr viele Projekte gestartet und teilweise auch erfolgreich zum Abschluss gebracht, konnte sich aber nie entscheiden, welches Projekt oder umgesetzte Vorhaben er als sein Lebenswerk betrachten sollte. Nach 45 Jahren hatte er nun endlich eine plausible Antwort darauf gefunden. Es war nicht irgendeines seiner Projekte, sondern sein gesamtes Leben. Wenn man genau darüber nachdenkt, vollbringt jeder Mensch ein Lebenswerk. Es sind also nicht einzelne Projekte, nicht einmal, wenn das ganze Leben daran gearbeitet wurde, Tätigkeiten oder Erlebnisse, sondern alle sind ganz wichtige Teile, auf denen weitere Teile aufbauen können. Man könnte das Leben mit einem Mosaik vergleichen. Man weiß vorher nicht, wie das fertige Mosaik aussehen wird, aber jeder einzelne Stein ist wichtig, damit sich am Ende das Bild zu einem Ganzen fügt. Die allerersten Mosaiksteine werden schon in der Kindheit gesetzt oder sogar bereits im Mutterleib und legen den Grundstein, auf denen das weitere Bild überhaupt erst aufgebaut werden kann. Wichtig sind auch die vielen eher negativen Erfahrungen, die machen das fertige Bild sogar ein bisschen bunter und sind extrem wichtig, damit man das Bild weiterbauen kann. Es klingt ein bisschen zermürbend, aber das komplette Bild sieht man selbst eigentlich nie. Frankie jedoch hat schon jetzt ein ziemlich großes und buntes Bild gebaut. Und das, obwohl sein komplettes Bild noch immer nicht ganz fertig ist. Viele Menschen verstehen unter einem

Lebenswerk nur berufliche Erfolge oder irgendwelche herausragenden Leistungen, durch die man weltberühmt wird. Dabei geht es gar nicht um irgendwelche Leistungen, sondern ein Lebenswerk ist für jeden Menschen sein gesamtes Leben.

Aber wir sind jetzt viel zu weit. Ich sollte mich erst einmal kurz bei dir vorstellen. Mein Name ist Frankie Hava, und diese ganze Geschichte dreht sich um mich. Es ist aber keine Autobiografie, sondern eine Geschichte mit einem größeren fiktiven Teil. Deswegen erzähle ich dir diese Geschichte nicht in der ersten Person, sondern dieser Frankie ist eine fiktive Person. Seine Erfahrungen sind natürlich stark an meine Person angelehnt, aber der Frankie in diesem Buch und ich selbst, wir sind nicht ein und derselbe Mensch. Ich selbst möchte, dass du mich als einen sehr guten Freund von dir betrachtest. Stell dir vor, wir sitzen gemeinsam im Sonnenschein in einem Biergarten, und ich erzähle dir eine nette Geschichte. Wir machen in dieser Geschichte sehr viele große Zeitsprünge, und das kann etwas verwirrend sein. Du wirst dir jetzt vielleicht denken, warum ich mit dieser Frage nach dem Lebenswerk beginne, du weißt ja noch gar nicht, was in Frankies Leben bisher passiert ist. Deswegen springen wir jetzt mal ungefähr zweieinhalb Jahre zurück, und ich beginne, dir die ganze Geschichte von vorne zu erzählen.

Bereit? Los geht's …

TEIL I

DER BESUCH

„Try not to become a man of success,
but rather to become a man of value.“
Albert Einstein

KAPITEL I

„Mach das doch einfach selbst !"

Frankie lag noch im Bett, als er ganz leise das Summen seines elektrischen Türöffners hörte, der über ein Fingerprint-System betätigt wurde. Dieses war von ihm installiert worden, um nicht jedem Einzelnen seiner vielen Assistenten einen Schlüssel geben zu müssen. Seit Stunden lag er schon wach, aber nach einer weiteren qualvollen Nacht ohne Tiefschlaf war er immer noch so erschöpft wie ein durchschnittlicher Läufer nach seinem ersten Marathon, den dieser natürlich nicht gewonnen hatte. Eigentlich hörte er das Summen ja gar nicht, sondern bemerkte erst, dass seine persönliche Assistentin kam, als sein Hund Funky, der immer direkt über ihm auf dem Kopfkissen lag, aufsprang und mit lautem Gebell in Richtung Schlafzimmertür stürmte.

Christina hatte an diesem Tag Dienst. Sie war eine der wenigen Assistenten, die schon seit Jahren bei ihm arbeiteten. Über die Jahre hatte sich zwischen ihr und Frankie eine sehr gute Freundschaft entwickelt.

Grundsätzlich legte Frankie immer großen Wert darauf, mit seinen Assistenten eine gute Freundschaft aufzubauen. Er wollte damit verhindern, dass diese nur zu ihm kamen, weil sie eben arbeiten und damit ihr Geld verdienen mussten. Dadurch wäre das Gefühl, seine Freunde bezahlen zu müssen, noch größer gewesen. So aber kamen sie echt gerne zu ihm, so empfand er es zumindest, und er war der Meinung, dass ihm das relativ gut gelang.

Assistenten arbeiteten wirklich persönlich bei ihm, er selbst war ihr Arbeitgeber, und sie wurden von ihm direkt dafür bezahlt. Er war also ihr „Big Boss". Trotz Freundschaft hatten doch alle seine Mitarbeiter im Hinterkopf, dass er ihr Arbeitgeber und Chef war.

In diesem freundschaftlichen Verhältnis lag die Schwierigkeit im Umgang mit seinen Mitarbeitern, denn manchmal kam es auch vor, dass Frankie sich mit seiner ausgeprägten Fantasie mehr einbildete als nur eine reine Freundschaft oder sogar eine richtige Partnerschaft. Zumindest bei seinen weiblichen Assistenten.

Nicht, dass er irgendwie reich gewesen wäre, er bekam nur das Geld, mit dem er seine Assistenten finanzierte, auf sein eigenes Konto überwiesen. Dies stellte für Menschen mit Behinderung die beste Möglichkeit dar, ein völlig selbstbestimmtes Leben führen zu können. Die finanziellen Mittel, die er bekam, nannte man persönliches Budget. Ein persönliches Budget bedeutete für ihn die wahre Selbstbestimmung. Er hatte auch lange Zeit in einer Art Heim gelebt, welches natürlich auch seinen Bewohnern die beste Möglichkeit, ein völlig selbstbestimmtes Leben zu führen zu gewährleisten versuchte, was aber seiner Meinung nach nur eine vorgegaukelte Selbstbestimmung war. Die Mitarbeiter dort wurden einem mehr oder weniger vor die Nase gesetzt, und man war gezwungen, mit diesen „ausgebildeten Pflegekräften" zurechtzukommen. Wenn man dann ein Problem mit einer dieser Pflegekräfte hatte, blieb einem nichts anderes übrig, als zur Heimleitung zu gehen und dieser nahezubringen, dass man mit besagter Pflegekraft nicht mehr zusammenarbeiten möchte. Dann ging es aber los. Eine Teambesprechung nach der anderen wurde einberufen, und die Sache wurde über Monate hinweg totgequatscht. Auch mit einem selbst wurde immer wieder geredet, man sollte sich doch mal mit dieser Pflegekraft zusammensetzen und versuchen, die Probleme auszuräumen und so weiter und so fort. Man wurde so lange „bearbeitet", bis man endgültig die Schnauze voll hatte und sagte:

„Okay, dann probiere ich es eben mit diesem Pfleger weiter."

Und dies wurde dann, ohne Rücksicht auf die monatelange Beeinflussung, als Selbstbestimmung ausgelegt. Wenn man aber mit einem persönlichen Budget der Arbeitgeber seiner selbst ausgesuchten Assistenten war und ein Problem mit einem der Mitarbeiter hatte, dann war dieser seinen Job los. Das klingt ein bisschen hart, als wären die Arbeitgeber sowieso alle Arschlöcher, aber das ist nun mal die wahre Selbstbestimmung. Man könnte die Heime mit ihren Bemühungen um Selbstbestimmung metaphorisch gesehen mit einem alten Skoda vergleichen. Das persönliche Budget hingegen wäre dann der Rolls Royce.

Frankie merkte, wie Christina langsam die Schlafzimmertür öffnete. Er dachte:

Jetzt nur nicht bewegen. Halte die Augen geschlossen und atme ganz ruhig weiter, vielleicht glaubt sie dann, ich würde noch schlafen, schnappt sich Funky und geht mit ihm noch eine Runde spazieren.

Gedacht, getan – und Christina und Funky schwirrten ab.

Wieder einmal hatte er sich die ganze Nacht schmerzerfüllt von einer Seite auf die andere gewälzt, hatte wie fast immer kaum Tiefschlaf. Er ruhte sich meistens nur aus, schlief zwischendurch stundenweise aus Erschöpfung kurz ein und fühlte sich deswegen morgens immer noch so fürchterlich wie ein Drogensüchtiger nach dem Absetzen seiner Drogen, wenn die ersten Entzugserscheinungen eintraten. Das ständige Wachliegen bedeutete für ihn die reinste Folter.

Frankie hatte eine schleichend progressive, rezessiv vererbbare Krankheit. Man sagte zwar Krankheit dazu, aber in Wahrheit fühlte er sich nicht wirklich krank. Er hatte nur eine ziemlich starke körperliche Behinderung. Man meinte auch oft, man würde an einer Krankheit leiden, aber mit dem Wort „leiden" konnte Frankie schon gar nichts anfangen. Aber das waren doch nur Bezeichnungen.

Manchmal fragten ihn andere Menschen, ob er einen Unfall gehabt hatte. Er bejahte oft, denn aufgrund der rezessiven Vererbung war bei seiner Zeugung eine krankheitstragende Samenzelle seines Vaters mit einer solchen Eizelle seiner Mutter kollidiert, was man durchaus als Unfall bezeichnen könnte. Rezessive Vererbung bedeutet nämlich, dass beide Allele eines Chromosoms, welches das betroffene Gen aufweist, fehlerhaft sein müssen, damit die Krankheit entsteht. Ist, wie bei Frankies Eltern, nur ein Allel betroffen, so ist man zwar gesund, da für die Produktion des gewünschten Proteins ein fehlerfreies Allel ausreicht, jedoch ein Krankheitsträger. Bei der Konstellation zweier gesunder Träger des betroffenen Chromosoms besteht nur eine 25-prozentige Wahrscheinlichkeit, dass die Krankheit entsteht, und Frankie war derjenige, der in dieser Hinsicht die Arschkarte gezogen hatte.

Frankie wäre niemals im Leben bereit gewesen, ein Kind mit einer Frau zu zeugen, die selbst Trägerin dieser Krankheit war. Da ja bei ihm beide Allele betroffen waren, hätte die Wahrscheinlichkeit bei 50 Prozent gelegen, dass sein Kind diese beschissene Krankheit bekommt, und das hätte er nicht verantworten können. Wenn er mit einer Frau ein Kind zeugen würde, die völlig fehlerfreie Allele aufwies, wäre sein Kind zwar auf alle Fälle gesund, aber zu 100 Prozent ein Krankheitsträger. Da man diese Krankheit seiner Meinung nach ausrotten sollte, war es für ihn völlig klar, kein Kind in diese Welt zu setzen. Ganz abgesehen davon hätte er sowieso riesengroße Bedenken gehabt, sein eigenes Kind einfach nur im Arm zu halten, aus Angst, er könnte ihm wehtun.

Frankie beschäftigte sich sehr viel mit seiner „Krankheit" und wusste genauestens Bescheid, was in seinem Körper vor sich ging. Das soll heißen, er hatte grundlegend verstanden, wo genau der Fehler lag, der zu dieser Krankheit führte. Aber natürlich war er kein Hochschulprofessor der Mikrobiologie. Sobald es also etwas komplexer wurde, stieg er aus. Frankie war auch ständig up to date, was in der Forschung passierte. Und ja, es gab durchaus sehr konkrete und vielversprechende Behandlungs- oder sogar Heilungsansätze für diese Krankheit, diese stellten aber wirklich nur eine reine Hoffnung dar.

Man sagt ja immer so schön: Die Hoffnung stirbt zuletzt. Genau genommen, wenn diese Hoffnung wirklich als Allerletztes starb, dann starb Frankie aber zwangsläufig vor ihr.

Bevor seine Schlaflosigkeit zur Qual geworden war, hatte er sich die Nächte um die Ohren geschlagen, um mit Wörterbüchern und Fremdwörterlexikon bewaffnet durchs Internet zu streifen, auf der Suche nach brauchbaren Informationen über diese Krankheit. Bei diesen Streifzügen wurde er sehr oft fündig, aber immer waren die Texte, die er fand, in einer Sprache geschrieben, die er nicht verstehen konnte. Auch waren diese Informationen nicht gesammelt, sondern auf mehreren Webseiten verteilt und somit nur nach elendslangen Google-Sessions zu finden. Diese Texte dann für sich verständlich zu machen, war sehr zeitraubend und zermürbend.

Nach einer dieser Nächte, als er morgens auf der Terrasse seiner damaligen Wohnung im Sonnenschein eine Zigarette rauchte, wünschte er sich eine einzige Website, auf der all diese komplizierten Texte gesammelt und in eine verständliche Sprache übersetzt zu finden wären. Dann dachte er sich: *Zum Teufel, warum sollte ich jetzt darauf warten, bis vielleicht irgendwer einmal genau auf diese Idee kommt? Mach das doch einfach selbst.*

Sofort war er von dieser Idee begeistert, hatte aber sehr schnell die These entwickelt, dass es, wie so oft, ewig nur eine gute Idee bleiben würde, wenn er nicht ein professionelles Projekt starten würde.

Sofort hatte er seine Zigarette zwischen die Rosen des vom Gärtner liebevoll angelegten Gartens geworfen, hatte seinen Arsch – haha, seinen Rollstuhl – in Bewegung gesetzt und war in die Wohnung geeilt. Dabei hatte er fast die Vorhänge seiner Terrassentür endgültig ruiniert, die aber ohnehin nur noch an einer verbogenen Vorhangstange hingen. Er hatte sich das Telefon geschnappt und seinen besten Freund Mario angerufen. Zumindest war es ihm so vorgekommen, als hätte er diese Tätigkeiten in Windeseile ausgeführt, hätte aber ein Außenstehender dieses Szenario beobachtet, hätte er nur einen sturzbetrunken wirkenden Rollstuhlfahrer gesehen, der sich mit allerletzter Kraft ungeschickt ins Haus mühte.

Eigentlich hätte er sich sofort denken können, dass seine Hast nicht die gewünschte Wirkung zeigen würde, denn er hatte nur

Marios Anrufbeantworter erreicht, der mit einem völlig verblödeten Text besprochen war, welchen er mit einem atemberaubend geistreichen Kommentar besprach. Mario hatte erst Stunden später zurückgerufen, in denen Frankie der öffentlichen Volksverblödung namens Fernsehen gefrönt hatte. Auch Mario war sofort von Frankies Idee begeistert gewesen und hatte ihm, wie es beste Freunde eben tun, seine Hilfe zugesagt.

Schon am nächsten Tag besuchte ihn Mario mit seiner kleinen roten Aktentasche, auf der in großen Blockbuchstaben das Wort „Hoffnungsträger" geschrieben stand und die vollgestopft war mit Unterlagen, die er von der Universität zur Vorlesung über Projektrealisierung bekommen hatte. Als Allererstes hatten sie sich überlegt, welche Leute genau sie bitten wollten, bei diesem Projekt mitzuarbeiten. Denn sie beide waren sofort derselben Meinung, dass aus diesem Projekt nie etwas Gutes werden würde, wenn sie sich nicht mit mehreren, am besten gut ausgebildeten Leuten umgeben würden. Mario hatte sehr gute Kontakte zu einer kleinen Webdesign-Firma, bei der er teilweise mitarbeitete und die ihm sofort ihre Hilfe bei diesem Projekt zusagte.

Eine weitere Überlegung von Frankie war, dass niemand seine Texte wirklich ernst nehmen würde, da sie viel zu laienhaft ausfallen würden, wenn er sie selbst verfassen würde. Er war nun mal kein fertig ausgebildeter Mikrobiologe. Ein anderer sehr guter Freund von ihm, Tom, hatte damals Mikrobiologie studiert, und Frankie hatte gleich gesagt, dass er auch ihn bitten würde, beim Projekt mitzuarbeiten. Dann würden die Texte dieser Website, die er größtenteils selbst schreiben würde, von einem angehenden Doktor der Mikrobiologie auf inhaltliche Korrektheit überprüft werden. Natürlich hatte Frankie aber nicht nur auf die inhaltliche Professionalität geachtet, sondern auch auf eine angemessene Ausdrucksweise, deswegen kam noch ein bekannter Journalist hinzu, der die Texte auf Rechtschreibung und Grammatik überprüfte. Natürlich auch noch Frankies damaliger Neurologe, der die Texte auf medizinische Korrektheit durchging.

Frankie war Programmierer. Bis dahin hatte er aber nie etwas mit Webprogrammierung zu tun gehabt, sondern hatte immer als Datenbank-Programmierer gearbeitet. Diesen Job hatte er allerdings kurz zuvor verloren, weshalb er zu dieser Zeit arbeitslos war und viel Zeit hatte. Deswegen fragte er auch noch einen seiner alten Kindheitsfreunde, Andy, der zu dieser Zeit einen Job als Webprogrammierer hatte. Dieser half ihm anfangs dabei, das Grundgerüst für seine Website zu programmieren. Wohlgemerkt hatte Frankie bis dahin ja überhaupt keine Ahnung von irgendeiner Form der Webprogrammierung gehabt.

Die nächsten Wochen war Frankie dann zur Kur in einem Rehabilitationszentrum. Er war dauernd in Gedanken versunken und verbrachte neben seinem Krafttraining fast jede freie Minute im Computerraum, um dort seine ersten Texte für die Website zu schreiben. Einmal, als er gerade auf dem Weg in den Computerraum war, sprach ihn eine Frau an. Sie dachte sich wahrscheinlich:
Das scheint ein netter Typ zu sein, den würde ich gerne kennenlernen.
Weil er so in Gedanken versunken war und nur noch darüber nachdachte, was er als Nächstes schreiben würde, ignorierte er sie mehr oder weniger. Er sagte nur kurz „Hallo" und ging – haha rollte – weiter. Sie dachte sich wahrscheinlich:
Was für ein Arschloch!
Das wusste er deshalb, weil es sich dabei um Sarah gehandelt hatte, die etwas später ins gleiche Heim eingezogen war und zu einer seiner besten Freundinnen wurde.

Monatelang hatte Frankie wie ein Verrückter an dieser Website gearbeitet. Sein größtes Augenmerk hatte der inhaltlichen Gestaltung gegolten. Zum Beispiel hatte er erst einmal damit begonnen, die Grundlagen der gesamten Genetik zu erläutern, da er gedacht hatte:
Fast alle Menschen reden von unseren Genen, aber die Wenigsten wissen tatsächlich, wie die Genetik überhaupt funktioniert.
Kurz gesagt: Alle reden von der DNA, aber kein Mensch weiß, was das genau ist. Zumindest besaßen die meisten nur ein paar grundlegende Informationen aus dem Biologieunterricht.

Da Frankie seine Texte sehr faktenorientiert gestaltet hatte, hatte die wissenschaftliche Recherche die meiste Zeit in Anspruch genommen. Er hatte aber auch riesengroßen Spaß daran, so genau wie möglich über seine Krankheit und über die gesamte Genetik Bescheid zu wissen. Immer schon war er so interessiert an diesem Wissenschaftszweig gewesen, dass er bereits knapp davor war, ein Studium der Mikrobiologie zu absolvieren. Aber Tom hatte ihn – zum Glück – davon abgehalten, indem er meinte, dass die Genetik nur ein winzig kleiner Bruchteil des gesamten Stoffes wäre. Als er diese zeitaufwendige, intensive und teilweise nervenzerfetzende Arbeit zu Ende gebracht hatte, war es endlich so weit gewesen, die Website online zu stellen. Mario hatte ihm wieder mal sehr dabei geholfen, sein Projekt erfolgreich zum Abschluss zu bringen. Sie hatten gemeinsam eine eigene, größere und professionell aufgebaute Pressekonferenz organisiert, zu der nicht nur sämtliche Printmedien geladen waren, sondern bei der sogar für eine kostenlose kulinarische Verpflegung aller Teilnehmer gesorgt wurde. Die Pressekonferenz war ein riesiger Erfolg gewesen, und es waren zahlreiche Artikel in Ärztezeitschriften, Behindertenzeitschriften und sogar in großen Tageszeitungen erschienen. Bei seiner Pressekonferenz hatte Frankie es sehr genossen, vor den versammelten Medien zu sitzen, wo alle so gespannt auf seine ersten Worte warteten, als wäre er der König von Großbritannien oder der Prinz von Dänemark oder wer auch immer, der zu seinem Volk sprach. Er hatte auch ein kleines Fernsehinterview gegeben. Trotzdem hatte er sich sehr große Sorgen gemacht, ob die Website von seiner Zielgruppe, und das waren eben andere Behinderte – ja okay, andere Menschen mit dieser Behinderung –, angenommen worden wäre, und diese waren nicht alle immer so interessiert an dieser Krankheit wie er selbst.

Zu seiner großen Überraschung war sein Projekt aber von Anfang an unglaublich erfolgreich. Erst hatte er gedacht, dass der größte Brocken seiner Arbeit jetzt vorbei wäre, aber genau das Gegenteil war der Fall. Die Arbeit für diese Website hatte erst jetzt so richtig begonnen, fast jeden Tag verweilte er stundenlang vor seinem Computer, um die nächsten Forschungsupdates zu veröffentlichen. Die Arbeit, die ihm aber am meisten Spaß bereitete, bestand darin, das zur Website gehörende Onlineforum zu moderieren. Sehr viele andere Menschen mit derselben Behinderung registrierten sich für sein Forum, und zu vielen von ihnen hatte er lange sehr angeregten Kontakt. Jahrelang updatete er seine Website ständig, anfangs mehrere Male die Woche, erst als die Website ungefähr acht Jahre Bestand hatte, brachte er keine Neuigkeit mehr, und er verlor auch sein Interesse am Onlineforum. Vor allem seit es Facebook gab, da sämtliche Diskussionen nur noch über Facebook liefen. Kein Mensch machte sich mehr die Mühe, sich wegen einer Kontaktknüpfung extra in ein Forum einzuloggen. Die Website gab es zwar noch sehr lange, wurde aber seit Jahren nicht mehr aktualisiert, nicht nur, weil Frankie aufgrund seiner progressiven Krankheit kaum noch Energie dafür hatte, sondern vor allem auch, weil er sich seit Jahren nur noch um ein weiteres von ihm gestaltetes Projekt kümmerte.

Frankie lag noch fast eine Stunde im Bett und wartete auf Christina. Er lag natürlich die ganze Zeit wach, döste vor sich hin und dachte:

Heute ist sie aber verdammt lange mit Funky unterwegs.

Schon wieder ertappte er sich dabei, sich die ärgsten, aus der Luft gegriffenen Horror-Szenarien zu überlegen, dass zum Beispiel irgendetwas mit Funky passiert wäre. Er stoppte diese Gedanken in sich aber gleich wieder ab. Nach über einer Stunde öffnete sich endlich die Tür, er hörte dies natürlich nicht, sondern checkte erst, dass sie zurück waren, als Funky sofort zu ihm aufs Bett sprang und ihm mitten ins Gesicht einen weiteren seiner schlabbrigen Liebesbeweise verpasste. Angewidert stieß er ihn weg und sagte:

„Üüüäääääh, ach Funky, ich habe gesagt, keine Zungenküsse!"

Nachdem Christina ihre Schuhe ausgezogen und durch die Hausfrauenschuhe, die seine Mutter mal stehen gelassen hatte, ersetzte, kam sie in das Schlafzimmer herein. Als er sie sah, musste er wieder einmal aufgrund ihrer belustigenden Optik schmunzeln.

Eine hübsche junge Frau in solchen Altweiber-Schuhen mit erhöhten Absätzen.

Er richtete seine ersten Worte an Christina und sagte:

„Hi Chrissy!"

So nannte er sie immer, obwohl er wusste, dass sie keine Namensabkürzungen mit „y"-Endung mochte.

„Hallo, hast du gut geschlafen?", fragte sie.

Er beantwortete diese Frage nicht, verzog nur sein Gesicht, und sie wusste sofort, dass dies wohl, wie so oft, nicht der Fall gewesen war.

„Warum warst du so lange unterwegs?", fragte er.

„Erstens war ich kurz für dich einkaufen, und zweitens habe ich beim Spazierengehen eine Frau getroffen, mit der ich mich länger unterhalten habe."

„Aha", sagte er, „und wer war das?"

„Eine Fremde", sagte sie, „aber total nett. Sie hat gesagt, sie hätte dich schon öfter gesehen und möchte dich gerne mal kennenlernen."

Sofort malte er sich die schönsten Geschichten à la Hollywood-Liebesromanzen aus. So in der Art:

Oh Gott, eine Frau hat Interesse an mir, das gibt es ja gar nicht!

Also war die logische nächste Frage an Chrissy:

„Und, wie sieht sie aus?"

Chrissy wusste sofort, warum er diese Frage stellte, schmunzelte, wollte einen guten Sarkasmus anbringen und sagte:

„Stopp deine Gedanken sofort wieder ab, denn sie ist potthässlich. Ich habe ihr nur erzählt, dass ich eine deiner Assistentinnen bin und du ein ganzes Team an Assistenten hast. Sie meinte dann, dass sie auch in diesem Bereich arbeitet."

„Was genau?", fragte er.

„Sie arbeitet in einem Behindertenheim und betreut dort die Bewohner."

„Assistenz ist aber nicht gleich Betreuung, das habe ich dir ja schon so oft erklärt", entgegnete er.

„Jaja, das weiß ich schon, und das habe ich ihr auch kurz erklärt. Sie meinte dann, dass sie lieber auch so etwas machen würde", relativierte sie seine Ansage sofort.

Sie erzählte ihm, dass sie ihr diesen Unterschied erklärt hätte. Chrissy wusste aber nicht, ob sie das auch wirklich so erklärt
hatte, wie Frankie sich das vielleicht gewünscht hätte. Deshalb
bat sie Frankie, diesen Unterschied mit seinen Worten nochmals
zu erklären. Frankie freute sich, dass er wieder mal den Erklärbär spielen durfte und sagte:

„Der größte Unterschied zwischen Assistenz und Betreuung
ist grundlegend der, dass eine persönliche Assistenz ein aktives
Verhalten des Assistenznehmers verlangt. Der Assistenznehmer
ist der Auftraggeber und bestimmt wer, wann, wo und vor allem
wie jemand ihm hilft. Eine Betreuung hingegen kommt hilfsbe-
dürftigen Menschen zuteil. Meistens ist dafür eine einschlägige
Ausbildung notwendig. Ein Extrembeispiel dafür wäre ein Wach-
komapatient. Dieser vermag sich gar nicht zu artikulieren, und er
braucht jemanden, der ihn fix vorgegeben pflegt, ihm seine Medikamente gibt und so weiter. Dieser muss also ‚betreut' werden."

„Das habe ich ihr zwar nicht genau so erklärt, aber inhalt-
lich habe ich es so weitergegeben. Ich glaube aber nicht, dass sie
mich richtig verstanden hat, denn sie hat nicht wirklich darauf
reagiert. Sie meinte aber, dass wir uns vielleicht später beim Spazierengehen sehen", erzählte Chrissy.

„Da bin ich aber gespannt, ob sie wirklich auf mich wartet!",
sagte Frankie.

KAPITEL 2

„Die Liebe ist ein wildes Tier!"

Da es langsam Mittag wurde, machte sich Christina bereit und legte seine Sachen zurecht, damit er mit seinem sich tagtäglich wiederholenden Morgenritual beginnen konnte. Das Aufstehen kostete Frankie jeden Tag fast eine Stunde seiner Zeit. Auch wenn er sich schon daran gewöhnt hatte, wünschte er sich, er könnte so wie jeder andere auch sich selbst in fünf Minuten ankleiden und die Zähne putzen. Oft schickte er nur seine Assistenten mit Funky hinaus. Aber an diesem Tag stand er besser mal auf. Erstens wollte er die Frau, von der Christina erzählt hatte, treffen um herauszufinden, ob sie wirklich potthässlich war. Zweitens war Christina mit Abstand seine schnellste Mitarbeiterin, hatte ihn also oft in dreißig Minuten fix und fertig fürs Frühstück gemacht.

Er malte sich in seiner ausgeprägten Fantasie schon wieder die romantischste Freundschaft aus, die man sich nur vorstellen konnte.

Irgendwann muss ich doch jemanden kennenlernen, der sich um mich kümmert, dachte er sich.

Denn genau darin lag seine größte Schwierigkeit. Es gab viele Menschen, denen er angeblich so immens wichtig war und die ihn ach so lieb hätten. Das sagten sie alle immer zu ihm und stellten ihn damit auf ein Podest, weil er so ein toller und beeindruckender Mensch sei und blablabla … Das war für ihn aber wirklich nur blablabla, denn davon spürte er bis auf wenige Ausnahmen herzlich wenig. In Wahrheit scherten sich die ganzen Leute nicht wirklich um ihn und kamen andauernd immer nur mit ihrer blöden Ausrede, sie hätten so viel zu arbeiten und keine Zeit, um für ihn da zu sein. Das allerblödeste war aber, dass die meisten glaubten, sie würden ihm alle zur Last fallen und sie müssten ihm die nötige Zeit lassen, die er brauche, um mit seiner

Behinderung zurechtzukommen. Dabei bemerkten sie aber nicht, dass sie ihn viel zu oft allein ließen.

Sie kamen schon gerne mal wieder zu ihm, aber nur, wenn alles von ihm ausging. Keiner kam wirklich nur aus dem einzigen Grund zu ihm, weil er Frankie gerne sehen wollte, und wenn sie dann doch mal nach Jahren zu ihm kamen, waren es nur reine Gewissensberuhigungsbesuche. Natürlich gab das keiner zu, und alle sagten, wie wichtig er ihnen sei. Manchmal hätte er am liebsten alle Zelte abgebrochen und wäre einfach verschwunden. Nur damit alle das größte schlechte Gewissen aller Zeiten hätten, weil sie Frankie nie besucht hatten. Aber wenn er das ab und zu aussprach, dann hieß es immer:

„Ja, mein Gott, andere haben auch ihr eigenes Leben!"

Na gut, Frankie kümmerte sich dann zeitweise auch ein bisschen zu wenig um seine Freunde und vernachlässigte die Freundschaftspflege. Er meinte dann immer nur, er würde sich eben, aufgrund der Organisation seiner Assistenten oder einfach nur aufgrund seines körperlichen Zustandes, so wahnsinnig schwer tun, für eine angemessene Freundschaftspflege zu sorgen. Das klang für die meisten auch wieder nur wie eine blöde Ausrede. Das mochte schon stimmen! Weil er sich oft so alleingelassen oder fast einsam fühlte, war er manchmal richtig sauer und zog sich zurück, als wäre er ein scheiß Depressiver.

Alle hatten ihr eigenes Leben. Frankie wünschte sich doch nur, er könnte zu diesem Leben dazugehören. Es gab leider nur ganz wenige, die ihn als vollwertigen Menschen betrachteten. Für die meisten war er nur der große, arme Behinderte. Diese stritten das alle ab, vielleicht auch zu Recht, aber dieses Gefühl gaben sie ihm nun mal. Aber Frankie kam damit schon zurecht, da es Gott sei Dank doch wieder einige Ausnahmen gab, die ihm auch zeigten und ihn spüren ließen, dass er ihnen sehr wichtig war, anstatt dies dauernd nur zu behaupten. Manchmal kam es ihm auch so vor, als würden die anderen ihn schonen und nicht mit ihren eigenen Problemen belasten wollen. Aber sie würden ihn durch das Anvertrauen der eigenen Schwierigkeiten doch nur von seiner eigenen Scheiße ablenken. Mit allen seinen vielen Projekten wollte er anderen helfen, und darin lag sein größter Trost.

Frankie sagte oft:

„Der größte Trost für einen Menschen liegt darin, dass er jederzeit über die eigene Schulter nach hinten blicken kann und in der ganzen Schlange hinter sich lauter andere Menschen sieht, denen es noch viel schlechter geht als ihm selbst."

Schwachsinn, denkst du dir jetzt vielleicht, man sollte doch gar nicht nur darauf achten, wie schlecht es anderen geht, sondern sich besser bewusst machen, wie gut man es eigentlich hat. Das stimmt schon, aber zu sehen, wie schlecht es anderen geht, ist nun mal echt ein großer Trost.

Inzwischen war es zwar fast schon Nachmittag, aber Frankie war wie so oft gerade mal mit dem Frühstück fertig. Er begann damit, Funky so richtig aufs Spazierengehen scharf zu machen, indem er ihn andauernd rief. Funky hüpfte wie irre durch die ganze Wohnung und bellte lautstark. Nachdem Christina noch einen kurzen Einkaufszettel geschrieben hatte, ging es endlich los.

Oft ging – haha, fuhr – er ohnehin nur eine kleine Runde spazieren und anschließend in ein Kaffeehaus. Da es ihm heute ausnahmsweise mal relativ gut ging, beschloss er, eine größere Route einzulegen, um Funky einen anständigen Auslauf zu bieten, in der Hoffnung, der wäre dann so müde, dass er eher schlafen und Frankie etwas Ruhe gönnen würde. Nach einem kurzen Stück quer durch die Stadt, bei dem Funky wieder alle entgegenkommenden Hunde anbellte, hielten sie auf einen größeren, breiten Spazierweg zu. In Frankie stieg die Hoffnung auf, dort die besagte Frau zu treffen. Zwischendurch fragte er Chrissy, wie sie überhaupt hieß. Aber Chrissy meinte, dass sie das nicht gesagt hätte.

Frankie sagte:

„Okay, bis ich sie gefragt habe, nennen wir sie einfach ‚Die Frau'."

Als sie zu einer größeren Wiese kamen, wo er Funky von der Leine lassen konnte, sagte Chrissy:

„Tatsächlich! Da ist sie, als hätte sie auf dich gewartet."
Frankie schaute in die Richtung, in die Chrissy zeigte, und sah dort eine Frau, die auf ihn zukam.

„Verdammt noch mal, Chrissy, ich habe es ja gewusst! Von wegen potthässlich! Die sieht ja sogar verdammt gut aus."
Frankie war zwar nicht rein optisch veranlagt, ihm war ein guter Charakter oft viel wichtiger, aber wenn man eine Frau zum allerersten Mal traf, wusste man ja noch gar nichts über ihren Charakter, und deshalb war es eben erst mal nur relevant, wie sie aussah. Und diese Frau entsprach voll und ganz seinem Geschmack. Sehr viele Männer fahren nur auf Blondinen ab, Frankie aber wehrte sich dagegen, sich diesem allgemeinen Klischee hinzugeben, denn die Frau war dunkelhaarig beziehungsweise, was für Frankie noch ausschlaggebender war, sie hatte kohlschwarzes, langes und glattes Haar. Sie war nicht besonders groß, aber auch nicht wirklich zu klein und hatte zudem eine extrem scharfe Figur. Genau genommen hatte sie sehr gute, wohlgeformte Argumente und zwar gleich zwei davon.

Es geht mir zwar nicht nur darum, dachte er sich, *aber rein optisch zählt diese Frau zur Champions League.*

Außerdem trug sie eine Brille. Für Frankie zeugte eine Brille von Selbstbewusstsein, und er mochte Frauen, die ihre Brille mit Stolz trugen.

Na hoffentlich ist sie auch so nett, wie sie aussieht, dachte er.

„Hallo!", sagte sie, „Ich habe ja gewusst, dass du noch mal kommen wirst. Ich habe dich hier schon öfter gesehen."

„Ich sehe dich zum ersten Mal", antwortete er, „und das ist eigentlich komisch, denn so hübsche Frauen merke ich mir normalerweise immer."

„Oh, Dankeschön", sagte sie, und Frankie war sofort stolz, wieder mal ein Kompliment an der genau richtigen Stelle angebracht zu haben. Man sagte ja auch immer, es sei gut, ein Gespräch mit einer Frau mit einem Kompliment zu beginnen.

Ihr Name war Julia, und sie gefiel ihm auf Anhieb sehr. Erst dachte er sich, sie wäre eine 25-jährige scharfe Braut, die nur scharf wäre, aber ein bisschen unerfahren. Sie erzählte ihm dann aber, sie sei doch schon Mitte dreißig. Und mit diesem Alter war sie zwar noch sehr jung, aber eben doch schon sehr lebenserfahren. Und das machte ihn total neugierig auf diese Frau.

Sie sagte, sie würde ihn gerne mal in seiner Wohnung besuchen kommen, damit sie sich besser kennenlernen könnten. Frankie dachte:

Wow, Julia gibt aber ganz schön Gas. Da lernen wir uns gerade mal kennen, und dann will sie mich gleich besuchen kommen?

Schon nach zehn Minuten wurde er aber wieder etwas müde, und weil er auch schon Hunger bekam, wollte er sich auf den Heimweg machen. Deshalb rief er ganz laut „Hier!", worauf Funky direkt auf ihn zu rannte, den Rollstuhl umkurvte und sich rechts neben ihm hinsetzte, so wie Frankie es ihm in der Hundeschule beigebracht hatte. Bevor sie sich auf den Rückweg machten, fiel ihm noch ein, dass er Julia gar keine Adresse von sich gegeben hatte. Er gab ihr noch schnell seine Visitenkarte, war aber etwas verwundert, warum sie ihn noch gar nicht danach gefragt hatte. Wie zum Teufel hätte sie ihn überhaupt finden wollen?

Auf dem Heimweg dachte er sich aber, dass Julia – wie es bei ihm sehr oft der Fall war – wieder einmal nur leere Versprechen abgegeben hatte und aus einem Besuch ohnehin nichts werden würde. Denn das ganze Treffen war schon etwas mysteriös, und er beschloss, diese neue Bekanntschaft mit großer Vorsicht zu genießen.

Frankie hatte seinem Rollstuhl einen Namen gegeben, einfach nur deshalb, weil er ihn nicht als einen Gebrauchsgegenstand betrachtete, sondern als einen weiteren Körperteil von ihm. Er sah ihn sogar wie eine eigene Person. Sein Rollstuhl hieß Larry und war von ihm nach einer Hauptfigur aus einer Computerspielreihe der Achtzigerjahre benannt. Das Computerspiel hieß Leisure Suit Larry, und die Hauptfigur hieß Larry Laffer. Mr. Laffer war ein Möchtegern-Gigolo, der aber von allen Frauen, bei denen er es versuchte, eine Abfuhr erhielt. Frankie dachte:

Das passt genau, denn so geht's mir auch und zwar wegen des Rollstuhls.

Dass Frankie aber immer nur eine Abfuhr nach der anderen erhielt, war natürlich schwer übertrieben. Durch den Rollstuhl hatte er zwar etwas schlechtere Karten, aber verwehrt blieben ihm die Erfahrungen mit Frauen nicht und das, obwohl seine Behinderung schon sehr stark ausgeprägt war. Bei den allermeisten Frauen blieb es zwar beim üblichen Gequatsche, von wegen er sei ja so lieb, verständnisvoll, gutaussehend und so weiter und so fort. Nicht nur von Frauen, sondern von allen Menschen in seiner Umgebung wurde er ständig auf ein Podest gehoben, sodass er sich manchmal einbildete, er wäre Superman. Vielleicht wollten andere damit nur sein Ego aufwerten, merkten dabei aber nicht, dass sein Ego sowieso schon irgendwo über den Wolken schwebte. Kein Wunder also, dass er im Endeffekt so ein eingebildeter Egoist geworden war. Aber natürlich hatte auch Frankie, wie alle anderen Menschen auch, einen Partnerschaftswunsch, der in seinem Fall sogar ziemlich stark ausgeprägt war. Es gab sehr viele Menschen, die oft behaupteten, sie würden gar keine Partnerschaft wollen. Aber das war für Frankie mehr oder weniger gelogen, denn was sie damit meinten, war, sie würden keine Partnerschaft oder besser gesagt keine „Beziehung" brauchen. Das stimmte schon, Frankie „brauchte" auch keine Beziehung, aber diesen Partnerschaftswunsch zu leugnen, wäre eine große Lüge gewesen, und Frankie log nicht. Partnerschaftswünsche sind urmenschliche Bedürfnisse, und wer diesen Wunsch leugnet, verleugnet damit, ein Mensch zu sein. Das Wort „Beziehung" war auch nicht unbedingt die richtige Bezeichnung für das, was Frankie sich wünschte, denn eine Beziehung bedeutete, Verpflichtungen zu haben und für die Beziehung zu arbeiten. Aber Frankie glaubte an die Liebe, und er meinte damit die wahre Liebe, denn nur die Liebe konnte stärker sein als seine Behinderung. Logischerweise hatten alle Frauen große Bedenken, eine Partnerschaft mit einem Menschen einzugehen, der eine sehr starke Behinderung hat. Aber wenn es die wahre Liebe ist, dann ist das alles egal, dann würden alle Bedenken weggewaschen.

Komischerweise waren es hauptsächlich Männer, die große Schwierigkeiten hatten, trotz ihrer Behinderung eine glückliche Partnerschaft mit einer nicht behinderten Frau zu führen. Natürlich gab es sehr viele Beispiele für eine gute Partnerschaft zwischen Behinderten und nicht Behinderten. Aber je stärker die jeweilige Behinderung ausgeprägt war, desto minimaler war die Wahrscheinlichkeit, dass diese Partnerschaft gut funktionierte. Frankie glaubte, dass der Grund dafür an der veralteten Unterscheidung zwischen Alpha- und Betamenschen liegt. Männer sollten immer die Alphas sein, aber durch eine starke körperliche Behinderung war dies nicht möglich. Falls du selbst eine Frau bist, wirst du in solchen Ansagen überhaupt nicht mit Frankie übereinstimmen. Frauen behaupteten ja auch immer, sie seien so aufgeschlossen. Aber wie fast immer bewiesen die nackten Zahlen genau das Gegenteil. Frankie hatte sehr viel Kontakt zu anderen Menschen mit Behinderungen aller Art, und deshalb konnte er mit ruhigem Gewissen behaupten, dass es immer die Männer waren, die Probleme hatten, eine Frau zu finden. Während der großen Verliebtheitsphase war vielleicht eine stärkere Behinderung noch irrelevant und wurde vom jeweiligen Partner noch nicht als Problematik gesehen, aber sobald der Alltag kam, wurde die Behinderung zu einem nahezu unlösbaren Problem. Metaphorisch gesehen war es, als würden der behinderte Mann und seine Partnerin vor der Behinderung davonlaufen und sich sogar einen kleinen Vorsprung erarbeiten. Aber der Verfolger war eben doch etwas schneller und kam immer näher. In Frankies Fall drehte er sich metaphorisch gesprochen einfach um und gab der Behinderung eine mit, wenn die Behinderung zum Überholen ansetzte. Dann lag sie kurz am Boden, und er konnte sich wieder einen kleinen Vorsprung erarbeiten. Er war es so gewohnt, dass er dieses Szenario immer wieder wiederholen musste und zwar in immer kürzeren Abständen. Frankie machte das, weil er musste. Eine Partnerin musste dies aber nicht, sie hatte die Wahl. Sie hätte auch einfach davonlaufen können, Frankie konnte das nicht. Er musste jeden Tag mit seiner Behinderung leben, er hatte keine Wahl, die irgendwie in Frage gekommen wäre. Die einzige

Möglichkeit, das Weglaufen vor der Behinderung zu beenden, wäre gewesen, stehen zu bleiben, sich hängen zu lassen, sich zu Tode pflegen zu lassen, schwer depressiv zu werden oder gar sich selbst das Leben zu nehmen. Da das alles für Frankie aber keine Möglichkeit darstellte, blieb ihm nichts anderes übrig, als gegen seine Behinderung anzukämpfen. Wahrscheinlich denkst du dir jetzt, dass Frankie ja so ein starker Mensch war.

Frankie würde antworten:

„Okay, super, ich bin ein starker Mensch, das ist echt toll. Aber stark bin ich nur, weil ich stark sein muss!"

Darauf bildete sich Frankie überhaupt nichts ein, denn seiner Meinung nach war jeder Mensch stark, nur wussten die meisten nicht, wie stark sie eigentlich sein könnten, bis sie es mussten.

So war das mit Frankie und den Frauen. Sie liefen also in seinem Fall lieber weg, weil sie den Kampf gar nicht aufnehmen wollten. Außer es wäre gar nicht nur eine Verliebtheit gewesen, sondern echte Liebe.

Frankie machte einen großen Unterschied zwischen Liebe und Verliebt-Sein. Das Verliebt-Sein machte dumm, man tat die blödesten Sachen, die man sonst nie getan hätte. Die Liebe selbst war jedoch etwas sehr Gutes. Verliebt-Sein war oft nur ein sexuelles Begehren nach jemandem, aber Frankie konnte eine Frau wirklich lieben, ohne sie zu küssen oder mit ihr Sex haben zu müssen. Diese große Liebe war Frankie noch nie oder nur zum Teil widerfahren, denn im Endeffekt war immer die Behinderung doch stärker. Wohlgemerkt ging es nicht nur um die Tatsache, dass er im Rollstuhl war. Der Rollstuhl machte ihm weniger Probleme, es war die Art seiner Behinderung, die alles für ihn so schwierig machte. Seine Behinderung war auch oft nur indirekt dafür verantwortlich, dass seine Beziehungen in die Brüche gingen. Zuerst sahen seine Beziehungen immer so wunderbar romantisch aus, aber ganz speziell nach der ersten Verliebtheitsphase wurden er und seine Partnerin von der Behinderung eingeholt. Frankie kam sich manchmal vor, als würde er allein auf einer Bühne stehen und die jeweilige Frau, um die es sich gerade handelte, wäre die einzige Zuschauerin. Die Bühne war rundherum umgeben von lauter Spiegeln. Frankie stand in der Mitte, und in den Spiegelbildern rundherum sah man nur sein Abbild beziehungsweise Darstellungen von ihm. Dort sah man vordergründig aber nur den Rollstuhl und all die Schwierigkeiten, die im Zuge seiner starken Behinderung auftraten, aber nicht ihn selbst.

Frankies Beziehungen überstanden meistens gerade einmal die erste Verliebtheitsphase, die fast immer drei Monate dauerte, und waren dann wieder beendet, sobald der Alltag kam. Bezogen auf das Beispiel mit der Bühne passierte dann Folgendes: Vor Frankie auf der Bühne fuhr eine Wand in die Höhe. Diese Wand symbolisierte seine Behinderung. Die Frau im Publikum konnte ihn dann nicht mehr sehen, zumindest nicht ihn selbst, denn sie sah nur noch die ganzen Abbilder in den Spiegeln. Bisher hatte es noch nie eine Frau gegeben, die auf die glorreiche Idee gekommen wäre, einen Schritt zur Seite zu gehen, damit sie Frankie wiedersehen konnte. Aber irgendwo musste es diese Frau doch geben, er wartete auf sie. Wohlgemerkt er wartete, er suchte sie nicht, denn das hatte er schon viel zu lange probiert. Damit wären wir wieder bei seinem Wunsch. Wünschen durfte man sich alles, selbst wenn man nichts brauchte. Das Ganze war wie in dem alten Shaolin-Prinzip des Nicht-haben-Wollens. Ein Shaolin-Mönch lebte vielleicht in Armut und brauchte nichts, aber deshalb zu glauben, er hätte sich nicht manchmal ein warmes Bett und eine Badewanne gewünscht, war Blödsinn. Auch ein Mönch durfte solche Wünsche haben.

Verliebt war Frankie schon öfter gewesen, nur das brauchte er endgültig nicht mehr. Er hatte sogar ein bisschen Angst davor, sich wieder einmal so blöd zu verlieben. Seiner Ansicht nach machte Verliebtsein nämlich nicht nur blind, es machte geisteskrank.

Obwohl Frankie schon Hunger hatte, waren Christina und er – und ja, natürlich auch Funky – noch über eine Stunde lang unterwegs, vor allem weil er vorhatte, am Abend im Bett zu bleiben. Deshalb wollte er Funky noch genügend Auslauf zukommen lassen, da er seinen Abenddienst nur für sich in Anspruch nehmen wollte. Sie kauften sich noch was für ein spätes Mittagessen, dann war Christina ohnehin schon fast acht Stunden im Dienst und wollte auch mal nach Hause gehen. Frankie legte sich wie jeden Tag, da er ja nicht allein aufbleiben konnte, wieder in sein scheiß Bett, und der Rest des Nachmittages verlief so trostlos und ereignislos wie jeder andere auch. Es war seltsam, Frankie war in gewisser Weise erfolgreich, war relativ viel unterwegs. Er hatte viele Freunde, führte also, im Vergleich zu vielen anderen, ein recht aufregendes Leben, und trotzdem fühlte er sich oft sehr einsam und allein gelassen. Jeder Tag erschien wie eine Kopie einer Kopie einer Kopie, obwohl es eigentlich ja gar nicht so extrem der Fall war, trotzdem hatte er das Gefühl, als wäre es so.

Aber selbst, wenn er sich zum wiederholten Male so alleine fühlte, war immer noch einer für ihn da. Die ganze Welt konnte ihn verlassen, aber einer hielt immer zu ihm: Funky! Und diese Art der Beziehung würde auch auf alle Fälle ewig bestehen, ein Hund ließ sich nach jahrelanger glücklicher Beziehung nicht einfach scheiden und verklagte dich dann auch noch auf eine gehörige Stange Geld. Denn sowas kommt bei Menschen immer wieder vor.

Sein Abenddienst war ein junger Mann, der mittlerweile auch seit über drei Jahren bei ihm arbeitete und ganz genau das Gegenteil von Christina war. Er war nämlich mit Abstand sein langsamster Mitarbeiter. Für jede noch so kleine Tätigkeit benötigte er eine Spur mehr Zeit als andere, und wenn er einen längeren Dienst hatte, summierte sich das natürlich. Aber er erledigte alles sehr gewissenhaft, und Frankie hatte ihn deshalb auch sehr gern. Manchmal war Frankie deswegen etwas genervt, aber im Endeffekt war das schon okay, er mochte ihn ja wirklich. Wie so oft wollte er ihn eigentlich schon um halb zehn nach Hause schicken, aber es dauerte wieder einmal bis halb elf. Die ganze Zeit bis zum Einschlafen musste er an Julia denken. Er erträumte sich bereits eine romantische Beziehung und wünschte sich, dass sie ihrem Versprechen, ihn bald mal besuchen zu kommen, nachkommen würde. Er dachte sich aber, dass das vielleicht nur ein Traum bleiben würde.

KAPITEL 3

„An jedem verdammten Sonntag"

Es vergingen wieder einmal einige ereignislose Tage, an denen Frankie – wie üblich – gerade mal mit Funky spazieren ging, sich aber die restliche Zeit langweilte. Seit Jahren absolvierte er mit Funky immer die gleichen Spazierwege, aber Funky schien das nichts auszumachen. Hauptsache, er bekam jeden Tag seine Bewegung. Nur, weil sie eben immer – oder fast immer – die absolut gleichen Wege spazierten, glaubte Funky, er sei der Großmeister ihrer ganzen Umgebung, der keinen anderen Hund duldete. Obwohl er selbst ziemlich kleinwüchsig war, legte er sich furchtlos sogar mit großen Hunden an. An diesen Tagen war von Julia weit und breit keine Spur, und Frankie vergaß langsam schon wieder, dass er sie überhaupt getroffen hatte.

Na super, dachte er, *schon wieder einmal dasselbe. Da habe ich endlich mal eine nette Bekanntschaft gemacht, und dann lässt sie sich nie mehr blicken.*

Dienstags hatte immer Max bei Frankie Dienst. Er war der Assistent, der schon am längsten bei ihm arbeitete. Mittlerweile war er zu einem seiner besten Freunde geworden. Er hatte zwar nicht sonderlich viel Zeit für Frankie, trotzdem konnte er manchmal auch privat Zeit mit ihm verbringen. Das kam zwar nicht oft vor, aber diese Zeiten waren extrem wichtig für Frankie, da er dadurch das Gefühl bekam, seine „Freunde" nicht dauernd bezahlen zu müssen. Nachdem Max für Frankie ein kleines, aber sehr schmackhaftes Mittagessen zubereitet hatte, klingelte es plötzlich an der Wohnungstür.

Die nervigen Idioten von den Zeugen Jehovas sollen mich endlich in Ruhe lassen, mit Religionen habe ich gar nichts am Hut, dachte er.

Max stand auf und ging zur Tür, um nachzusehen, wer da war. Frankie konnte nicht zur Tür sehen, hörte aber eine Frauenstimme.

Wie so oft wenn eine hübsche Frau vor ihm stand, verschlug es Max fast die Sprache. Er sagte nichts, winkte sie aber herein. Es handelte sich tatsächlich um Julia, und sie sah noch besser aus, als Frankie sie in Erinnerung hatte. Der lange, heiße Sommer war zwar vorbei, trotzdem trug sie ein schmales rotes Sommerkleid mit einem gewagten Ausschnitt.

„Ich dachte schon, du hättest mich nach unserem Treffen gleich wieder vergessen", waren Frankies erste Worte.

„Ich komme nicht aus dieser Stadt und war nur ein paar Tage zu Hause, um meine Eltern zu besuchen, aber ich konnte es kaum erwarten, wiederzukommen, da ich dich unbedingt kennenlernen möchte", antwortete sie.

Schon nach den ersten paar Sätzen, die sie miteinander gesprochen hatten, sagte sie:

„Ich muss sagen, dass ich dich hier in deiner Wohnung sehr viel besser verstehen kann als bei unserem ersten Treffen."

„Das liegt daran, dass es hier überhaupt keine Nebengeräusche gibt", antwortete er, „dadurch funktionieren meine Hörgeräte viel besser. Und dadurch kann ich dich nicht nur besser hören, ich kann auch deutlicher sprechen, da ich meine eigene Stimme besser hören kann."

Eine Begleiterscheinung seiner Behinderung waren gröbere Verständnisprobleme, die in den letzten Jahren durch die sehr weit fortgeschrittene Krankheit zu einem massiven Problem geworden waren. Er hatte die meiste Zeit überhaupt kein Wort mehr verstanden, weil er nur noch im Tieftonbereich hören konnte. In den vergangenen Jahren war er sich deswegen richtiggehend blöd vorgekommen. Alle anderen hatten schon gedacht, er wäre ein kleiner, zurückgebliebener, geistig behinderter Idiot, weil er die meiste Zeit nichts mehr mitbekommen hatte und zudem kein Mensch ihn mehr verstehen konnte. Er hatte sehr lange versucht, sich mit herkömmlichen Hörgeräten zu behelfen, die aber allesamt nur die akustischen Signale verstärkten. Das hatte ihm nicht viel geholfen, da er nach wie vor nichts verstehen konnte. Alle, vor allem auch seine Assistenten, mussten ihn anschreien, in der Hoffnung, er würde sie dann besser verstehen. Genau das Gegenteil war der Fall, je lauter man mit ihm sprach, desto weniger konnte er verstehen. Er hatte sich wie Beethoven gefühlt, aber von der Möglichkeit, die sich dann für ihn aufgetan hatte, konnte der alte Ludwig van nur träumen. Er war, weil er sich einbildete, wieder mal neue Hörgeräte ausprobieren zu müssen, bei seiner Akustikerin gewesen, um zum wiederholten Male einen Verständnistest zu absolvieren. Er war bei diesem Test so grottenschlecht gewesen, dass sogar sein Assistent, der meterweit von ihm entfernt gesessen war, die ihm eingespielten Wörter richtig verstehen konnte, obwohl Frankie Kopfhörer aufgesetzt hatte. Frankie hatte im Büro der Akustikerin ein Plakat einer Hörgerätefirma gesehen, auf dem eine relativ neue Methode für ein besseres Hörvermögen angepriesen wurde. Es handelte sich nicht um schallverstärkende Hörgeräte, sondern um operative Eingriffe am Ohr. Dabei wurde der Hörnerv, der in der Hörschnecke – der sogenannten Cochlea – liegt, direkt mittels elektrischer Impulse stimuliert. Man nannte das Cochlea-Implantat oder kurz CI.

Das ist es, dachte er, *so was will ich haben. Kopf durch die Wand!*

Seine Akustikerin hatte ihm zuerst davon abgeraten und gemeint, dass solche Implantate meistens Menschen gesetzt wurden, die eigentlich schon fast taub waren, dennoch einen funktionstüchtigen Hörnerv besaßen. Frankie jedoch würde noch viel zu gut dafür hören. Aber wie Frankie nun mal so war, hatte er nicht lockergelassen. Wenn er etwas haben wollte, auch wenn es sich nur um eine Einbildung handelte, dann zog er diese Ideen auch durch. Und zwar so schnell wie möglich, denn Geduld war absolut nicht seine Stärke. Die Akustikerin hatte ihn gleich zum Oberarzt der Ohrenklinik des größten Krankenhauses der Stadt verwiesen. Dann ging zum Glück alles wahnsinnig schnell. Nicht einmal zwei Monate später hatte er seinen ersten Operationstermin. Diese CI-Operationen waren zwar schon zu Routineoperationen geworden, trotzdem war es eine relativ komplizierte und aufwendige Operation in Gehirnnähe. Das ganze Ohr wurde freigelegt, und in den Schädelknochen wurden Vertiefungen für das Implantat gefräst. In die Cochlea wurde dann ein Loch gebohrt, in welches ein Elektrodendraht eingeführt wurde, der den darin liegenden Hörnerv direkt stimulierte. Außen am Ohr hatte man jedoch ein Hörgerät mit einem Hochpräzisionsmikrofon. Im Prozessor des Hörgerätes wurden diese Mikrofonaufnahmen digitalisiert, gefiltert und in elektrische Impulse umgewandelt. Diese Impulse wurden dann über Induktion auf das Implantat übertragen, welches schließlich die Impulse an die Elektrode weiterleitete. So weit die kurze, einfache Erklärung, und du wirst dir jetzt denken: Wow, das klingt echt genial.

Und das ist es auch! Auch Frankie konnte schnell feststellen, dass die scheiß Dinger tatsächlich funktionierten. Erst hatte er sich gedacht, alles würde komplett anders klingen. Deshalb hatte er sich darauf eingestellt, nur noch Roboterstimmen zu hören. Zu seiner großen Überraschung konnte man mit diesen Implantaten aber in ganz normaler Klangqualität hören und zwar sogar besser als normal. Zum Beispiel war die Filterung dieser Implantate so verdammt gut, dass etwa bei Regen das laute Regenprasseln zur Gänze gedimmt wurde, sobald jemand mit ihm sprach. Er hatte es damals kaum erwarten können, endlich auf dem Operationstisch zu liegen, und kurz bevor ihm sein Chirurg die Narkosespritze verabreichte, sagte er zu ihm:

„Ich bin bereit! Bereit für meine Wiedergeburt!"

Und genau so war es dann auch passiert. Schon als er dieses eine Hörgerät – die zweite Operation hatte er erst ein Jahr später, da nie beide Ohren gleichzeitig operiert wurden – zum ersten Mal eingeschaltet hatte, war er unendlich begeistert davon gewesen. Er hatte in seinem Leben schon so vieles ausprobiert, verschiedenste Mediziner, Medikamente oder Therapien aller Art, aber nichts davon hatte, bezogen auf seinen Krankheitszustand, eine einschneidende Verbesserung gebracht. Ganz anders war es mit diesen Implantaten, die hatten von Anfang an eingeschlagen wie die Bombe der Enola Gay auf Hiroshima. Er musste seinen Zustand akzeptieren und dies wurde ihm zum ersten Mal bewusst, als er realisierte, dass er eine Behinderung hatte.

Er war 13 Jahre alt, als er zum allerletzten Mal zum Skilaufen gehen wollte. Er wusste damals nicht, dass es wirklich sein letztes Mal sein würde. Das Skilaufen war in seiner Kindheit seine größte Passion gewesen und nicht nur das, sondern er war wirklich gut darin. In seinem Sportverein hatte er damals als eine Nachwuchshoffnung gegolten, obwohl er es in Wahrheit überhaupt nicht gekonnt hatte. Zumindest hatte es furchtbar ausgesehen. Schon sehr früh hatte er sehr dünne Beine gehabt, konnte nur sehr unsicher stehen und hatte auch kaum Kraft in seinen Beinen. Er hatte deshalb nie gerade auf den Skiern stehen können, sondern war ständig in extremer Rückenlage gefahren. Das hatte natürlich seltsam ausgesehen, und andere Kinder hatten ihn deswegen oft ausgelacht. Aber er war schnell gewesen, schneller als die meisten anderen, und keiner hatte sich erklären können, warum. Er hatte in seiner Kindheit sehr oft an Wettbewerben teilgenommen und viele davon sogar gewonnen.

Eine seiner Lieblingserinnerungen war der Tag, an dem er an den Schülermeisterschaften teilgenommen hatte. Er war dort in seinem weiten billigen Overall mit gewöhnlichen Skiern, herkömmlichen Skischuhen und seiner knallroten Mütze aufgetaucht. Die anderen Teilnehmer waren alle mit hautengen Rennanzügen, den besten Schuhen und Helmen gekommen. Aber er hatte alle hinter sich gelassen. Zuerst hatten sie ihn fast ausgelacht, und dann war es allen peinlich gewesen, weil sie verloren hatten, und am Ende war Frankie der Einzige, der lachte. Erst viel später hatte er eine Theorie entwickelt, die vielleicht erklären konnte, warum er so schnell gewesen war. Durch seine ständige Rückenlage hatte er ganz automatisch so richtig den Schwung aus jeder Kurve mitnehmen können. Ein Fahrstil, der auch bei allen professionellen Skirennläufern zu erkennen war. Stundenlang hatte er vor dem Fernseher verbracht, um jeden Wettbewerb bei Olympia oder im Skiweltcup zu verfolgen. Er hatte davon geträumt, eine Ausbildung zu einem Profi-Skirennläufer zu absolvieren und zwar in einem Land, aus dem die besten Profis kamen.

Damals hatte er natürlich schon gemerkt, dass mit seinem Körper irgendwas nicht stimmte. Er hatte sich aber immer noch für den besten Skiläufer der Welt gehalten. Im Sommer vor diesem gewissen Tag hatte sich seine Krankheit so stark ausgeprägt, dass er es eigentlich schon gar nicht mehr konnte. Das war ihm allerdings nicht wirklich bewusst. Natürlich hatten alle auf ihn eingeredet, vor allem auch seine Eltern, dass er das Ganze jetzt vergessen und endlich an den Nagel hängen sollte. Aber er hatte darauf bestanden, noch einmal zum Skilaufen zu gehen. Er war mit seinem Onkel zur Skistation gefahren, denn seine Eltern hatten natürlich zu arbeiten. Auch seine Tante und zwei seiner Cousins waren dabei gewesen. Voller Vorfreude hatte er die Fahrt dorthin an diesem wunderschönen Sonnentag genossen und konnte es kaum erwarten, die Skipiste unsicher zu machen. Rückblickend konnte er behaupten, dass er die Skipiste im wahrsten Sinne des Wortes unsicher gemacht hatte. Zuerst war alles ganz normal gelaufen, er hatte seine Skier zur Warteschlange des Liftes getragen und hatte damit keine Probleme, da seine Schwierigkeit, das Gleichgewicht zu halten, durch die schweren Skischuhe kompensiert wurde. Wie immer hatte er sich zu Tode geärgert, weil man bei solchen Skiliften immer so lange anstehen musste. Nach einer halben Stunde war es endlich so weit, er war in der Schlange ganz vorne, um endlich die Piste zu erobern. Aber langsam bekam er ein Gefühl der Beklommenheit, weil ihm klar wurde, dass er schon die Jahre zuvor große Schwierigkeiten gehabt hatte, den Bügel des Skiliftes zu erwischen. Er wünschte sich, er hätte doch für diesen Ausflug eine andere Destination mit Sessellift gewählt. Seine Befürchtungen bewahrheiteten sich. Er hatte den Bügel nicht richtig erwischt und war gleich wieder zu Boden gefallen. Alle, die das sahen, hatten gelacht. Später hatte er das sogar verstehen können, da diese Szenerie nach Slapstick ausgesehen haben musste. Nachdem er das kurze Stück, welches bereits bewältigt war, wieder zurückgerutscht war und sich dabei vor lauter Peinlichkeit selbst am liebsten in den Schnee eingegraben hätte, hatte er einen seiner Cousins gebeten, mit ihm hinauf zu fahren und ihm ein bisschen behilflich zu sein. Die Fahrt nach oben hatte sich als sehr schwierig erwiesen und die größte Konzentration von ihm verlangt. Die größte Schwierigkeit hatte darin bestanden, seine Skier immer in den Spuren zu halten, denn es gab Stellen auf dem Weg nach oben, an denen keine tieferen Spuren vorhanden waren. Trotzdem hatte er die Skier gerade halten müssen, sonst wäre er umgefallen. Endlich oben angekommen, hatte er sich zuerst einmal gleich in den Schnee geworfen, um sich ein paar Minuten von dieser Anstrengung auszuruhen.

Während er dort im Schnee gelegen hatte und die warme Sonne ihm ins Gesicht schien, war er „noch" nicht trübselig geworden, sondern hatte sich nur gedacht:

Ach verdammt, jetzt bin ich in zwei Minuten wieder ganz unten und dann geht die ganze Tortur wieder von vorne los.

Fünf Minuten hatte er dort gelegen, langsam hatten sich seine Beine wieder erholt und er hatte erneut begonnen, sich auf die bevorstehende Fahrt nach unten zu freuen. Er war wieder aufgestanden, hatte seine nagelneue, topmoderne Marken-Skibrille zurechtgerückt und war losgefahren. Vorher hatte er beschlossen, nicht wie früher immer den ganzen Hang in Schussfahrt zu absolvieren, sondern besser erst mal nur ganz langsam im Zickzack hinunterzurutschen. Das hatte er für eine gute Idee gehalten. Anfangs war das Ganze auch gut gegangen, aber langsam hatte er sich der Pistenbegrenzung genähert und gedacht:

Scheiße, jetzt muss ich dann aber langsam mal einen Schwung machen, sonst knall ich in den Baum da vorne.

Also hatte er einen seiner Skistöcke, wie es beim Skilaufen so üblich war, in den Schnee gesetzt, hatte den Innenski gelockert und auf die Kante des Außenskis gedrückt. Genau so, wie man es sogar in Anfängerskikursen lernte. Aber es war schiefgegangen. Er hatte sich verkantet und war sanft in den Schnee gestürzt.

Naja, hatte er sich gedacht, *bin doch nur ein bisschen umgefallen, nicht so schlimm.*

Langsam hatte er etwas Angst bekommen, ob er überhaupt noch die Fähigkeit besaß, Ski zu laufen. Aber da er Frankie war und Frankie nie schnell aufgab, war er sofort wieder aufgestanden und in die andere Richtung weitergefahren. Das Geradeausfahren war nicht so das große Problem gewesen, aber bei jedem Schwung hatte er im Schnee gelegen. Da er beim Geradeausfahren jedoch ein bisschen schneller geworden war, war er dabei nicht mehr sanft in den Schnee gefallen, sondern immer mehr mit dem Gesicht voraus zu Boden geknallt. Einmal erwischte er dabei sogar eine ziemlich harte Eisplatte, auf der er sich seine Nase blutig schlug. Nach dem vierten Sturz waren ihm langsam die Tränen gekommen, weil ihm das Skilaufen nicht mehr so viel Spaß machte wie früher. In der Mitte der Skipiste hatten die Kinder, die immer da waren, eine Schanze gebaut, die ihnen allen riesigen Spaß machte. Frankie hatte sich an die Zeiten erinnert, an denen er weit über die Schanze hinweg gesprungen war und zwar weiter als die meisten anderen. Er war aber zu dem Schluss gekommen, dass es an diesem Tag nicht so eine kluge Idee wäre, einen Sprung zu riskieren. Schon immer war Frankie ein Freund der Risikobereitschaft gewesen, oder um es vulgär auszudrücken: Er hatte Eier. Sehr oft hatte er, zur Belustigung seiner Beobachter, die wildesten Stürze fabriziert, einfach nur so zum Spaß. Dabei hatte er sich aber fast nie weh getan.

Diese Simulationsversuche hatte er oft auch bei Skirennen gemacht, aber nur, wenn er das Gefühl hatte, dass es keine Chance mehr gab, dieses Rennen zu gewinnen. Im Jahr vor diesem Tag hatte er an einem Rennen auf einer ganz anderen Piste teilgenommen und hatte schon auf der Hälfte dieses Hanges gemerkt, dass er wahrscheinlich 30 Sekunden zurücklag, weil er zuvor schon zu viele Fehler gemacht hatte. Um der Peinlichkeit des großen Rückstandes zu entgehen, war er nach einem sehr steilen Streckenstück direkt auf eines der nächsten Tore zugefahren und schmerzhaft mit der Schulter an die Stange geknallt. Beim darauffolgenden Sprung hatte er einen spektakulären Sturz fabriziert. Damals hatte es noch keine Kippstangen gegeben, sondern sie bestanden aus einfachem Holz. Ein Raunen war durch die wenigen Zuschauer gegangen, und sogar die Streckenposten waren zu ihm gekommen, um nachzusehen, ob er sich verletzt hatte. Und das hatte er auch, wochenlang hatte ihm die Schulter wehgetan. Aber er hatte sagen können, dass er nicht verloren hatte, weil er zu langsam gewesen war, sondern weil er gestürzt war.

Diese Rennen hatten immer an einem Sonntag stattgefunden. Jahre später gab es einen Kinofilm, in dem Al Pacino einen Footballtrainer spielte. Ein Zitat aus diesem Film trifft den Nagel auf den Kopf. Al Pacino sagte immer zu seiner Mannschaft:

„An jedem verdammten Sonntag geht es nicht darum, ob du gewinnst oder verlierst, sondern darum, ob du gewinnst oder verlierst wie ein Mann."

Aber das nur am Rande.

Diesmal allerdings wäre die Verletzungsgefahr vielleicht doch etwas zu hoch gewesen. Langsam hatte die Kraft in seinen Beinen nachgelassen, und zwar so stark, dass er sie schon gar nicht mehr spüren konnte. Trotzdem hatte er sich weiter gemüht. Er hatte seine Skibrille bereits auf der Hälfte der Piste weggeworfen, weil er mit dem scheiß Ding sowieso nichts mehr sehen konnte, da seine Augen tränenüberflutet waren. Am Ende der Skipiste gab es noch einen letzten, steilen Abhang und er bekam langsam, obwohl dieser Abhang noch ein Stück weit entfernt gelegen war, richtig Angst, dass er dieses Stück nicht mehr schaffen würde. Er war sogar etwas traurig geworden. Als er sich besagtem Abhang genähert hatte, stürzte er wieder zu Boden, obwohl er eigentlich geradeaus gefahren war. Seine Kraft hatte ihn verlassen. Dort hatte er nun gelegen, auf dem Rücken, mit gespreizten Beinen und die Skispitzen in die Höhe haltend. Er hatte diesen letzten Abhang hinunter zur Skistation gesehen und war richtig schwermütig geworden. Er hatte den anderen Skiläufern zugesehen. Vor allem hatte er jene Jugendlichen beobachtet, die dort mit Vollspeed hinab brausten und nur Wert darauf legten, möglichst cool auszusehen. Er hatte sich gedacht:

Hoffentlich werde ich in meinem späteren Leben keiner dieser postpubertären Vollidioten.

Nur durch seine Behinderung hatte er das Glück gehabt, nie so zu werden, und war sich fast sicher, dass er sonst so einer geworden wäre. Viel hatte er aber sowieso nicht erkennen können, da ihm immer noch, oder jetzt erst recht, die Tränen in den Augen standen. Erst jetzt war ihm klar geworden, dass er das Skilaufen endgültig aufgeben musste, nicht nur weil es nur noch die pure Anstrengung bedeutete, sondern vor allem weil es überhaupt keinen Spaß mehr machte. Er hatte sich gefragt:

Scheiße, bin ich jetzt behindert, oder was?

Zum ersten Mal in seinem Leben hatte er sich selbst als behindert bezeichnet, zuvor war er einfach nur ein ganz normaler Junge gewesen, der eben leichtere Gleichgewichtsstörungen hatte. Er hatte beschlossen, das Skilaufen nicht nach diesem Tag aufzugeben, sondern sofort. Also hatte er seine Skier von den Beinen gelöst, hatte sie gekreuzt in den Schnee gesteckt und war auf seinem Allerwertesten diesen letzten Abhang zur Talstation hinuntergerutscht. Es war ihm völlig egal gewesen, ob ihn dabei irgendjemand beobachtete. Unablässig hatte er Schreie gehört, aber als er zur Warteschlange hinübergesehen hatte, bemerkte er dort niemanden, der schrie. Ihm wurde bewusst, dass er selbst es gewesen war, der schrie. Natürlich hatten ihn die anderen Leute bemerkt, aber das war ihm alles völlig egal, er hatte die ganze Welt um sich herum vergessen. Er hatte sich einfach vorbeigemüht an allen Leuten und war dank seiner allerletzten Kraft zum Auto seines Onkels marschiert. Dort hatte er sich neben die Autotür gesetzt und vor sich hin gejammert. Da ihn dort niemand sehen konnte, hatten ihn alle gesucht, die mit ihm unterwegs gewesen waren. Sie hatten nur seine Skier im Schnee stecken sehen, hatten aber keine Ahnung gehabt, wo er jetzt war. Es dauerte fast eine Dreiviertelstunde, bis sein Onkel ihn endlich gefunden hatte.

„Was ist denn los mit dir?", hatte er gefragt.

Frankie hatte ihm nicht antworten können, sondern nur in unverständlichem Gemurmel irgendwelchen Müll daher lamentiert. Sein Onkel hatte bemerkt, dass dieser Ausflug für ihn beendet war und war alleine mit ihm nach Hause gefahren.

Auf dem Heimweg hatte Frankie kein Wort gesprochen, sondern sich die ganze Zeit nur mit seiner Stirn gegen die Fensterscheibe gelehnt und auf die vielen Schneeverwehungen gestarrt. Ja, damals lag dort, kurz vor der großen Klimaerwärmung, tatsächlich noch viel Schnee. Später jedoch hatte man bei den meisten Liften nur noch auf Kunstschnee Skilaufen können. Du wirst jetzt vielleicht annehmen, Frankie wäre in die erste größere Depression seines Lebens verfallen, aber stattdessen, hatte er sofort Pläne gemacht, was er in Zukunft machen wollte. Das kam in seinem späteren Leben noch sehr oft vor. Er hatte sich gedacht: *Okay, das Skilaufen muss ich jetzt zwar endgültig aufgeben, das hat mir riesigen Spaß gemacht, aber das geht eben jetzt nicht mehr. Also brauch ich jetzt was Neues …*

Also hatte er erst mal seine Konzentration auf das Fahrradfahren gelegt, denn das konnte er ja noch. Und später, als er das auch „verlernt" hatte, hatte er sich wieder auf etwas anderes verlagert. Dieser Vorgang sollte sich in seinem weiteren Leben noch ziemlich oft wiederholen. Frankie blieb nie stehen, er suchte sich immer etwas Neues. Bis er das wieder „verlernt" hatte, er musste einfach alles zumindest einmal kurz erlebt haben. Mit Sicherheit hatten seine Eltern bemerkt, dass an diesem Tag irgendetwas Einschneidendes oder sogar Dramatisches passiert war, er hatte aber das meiste für sich behalten und einfach kein weiteres Wort darüber verloren.

KAPITEL 4

„Die Wahrheit macht dich frei"

Frankie unterhielt sich sehr lange und ausführlich mit Julia und genoss es sehr, dass sie sich so viel Zeit für ihn nahm. Sie blickte nicht schon nach zehn Minuten auf die Uhr, wie er es von anderen gewohnt war. Sie war vor allem sehr interessiert an seiner Lebensführung und wollte wissen, was seine Assistenten bei ihm alles zu erledigen hatten. Er mochte das sehr und beantwortete ausführlich alle ihre Fragen. Sie wollte sogar gleich wissen, wie sein verdammtes Urinal-Kondom anzulegen wäre. Irgendwann jedoch fragte er sie, warum sie so genau darüber Bescheid wissen wollte.

„Ich bin im Moment arbeitslos, meinen Job als Betreuerin in einem Behindertenheim musste ich aufgeben, habe aber schon sehr viel über den Beruf der persönlichen Assistenz erfahren und würde das gerne machen", sagte sie.

„Und was hat das jetzt mit mir zu tun?", warf Frankie ein.

„Nun ja, ich würde mir von dir wünschen, dass du mich für diesen Beruf anlernst. Was meinst du dazu?"

„Das mache ich natürlich gerne, aber du solltest schon wissen, dass diese Arbeit je nach Arbeitgeber völlig anders aussieht."

„Schon klar, aber wenn jemand am besten Bescheid über dieses Berufsbild weiß, dann der Präsident des Vereins *Signs!*", fügte sie sofort hinzu.

Mit diesem Verein hatte Frankie zum wiederholten Male geplant, anderen Menschen mit Behinderung dabei behilflich zu sein, einen ähnlichen Weg wie er selbst einzuschlagen.

Frankie hatte sich nicht besonders gerne mit anderen Behinderten umgeben. Einfach nur deshalb, weil er sich nicht unbedingt so wohl gefühlt hatte, wenn seine eigene Behinderung durch den ständigen Kontakt mit anderen Behinderten noch stärker zum Ausdruck gebracht wurde.

„Warum", fragten ihn andere Leute, „bist du denn nicht lieber mit Gleichgesinnten beisammen?"

Aber genau das war die große Schwierigkeit. Denn andere Behinderte befanden sich vielleicht in einer ähnlichen Situation wie er selbst, aber gleichgesinnt waren sie deshalb nicht. In sehr vielen Aspekten hatte Frankie eine ganz individuelle Lebenseinstellung, die völlig abseits des Mainstreams lag. Das betraf nicht nur seine Einstellung zur Behinderung, sondern sehr viele Haltungen zum Leben allgemein. Frankie versuchte, sich in allen Situationen seine eigene Meinung zu bilden. Er versuchte dadurch, aus sämtlichen vordefinierten Klischees auszubrechen. Er hasste nichts mehr, als in irgendwelche Schubladen gesteckt zu werden. Das funktionierte natürlich nicht immer, denn oft reagierte er schon etwas komisch. Wenn es aber um Frauen ging, hatte er einen riesengroßen Spaß daran, in Männerklischees gequetscht zu werden. In Wahrheit sah seine ganze Einstellung doch wieder etwas anders aus. Was die Behinderung betraf, erwies es sich als besonders schwierig, aus diesem Klischee auszubrechen. Er musste sich oft sehr schämen, weil er im Endeffekt durch die eigene Behinderung mit lauter Arschlöchern in einem Boot sitzen musste. Mit Absicht bezeichnete er viele andere Behinderte als Arschlöcher, weil für ihn eine Behinderung oft gleichbedeutend mit einem Freifahrtschein zum Arschlochsein war. Im wahren Sinne des Wortes konnte man sich als Behinderter öffentlich aufführen wie das allergrößte Arschloch, und dieses Verhalten wurde von anderen immer sofort entschuldigt. Sogar, wenn man das mit voller Absicht tat.

„Ja, mein Gott", hieß es dann, „der arme Kerl hat eben eine Behinderung, der ist halt so."

Das hatte seiner Meinung nach überhaupt nichts mit Gleichberechtigung zu tun, sondern bedeutete eine reine Bevorzugung von Menschen mit Behinderung. Aber um das Ganze etwas abzuschwächen, muss festgehalten werden, dass es ja diesen berühmten Rollstuhlbonus gab, der natürlich auch von Frankie ausgenutzt wurde, wo es nur ging. Jedoch hatte auch das bei ihm seine Grenzen. Das lässt sich am besten mit einem kurzen Beispiel erklären: Bei allen öffentlichen Veranstaltungen, wie Konzerten oder Ähnlichem, sollten Behinderte freien Eintritt haben. Und das, obwohl sie aufgrund der Behinderung ohnehin Anspruch auf sämtliche Sozialleistungen haben. Deshalb leben sie sowieso im Luxus. Gleichberechtigung würde aber bedeuten, dass man auch mit einer Behinderung mit den gleichen Schwierigkeiten, sei es in organisatorischer oder in finanzieller Hinsicht, konfrontiert wird. Doch die meisten Behinderten glaubten, sie könnten sich alle Bevorzugungen zunutze machen, nur weil sie behindert waren und versteckten sich dabei hinter ihrem eigenen Zustand. In allen Gesprächen, egal um welches Thema es auch gehen mochte, versuchten sie, diesen Trumpf des Behindertenbonus' auszuspielen, und bei nahezu allen Nicht-Behinderten hatten sie auch Erfolg damit. Deswegen konnte Frankie mit anderen Behinderten kaum zielführende Gespräche führen, denn bei ihm hatten sie mit ihrer verblödeten „Ich bin ja so ein armes behindertes Schwein"-Einstellung keine Chance, da er ja selbst eine Behinderung hatte.

Ein weiteres Beispiel: Nehmen wir an, Frankie wäre bei einer politischen Besprechung, bei der es um die Umsetzung des persönlichen Budgets geht. In dieser Besprechung befinden sich hauptsächlich andere Menschen mit Behinderung, und er muss sich anhören, wie beispielsweise einer davon sich die ganze Zeit nur aufregt. Oder besser gesagt, dieser stempelt das gesamte politische System als kompletten Schwachsinn ab. Er ärgert sich, weil dies nicht bezahlt wird und jenes nicht bezahlt wird und sowieso alles Scheiße ist. Okay, so weit so gut. Das ist auch ganz gut so, denn auf diverse Missstände der Politik muss man hinweisen, damit sich überhaupt etwas ändern kann. Dann beginnt aber die große Misere. Denn nach dieser ganzen Schimpferei fährt dieser Behinderte, völlig ohne Assistenz, die er von seinem persönlichen Budget bezahlen hätte müssen, mit seinem schweineteuren, nagelneuen Carbon-Rollstuhl dank der elektrisch betriebenen Antriebsreifen – der ganze Rollstuhl plus die Antriebsräder wurden natürlich bezahlt – völlig alleine zur Tür hinaus. Dabei überwindet er kleinere Hindernisse, wie zum Beispiel eine erhöhte Türschwelle, fährt dann noch immer ohne Assistenz allein hundert Meter zu seinem, für andere beneidenswerten steuerbegünstigten Luxusauto, drückt dort auf einen Knopf seiner mitgebrachten Fernbedienung, wodurch sich die Hintertür automatisch öffnet und ein Lifter rausgefahren kommt. Dieser hievt den Rollstuhl, nachdem er eingestiegen ist, wieder auf Knopfdruck ins Auto. Dank seines sündhaft teuren elektrischen Gasrings – der ganze Autoumbau wurde natürlich bezahlt – fährt er dann in seine völlig behindertengerecht umgebaute Wohnung – der ganze Wohnungsumbau wurde natürlich bezahlt – und macht sich immer noch ohne Assistenzleistungen sein Abendessen. Dann muss er sich beim Zu-Bett-Gehen noch überlegen, was er der Assistentin, die morgen für zwei Stunden bei ihm vorbeikommt, überhaupt als Auftrag geben soll.

Dieses Beispiel ist natürlich frei erfunden, kommt aber in ähnlicher Form immer wieder vor, und Frankie kommt bei solchen Fällen fast die Kotze hoch. Da der allergrößte Teil der Menschen mit Behinderung so oder so ähnlich war, wobei er sich selbst nicht immer völlig freisprach, war er dauerhaft nicht besonders gerne mit Behinderten zusammen. Sie brachten viel zu sehr das Negative an einer Behinderung hervor. Deshalb entstand auch diese Schublade von Menschen mit Behinderungen, und Frankie wollte nichts mehr als da raus. Ein Arschloch war für Frankie einfach nur ein Arschloch, ganz egal, ob derjenige eine Behinderung hat oder nicht.

Frankie mied nicht nur die Schublade mit der Aufschrift „Behinderung", sondern auch alle anderen Schubladen. Wer Frankie wirklich kannte, wusste, dass Frankie in so gar keine Schubladen hinein passte. Oder nur teilweise, aber im Allgemeinen hatte Frankie zu allem oder jedem eine ganz individuelle, eigens definierte Einstellung.

Frankie sah Julia mit großen, verwunderten Augen an und fragte:

„Woher zum Teufel weißt du von meinem Verein? Hast du mich denn gestalkt?"

Sie entgegnete nach einer kurzen Pause, in der sie sich ihre Antwort überlegen musste:

„Okay, ja, das habe ich ein bisschen. Ist auch nicht schwer, immerhin bist du ja recht bekannt in dieser Stadt."

Während der ersten halben Stunde ihres Gesprächs war Max noch anwesend und sprach andauernd für ihn mit ihr, so als wäre er gar nicht dabei. Frankie konnte das überhaupt nicht ausstehen, zumindest nicht mehr. Max war das noch gewohnt aus der Zeit, als Frankie so gravierend schlecht gehört hatte. Mittlerweile konnte er aber dank seiner CIs wieder allen verbalen Kommunikationsformen nachkommen. Zumindest dann, wenn Max das zuließ. Frankie fand Julia auf Anhieb wahnsinnig nett – also nicht einfach nur hübsch – und wollte sie unbedingt näher kennenlernen, was aber nur möglich war, wenn Max nicht dabei war. Er sah nur eine einzige Chance und schickte ihn mit Funky spazieren. Er sagte zwar, Max solle bitte kurz mit Funky spazieren gehen, damit dieser zu seiner Bewegung kam, aber eigentlich meinte er damit:

Hau verdammt noch mal ab, damit ich sie in Ruhe anbaggern kann!

Frankie war sich fast sicher, dass Max genau das verstand, er schnappte sich Funky, und sie schwirrten ab.

Kaum waren sie allein, führten sie ein richtig gutes Kennenlern-Gespräch, bei welchem aber hauptsächlich Frankie von sich erzählte. Natürlich erzählte er Julia viele Erlebnisse im Detail, doch um ihr seine ganze Lebensgeschichte zu vermitteln, müsste er ja ein ganzes Buch schreiben.

Frankie redete zwar gerne über sich selbst, aber da er Julia für einen sehr interessanten Menschen hielt, wollte er auch mehr über sie erfahren. Julia erzählte ihm aber nicht so viel, gerade mal, wo sie aufgewachsen war und sonstige kurze Informationen, aber nichts Genaueres, was ihm das Gefühl gegeben hätte, sie wirklich kennenzulernen. Jedes Mal, wenn er sie um genauere Erläuterungen bat, wich sie seinen Fragen gleich wieder aus und wechselte das Thema. Frankie dachte sich erst mal nichts dabei, weil das fast immer der Fall war, wenn er jemanden kennenlernte. Und dann hieß es wieder, er wäre so ein egoistischer

Sack. Na, was zum Teufel konnte er denn dafür, die anderen erzählten ihm doch nichts über sich, also sprach er eben hauptsächlich über sich selbst. Es würde eben noch einige Zeit verstreichen müssen, bis sie sich ein bisschen öffnete. Frankie ging dann gleich aufs Ganze und fragte Julia, ob sie am nächsten Tag Zeit hätte, um seiner Assistentin Christina bei ihrer Arbeit zuzusehen und vielleicht sogar schon einige Sachen zum ersten Mal selbst auszuprobieren. Wie immer, wenn er eine neue Assistenz anlernte, wies er sie darauf hin, dass bei ihm so einige Sachen zu erledigen wären, die eher sehr intim waren.

„Meinst du damit, dass ich deinen Pimmel angreifen soll?", fragte sie.

Frankie fand das superlustig und freute sich, dass sie diesen etwas peinlichen Hinweis mit so einer coolen Gegenfrage beantwortete. Er lachte und meinte:

„Ja, genau das, aber sagen wir besser, du darfst ihn anfassen. Aber ich möchte dich für den Beruf als persönliche Assistentin ja nur mal anschulen und dich nicht sofort anstellen."

Als Max zurückkam, war seine Dienstzeit schon wieder fast vorüber. Frankie wollte auch wieder ins Bett und verabschiedete sich von Julia, die den Eindruck erweckte, als ob sie gar nicht gehen wollen.

„Aber wir sehen uns ja schon morgen wieder!", rief er ihr hinterher, als sie schon auf halbem Weg nach draußen war und konnte den nächsten Tag kaum erwarten.

Als er im Bett lag, dachte er über das ganze Gespräch nach und erträumte sich schon wieder eine weitere Liebesromanze. Das hielt sich aber in Grenzen, da er das Gefühl hatte, dass sie ihm nicht ganz die Wahrheit erzählte. Und damit kam er nicht wirklich zurecht.

Frankie bezeichnete sich selbst als einen der größten Wahrheitsfanatiker, die je auf dieser Welt gelebt hatten. Ständig bestand er darauf, dass ihn alle anderen mit der schonungslosen Wahrheit konfrontierten, auch wenn sie noch so weh tat. Die Wahrheit kann nämlich tatsächlich äußerst weh tun und kann, zumindest bei psychisch labilen Menschen, sogar bis zum Selbstmord führen. Das ist einer der Gründe, warum Menschen gar nicht mehr so wirklich die Wahrheit hören wollen. Die meisten wollen immer nur mit Lügen geschont werden, selbst wenn sie ständig behaupten, dass sie auch lieber immer die volle Wahrheit hören würden.

„Tu mir mit der Wahrheit weh", erwiderte er dann immer, „anstatt mich dauernd mit Lügen zu schonen!"

Wenn jemand lügt, auch wenn es nur eine unbedeutende Notlüge betrifft, so behaupten sie immer:

„Ach, ich bin ein schlechter Lügner."

Das war für Frankie aber wirklich nur eine Ausrede, sie wollten damit nur ihr eigenes Gewissen beruhigen und sich als ehrliche Person darstellen. Frankies grundlegende Einstellung sah aber so aus, dass er immer die volle Wahrheit sagte, und sehr viele andere Menschen waren damit völlig überfordert. Frankie konnte aber sehr gut lügen und hatte sehr lange Zeit davon Gebrauch gemacht. Ein wirklich guter Freund war für Frankie jemand, der es ihm immer ganz offen sagte, wenn er mal eine extrem schlechte und für andere missverständliche Reaktion gezeigt hatte. Sonst würden sie ihn ständig nur bestätigen und ihn damit dauernd nur auf ein Podest heben, was gerade bei Frankie sehr oft vorgekommen war. Frankie hatte vor einigen Jahren seinen Hang dazu, Lügen über sich selbst oder über andere zu verbreiten, an den Nagel gehängt. Er log nicht! Das Einzige was er sehr gerne machte, war, alle seine Erzählungen so wunderschön, ja fast dramatisch auszuschmücken, was dann aber nicht unbedingt als Lüge zählte. Wenn er von irgendjemandem nicht wollte, dass diesem die Wahrheit bekannt wurde, so sagte er lieber gar nichts. Dass die Wahrheit sehr schmerzhaft sein konnte, hatte er am eigenen Leib verspüren müssen. Er war ungefähr 28 Jahre alt gewesen und lebte damals in einem Pflegeheim. In dieser Zeit hatte sich seine Behinderung sehr stark manifestiert und wurde langsam, aber sicher ständig hör- und sichtbar. Zuvor war seine Behinderung natürlich auch schon zu bemerken gewesen, aber eben nicht ganz so extrem. Er war im Grunde einfach nur ein Rollstuhlfahrer gewesen. Seine Feinmotorik oder auch sein Sprachbild hatten ihn natürlich schon immer stärker beeinträchtigt, aber so extrem eingeschränkt wie später dann war er damals noch nicht. Er erledigte so ziemlich alles noch selbst. Es fiel ihm zwar teilweise schon etwas schwerer, aber er fuhr noch immer jeden Tag alleine quer durch die Stadt, ging – haha, fuhr – alleine zum Einkaufen, zog sich selbst an und hievte sich selbst in die Badewanne. Dann aber begann die Zeit, in der seine Behinderung stärker bemerkbar wurde, und er erlebte immer öfter ablehnende Reaktionen von Leuten, die ihn nicht kannten. Das wurde langsam zu einem echten Problem für ihn. Er hatte sogar knapp vor einer echten Depression gestanden, weswegen er sich in eine psychotherapeutische Behandlung begab. Damals gab es noch keine Möglichkeiten, sich von einer Versicherung eine Psychotherapie bezahlen zu lassen, also musste er seine Sitzungen aus eigener Tasche bezahlen. Zum Glück hatten ihn diese Ausgaben nicht in finanzielle Probleme getrieben, da er nur einige wenige Einheiten in Anspruch nehmen musste.

„Ich weiß nicht, was los ist", hatte er zu seinem Therapeuten gesagt. „Warum reagieren andere Menschen so seltsam auf mich? Ich bin doch einfach nur ein Rollstuhlfahrer, da gibt's doch sehr viele davon."

„Hast du dir schon selbst mal angesehen, wie deine Behinderung auf andere Menschen wirkt?", hatte der Therapeut ihn gefragt. „Oder mit anderen Worten ausgedrückt, hast du schon mal in den Spiegel geschaut, um die Wahrheit über dich selbst zu erfahren?"

Völlig verdutzt hatte ihn Frankie mit weit aufgerissenen Augen angesehen und mit einem sehr scharfen Unterton gesagt:

„Was zum Teufel willst du mir denn damit sagen? Sieht meine Behinderung denn so wahnsinnig scheiße aus oder was?"

Sein Therapeut war aber gar nicht überrascht gewesen, sondern antwortete nur ganz ruhig:

„Gar nichts will ich behaupten, ich möchte nur wissen, ob du selbst die Wahrheit über dich kennst, ganz egal, ob sie gut oder schlecht ist."

Frankie hatte daraufhin das Thema gewechselt, und sie sprachen bis zum Ende dieser Sitzung über ganz andere Dinge. Aber nur diese eine kurze Frage des Therapeuten hatte schon ausgereicht, um Frankie wirklich zu helfen. Dies war auch seine allerletzte Sitzung gewesen und er fand nie heraus, ob sein Therapeut ihm im Zuge einer therapeutischen Behandlungsmethode diese Frage mit Absicht gestellt hatte oder ob er diese Frage unbewusst angebracht hatte. Auf jeden Fall hatte Frankie dann Videos von sich selbst aufgezeichnet, die ihn dabei zeigten, wie er alltägliche Tätigkeiten, wie zum Beispiel das Trinken aus einem Glas, das Rollstuhlfahren, das Rauchen oder das Essen erledigte. Diese Videos hatte er sich dann selbst angesehen. Er war schockiert gewesen, er hatte sich selbst nicht einmal wieder erkannt und gedacht:

Was? Dieser verfluchte, zurückgebliebene, geistig behinderte Vollblut-Spastiker soll ich sein?

Trotzdem hatte er gewusst, dass er sich selbst gesehen hatte. Er wusste dann, wie seine Behinderung in Wahrheit auf andere wirkte. Und weil er fortan die Wahrheit über seine eigene Behinderung kannte, konnte er damit besser umgehen als zuvor. Die Wahrheit hatte ihn also frei gemacht!

Einige Jahre später hatte er dann ein Buch zwischen seine Finger bekommen, oder besser gesagt auf seinen Ebook-Reader, welches ihn sehr beeindruckte. Das Buch hatte zwar nichts mit einer Behinderung zu tun, aber er fand den Schreibstil grenzgenial. Das Buch hieß „*Infinite Jest*" und der Autor war David Foster-Wallace, der sich leider aufgrund schwerer Depressionen das Leben genommen hatte. Ein Zitat aus diesem Buch begleitete Frankie sein Leben lang. Es handelte sich eigentlich um ein altgriechisches Sprichwort, welches von Mister Foster-Wallace nur erweitert wurde und lautete:

„Die Wahrheit macht dich frei … aber zuerst macht sie dich mal fertig!" Und genauso hatte Frankie auch die Geschichte mit seinem Therapeuten erlebt. Zuerst hatte ihn diese Wahrheit so hart wie ein Vorschlaghammer getroffen, dass sie ihn fast in eine Depression getrieben hätte. Aber im Endeffekt hatte sie ihn frei gemacht.

Sehr viel später hatte er sich diesen Spruch sogar auf seinen Unterarm tätowieren lassen. Aber das nur am Rande.

Was nun Julia anging, beschloss er, diese wunderbare neue Bekanntschaft mit großer Vorsicht zu genießen. Er wollte sich darauf beschränken, was wirklich von großem Wert war. Und das war eine wahre Freundschaft ohne irgendwelche blöden Erwartungen.

KAPITEL 5

„Probleme sind da, um sie zu lösen"

Nachdem er seine Grundschule beendet hatte, wechselte er auf eine höhere allgemeinbildende Schule. Er kam ja aus einer kleineren Ortschaft in den Bergen, die in der Nähe eines größeren Skigebietes gelegen war, und die Schule, die er besuchen wollte, lag circa 80 Minuten entfernt. Um dorthin zu gelangen, war es notwendig, einen normalen Bus zu nehmen und nicht einen speziellen Schulbus. Der Bus war nicht auf direktem Weg dorthin gefahren, sondern machte einige Umwege, um die Kinder aufzulesen, die in die gleiche Stadt wollten. Da Frankie grundsätzlich ein relativ fauler Schüler gewesen war, nutzte er diese Zeit immer, um seine Hausaufgaben im Bus zu erledigen, denn zu Hause tat er nur äußerst selten etwas dafür. Der Bus hatte auch einige Passagen zu überwinden, die relativ gefährlich waren. Vor allem im Winter hatte die Fahrt sehr lange gedauert, da der Bus sehr oft haltmachen musste, um zum Beispiel auf einen Schneeräumungsdienst zu warten, damit er nicht mitsamt den ganzen Fahrgästen in den Abgrund stürzte. Da es kein normaler Schulbus war, hielt er auch nicht direkt vor der Schule, sondern circa 17 Minuten Fußweg von der Schule entfernt an einem Busbahnhof. Den ganzen Weg von diesem Bahnhof bis zur Schule hatte er zu Fuß bewältigen müssen, was für ihn eine große Anstrengung bedeutet hatte, da er langsam nur noch sehr schwer gehen konnte. Seinen Rollstuhl hatte er ja erst ein paar Jahre später bekommen, und das Gehen sah bei Frankie in dieser Zeit richtiggehend lustig aus.

Da sein ausgeprägter Spitzfuß schon damals stark bemerkbar war, war es Frankie nicht möglich, beim Gehen, so wie es andere tun, mit den Fußballen abzurollen, sondern er konnte immer nur mit dem vorderen Fuß, also quasi auf Zehenspitzen, wie eine tollpatschige Ente dahintappsen. Natürlich war er sich extrem benachteiligt vorgekommen, weil ihn andere Kinder deswegen oft auslachten. Aber er hatte andere Menschen, die so tollpatschig durch die Gegend laufen, einfach nur lustig gefunden. Erst viel später war ihm bewusst geworden, dass die Kinder deswegen gar nicht ihn selbst auslachten, sondern es einfach nur als belustigend empfanden, ihm beim Gehen zuzusehen.

Für ihn war es natürlich nicht so lustig gewesen, sondern einfach nur so anstrengend, als hätte er die ganze Zeit eine schwere Eisenkugel an seinen Fuß gekettet. Der Bus war immer sehr früh morgens gefahren, und deshalb hatte er vor Schulbeginn ungefähr eine Stunde und neun Minuten Zeit, bevor er sich auf den Weg in die Schule machen musste. Schon damals hatte er gute Freunde gehabt, die ihm immer wieder geholfen hatten, diesen Weg zu bewältigen. Meistens hatte er ungefähr 27 Minuten alleine auf seine Freunde warten müssen, und das tat er mit Absicht, da er sich dann auf dem Schulweg immer an den Griffen der Schultaschen seiner Freunde festhalten konnte, um nicht umzufallen. Außer für seine Freunde und seine Klassenkameraden war er für andere Kinder der ultimative Outsider. Wenn ihn andere Kinder gehen sahen, hatten sie ihn sehr oft belächelt oder sogar gehänselt. Kinder können nämlich sehr grausam sein, weil sie nicht verstehen können, wenn ein anderer „anders" ist. Zumindest damals, denn später war die ganze Aufklärung so weit, dass diese auf Kinder, die „anders" waren, sehr aufgeschlossen reagierten und sie behutsam behandelten. Das war damals schon auch ein bisschen so, aber nur, wenn es klar erkennbar war, dass jemand eine Behinderung hatte, zum Beispiel durch einen Rollstuhl. Schon damals war er sehr viel mit seinem Fahrrad unterwegs, denn beim Fahrradfahren war seine Behinderung noch überhaupt nicht bemerkbar. Deshalb hätte er sich auch später noch zu Tode ärgern können, weil er nie auf die einfachste und logischste Problemlösung gekommen war, dort beim Busbahnhof einfach ein Fahrrad von sich bereitzustellen.

Weil Frankie ein ziemlich fauler Schüler war, war er nie besonders gut in sogenannten Lernfächern, zum Beispiel in Geschichte. Denn sowas hatte man einfach auswendig lernen müssen. Aber er war sehr gut in allen Fächern, die ein logisches, zielführendes Denken verlangten, wie zum Beispiel Physik oder Mathematik. In solchen Fächern hatte er nichts auswendig lernen müssen, denn das hatte er einfach kapiert. Bei einem Physiktest zum Beispiel hatte es völlig ausgereicht, in der Pause vorher den gefragten Stoff einmal durchzulesen, und er bekam dann die beste Note dafür. Einer seiner Mathematiklehrer hatte immer zu allen Schülern gesagt: „Probleme sind da, um sie zu lösen." Dieses Zitat von besagtem Lehrer hat sich bis zu seinem Lebensende in sein Gehirn eingebrannt. Bei jedem noch so kleinen Problem hatte er sofort an eine Problemlösung gedacht, nur auf die einfachste Problemlösungsidee, sich am Busbahnhof einfach ein Fahrrad hinzustellen, war er damals nicht gekommen.

Einer seiner damaligen besten Freunde stammte aus einer ganz anderen Stadt und kam erst etwas später mit seinem Bus an. Auf diesen Freund hatte er fast jeden Tag gewartet. Sein Name war Mark, er war etwas größer als Frankie, hatte im Gegensatz zu den Kindern aus seiner Umgebung blondes Haar und war, wie auch Frankie, extrem kurzsichtig. Wahrscheinlich hatte sich auch Mark beim Zu-Bett-Gehen immer genauestens überlegt und merken müssen, wo am besten die Brille hinzulegen wäre, um sie am nächsten Tag wiederzufinden. Mark und Frankie hatten damals riesengroßen Spaß und verbrachten sogar außerhalb der Schule sehr viel Zeit miteinander. Nachdem Frankie die Schule gewechselt hatte, brach der Kontakt zu Mark leider ab, aber das klingt vielleicht trauriger, als es eigentlich war. Freunde kommen und gehen nun mal. Bevor sie sich auf den Weg in die Schule machen mussten, besuchten sie fast jeden Tag ein großes Spielwarengeschäft ganz in der Nähe der Schule. Es war wirklich sehr, sehr groß und hatte mehrere Gänge, die vom Besitzer an der Kasse nicht überschaubar waren. Damals waren auch noch keine Überwachungskameras vorhanden. Mark und Frankie waren auf die schwachsinnige Bubenstreichidee gekommen, den Laden „auszuräumen". In den darauffolgenden Wochen hatten sie das Spielwarengeschäft täglich besucht und ließen dort nicht nur billige Comichefte, sondern sogar sehr große Wertgegenstände, wie zum Beispiel Miniaturnachbildungen teurer Sportwagen, die Modellbauer von Spielzeugeisenbahnen verwenden, mitgehen. In diesen Wochen, so hatte Frankie geglaubt, nahmen sie dem Spielwarengeschäft Wertgegenstände in der Höhe von mehreren tausend Dollar ab. Einmal hatte sich Frankie einen Garfield-Comic unter seine Jacke gesteckt. Er wusste nicht, ob Mark an diesem Tag überhaupt etwas gestohlen hatte. Auf jeden Fall war er plötzlich, ohne sich zu verabschieden, zur Tür rausgelaufen. Frankie hatte nur noch gesehen, wie die Tür wieder ins Schloss fiel und wollte ihm hinterher hetzen. Seine Hast war vom Besitzer des Spielwarengeschäfts bemerkt worden, und wahrscheinlich hatte der sich sofort gedacht, dass er nun endlich diesen Bösewicht erwischt hätte, der seinem Geschäft schon seit Wochen größere Verlustzahlen eingebracht hatte. Er hatte Frankie zurückgerissen und ihm dabei fast, schwer übertrieben ausgedrückt, das Genick gebrochen. Frankie war der Garfield-Comic aus der Jacke gefallen, und er hatte sich vor lauter Schreck in seine hellblaue Jeanshose gepinkelt. Frankie hatte natürlich alles abgestritten und ihm die Lüge aufgetischt, er hätte dies zum allerersten Mal gemacht. Er hatte ihm hoch und heilig versprochen, dass er es nie wieder tun würde. Der Besitzer hatte natürlich auch nach seinen genauen Daten gefragt und nach der Telefonnummer seiner Eltern, ohne zu berücksichtigen, dass er es mit einem schlauen und ausgeklügelten Fuchs zu tun hatte, der ihn natürlich anlog. Aber dass er es nie wieder tun würde, war auch keine Lüge, denn das war ihm eine Lehre. Nur Mark hatte er mal erzählt, dass er damals erwischt wurde, aber nur zu seinem Schutz, damit er nie wieder auf die verblödete Idee kam, dorthin zu gehen. Aber sie hatten dort auch sehr nette und aufregende Dinge gestohlen, nicht nur blöde Miniaturnachbildungen irgendwelcher Autos, sondern ganze Modellbausätze von Düsenjets. Die Spielzeugautos hatten vielleicht zwei Tage überlebt und waren dann wieder uninteressant, aber jahrelang hingen die Modellbauten der Flugzeuge in seinem Zimmer, die er damals gestohlen hatte. Seine Eltern hatten ewig lange nichts davon gewusst, obwohl er glaubte, dass seine Mutter irgendwas mitbekommen haben musste. Sie hatte doch all die Flugzeuge in seinem Zimmer gesehen und müsste sich doch mal gefragt haben, woher die vielen Spielzeuge kamen. Gesagt hatte sie aber nie was.

Oft war er viel zu spät zur Schule gekommen, aber nur, weil Mark oder keiner seiner anderen Freunde bereits da war, an dessen Tasche er sich festhalten konnte. An diesen Tagen hatte er sich versteckt und machte sich erst auf den Weg, als die Schule schon begonnen hatte, nur damit keiner sehen konnte, wie er sich in die Schule mühen musste. In dieser Zeit hatte auch die Schule selbst, beziehungsweise deren Hausmeister, versucht, ihm soweit es möglich war, entgegenzukommen. Zum Beispiel hatte man ihm erlaubt, immer seine Turnschuhe anzubehalten, mit denen er aufgrund der Dämpfung besser laufen konnte. Oder indem ihm der Hausmeister einen Schlüssel für den Fahrstuhl der Schule ausgehändigt hatte. Frankie hatte es immer als Privileg gesehen, dass er Sachen durfte, die andere nicht durften.

Weil sein Bus schon so früh ankam, war es morgens nicht das große Problem, allen Peinlichkeiten aus dem Weg zu gehen, da er ja ein bisschen Zeit hatte. Ein größeres Problem war die Rückfahrt, denn da musste er sich immer beeilen, um den Bus zu erwischen. Wenn er nämlich diesen ersten Bus nicht erreichte, so fuhr der nächste Bus erst Stunden später. Da seine Klassenkameraden sich nicht so beeilen mussten, war er auf dem Rückweg meistens alleine und konnte sich nirgends festhalten, weswegen er oft stolperte.

Es war im Frühjahr gewesen, als es nach einem langen, sehr kalten Winter endlich wärmer wurde. Die Sonne schien, und man konnte erstmals in diesem Jahr mit kurzärmligem T-Shirt nach draußen gehen. Er hatte sich nach Schulende sofort auf den Weg zum Busbahnhof gemacht und versucht, dabei so unauffällig wie möglich zu wirken. Das war ihm natürlich nicht so gut gelungen, wie er sich das gewünscht hätte, denn viele andere Kinder hatten ihn ausgelacht, zumindest die, die ihn gar nicht kannten. Eigentlich hatte er auch kein Interesse daran gehabt, die anderen Kinder kennenzulernen. Doch mit einigen hatte er das „Vergnügen" gehabt. Es waren drei Schuljungen aus einer höheren Schulstufe, die sowieso in der ganzen Schule als die größten Raufbolde bekannt waren. Alle hatten Angst vor ihnen. Frankie eigentlich nicht, aber an diesem Tag hatte er es auch mit der Angst zu tun bekommen, als er, der immer in größerem Abstand hinter allen anderen Kindern marschierte, schon von weitem sehen konnte, wie diese drei Raufbolde auf ihn lauerten, um ihn rumschubsen zu können. Nichtsdestotrotz war Frankie einfach weitergegangen und hoffte, sie würden, wenn sie merkten, dass Frankie keine Angst hatte, das Interesse verlieren, ihn zu ärgern. Das hatten sie aber nicht getan, sondern lauerten ihm weiterhin in Erwartung einer größeren

Ich-bin-der-Stärkere-Aktion auf. Als Frankie noch knapp 9,84 Meter von ihnen entfernt war, wurde ihm langsam sehr unwohl, vor allem, weil mittlerweile sonst niemand mehr da war, der ihn beschützt hätte. Als er sie erreicht hatte, fingen sie an, ihn zu beschimpfen, ihn auszulachen und ihn herumzuschubsen, sodass er kein Gleichgewicht mehr halten konnte und zu Boden fiel. Diese drei Blödiane hatten jetzt auch schon bemerkt, dass sie keiner sehen konnte und fühlten sich deshalb sicher. Frankie hatte schon immer ein großes Mundwerk und versuchte, weil er darin die einzige Möglichkeit sah, sich verbal zu wehren. Das hatte aber nicht gefruchtet, denn bei solchen Idioten hatte man verbal keine Chance. Denn wenn man das versuchte und diese aber viel zu blöd waren, sich einer verbalen Auseinandersetzung zu stellen, schlugen sie zu. Zwei hatten ihn unter den Armen gepackt, hoben ihn hoch, zerrten ihn in den Innenhof eines anliegenden Hauses, und der dritte schlug ihm die Nase blutig. Frankie hatte zu schreien versucht, aber jedes Mal, wenn er Luft holen wollte, bekam er den nächsten Schlag in den Magen. Diese ganze einseitige Schlägerei hatte an die 13 Minuten gedauert. Erst dann ließen sie ihn los, rannten weg, und Frankie krümmte sich schmerzerfüllt am Gehweg zusammen. Frankie hatte sich nun gedacht, dass es wohl besser gewesen wäre, einfach umzudrehen, als er sah, dass die drei Dummbeutel auf ihn lauerten, und den Bus ein paar Stunden später zu nehmen, da er diesen ersten Bus nach dieser Schlägerei sowieso nicht mehr erreichen würde. Aber er besaß eben übertriebenen Mut und hatte sich seinen Problemen immer gestellt, anstatt ihnen dauernd aus dem Weg zu gehen. Er war dann sehr spät nach Hause gekommen, seine Mutter hatte ihn natürlich gefragt, wo er so lange gewesen war. Er hatte sie zwar nicht angelogen, aber er hatte ihr natürlich nie erzählt, was genau geschehen war. Aber er hatte geglaubt, dass sie doch irgendwie wusste, was passiert war, zumindest müsste sie doch die vielen blauen Flecken gesehen haben, die er als Erinnerung daran tagelang für sich behalten durfte. Trotz seines Mutes, allem die Stirn zu bieten und jedem entgegenzutreten, sei es anderen Menschen oder anderen Formen von Problemen, war er zu dem Schluss gekommen, dass es wohl eine weitaus klügere Vorgehensweise gewesen wäre, sich bei solchen Dilettanten körperlich zu wehren. Oder besser gesagt, sich auf das gleiche primitive Niveau zu begeben und eine Sprache zu sprechen, die solche Primaten auch verstehen können, und diese war nun mal die Sprache der Fäuste. Und das hatte er dann auch getan.

Es hatte einen Jungen gegeben, der nur ein Stück weit im selben Bus mitfuhr und der ihn fast jeden Tag gehänselt oder sogar auf derbste Art und Weise beschimpft hatte. Zuerst hatte er ihn sehr lange zu ignorieren versucht, denn allgemein sagt man in solchen Fällen ja gerne, man sollte sowas ignorieren und ruhig bleiben. Das stimmt schon, man sollte die Ruhe bewahren, aber was dabei rauskommt, ist, dass diese Primitivlinge einfach nicht darauf reagieren und ihre Hänselei fortsetzen, außer man haut ihnen mal ordentlich in die Fresse. Das verstehen sie nämlich und lassen dich in Ruhe. Einmal, als dieser Junge ihn wieder mal gehänselt hatte, hatte er ihn dann auch einen „Krüppel" genannt, und bei diesem Wort war Frankie, und das war nicht das einzige Mal, völlig ausgerastet. Er hatte kurz gewartet, bis dieser Junge in seine Reichweite kam, holte mit einer Hand aus und schlug ihm mit voller Wucht mitten ins Gesicht, sodass der fast umgekippt war. Frankie konnte sich nicht mehr erinnern, ob dieser geblutet hatte, er glaubte aber schon. Das Ganze klingt jetzt etwas gewaltverherrlichend, aber sowas verstehen die nun mal und nichts anderes. Verbale Wehrversuche bringen leider gar nichts, denn dafür sind sie einfach zu dumm. Dieser Junge hatte dann nie wieder auch nur ein Wort zu ihm gesagt. Auf einmal war die Situation umgekehrt gewesen. Solche Idioten tun sowas nur, damit sie sich als der Stärkere behaupten können, oder noch besser gesagt: um sich als Alphamännchen zu behaupten. Weil ihm Frankie so eine reingehauen hatte, war ab da auf einmal Frankie der „Alpha". Sich bei solchen Vollidioten rein verbal zu wehren, wäre, als würde man einem Amerikaner die Relativitätstheorie auf Chinesisch zu erklären versuchen. Frankie hatte sich dadurch verdammt gut und stark gefühlt und hatte sich dieser Vorgehensweise noch öfter bedient. Zum Beispiel hatte er mal in einem Freibad im Kaffeehaus mit seiner damaligen Jugendliebe gesessen, mit der zwar nie so wirklich eine Beziehung lief, aber sie hatte ihn zumindest einmal als ihren Freund bezeichnet. In dieses Kaffeehaus war dann ein anderer Junge gekommen und hatte sie auf primitivste Weise angemacht. Sie wollte in Ruhe gelassen werden und hatte zu ihm gesagt: „Entschuldigung, aber das neben mir ist mein Freund."

Da hatte dieser geantwortet: „Was willst du schon von diesem Krüppel."

Schon wieder dieses Wort und schon wieder war Frankie völlig ausgerastet. Er hatte ausgeholt und ihm mit all seiner Kraft mitten ins Gesicht geschlagen und ihm dabei, schwer übertrieben ausgedrückt, einen Zahn ausgeschlagen. In Wahrheit hatte er ihm den Zahn nicht wirklich ausgeschlagen, aber er hatte, und es war ohnehin nur ein Milchzahn, auf alle Fälle gewackelt, und der Junge musste zum Zahnarzt. Dieser Idiot hatte natürlich sofort zurückschlagen wollen, aber inzwischen hatten dies einige Freunde von Frankie schon bemerkt und ihn beschützt. Solchen Aktionen war Frankie in einigen kleineren Fällen noch ein paar Mal nachgegangen, und nach jedem Mal fühlte er sich ein Stück stärker. Erst nach seiner Schulzeit hatte er es sein lassen, sich auf solch niedriges Niveau zu begeben, denn als die anderen etwas älter wurden, konnten sie seine verbalen Fähigkeiten auch verstehen, und sich verbal zu wehren, ist im Endeffekt doch der bessere Weg. Nur muss man eben eine Sprache sprechen, die der andere auch verstehen kann.

Ein anderer Klassenkamerad und guter Freund, mit dem Frankie auch immer sehr großen Spaß gehabt hatte, überredete ihn mal, mit ihm die Schule zu schwänzen. Sie hatten den ganzen Vormittag in einem Park in der Nähe der Schule verbracht, hielten sich die ganze Zeit versteckt, langweilten sich den ganzen Vormittag und taten nichts anderes, als sich mit ihren billigen Walkmen immer wieder dasselbe Guns 'n' Roses-Album anzuhören. Das war so ziemlich der blödeste, ereignisloseste und langweiligste Tag seiner gesamten Schulzeit. Er hatte das nur dieses eine Mal gemacht, denn in der Schule, mit all den anderen Kindern, hatte er immer so viel gelacht, dass es ihm viel lieber war, in die Schule zu gehen, als sich irgendwo versteckt zu halten, nur um zu zeigen, was für ein cooler Schulschwänzer er war. Falls du selbst noch zur Schule gehst, während du diese Zeilen liest, so lass dir gesagt sein: Geh lieber in die Schule hinein, denn das macht wesentlich sexier, als die Schule zu schwänzen.

Vorhin wurde Frankie schon als Outsider bezeichnet, aber wie du bisher schon feststellen konntest, hatte Frankie immer sehr gute Freunde und war bestens in seiner Klasse integriert. Sein Outsider-Status hatte nur außerhalb der Klasse gegolten beziehungsweise wenn keiner seiner Klassenkameraden dabei war, um ihn zu beschützen.

Mit 15 Jahren hatte er das letzte Jahr in dieser Schule absolviert. Aber nicht, weil er angeblich so talentiert gewesen war und die

Schule bereits abgeschlossen hatte, sondern weil er rausgeworfen wurde. Das kam so: Frankie war nie besonders sprachbegabt gewesen, die einzigen Sprachen, die er wirklich konnte, waren Programmiersprachen und vielleicht die eigene Muttersprache. Aber selbst diese hatte er rein aus dem Gefühl heraus gesprochen, hatte aber absolut keine Ahnung von irgendwelchen grammatikalischen Bezeichnungen. Der Grund, warum Frankie diese Schule verlassen musste, war eine Fremdsprache, die er damals erlernen musste, nämlich Französisch. Frankie war ja ein ziemlich fauler Schüler, der sich in sehr vielen Fächern mehr oder weniger durchgeschummelt hatte. In Französisch, wo er dies auch zumindest das erste Jahr des Unterrichts getan hatte, hatte ihm dann im zweiten Jahr die Basis des Erlernten gefehlt, auf der er im zweiten Jahr hätte aufbauen sollen. Natürlich hatte er die erste Schularbeit total versemmelt. Das war ihm eine Lehre gewesen, er wollte diesen Fehler wiedergutmachen und begann zu lernen. Einer seiner Brüder, der schon länger diese Sprache erlernt hatte, hatte ihm sehr dabei geholfen, indem er ihn immer wieder abfragte und ihm auch seine eigenen Französischunterlagen weitergab. Das hatte langsam aber sicher recht gut funktioniert, und auf die zweite Schularbeit bekam er schon mal eine positive Note. Er hatte aber das Gefühl gehabt, dass das noch nicht reichen würde und lernte immer weiter. Er hatte den ganzen Stoff des ersten Jahres nachgeholt und die meiste Zeit nur diese schwachsinnige Sprache im Kopf. Die ganzen Weihnachtsferien hatte er sich selbst verdorben, weil er andauernd nur über seine Französischbücher gebückt saß, während alle anderen zum Skilaufen gefahren waren. Aber er hatte Erfolg damit gehabt, denn bei Wiederbeginn der Schule konnte er so gut französisch, dass er anderen Schülern hätte Nachhilfe geben können.

Kurz vor der dritten Schularbeit war er dann wirklich so gewesen, dass er diese Sprache so gut beherrschte, dass viele hätten glauben können, er wäre ein Franzose. Aber das wollte er so auch nicht haben.

In einer seiner Lieblingsserien hatte es eine Folge gegeben, in der der Hauptdarsteller für seinen Antifeministen-Verband Gebote aufstellte. Diese Fernsehserie hieß „Eine schrecklich nette Familie", und der Hauptdarsteller hieß in der Serie Al Bundy. Sein zweites Gebot lautete: „Es ist falsch, Franzose zu sein!" Aber das nur am Rande.

Bei der dritten Schularbeit hatte er dann schon während des Schreibens ein so verdammt gutes Gefühl, dieses Halbjahr sicher positiv zu überstehen. Er war schon voller Vorfreude auf dieses wunderbare Gefühl, welches er bekommen würde, wenn er endlich für die viele Arbeit, die er sich angetan hatte, um diese schwachsinnige Sprache zu erlernen, belohnt werden würde. Er hatte bereits die Stunden gezählt, bis es endlich so weit war und ihm von der Lehrerin die verbesserte Schularbeit ausgehändigt wurde. In großer Erwartung hatte er zuerst die ganze Arbeit durchgesehen, und darunter stand wieder gerade mal ein Genügend. *Das gibt's ja nicht*, hatte er sich gedacht, *ich hatte doch so ein gutes Gefühl*. Gleich darauf hatte er sich gedacht, dass ihn die Lehrerin, weil ihm ja bewusst war, dass diese ihn nicht leiden konnte, wahrscheinlich verarscht hatte. Und das hatte sie auch getan. Er hatte die ganze Arbeit genau durchgelesen und gesehen, dass diese hinterlistige Furie ihm Fehler berechnet hatte, die er gar nicht gemacht hatte. Sofort hatte er sie auf diesen Missstand hingewiesen. Er hatte ihr gedroht, sie beim Direktor der Schule anzuschwärzen, wenn sie seine Note nicht umgehend ausbessern würde. Wahrscheinlich hatte sie es gleich mit der Angst zu tun bekommen, sie würde Probleme mit dem Schulleiter kriegen, und prüfte seine Arbeit nochmal. Darunter hatte sie ein Gut geschrieben.

Jetzt hab ich's geschafft, hatte er sich gedacht. Diese Ober-Bitch hatte aber zu ihm gesagt: „Tut mir leid, Frankie, aber ich muss dich in diesem Halbjahr trotzdem durchfallen lassen." Sie hatte nur gemeint, er hätte schon im Laufe des Halbjahres zu viele kleinere Vokabeltests versiebt, weshalb sie ihm keine positive Note geben könnte. Die ganze Tortur, der er sich monatelang ausgesetzt hatte, war also unbelohnt geblieben. Er hatte sich gedacht:

Okay, das war's jetzt aber. Von dieser Schule habe ich ab sofort endgültig die Schnauze voll.

Er hatte sie lautstark eine Bitch genannt, die ihm sofort aus seiner Optik gehen sollte. Er war, so wie es bei Jugendlichen so üblich war, sofort der King der ganzen Schule gewesen, weil er eine Lehrerin, die ohnehin bei allen anderen sehr unbeliebt gewesen war, eine Bitch genannt hatte.

Noch während der Halbjahresferien hatte er sich bei einer anderen Schule angemeldet, die sogar nicht so weit weg lag und zudem einen Informatikzweig besaß, welcher es ihm ermöglichte, endlich auch in der Schule Programmieren zu erlernen.

Und das Beste war: In dieser neuen Schule würde kein Französisch mehr unterrichtet werden, sondern Italienisch. Auch später war Frankie absolut überhaupt nicht sprachbegabt, also hatte er sich auch in Italienisch bis hin zur Abschlussarbeit durchgeschummelt. Er konnte 20 Jahre später behaupten, dass er Französisch eine Spur besser beherrschte als Italienisch.

Das letzte Halbjahr in seiner „alten" Schule hatte er nur noch damit verbracht, sämtliche seiner Lehrer, vor allem seine Französischlehrerin, kräftig zu verarschen. Die Lehrkräfte hatten ihn deswegen zwar nicht der Schule verwiesen, da sie ja ohnehin wussten, dass sie ihn bald los sein würden. Natürlich hatte Frankie in diesem Halbjahr absichtlich so absolut überhaupt nichts mehr für die Schule getan. Er war nur noch zur Schule gegangen, weil er eben da seine Freunde hatte. Ganz am Ende hatte er dann einen Rekord aufgestellt, da er der Schüler an dieser Schule war, der mit Abstand den schlechtesten Notenschnitt hatte, der je zustande gebracht wurde.

Es hatte dann noch einen Grund, die Schule zu wechseln gegeben, und dieser war kein Produkt seines flegelhaften Bubendaseins, sondern hatte an seiner Behinderung gelegen, die inzwischen so stark geworden war, dass es ihm fast überhaupt nicht mehr möglich war, nur die kleinsten Tätigkeiten selbstständig auszuführen. Er hatte sein Klassenzimmer nur noch verlassen, um sich von einem anderen Klassenkameraden zur Toilette bringen zu lassen. Er hatte einzig und alleine Kontakt zu seinen Mitschülern, die nach wie vor seine Freunde waren, aber immer nur während der Schule, denn wenn diese vorbei war, hatte er null Kontakt zu irgendwem. Schon damals war er sich seiner Behinderung sehr wohl bewusst, und es sah immer danach aus, als würde er sehr bald auf einen Rollstuhl umsteigen müssen. Er hatte zuerst große Angst davor gehabt, denn allgemein bedeutete dies eine „Endstation", als wäre dann alles vorbei. Es war dann zwar etwas anders gekommen, aber er wollte eben ein ganz neues Leben an einer neuen Schule beginnen.

KAPITEL 6

„New-Age-Palaver"

Frankie hatte wieder einmal die ganze Nacht von seinem bevorstehenden Treffen mit Julia geträumt, trotzdem konnte er, im Gegensatz zu den meisten anderen Nächten, doch ein bisschen zum Tiefschlaf finden. Zumindest in der Früh, als Christina und auch Julia dann um 9 Uhr kamen, schlief Frankie noch tief und fest oder besser gesagt, er schnarchte so laut, dass die beiden glaubten, sie würden ein Sägewerk besuchen. Weil Frankie endlich mal schlief, weckten sie ihn nicht sofort auf, sondern gingen erst mal mit Funky spazieren. In der Zwischenzeit wachte Frankie zwar auf, dachte sich aber zuerst einmal, dass Christina schon wieder alleine bei ihm war und Julia, wie so oft, mit der Ansage eines Treffens wieder mal nur ein leeres Versprechen abgegeben hätte. Umso überraschter war er, als plötzlich diese wunderschöne Frau – und ja, natürlich auch Christina – vor ihm standen.

„Wow", sagte er, „ich hätte mir echt nicht gedacht, dass aus unserem nächsten Treffen so schnell was werden würde. Ich finde es super, wie geht es dir?"

„Danke dir, wir waren jetzt schon über eine Stunde spazieren, und Christina hat mir schon sehr viel über ihre Arbeit mit dir und über dich erzählt."

„Ich hoffe doch, Chrissy hat dir nur die positiven Sachen erzählt."

„Über dich kann man ja nur Positives berichten", warf Christina ein, woraufhin Frankie meinte: „Jaja, natürlich, blablabla ..."

Frankie hatte an diesem Tag nicht gerade einen seiner besten. An sehr vielen solcher Tage blieb er gleich im Bett, tat das, was er am allerbesten konnte und langweilte sich fast zu Tode. Aber weil Julia zum ersten Mal bei ihm war und er ihr versprochen hatte, sie anzulernen, stand er besser mal auf. So wie Christina es gewohnt war, erledigte sie alle Tätigkeiten in Windeseile, was Frankie das Gefühl gab, sie würde Julia gleich überfordern, und er meinte: „Keine Sorge, jeder neue Assistent von mir muss alle Sachen zuerst einmal selbst erledigen, bevor er so schnell wird wie Christina. Ist zwar nicht gerade meine Stärke, aber ich versuche da ein bisschen geduldig zu bleiben. Fürs Erste wäre es mir nur wichtig, dass du alle Tätigkeiten genau beobachtest und dir zu merken versuchst. Gleich vorweg: Meine große Bitte an alle neuen Assistenten ist, dass sie alle Ängste, mir wehzutun, ablegen und gleich ordentlich zufassen. Ich meine damit, dass du nicht, so wie viele andere, alles ganz vorsichtig und millimeterweise machst, sondern sofort richtig anpackst."

Christina zeigte ihr gleich das ganze Programm, also wechselten sie auch schon sein Kondom, was er normalerweise nicht jeden Tag machte, zumindest nicht, wenn es eigentlich noch gut klebte. Als Frankie dann nicht mal eine Dreiviertelstunde später am Frühstückstisch saß, sagte Julia: „Ich verstehe jetzt nicht ganz deine Vorsicht, die ganze Arbeit, die ich jetzt gesehen habe, ist doch echt nicht ganz so schwierig, also warum sollte ich deswegen überfordert sein?"

„Haha, das ist genau das, was ich mir auch immer denke. Was zum Teufel sollte daran so schwierig sein? Aber die meisten brauchen total lange, um alles richtig zu machen, und vor allem trauen sie sich nicht, mich ordentlich anzufassen, als hätten sie irgendwelche Berührungsängste. Aber das ist meistens nur am Anfang so, denn wenn sie alles ein paar Mal alleine ausgeführt haben, werden sie auch schneller dabei", antwortete er sofort.

Während des kurzen, aber sehr schmackhaften Frühstücks versuchte Frankie, Genaueres über Julia zu erfahren. Sie wich aber allen seinen Fragen geschickt aus, indem sie ihm immer sofort Gegenfragen stellte, die er allesamt ausführlich beantwortete.

Okay, dachte er sich, sie wird sich dann schon öffnen, dauert eben nur ein bisschen.

Also redete er, wie fast immer, hauptsächlich über sich selbst. Er erzählte ihr fast seine gesamte Lebensgeschichte, was er aber auch sehr gerne tat. Er sprach von seinem Verein, von seiner

Website, von seiner Arbeit als Programmierer und ganz allgemein von seinem Leben im Rollstuhl.

Frankie war gerne im Rollstuhl! Das mag jetzt ein bisschen schwachsinnig klingen, und andere Leute sahen ihn immer ganz entgeistert an, wenn er so etwas behauptete. Wie zum Teufel konnte er denn so etwas sagen? Wer hatte denn schon gerne eine Behinderung? Seine Behinderung hatte Frankie auch nicht gerne, oft hätte er es schon lieber ein bisschen einfacher gehabt, also wie meinte er das? Er war sich nur bewusst, dass ihn all die Erfahrungen, die er mit seiner Behinderung erlebt hatte, zu diesem Menschen gemacht hatten, der er war. Und er wollte kein anderer sein! Dazu gehörten auch die ganzen negativen Erlebnisse – oder sogar hauptsächlich. Nur wenn man mal so richtig tief in der Scheiße gesteckt hat, weiß man das Leben zu schätzen. Zudem hatte man auch nur aus Fehlern gelernt, somit ergab alles, was man erlebte, auch einen Sinn. Die meisten Menschen waren auf der Suche nach dem Sinn des Lebens. Frankie sagte aber, dass ausnahmslos alles auf irgendeine Weise Sinn hatte und nichts auf dieser Welt ohne Grund passierte. Auch deshalb war er mittlerweile wirklich froh, ein völlig selbstbestimmtes Leben zu führen und nicht andauernd nur von Dritten, wie zum Beispiel den Eltern oder dem Pflegepersonal, geschont zu werden. Er durfte nicht nur seine Fehler machen, er musste das sogar, denn daraus lernte er. Da konnte man ihm tausendmal sagen, irgendwas sei ein Fehler gewesen, erst wenn er diesen Fehler gemacht hatte, spürte er auch selbst, dass es einer war und beging ihn dann nicht noch einmal. Das betraf natürlich nicht nur Frankie, sondern war ganz allgemein so der Fall. Einem Kleinkind konnte man auch tausendmal sagen, es sollte nicht auf eine heiße Herdplatte fassen, erst wenn das Kind sich mal diesem schmerzhaften Unterfangen hingegeben hatte, begriff es, dass es wohl besser wäre, die Finger davon zu lassen.

Früher hatte Frankie sehr oft und viel darüber nachgedacht, wie er wohl gewesen wäre, wenn er diese Behinderung nie gehabt hätte. Vielleicht wäre aus ihm ein ganz braver – fast langweiliger – Mensch geworden, vielleicht wäre er aber auch – rückblickend auf seine wilden Jugendjahre – auf eine schiefe Bahn abgedriftet. Aber wie auch immer, darüber nachzudenken war Zeitverschwendung, auf jeden Fall wäre er ein komplett anderer Mensch geworden, und auf gar keinen Fall wollte er ein anderer sein. Dass ein Mensch von all seinen Erlebnissen geformt wurde, war jedem klar, aber diese Erkenntnis wurde sogar streng wissenschaftlich bestätigt. Diesen Wissenschaftszweig nannte man Epigenetik.

Es war der 26. Juni 2000, als der damalige US-Präsident Bill Clinton im Weißen Haus, flankiert von zwei namhaften Forschern, den vorzeitigen Abschluss, vollständig abgeschlossen war es erst im Jahre 2003, des Jahrzehnte dauernden Kraftaktes namens „Human Genome Project" den Anwesenden und der gesamten Welt präsentierte, die via Satellit live zugeschalten war. Er hatte mit den Worten: „Ich möchte Ihnen heute eine Landkarte präsentieren …" begonnen und zwar genau in demselben Raum, in dem einer seiner Vorgänger, Thomas Jefferson, 200 Jahre zuvor die erste Landkarte Amerikas präsentiert hatte. Er nannte diese Landkarte auch das Buch des Lebens. Es handelte sich um den vollständig übersetzten Gen-Code des Menschen. Die ganze Welt war in Aufruhr. Alle waren der Meinung, mit diesem „Buch des Lebens" nun alles Notwendige über den menschlichen Körper zu wissen und mit diesem Wissen Krankheiten heilen, als auch die natürlichen Funktionen des menschlichen Körpers zu verbessern zu können.

Einige Jahre später war den Forschern bewusst geworden, dass ihnen die Übersetzung des Gen-Codes nicht viel gebracht hatte und die damaligen Versprechungen nur bedingt eingehalten werden konnten. Man hatte nun sagen können, man kannte noch nicht das ganze Buch, sondern nur das erste Kapitel oder gar nur den Glossar. Seit Jahrzehnten hatte sich deshalb auch die Theorie entwickelt, dass der Gen-Code noch nicht alles wäre.

Metaphorisch könnte man sich den gesamten menschlichen Organismus wie einen Computer vorstellen. Stell dir nun den

Gen-Code als die Hardware dieses Computers vor. Keine Hardware kann ohne eine gute Software arbeiten. Die Software in diesem Fall nennt man Epigenome. Diese Software ist in Histonen der DNA gespeichert. Histone sind Proteine, um die sich die DNA winden kann. Dies dient dem Verpacken und der Genregulation. Diese DNA-Programme „sagen" dem Körper, wie er mit dem vorhandenen Gen-code, also der Hardware, umgehen soll oder genauer gesagt, welche Proteine produziert werden sollen und welche nicht. Diese Programme sind, wie der Name schon sagt, programmierbar und werden beeinflusst von allen Arten von Umwelteinflüssen, unserem Bewusstsein, dem Lebensstil, der Erziehung bis hin zu Erlebnissen im Mutterleib und noch vielem mehr. Dies soll nun aber nicht so verstanden werden, dass der entschlüsselte Gen-Code und damit die ganze Genetik nicht stimmten und deshalb verworfen werden sollten. Denn ohne entsprechende Hardware kann auch keine Software existieren.

Die Programmierung erfolgt grundlegend über sogenannte epigenetische Schalter. Ein Schalter ist natürlich nur als Symbol zu verstehen, wir haben in der DNA wohl kaum 40.000 Lichtschalter eingebaut, also was versteht man genau unter dem Begriff epigenetischer Schalter?

Es geht um Substanzen namens DNA Methyltransferasen, kurz DNMTs genannt. Diese DNMTs sind Enzyme und bauen kleine Riegel – Moleküle – in die DNA ein. Diese Moleküle sind Methylgruppen, also chemisch sehr einfache Strukturen, bestehend aus einem Kohlenstoffatom und drei Wasserstoffatomen. Diese Methylgruppen docken an die Base Cytosin an, damit die Proteine, welche den genetischen Code aufweisen, nicht mehr an der Doppelhelix angreifen können. Das entsprechende Gen ist somit deaktiviert. Der menschliche Körper verfügt über viele Arten von DNMTs, die auf beliebig verschiedene Arten gesteuert, also „methyliert" werden. Diese Enzyme bilden so für jede einzelne Zelle ein Regulierungsmuster, oft auch Genaktivitätsmuster genannt. Diese Genaktivitätsmuster können wiederum, wie schon vorhin erwähnt, von Umwelteinflüssen, Lebensstil usw. entsprechend „umprogrammiert" werden.

Dieser kurze Ausflug in die Biochemie soll nur zeigen, dass das ganze New-Age-Palaver um Bewusstseinskontrolle, Lebensstil und so weiter keine Scharlatanerie gewesen ist, sondern dass durch diese wirklich biochemische Prozesse im Körper abliefen. Die Epigenetik hatte sich erst in den Jahren zuvor zu einem anerkannten Forschungszweig entwickelt und steckte deshalb immer noch in den Kinderschuhen.

Ganz grob hätte man dies auch ungefähr so erklären können, zumindest welchen Einfluss die Generation auf unsere Gene hat: Wenn ein Kind von seinen Eltern während der gesamten Kindheit ständig auf übertriebene Weise beschützt wird und ihm nicht mal erlaubt wird, im Dreck zu spielen, nur weil es sich da ja die ärgsten Krankheiten einfangen könnte, dann passiert nichts anderes, als dass die Gene, die diverse Abwehrstoffe produzieren, methyliert, also deaktiviert werden. Dieses Kind würde in seinem späteren Leben sehr krankheitsanfällig werden. So wie jeder Mensch hätte es zwar die notwendigen Gene, um die entsprechenden Abwehrkräfte zu produzieren, aber sie wären eben stillgelegt.

Natürlich wäre auch Frankie lieber nicht so behindert gewesen, aber nur, wenn er erst nach seinen Erfahrungen mit der Behinderung, unter welchen Bedingungen auch immer, von seiner Krankheit mehr oder weniger geheilt worden wäre. Mit mehr oder weniger meinte er, dass er einen gesunden Oberkörper, ein normales Sprachbild, normales Gehör, normalen Schlaf und damit gleich viel Energie hätte wie viele andere auch. Er wollte aber nicht auf seinen Rollstuhl verzichten, denn er genoss es oft sehr, deswegen schnell im Mittelpunkt zu stehen und die ganze Welt um sich drehen zu lassen. Frankie hätte so ziemlich alles dafür getan, um zu einer Genesung zu gelangen – außer vielleicht zu töten.

Frankie gab sich dann seinem üblichen Tagesablauf hin, er, Christina und Julia gingen gemeinsam einfach nur mit Funky spazieren und ein bisschen was einkaufen. Frankie fand es toll, dass Julia wirklich Interesse an ihm zeigte. Vor allem genoss er es aber, dass sie ihre ganze Aufmerksamkeit auf ihn lenkte, denn er war es so gewohnt, dass alle neuen Bekanntschaften von ihm sich größtenteils mit seinen Assistenten unterhielten statt mit ihm selbst. Julia aber zeigte so großes Interesse an ihm, dass er das Gefühl hatte, Christina wäre nur das fünfte Rad am Wagen. Frankie redete wie ein Wasserfall, ging dabei sogar sofort ins Detail und dachte sich:

Ja verdammt nochmal, ist sie das jetzt tatsächlich? Die, auf die ich schon so lange gewartet habe?

Was ihn aber etwas störte, war, dass sie sich sehr verschlossen präsentierte. Als er ihr zum Beispiel von seiner Schulzeit erzählte, fragte er sie natürlich auch nach ihrer Ausbildung, aber sie stellte solche Informationen sofort als irrelevant dar, sagte nicht viel dazu, sondern stellte ihm gleich die nächste Frage. Er lud Julia noch auf eine Pizza ein, damit Christina nichts mehr für ihn kochen musste und er sie nach Hause schicken konnte. Er dachte nämlich, dass Julia sich nicht öffnen würde, solange Christina noch anwesend war.

Es gab noch einen kleinen Beweis, dass Julia eine ganz liebenswürdige, intelligente, hübsche, erfolgreiche und – ach, alle weiteren Adjektive, die einen tollen Menschen beschreiben – Frau war, und dieser hieß Funky. Denn er war auch von Anfang an total begeistert von Julia. Anders als bei den meisten anderen hörte er sofort auf ihr Kommando, andere ignorierte er oft völlig.

Sie setzten sich dann auf seine Terrasse, tranken Kaffee, und er gab Christina einen symbolischen Arschtritt, war sich aber sicher, dass sie sehr wohl wusste, was er vorhatte. Gerade mal, dass sie nicht sagte: Ich hau ab, also gib dich in aller Ruhe deinen Verführungskünsten hin.

Es war erst Oktober, deshalb war er etwas verwundert, warum Julia ihn fragte, was er in diesem Jahr zu Weihnachten vorhätte.

„Ich war schon seit Jahren zu Weihnachten nicht mehr zu Hause, weil ich dann zusammen mit meistens zwei Assistenten immer weit weg in den Urlaub fliege", sagte Frankie.

„Das klingt ja toll. Wohin fliegst du da immer? Dieses Jahr auch?"

„Ich war schon in Spanien, Griechenland, Ägypten, aber wo ich am allerliebsten hinfliege, ist die Dominikanische Republik. Nur dieses Jahr wird sich das finanziell nicht ausgehen, da so ein großer Urlaub für Menschen mit Behinderung doppelt oder sogar dreimal so teuer ist wie für andere, weil man ja alle Reisekosten für die Assistenten mit bezahlen muss", antwortete er mit einem etwas traurigen Unterton.

„Naja, vielleicht ergibt sich dieses Jahr ja was anderes", meinte sie darauf und vermittelte ihm dabei das Gefühl, dass sie etwas mit ihm vorhätte, und Frankie stellte sich sofort auf weitere schlaflose Nächte des Nachgrübelns ein.

Was zum Teufel hat sie denn bloß mit mir vor?, dachte er.

Er erinnerte sich noch gerne an seinen ersten großen Weihnachtsurlaub in der Dominikanischen Republik, als er 33 Jahre alt gewesen war. Er hatte diesen Urlaub zusammen mit seinem Assistenten Max und einem sehr guten Freund von ihm angetreten. Sein Name war Robert, ein weiterer Rollstuhlfahrer – querschnittgelähmt –, der schon seit Jahrzehnten sein direkter Nachbar gewesen war, also bereits im Behindertenheim, in dem er vor seinem Umzug in die eigene Wohnung gelebt hatte, mit Frankie zusammenlebte und der sogar die direkte Schuld dafür trug, dass Frankie damals seinen großen Schritt in die Selbstbestimmung wagte. Es war eine Schnapsidee von den beiden gewesen, diesen Urlaub antreten zu wollen. Schnapsidee deshalb, weil sie ja so absolut überhaupt keine Ahnung hatten, wie diese Reise zu bewerkstelligen wäre. Zum Beispiel hatten sie damals noch gar nicht daran gedacht, dass die ganze Arbeit für beide so verdammt stressig wäre. Max hatte sich das zuerst auch einfacher vorgestellt, und er würde ihm noch bis zu seinem Lebensende sehr dankbar sein, dass er sich für die beiden diese zwei Wochen lang so den Arsch aufgerissen hatte. Frankie und Robert hätten damals wohl besser für zwei Begleitpersonen sorgen sollen, aber Robert meinte eben immer, er würde sowieso kaum Hilfe benötigen, weil er ohnehin weitgehend selbständig wäre. Das hatte zwar schon gestimmt – er lebte in seiner eigenen Wohnung und hatte sogar, im Gegensatz zu Frankie, kaum Assistenten angestellt, weil er sowieso alles alleine machte. Was er aber nicht berücksichtigt hatte war, dass er am Urlaubsort nicht in seiner gewohnten Umgebung war und daher eben doch Hilfe benötigen würde. Aber ganz egal, auf jeden Fall hatten sie alle einen riesengroßen Spaß gehabt und sehr viele unvergessliche Momente erlebt.

Kurz bevor sie sich auf den Weg zum Flughafen gemacht hatten, hatte Frankies damalige Freundin Laura die Beziehung mit Frankie beendet, und Max war zuerst der Meinung, Laura hätte mit dieser Aktion ihren langersehnten Urlaub vermiest. Max hatte sich gedacht, dass Frankie ihm deswegen zwei Wochen lang die Ohren volllabern würde. Das hatte sich aber auf einen Abend beschränkt. Sie waren erst drei Tage lang in diesem wunderschönen Urlaubsort gewesen und Robert ging schon sehr früh zu Bett, weil er an einem extremen Jetlag litt. Max und Frankie waren alleine losgezogen, um sich – im wahrsten Sinne des Wortes – die ganze Nacht einem etwas übertriebenen Alkoholgenuss hinzugeben. In einer Bar dort hatte es ein Gesöff gegeben, welches sich „Blue Kamikaze" nannte. Es war sehr hochprozentig, aber süffig, also hatten sie, auch mit anderen Urlaubsgästen, mit einem Glas nach dem anderen angestoßen. Immer nachdem sie gerade einen getrunken hatten, bestellten sie gleich das nächste, weil sie den Alkohol noch gar nicht spürten. Aber nach 47 Minuten hatte das Getränk seine Wirkung gezeigt. Das Einzige, an das sich Frankie noch erinnerte, war, dass sie sich gegenseitig ihre Probleme mit dem weiblichen Geschlecht – auch Max hatte damals größere Probleme mit seiner Freundin – vorjammerten. Dieser Abend war für beide in ewiger Erinnerung geblieben, denn er hatte die beiden für immer und ewig zusammengeschweißt. Wie fast alle Freunde konnte auch Max Frankie so richtig auf den Nerv gehen, trotzdem blieb er bis zum bitteren Ende sein wahrer Freund.

Zugegebenermaßen war es nicht unbedingt ein Einzelfall, aber in dieser Nacht hatte er einen kompletten Filmriss. Er hatte sich nur noch ganz vage daran erinnern können, dass Max ihn in aller Herrgottsfrühe aufs Zimmer schob, was aber dann noch passierte, war ihm leider entfallen.

Max hatte ihm zwar so einiges von seinem unrühmlichen Verhalten erzählt, aber um diese Erzählung seriös zu halten, bleiben diese angeblichen Vorkommnisse besser unerwähnt. Auf jeden Fall hatte Frankie dann kein Wort mehr über seine schiefgegangene Beziehung mit Laura – oder sagen wir besser, diese Farce – verloren, und die Drei verbrachten eine unvergessliche Zeit in diesem, für mich sehr empfehlenswerten, Land. Bei ihm zu Hause hatte es Minusgrade, also waren die drei die Einzigen, die in dieser Weihnachtszeit sonnengebräunt nach Hause kamen. Schon als sie in der Dominikanischen Republik wieder den Flughafen aufgesucht hatten, sagte Frankie: „Da will ich wieder hin!" Er hatte dann diesen Urlaub tatsächlich noch öfters – immer zu Weihnachten – wiederholt, einmal davon sogar im selben Hotel, und jede dieser Reisen war noch schöner als die bisherigen.

Frankie erzählte Julia noch viel mehr über diesen und auch über die anderen Urlaube in der Dom. Rep., vertraute ihr sogar Geschichten an, die er sonst nicht sofort jedem erzählte. Immer wieder wartete er darauf, dass sie ihm auch von ihren Reisen berichtete, aber sie präsentierte sich nach wie vor sehr verschlossen. Das Einzige, was er herausfand war, dass sie selbst noch nie Urlaub in der Dominikanischen Republik gemacht hatte, weil sie zu ihm sagte: „Deine Urlaubserzählungen klingen so wahnsinnig toll, dass es mir schon so vorkommt, als hätte ich noch überhaupt nichts erlebt. Ich würde da auch so gerne mal hinfliegen."

„Okay, wenn das so ist, dann nehme ich dich das nächste Mal mit!", antwortete er, und sie sah ihn mit einem sehr verträumten Blick an, der ihm fast Tränen der Vorfreude in die Augen trieb.

Es war mittlerweile schon sehr spät, und sein Abenddienst tanzte bereits an. Er war jetzt auch schon wirklich sehr müde von dem ganzen Gespräch, vor allem weil er an diesem Tag viel mehr geredet hatte als sonst. Frankie machte das einerseits, weil er einfach gerne über sich sprach, andererseits war das ein sehr gutes Sprachtraining. Er kannte sehr viele Menschen mit Behinderung, die auch größere Sprachschwierigkeiten hatten, und diese gaben oft auf, sprachen gerade mal das Nötigste. Frankie aber sicher nicht, er versuchte immer so viel zu sprechen wie möglich, sogar wenn die anderen ihn vielleicht gar nicht mehr gut verstehen konnten, was ihm aber völlig egal war. Nur durch dieses Training konnte er bis zu diesen Tagen – und wahrscheinlich auch noch viel länger – relativ verständlich sprechen. Bevor andere sein Geplapper loswerden würden, würde er wohl über den Jordan gehen müssen.

Die Tür ging auf, und sein Abenddienst betrat seine Wohnung, weshalb er sich schweren Herzens von Julia trennen musste, nicht ohne sie gleich zu fragen, wann sie sich das nächste Mal wiedersehen würden.

„Keine Sorge, ich schau wahrscheinlich schon morgen wieder bei dir vorbei", sagte sie, drückte ihn ganz fest an sich und verpasste ihm einen so saftigen Schmatz, dass sein Assistent sofort glaubte, Frankie wäre schon wieder erfolgreich in der Verführung des weiblichen Geschlechts gewesen.

Na super, damit kann ich jetzt wieder die ganze Nacht nicht schlafen, dachte er sich, *was hat die Frau denn bloß mit mir geplant?*

KAPITEL 7

„Wo ist Mama?"

Frankies Nachname lautete Hava. Seine Vorfahren stammten aus Südeuropa, und in einer der dortigen Sprachen bedeutet Hava so viel wie „Luft". Man könnte das auch als leichten Wind interpretieren. Seine Eltern hatten ihn Frankie genannt, weil dieser Name ursprünglich „Freiheit" bedeutet. So gesehen würde der indianische Name von Frankie „Frei wie der Wind" lauten.

Frankies Kindheit war unglaublich schön gewesen und wurde, wie es sein Name am besten zum Ausdruck bringen würde, von Freiheit geprägt. Er war in einer kleinen Ortschaft in den Bergen aufgewachsen, jedoch nicht ganz so hoch, sondern am Fuße einer größeren, prähistorisch geformten Landschaftserhebung, wo sich ein bekanntes Skigebiet befand. Frankies Eltern waren die Besitzer eines kleinen, aber feinen Hotels, welches nicht das ganze Jahr über gerammelt voll war, sondern nur in Zeiten von Schulferien. Was aber nicht heißen soll, dass außerhalb der Ferien nichts zu tun war. Denn es war auch ein Restaurantbetrieb, welcher das ganze Jahr über gut besucht war. Frankies Mama Christine hatte dort in der Küche gearbeitet, er konnte also bis zu seinem Lebensende eine hervorragende kulinarische Verpflegung genießen. Sein Vater Ivan hatte dort im Service gearbeitet, und da sie immer nur dann, wenn Großbetrieb war, Aushilfskräfte beschäftigten, waren seine Eltern „rund um die Uhr in der Arbeit". Speziell seine Mama hatte sich später noch große Vorwürfe gemacht, sie hätte immer zu wenig Zeit für ihre Kinder gehabt. Frankie war aber der Meinung, das würde nicht stimmen. Okay, im Vergleich zu anderen hatten sie echt ein bisschen wenig Zeit gehabt, aber wenn sie sich Zeit genommen hatten – und das hatten sie eben doch immer wieder – waren sie in vollem Umfang für ihre Kinder da. Das war vielleicht auch der Grund, warum Frankie sowie auch seine Geschwister so einen starken Bezug zu ihren Eltern entwickelten. Es gibt viele Kinder, die genau das von ihren Eltern sehr vermissen. Andere Kinder verbrachten vielleicht viel mehr Zeit mit ihren Eltern, waren sogar unter ständiger Beobachtung ihrer Erzeuger, diese waren aber nur selten wirklich ganz für sie da, sondern schweiften sehr leicht mit ihren Gedanken ab und waren dadurch sehr oft etwas abweisend. Frankies Eltern hatten zwar wenig Zeit gehabt, aber die Qualität ihrer Betreuung stimmte zu 100 Prozent. Auch später noch hatte sich Frankie auf die Tatsache besonnen, dass Qualität eine viel größere Bedeutung als Quantität besaß.

Sein Vater hatte immer gerne die Geschichte erzählt, dass seine Kinder, wenn sie von der Schule oder vom Spielen nach Hause kamen, sofort gefragt hatten:

„Wo ist Mama?"

„Natürlich in der Küche", hatte er geantwortet, „soll ich sie für dich holen?"

„Nein, nein, lass nur", hatten sie geantwortet, „ich wollte nur wissen, ob sie da ist."

Obwohl sie gewusst hatten, dass sie wahrscheinlich zu viel zu tun hatte, mussten sie einfach wissen, wo sie zu finden war. Denn es hätte doch jederzeit sein können, dass sie ihre Mutter gebraucht hätten, also mussten sie auch ständig wissen, wo sie sich befand.

Frankie hatte drei Geschwister, eine Schwester und zwei Brüder, die alle ungefähr in vier Jahresabständen älter waren als Frankie. Er war also der Nachzügler der Familie, das Nesthäkchen und noch dazu körperlich behindert. Damit kannst du dir vorstellen, wie behutsam mit ihm umgegangen wurde. Das wäre aber eigentlich gar nicht unbedingt notwendig gewesen, denn Frankie war der Meinung, dass seine Familie oder überhaupt alle anderen Menschen ein viel größeres Problem mit seiner Behinderung hatten als er selbst.

Sein jüngerer Bruder Thomas hatte eine Ausbildung im Gastgewerbe gemacht und seine Eltern finanzierten diese Ausbildung mit dem Hintergedanken, er würde später ihr Hotel übernehmen. Thomas hatte aber später diesen Weg nicht einschlagen, wollen und seine Eltern mussten sich, als er schon 25 Jahre alt war, schweren Herzens von ihrem geliebten Hotel trennen. Sie hatten direkt neben der Ortschaft ein Einfamilienhaus gebaut, in dem sie noch ein sehr langes Leben führten. Frankie hatte es fast als großes Glück gesehen, dass er diese Behinderung hatte, so blöd das jetzt auch klingen mag, denn er war sich fast sicher, dass er sonst dieses Hotel übernommen hätte und wahrscheinlich bis zu seinem Tod in diesem Scheiß-Kaff verbracht hätte. Seine Eltern hatten immer gesagt: „Frankie wäre der geborene Wirt gewesen!" Naja, Schwein gehabt!

Sein älterer Bruder Carl hatte sich für eines der schwersten Technikstudien der damaligen Zeit entschieden und war zu einer ganz großen Nummer in einer sehr bekannten, erfolgreichen Firma geworden, die hauptsächlich Wasserkraftwerke weltweit baute.

Das Hotel, in dem er aufgewachsen war, war ein Familienbetrieb, also arbeiteten auch seine Brüder und seine Schwester das ganze Jahr über für das Hotel. Frankies Geschwister waren meistens im Service eingesetzt, servierten ihren Gästen das Essen und waren sogar für alle Abrechnungen im Hotel verantwortlich. Frankie hätte eigentlich auch immer im Hotel mitarbeiten wollen, da seine Behinderung sich aber langsam manifestierte, konnte er von seinen Eltern nie im Service eingesetzt werden. Das hatte ihn aber nicht davon abgehalten, Arbeiten für ihr Hotel zu erledigen, und er reinigte das gebrauchte Geschirr der Gäste. Frankie hatte es immer als eine riesengroße Mission gesehen, diese immens große Spülmaschine zu bedienen. Sie alle hatten dafür aber nie so richtig bezahlt werden wollen, weil sie ohnehin genügend Unterstützung von ihren Eltern bekamen. Sie hatten also nur ein bisschen davon zurückgegeben. Deswegen hatte für sie alle ihr ganzes Leben immer nur aus Arbeit bestanden, was oft zur Folge hatte, dass sie ganz sich selbst vergaßen. Auch später war Frankie ewig lange nur für andere da statt für sich selbst. Das war der Grund dafür, dass Frankie alle Feiertage hasste wie die

Pest. Er hatte immer nur gesehen, dass andere Kinder mit ihren Eltern an Feiertagen ihr Hotel besuchten, um dort zu Mittag zu essen und einige angenehme Stunden miteinander zu verbringen. Für Frankies Familie hatten aber Feiertage Stress pur bedeutet, denn da war das Hotel immer bis zum letzten Platz gefüllt. Wenn Frankie nicht gerade den Abwasch in der Küche erledigt hatte, sperrte er sich in seinem Zimmer ein und starrte gelangweilt auf die Uhr. Das war der Grund dafür, dass er an Feiertagen ganz automatisch total mies gelaunt war.

Er hatte, wie die meisten anderen Kinder in seiner Umgebung, seine Freiheiten genießen können und war nicht dauerhaft oder gar ständig unter Beobachtung seiner Eltern. Natürlich hatte auch er ziemlich viel Blödsinn veranstaltet, und da waren Unternehmungen dabei, von denen er später richtig froh war, dass seine Eltern nichts davon erfahren hatten.

Die Ortschaft, in der er aufwuchs, war eine sehr religiös angehauchte Stätte. Es gab dort einen Heilbrunnen, und laut der Legende wusch sich ein Adeliger aus der Umgebung, der erblindet war, in diesem Brunnen seine Augen aus und konnte danach wieder sehen. Aus Dank für seine Genesung hatte er dort eine Kirche gebaut, und das Hotel, in dem Frankie aufgewachsen war, befand sich direkt am Hauptplatz der Ortschaft neben dieser Kirche.

Sie hatten im Hotel sehr viele Stammgäste, die allesamt zu Frankies Familie gehörten. Da seine Eltern, vor allem in Ferienzeiten, im Dauerstress waren, war Frankie die meiste Zeit mit diesen Stammgästen unterwegs und freute sich schon Monate vorher auf ihren nächsten Besuch. Es war aber dadurch immer ein großes Ereignis, wenn sich seine Eltern trotz ihrer vielen Arbeit doch einmal Zeit für ihre Kinder nahmen. Diese Tage waren etwas ganz Besonderes und blieben sehr lange in Frankies Erinnerung.

Der Pfarrer der Ortschaft war schon gestorben, als Frankie noch ein kleines Kind war. Das Einzige, was ihm noch bis zu seinem

Lebensende über ihn in Erinnerung blieb, war, dass er als Vier-jähriger mit den Stützrädern seines damaligen Fahrrads dem Pfarrer auf dem Hauptplatz der Ortschaft über die Zehen raste.

Da Frankies Eltern wirklich sehr viel zu arbeiten hatten, war seine Schwester Maria wie eine zweite Mutter für ihn, und er war sehr traurig, als sie ihn mit seinen damaligen fünf Jahren verließ, um in einem anderen Land für ein etwas größeres Hotel zu arbeiten. Einige Jahre später hatte sie sogar den Sohn dieser Hotelbesitzer geheiratet und mit ihm gemeinsam die Jahrzehnte darauf dieses Hotel zu einem riesigen, vornehmen, super teuren Luxushotel ausgebaut. Er hatte es noch sehr lange Zeit genossen, dass er im-mer wieder, eigentlich nur um Maria zu besuchen, Urlaub in so einem super Hotel machen durfte, welches er sich sonst mit sehr großer Wahrscheinlichkeit nicht hätte leisten können.

Er konnte sich lange Zeit an ein kleines Erlebnis erinnern, als er, wie so oft, tieftraurig und tränenüberflutet seine Schwes-ter besuchte, um sich an ihrer Schulter auszuweinen. Dieses eine Mal war das nicht gewesen, weil seine Mama keine Zeit für ihn hatte, sondern weil sie der Grund für seine Traurigkeit war. Sie hatte ihn nämlich geschlagen und zwar das erste und auch ein-zige Mal. Sie konnte sich auch noch lange daran erinnern, und es tat ihr unendlich leid, dass sie damals diese Gewaltbereitschaft gezeigt hatte. Später konnte er ihre Überreaktion sehr gut ver-stehen. Im Nachbarhaus des Hotels hatte es ein kleines Geschäft gegeben, welches unter anderem Süßigkeiten verkaufte. Fast je-den Tag hatte Frankie dieses Geschäft aufgesucht, um die nächs-ten Zähne schädigenden, ungesunden Gaumenfreuden käuflich zu erwerben. Um zu seinen damaligen finanziellen Mitteln zu gelangen, war er auf die zugegebenermaßen schwachsinnige Idee gekommen, im Wohnzimmer seiner Eltern auf die Regale zu klettern, auf denen seine Mama ganz oben eine Glasschale auf-bewahrte, in der sie Kleingeld sammelte. Alle diese Regale wa-ren vollgestopft mit lauter wunderschönen, antiken Glasschmuck-stücken, die allesamt Familienerbstücke waren. Frankie, wie du dir mittlerweile sowieso schon denken kannst, hatte bei seinem verzweifelten Versuch, zu dem Kleingeld zu gelangen, die ganzen Regale abgeräumt, sodass sämtliche dieser unersetzlichen Familienerbstücke sich mit riesigem Getöse über den ganzen Wohnzimmerboden verteilten. Als Frankies Mama das sah, rastete sie total aus und verpasste ihm einige Ohrfeigen. Es waren nur ein paar Ohrfeigen gewesen, also zu behaupten, sie hätte ihn geschlagen, wäre übertrieben. Das Ganze hatte ihr noch sehr lange Zeit wahnsinnig leid getan, aber alles hatte seinen Sinn und erfüllte seinen Zweck, denn er hatte ab diesem Zeitpunkt alle Wertgegenstände seiner Mama sehr behutsam behandelt.

An einem dieser Kindheitstage hatte er auch seinen damaligen besten Freund Andy kennengelernt. Andy hatte lange Zeit noch zu seinen besten Freunden gezählt, auch wenn der Kontakt zu ihm, nachdem er viel später geheiratet und seine Frau zwei Kinder geboren hatte, leider etwas abbrach, aber die Zeit in seiner Kindheit mit Andy war so unglaublich schön, dass er sie nie vergaß. Das soll aber nur heißen, dass der ständige Kontakt etwas abgebrochen war, aber natürlich zählte Andy bis zu seinem Lebensende zu seinen besten Freunden.

Andy war ungefähr so alt wie Frankie, nur ein paar Monate jünger, und seine Mama erzählte ihm, dass sie sich schon sehr früh kennenlernten, als Frankie und Andy noch zusammen in der Sandkiste gespielt hatten. Andy war auf einer Farm in der Nähe seiner Ortschaft aufgewachsen, war also ein echtes Bauernkind. Auf dem Bauernhof hatte es auch viele Kühe und ganz viele freilaufende Hühner, Katzen, Hasen und noch viele andere Tiere gegeben. Sie hatten auch einen großen Heustall und waren in Besitz der umliegenden Ländereien, auf deren Feldern sie sehr viel Getreide und diverse Früchte, wie zum Beispiel Erdbeeren, anbauten oder einfach nur das Gras mähten, um es dann in ihrem Heustall zu horten und weiterzuverkaufen. Viel später erinnerte er sich gerne daran, dass er zusammen mit Andy die ganze Erntezeit auf den Feldern verbrachte, wo sie sich immer einen Riesenspaß daraus machten, auf den Heuschobern, das sind Holzstangen, auf denen das gemähte Gras zusammengepresst zum Trocknen aufgehäuft wurde, herumsprangen. Andy war auch einer der wenigen Freunde, der seine ganze Behinderungsgeschichte von Anfang an miterlebte und trotzdem immer sein bester Freund blieb, denn zu sehr vielen Freunden aus seiner Kindheit hatte er später so gut wie gar keinen Kontakt mehr. Die beiden waren die meiste Zeit auf ihren Fahrrädern unterwegs und unternahmen zusammen ganz oft Ausflüge in die Berge. Dabei hatten sie bei jeder Rückfahrt Wettrennen veranstaltet, bei denen sie mit hoher Geschwindigkeit bis in die Ortschaft hinunter rasten und die sich oft erst in der letzten Kurve vor der Ortschaft entschieden. Diese Wettrennen hatten sich immer extrem gefährlich gestaltet, weil sie oft auf der Bergstraße die Kurven, ohne Rücksicht auf irgendwelche Verluste, schnitten, und er konnte von großem Glück sprechen, dass bei diesen Wettrennen nie ein größerer Unfall passierte.

Einmal im Jahr fand bei ihm zu Hause immer ein großes Radrennen statt, genau genommen ein Einzelzeitfahren, und die Ziellinie dieses Bergrennens befand sich auf dem Hauptplatz seiner Ortschaft, direkt neben dem Hotel. Das war in der damaligen Zeit eines der größten Ereignisse des ganzen Jahres, und das Hotel beziehungsweise das dazugehörige Restaurant erzielte an diesem Tag das Geschäft des Jahres. Natürlich hatten deswegen seine Eltern überhaupt keine Zeit für ihre Kinder. Meistens hatte er sich an solchen Tagen in seinem Zimmer vergraben, um sich die tausendsten Wiederholungen derselben Zeichentrickserien im Fernsehen anzusehen. Bei diesem Wettrennen aber war er natürlich draußen unterwegs und zwar immer mit Andy, um die teilnehmenden Radrennfahrer anzufeuern. An diesem einen Tag, Frankie war ungefähr sieben Jahre alt, hatten Andy und Frankie am Fuße der letzten Steigung vor der Ortschaft die Feuerwehr herumstehen sehen. Weil sie unbedingt wissen wollten, was diese dort zu erledigen hatte, beschlossen die beiden, sich auf ihre Fahrräder zu setzen und zum Feuerwehrauto hinunterzufahren. Es war an diesem Tag sehr heiß, und Frankie entledigte sich deswegen seines T-Shirts. Frankie hatte damals nur ein altes, kleines

Fahrrad, welches nur mit einer Rücktrittbremse ausgestattet war. Andy hatte schon ein größeres Fahrrad mit Gangschaltung und sehr guten Bremsen, auf dem er ohne Probleme Frankie vorauseilte. Frankie hatte aber seinem besten Freund genauso schnell hinterherfahren wollen. Sie hatten knapp 200 Meter nach unten fahren müssen und dabei eine so hohe Geschwindigkeit bekommen, dass Frankies altes Fahrrad unter ihm herumzuschleudern begann, und er dachte sich:

Scheiße, jetzt muss ich aber langsam mal bremsen, sonst schaffe ich es nicht mehr heil nach unten. Wenn ich aber die Bremse am Vorderrad betätige, mache ich einen Überschlag.

Also hatte er auf die Rücktrittbremse getreten, woraufhin sein Hinterrad sofort blockierte. Aufgrund der hohen Geschwindigkeit war das Hinterrad seitlich weggeschleudert, und Frankie flog ohne T-Shirt, Kopf voraus mitten auf den Asphalt, rutschte ein beträchtliches Stück weiter und blieb erst 18 Meter danach liegen. Danach fehlten ihm in seiner Erinnerung circa drei Minuten, deshalb nahm er an, dass er für kurze Zeit sogar sein Bewusstsein verloren hatte. Er konnte sich aber noch erinnern, wie er schmerzerfüllt, blutüberströmt auf dem Asphalt lag und nur sah, wie ein Teilnehmer des Radrennens an ihm vorbeifuhr. Aber da dieser ja eine gute Zeit hatte abliefern wollen, blieb er nicht stehen, um ihm zu helfen. Die meisten Zuschauer hatten sich etwas oberhalb, kurz vor oder in der Ortschaft befunden, und kein Mensch eilte ihm zu Hilfe. Es hatte einige Minuten gedauert, bis einer seiner Nachbarn mit dem Auto zu ihm gefahren war, um ihn in sein Auto einzuladen und nach Hause zu fahren. Frankie konnte sich noch erinnern, wie er bei dieser Rückfahrt in den Außenspiegeln seine aufgesprungenen Lippen gesehen und sich nur gedacht hatte:

Na super, jetzt seh' ich aus wie Freddy Krüger.

Sein Nachbar hatte ihn in der Küche des Hotels bei seiner Mama abgeliefert, die aber gerade die größte Arbeit des ganzen Jahres hatte. Seine Mutter und ihre Mitarbeiter hatten ihn nur notdürftig kurz verbunden und ihm schnellstmöglich das Blut abgetupft. Er hatte stundenlang dort in der Küche auf einer

Holzbank liegen bleiben müssen, bis die größte Arbeit endlich vorbei war und seine Mama mit ihm ins Krankenhaus der nächsten Stadt fuhr. Dort hatten sie seine aufgesprungenen Lippen erst mal wieder zusammennähen müssen, und er bekam auch die ersten Schmerzmittel seines jungen Lebens.

Meine Güte, solche Kindheitsunfälle hat doch jeder mal, wirst du dir jetzt vielleicht denken. Ja, stimmt schon, aber viel später behaupteten sogar die Ärzte, der Auslöser seiner Behinderung hätte an diesem Unfall gelegen, was natürlich völliger Blödsinn war, da seine Krankheit ja an einem Genfehler lag, was man damals aber noch nicht wusste. Schon damals hatte sich sein Talent, aus allen auch noch so negativen Ereignissen immer die positiven Seiten herauszupicken, zu zeigen begonnen, denn er empfand es sofort als sehr positiv, dass er nach dem Unfall für eine Woche nicht in die Schule musste.

Als dieser Unfall passierte war seine Behinderung wirklich schon stärker bemerkbar. Die allerersten Anzeichen, dass irgendwas mit seinem Körper nicht ganz stimmte, hatte er aber schon mit Beginn der Grundschule bekommen, erst mal nur durch leichte Gleichgewichtsstörungen. Frankie hatte schon damals extrem viel ferngesehen, war also fast fernsehsüchtig. Eine seiner Lieblingszeichentrickserien war Pinocchio, und seine Mama glaubte immer, ihr kleiner Bub würde die ganze Zeit nur den Pinocchio imitieren.

Andy und Frankie konnten ihre gemeinsame Kindheit, umgeben von vielen lieben Menschen und ganz vielen Tieren so richtig genießen. Sie waren fast jeden Tag zusammen unterwegs, meistens auf ihren Fahrrädern, denn auf dem Fahrrad war Frankies Behinderung, die durch sein unsicheres Gangbild langsam schon stärker sichtbar wurde, noch nicht auffällig. Zumindest nicht optisch, ihn hatte nur bei den Bergstrecken, die sie absolvierten, schneller als Andy die Kraft verlassen. Mit dem Fahrrad war Frankie sogar noch unterwegs, als er bereits den Rollstuhl bekommen hatte.

Er war schon fast 14 Jahre alt, als er ein allerletztes Mal in die Berge aufbrach. Seine Eltern hatten in den Ferien, zusammen mit den Hotelgästen, eine Wanderung zu einem bekannten Ausflugsziel in ihrem Gebiet veranstaltet. Frankie war es zu diesem Zeitpunkt kaum noch möglich, diese Wanderung zu Fuß zu absolvieren. Weil er aber unbedingt seinen Drang, wieder auf die Berge zu gelangen, hatte befriedigen wollen, beschloss er, diese mühsame Bergtour auf seinem zur damaligen Zeit sehr kostspieligen Mountainbike zu bewältigen. Er kannte einige Traktorwege, die quer über die ganzen Wiesen bis ganz nach oben führten, die aber sehr unwegsam und steil waren. Natürlich hatte ihm das keiner, vor allem nicht seine Eltern, zugetraut. Alle hatten sich gedacht, dass er ohnehin nach einer halben Stunde wieder kehrtmachen und nach Hause fahren würde. Frankies großes Ziel war aber, diesen Weg zu bewältigen, und wenn sich Frankie ein Ziel setzte, dann erreichte er dieses auch, mochte es noch so schwierig werden. Auf dem Weg nach oben, wo er auch viele andere Menschen traf, fühlte er sich verdammt gut und genoss es sehr, dass viele den Eindruck hatten, er wäre ein zukünftiger Profisportler, der sich zum Training einen der mühsamsten Wege ihrer Umgebung aussuchte. Aber Frankie musste schon sehr viele Pausen machen und sehr oft von seinem Fahrrad absteigen, um es zu schieben, vor allem wenn der Weg zu steil wurde und er keine Kraft mehr hatte. Auf dem ganzen Weg nach oben war er einige Male kurz davor, wieder umzudrehen, aber er wollte anderen, vor allem auch sich selbst, beweisen, dass er diese für andere unmöglich erscheinende Unternehmung schaffen würde und freute sich schon auf das Gefühl des Erfolges. Seine Eltern und ihre Gäste waren schon längst dort oben angekommen und dachten sich, er hätte ohnehin schon längst wieder umgedreht, als er plötzlich vor ihnen stand. Dass er wirklich vor ihnen „stand", war ein bisschen übertrieben ausgedrückt, denn in Wahrheit hatte er so absolut keine Kraft mehr, um noch aufrecht zu stehen. Er konnte sich noch jahrzehntelang an diesen Tag zurückerinnern, da er wirklich zum allerletzten Mal so hoch in den Bergen war. Er war dann wirklich froh gewesen, dass es auf dem Rückweg nur noch bergab ging, weil er keinen einzigen Meter mehr nach oben geschafft hätte.

Andy und Frankie hatten schon sehr früh eine weitere Leidenschaft entdeckt, nämlich das Motorradfahren. Das war eines der Erlebnisse, von dem Frankie richtig froh war, dass seine Eltern nicht wirklich viel davon mitbekamen. Denn sie hatten sich extrem gefährlichen Unternehmungen hingegeben, bei denen sie ab und zu dem Tod von der Schaufel sprangen. Einer von Andys älteren Brüdern war im Besitz einer monströsen, unglaublich starken und schweren 500 ccm Motorcross-Maschine. Sie stand immer in der Garage von Andys Elternhaus, und sein Bruder ließ fast immer den Schlüssel stecken. Andy und Frankie waren damals erst acht Jahre alt, also noch immer sehr kleinwüchsig und deshalb viel zu klein, um auf diesem großen Motorrad mit den Beinen auf den Boden zu gelangen. Aber deswegen hatten sie sich nicht davon abhalten lassen, sich auf dieses Ungetüm zu setzen und sich der Freude des Motorradfahrens hinzugeben. Sie fuhren aber immer zu zweit, meistens Andy vorne und Frankie hinter ihm, da jedes Mal, wenn sie Halt machen mussten, der Hintere vom Motorrad springen musste, um es festzuhalten. Das funktionierte natürlich nicht immer, und sie lagen so einige Male am Boden, fuhren deshalb aber nie auf asphaltierten Straßen, denn dann wären sie so einige Male im Krankenhaus gelandet. Einmal jedoch waren sie auf dem asphaltierten Güterweg in Richtung der Farm einem Lastauto hinterhergefahren, welches gerade Futter für die Kühe der Farm brachte. Da der Lastwagen sehr langsam fuhr, lenkte Andy das Motorrad zur Seite und setzte zum Überholen an. In diesem Moment war ein anderer Lastwagen entgegengekommen, der diverse Güter von der Farm abgeholt hatte, und die beiden sahen sich schon im Straßengraben liegen, denn sie hätten ja auch nicht stehen bleiben können, weil dann das Motorrad umgefallen wäre. Der einzige Ausweg war also, zwischen den Lastwägen hindurch zu fahren. Da diese Straße relativ schmal war, war zwischen den Lastwägen gerade mal für das Motorrad Platz, und Andy erlitt an beiden Ellbogen sehr schmerzhafte Abschürfungen. Sie waren beide so erschrocken, dass sie gleich darauf wieder stehen blieben, das Motorrad nach Hause schoben und nie wieder damit fuhren.

Diese Geschichte soll nur zum Ausdruck bringen, dass Frankie, und in diesem Fall auch Andy, einen oft etwas übertriebenen Mut besaß und nicht immer gleich völlig unbegründete Ängste hatte, sondern einfach „lebte". Es zeigte sich in Frankies ganzem weiteren Leben, dass man sehr viele Sachen nur dann erlebt, wenn man sich nicht gleich in die Hose macht, sondern die Sachen, die man sich vielleicht erst mal nur einbildet, einfach tut, ohne Rücksicht auf Verluste. Nur dann hatte man später auch was zu erzählen.

Andy war ein Siegertyp, der auch in sehr vielen Dingen wirklich besser war als Frankie, aber auch bei allen Unternehmungen, in denen er eigentlich nicht so gut war, wollte er gewinnen. Was ihm aber oft nur gelang, wenn er schummelte. Frankie bemerkte das natürlich immer, sagte aber nie was, weil er mit seinem besten Freund einfach nicht streiten wollte. Zum Beispiel fuhren sie mit ihren Skibobs im Winter kleinere Wettrennen auf Zeit auf einem kleinen Abhang hinter dem Hotel. Sie hatten dort riesige Rennstrecken mit Steilkurven und einigen Schanzen gebaut. Frankie hatte die Zeit von Andy immer ziemlich genau gemessen und erst dann auf die Stopptaste der Stoppuhr gedrückt, wenn Andy die Ziellinie überquerte. Andy wartete aber immer lange genug auf das Stoppen der Uhr, nur damit er die schnellere Zeit hatte.

Jedes Jahr an Ostern gingen alle Kinder von Haus zu Haus, legten dort ein Stück modriges Holz, welches glühte und rauchte, in deren Kamin und bekamen dafür ein bisschen Kleingeld. Das war so ein christlicher Brauch, und in der Früh, bevor die Kinder zu ihren Touren aufbrachen, wurde dieses Feuer vom Pfarrer geweiht. Das war, gerade für Andy und Frankie, die größte Einnahmequelle des ganzen Jahres. Schon Monate vor diesem Ereignis hatten sie damit begonnen, das modrige Holz im Wald zu suchen und die Route ihrer Unternehmung zu planen. Denn wenn sie immer nur dieselben Häuser wie alle anderen Kinder abgeklappert hätten, wäre dabei nie eine Summe an Einnahmen zusammengekommen, mit deren Höhe sich Andy und Frankie zufrieden gegeben hätten. Also besuchten sie immer Häuser weit abgelegen der Ortschaft, wo sonst keine Kinder hinkamen, denn dort bekamen sie nicht nur ein bisschen Kleingeld, sondern gleich ein paar Scheine von größerem Wert. Oft ließen sie sich sogar, meistens von Frankies Onkel, in die Berge fahren. Frankie war aber echt froh gewesen, so abgelegene Häuser aufzusuchen, nicht nur wegen der erhöhten Einnahmen, sondern vor allem, weil keines der anderen Kinder sehen konnte, wie tollpatschig er durch die Gegend lief.

Andy hatte schon extrem früh damit begonnen, sämtliche Gerätschaften seiner Farm zu bedienen, und die beiden fuhren schon mit ihren acht Jahren mit dem großen Traktor der Farm durch die Gegend. Andy musste dabei immer in der Fahrerkabine aufrecht stehen, weil er sonst nicht das Gaspedal erreicht hätte. Sie trafen sich oft eine halbe Stunde vor Beginn der Grundschule beim Güterweg zur Farm und fuhren dann quer über das Feld mit dem Traktor zur Schule. Nicht nur, dass es Riesenspaß machte, Frankie blieb dadurch sogar der lange, mühsame Weg zu Fuß zur Schule erspart.

In diesen Jahren war Frankies Behinderung langsam aber sicher sehr auffällig geworden, was zur Folge hatte, dass andere Kinder, außer Andy, ihn auslachten oder ihn sogar deswegen verarschten. Er hatte sich immer mehr zum Outsider entwickelt. Gott sei Dank war Andy in seinem Leben, denn wenn er mit ihm zusammen war, fühlte er sich voll von seinen Mitmenschen angenommen. Man wusste noch immer nicht so genau, was mit ihm los war. Er lief ständig wie ein schwer alkoholisierter Mensch durch die Welt, fiel sehr oft zu Boden und war in allen sportlichen Betätigungen der Schlechteste. Seine Eltern hatten mit ihm so ziemlich alles abgeklappert, was ihnen eine Erklärung seines Zustandes geben hätte können. Da waren nicht nur gut ausgebildete Ärzte dabei gewesen, sondern sogar irgendwelche „Wunderheiler". Aber die Ärzte hatten keine Erklärung gefunden, und alle anderen Idioten redeten ihm nur Scheiße ein. Erst viel später, nach dem vorzeitigen Abschluss des Human Genome Projects, konnte die wahre Ursache seiner Krankheit erklärt werden. Es waren aber gar nicht die Ärzte, die ihn darauf hingewiesen hatten, sondern es war Frankie selbst, der die Ursache seines Genfehlers auf eigene Faust durch seine Internetrecherche in Erfahrung brachte. Er hatte sich einen Kontakt zu einer der namhaftesten Neurologien weltweit hergestellt, ließ sich von seinem Hausarzt Blut abzapfen und schickte dieses dann für einen Gentest in diese Klinik. Seine Krankheit war unwiderruflich genetisch bestätigt worden, und plötzlich war seine Behinderung nicht mehr nur ein „Name". Bis dahin hatte kein Mensch gewusst, was in seinem Körper vor sich ging, aber man konnte sich damit rühmen, eine Bezeichnung dafür zu haben. Super! Erst dann wurde ihm bewusst, dass er jahrelang mit einer reinen Verdachtsdiagnose gelebt hatte.

Eine der vielen Untersuchungen im Krankenhaus blieb ihm bis zu seinem Lebensende in lebhafter Erinnerung. Er war erst neun Jahre alt und die Ärzte glaubten damals, seine Nervenbahnen selbst wären beschädigt, weswegen sie bei ihm eine Lumbalpunktion planten. Dabei wird eine elf Zentimeter lange Hohlnadel zwischen den Dornfortsätzen der Lendenwirbel eingeführt und Nervenwasser entnommen. Eigentlich sollte der Patient während dieser Punktion schmerzfrei bleiben, daher wird in den meisten Fällen auf jegliche Art der Narkose völlig verzichtet. Aber nur, wenn man auch ganz stillsitzen kann. Da Frankie jedoch erst neun Jahre alt war und man sich dadurch nicht sicher war, dass Frankie tatsächlich ganz ruhig bleiben konnte, sagten die Ärzte Frankies Mama, sie würden sie früh genug verständigen, damit sie für dieses, möglicherweise sehr schmerzhafte Vorhaben bei Frankie sein könnte. Aber das kam natürlich alles ein bisschen anders. Der Chefarzt, der diese Punktion hätte durchführen sollen, war kurzfristig erkrankt, und es wurde ein ganz junger Arzt, der eigentlich noch studierte und dort nur ein Praktikum ablegte, damit beauftragt. Man hatte Frankie in aller Frühe in einen Untersuchungsraum geholt, und dieser junge Schwachkopf packte direkt vor seinen Augen die furchteinflößende Nadel aus. Man hatte Frankie nur gesagt, er solle ganz still sitzen, sich also ja keinen Millimeter rühren, da sonst das Ganze schief laufen würde. Leichter gesagt als getan, natürlich war Frankies Rücken bei diesem Stich zusammengezuckt, und sein Arzt traf nicht die richtige Stelle zwischen den Lendenwirbeln. Vielleicht war aus diesem Arzt später noch ein sehr guter, erfolgreicher Mediziner geworden, für Frankie jedoch war er nur ein verflucht blöder Sadist. Frankie schrie, und ihm trat der Schweiß des Schmerzes aus den Poren. Insgesamt drei Mal hatte diese Punktion durchgeführt werden müssen, ehe dieser verdammte Scheißkerl endlich die richtige Stelle traf. Frankie war aber, zum Glück für alle Anwesenden, gar nicht mehr fähig zu schreien. Seit damals konnte er zumindest ein kleines bisschen nachfühlen, was es heißt, gelähmt zu sein, denn er konnte fast 24 Stunden seinen Körper nicht mehr spüren, geschweige denn bewegen. Eigentlich hätten sie damals dieses Krankenhaus dafür verklagen sollen. Man hatte durch diese Punktion so gut wie gar nichts rausgefunden, außer dass man für seine Krankheit fortan einen Namen hatte. Erst viel später, als er damit begonnen hatte, sich ganz genau mit seiner Krankheit zu beschäftigen, wurde es für ihn unerklärlich, wie man durch diese Punktion überhaupt hätte bestimmen sollen, welche Krankheit er hatte. Er glaubte dann, dass sie damals nur eine Sinnhaftigkeit dieser Punktion vorgaben, einfach nur um nicht zugeben zu müssen, dass man aus dieser Prozedur keine Erkenntnisse gewinnen konnte.

Viel später war Frankie der Meinung, dass alle Erlebnisse aus seiner Kindheit für alles, was später passierte, extrem wichtig und deshalb unglaublich positiv waren, da all diese Erfahrungen ihn im Endeffekt zu diesem Menschen gemacht hatten, der er später war.

KAPITEL 8

„Mach das doch einfach selber 2"

Frankie kam dann tatsächlich kaum zum Tiefschlaf, weil er die ganze Zeit darüber nachdenken musste, was Julia mit ihm wohl geplant hätte. Er versuchte, die Ruhe zu bewahren, indem er sich dachte oder besser gesagt, laut zu Funky sagte: „Haltet ein, Romeo!"

Irgendwann in der Früh schlief er dann doch aus Erschöpfung richtig ein, und als am nächsten Tag ein Assistent, der noch nicht allzu lange bei ihm arbeitete, zu ihm kam, wurde seine Sehnsucht bereits befriedigt, denn Julia stand schon wieder vor ihm, oder noch besser, sie weckte ihn sogar mittels eines French Kiss. Es war zwar gut, dass sein Assistent noch dabei war, weil er Julia noch einmal alle Tätigkeiten zeigen oder zumindest erklären konnte, aber eigentlich hätte er seinem Assistenten bereits absagen können, so tadellos erledigte Julia alles bei ihm. Zu Frankies Überraschung war Julia selbst es, die den Assistenten gleich nach dem kurzen Frühstück wieder verabschiedete. Sie sagte:

„Okay, du kannst schon wieder nach Hause gehen. Ich bin mir sicher, dass wir ab jetzt alleine zurechtkommen."

Na, vielleicht möchte sie sich doch mal etwas öffnen, dachte er sich, *aber eben erst, wenn kein Assistent mehr dabei ist.*

Die beiden gingen dann die übliche Runde mit Funky spazieren, und als sie ihn bei einer größeren Hundewiese von der Leine lassen konnten, begann sie das erste ausführliche Gespräch mit ihm, was ihm zum ersten Mal das Gefühl gab, sie würde ihn doch nicht nur mit belanglosem Geplappere nerven. Sie fragte ihn, ob er nicht manchmal davon träumen würde, dass die Forschung über seine Krankheit mal einen großen Durchbruch schaffen würde, damit sie endlich geheilt werden könnte.

„Ja, natürlich träume ich davon", antwortete er, ohne sich seine Antwort genauer zu überlegen, „Aber Träume sind Schäume. In Wahrheit denke ich nämlich nicht, dass eine Heilung in absehbarer Zeit möglich sein wird, vor allem, weil offizielle Neuentwicklungen von Behandlungsmöglichkeiten aufgrund der vielen, oft etwas schwachsinnigen, Ethikauflagen Jahrzehnte andauern können, bevor alle vorgeschriebenen Phasen durchlaufen wurden und das jeweilige Medikament endlich auf den Markt kommt. Da aber meine Krankheit jetzt schon sehr stark ausgeprägt ist, muss ich damit rechnen, dass ich den Abschluss einer solchen Studie wahrscheinlich nicht mehr erleben werde."

Sehr betroffen und voller Mitleid sah Julia ihm in die Augen. Eigentlich könnte er diese Art des Mitleids ausnutzen, sich umarmen und trösten lassen. Aber er konnte so ein Mitleid heischen überhaupt nicht ausstehen und fügte sofort hinzu:

„Hör sofort auf, mich mit solchen mitleidigen Augen anzusehen. Ich will damit ja nicht sagen, dass mein Leben morgen schon vorbei wäre. Ich habe schon noch genügend Zeit. Aber die Wahrheit ist eben, dass die Lebenserwartung bei meiner Krankheit stark verkürzt wird. Ich werde also sicher nicht an die 80 Jahre alt, sondern kann echt von großem Glück sprechen, wenn ich meinen 60. Geburtstag noch erlebe. Also bis dahin habe ich schon noch ein bisschen Zeit."

„Aber so wie ich dich kennengelernt habe, bist du nicht der Typ von Mensch, der gar nichts in diese Richtung unternimmt. Wie du mir erzählt hast: Kopf durch die Wand! Du hast doch nichts zu verlieren."

„Ja, das stimmt schon, nur hätte ich jetzt überhaupt keine Ahnung, wo ich ansetzen könnte. Da weiß ich auch nicht weiter!", antwortete er und versuchte verzweifelt, dabei nicht allzu traurig zu klingen.

„Weißt du, ich bin mir fast sicher, dass sich in absehbarer Zukunft eine sehr vielversprechende Möglichkeit für dich ergeben wird", sagte sie darauf und erfüllte Frankie damit mit einer neuen Hoffnung.

Eine reine Hoffnung zu haben, war für Frankie nicht gerade nur als positiv zu bewerten, außer es handelte sich um eine berechtigte Hoffnung. Hoffen konnte man auf so ziemlich alles, nur sind die meisten Hoffnungen völlig aus der Luft gegriffen und können deswegen sehr zerstörerisch wirken. Frankie brauchte für eine Hoffnung, damit sie in seinen Augen als berechtigt erschien, irgendwelche Ansatzpunkte, die ihm zeigten, dass diese Hoffnung irgendwann in Erfüllung gehen könnte. Oder noch besser war es, wenn er selbst irgendetwas zur Erfüllung dieser Hoffnung beitragen konnte. Er meinte das so: Viele Menschen träumten zum Beispiel davon, reich zu werden, taten aber gar nichts dafür, um diese Hoffnung auch in Erfüllung zu bringen und wunderten sich dann, wenn ihre Träume niemals wahr wurden. Frankie jedoch würde, bezogen auf dieses Beispiel, etwas unternehmen, um das Ziel zu erreichen, wie zum Beispiel eine gute Ausbildung abzuschließen. Damit wäre das Ganze dann eine berechtigte Hoffnung, und dieses Ziel erreichte er dann auch meistens. Nur, bei einer Hoffnung auf die Heilung seiner Krankheit fehlten ihm solche Ansatzpunkte.

„Was wäre, wenn sich aus heiterem Himmel eine vielversprechende Möglichkeit ergeben würde, die deine Krankheit heilen oder zumindest stark verbessern könnte? Würdest du diese Chance ergreifen?", fragte Julia und klang dabei, als würde sie ihm diese Frage unter großer Erwartung einer aussagekräftigen Antwort stellen. Völlig perplex und ohne ausführlich darüber nachzudenken, antwortete er wie aus der Pistole geschossen: „Alles würde ich tun!"

Aber um nicht sofort irgendwelche zukunftsweisenden Versprechen abzugeben, da er sich erst mal dachte, dass sie ihm diese Frage nicht mit großer Ernsthaftigkeit gestellt hatte, fügte er sofort hinzu:

„Ich meine, so ziemlich alles. Ich würde mit Sicherheit niemanden dafür umbringen."

Trotzdem machte ihn diese Frage sehr nachdenklich. Plötzlich erschien ihm Julia nicht einfach nur sehr geheimnisvoll, sondern wohlüberlegt, als hätte sie irgendetwas mit ihm geplant. Da dies auch erklären könnte, warum sie sich bisher so verschlossen präsentierte, hatte sie sich schon fast verraten.

Damit steht es jetzt für mich fest: Die Frau hat irgendwas mit mir vor. Nur was?, dachte er sich.

Frankie wusste danach nicht so genau, was er davon halten sollte. Da er schon wieder ganz knapp davor war, sich unberechtigte Hoffnungen zu machen, ergriff er die einzige Chance und wechselte sofort das Thema. Er wollte eigentlich darauf warten, dass Julia endlich mal von sich aus etwas über sich erzählte, aber nach wie vor kamen so gut wie gar keine Informationen von ihr zu ihrem eigenen Leben. Also begann er wieder mal damit, aus seinem Leben zu erzählen. Gott sei Dank fragte sie ihn kurz, was genau ihn dazu bewogen hatte, den Verein „Signs" zu gründen.

Frankie hatte ja jahrelang in einem Pflegeheim gewohnt, und immer war es sein großes Ziel gewesen, in eine eigene Wohnung zu ziehen. Als er gehört hatte, dass in seinem Land ein persönliches Budget geplant wurde, sah er darin seine große Chance, sein langfristiges Ziel zu erreichen. Sofort hatte er sich gedacht, dass er diese Chance auf der Stelle ergreifen müsste, da sich sonst so eine Möglichkeit so schnell nicht wieder ergeben würde. Natürlich hatte er erst mal überhaupt keine Ahnung gehabt, wie er dieses Vorhaben in die Tat umsetzen sollte, denn das persönliche Budget war zu diesem Zeitpunkt noch ganz neu in seinem Land. Es hatte deshalb noch extrem wenige Informationen gegeben, wie Menschen mit Behinderung am besten damit umgehen sollten.

Scheiß drauf, hatte er sich gedacht, *mach das jetzt einfach. Was sollte dir schon passieren?*

Eine Mitbewohnerin des Pflegeheimes, mit der er schon seit einigen Jahren im gleichen Haus gewohnt hatte, zog schon ein paar Monate vor ihm in eine eigene Wohnung, da sie aus einem anderen Land kam, in dem ein persönliches Budget bereits zur Verfügung gestellt wurde. Ihr Name war Sophie, sie war an Muskeldystrophie erkrankt und hatte zudem eine Gesichtslähmung,

weswegen sie ihm wirklich sehr leid getan hatte. Sie war nämlich eine extrem hübsche Frau, aber durch ihre Gesichtslähmung
machte sie auf den ersten Blick den Eindruck, als wäre sie etwas
geistig zurückgeblieben. Erst wenn man sich ein bisschen Zeit
genommen hatte, sie näher kennenzulernen, merkte man, dass
sie ein ausgesprochen lieber, sehr beeindruckender Mensch war.

Frankie war ja selbst nicht unbedingt hässlich, da er aber diese
starke Behinderung hatte, stellte er sich immer wieder die Frage, was im Endeffekt „besser" wäre: Gesund, aber hässlich, oder
behindert, aber schön? Bisher hatte er noch keine Antwort darauf gefunden. Aber das nur am Rande.

Es war Sophie gewesen, die ihm die ersten Informationen ver-
mittelt hatte, wie er am besten mit seinem persönlichen Budget
umgehen sollte. Sie hatte ihm erklärt, wie er am besten sein eigenes Assistententeam zusammenstellen und wie er es bei sich
anstellen könnte. Er hatte von ihr auch die ersten Dienstverträ-
ge bekommen, und sie hatte ihn ganz allgemein in seine neue
Rolle als Arbeitgeber seiner selbst ausgesuchten Assistenten eingeführt. Sophie hatte ihm empfohlen, in einer Tageszeitung zu
inserieren, dass er auf der Suche nach persönlichen Assistenten
wäre. Der Zustrom auf dieses Inserat war so riesengroß, dass er
eine eigene Sekretärin und ein Telefon mit mindestens fünf Lei-
tungen gebraucht hätte. Er hatte aber auch zugeben müssen, dass
sehr viele Arbeitssuchende dabei waren, die er als „Ramsch"
bezeichnen würde. Trotzdem war er ziemlich schnell fündig
geworden und beschäftigte seine erste persönliche Assistentin
noch über ein Arbeitgebermodell, durch welches man Haushil-
fen anstellen konnte, praktisch als „Butler". Sie hieß Mary, war
in etwa im gleichen Alter wie Frankie und – dreimal darfst du
raten – eine recht hübsche Frau. Die ersten Bewerbungsgesprä-
che hatten sich als ziemlich langweilig gestaltet. Diese Arbeits-
suchenden stellten sich nur kurz vor, redeten sonst nicht besonders viel, und er hatte den Eindruck, als würden sie diese Arbeit
bei ihm gar nicht so wirklich erledigen wollen. Außer Mary, sie

war ihm sofort sehr sympathisch und ihr erstes Gespräch gestaltete sich ziemlich lustig. Sie war gleich eine ganze Stunde bei ihm geblieben und konnte sich fast gar nicht von ihm trennen. Sie hatten Kaffee im Sonnenschein getrunken und sofort einen Riesenspaß zusammen.

Damit geht das klar, dachte er sich, *die nehme ich!*

Die anderen Assistenten, die er bei sich aufgenommen hatte, arbeiteten alle nur stundenweise bei ihm, denn in den ersten Jahren in seiner neuen Wohnung war er noch mit 6,3 Stunden täglich an persönlicher Assistenz ausgekommen. Später war seine Behinderung so stark ausgeprägt, dass er mindestens elf Stunden persönliche Assistenz täglich in Anspruch nehmen musste.

Frankie hatte normalerweise die Assistenten, die schon länger bei ihm arbeiteten, angewiesen, ihm dabei behilflich zu sein, seine neuen Assistenten einzuschulen, oder besser gesagt, sie speziell für seine Bedürfnisse anzulernen. Da er aber anfangs noch keine Assistenten beschäftigte, bat er seine Pfleger aus dem Pflegeheim, ihm dabei zur Hand zu gehen, was diese unentgeltlich nur für ihn erledigten. Die ersten paar Monate hatten sich als extrem schwierig erwiesen, da er es bis dahin gewohnt war, zu jeden erdenklichen Zeiten, in denen er Hilfe benötigte, einen Pfleger zu rufen. Nun aber kam er zu seinen Assistenzleistungen nur, wenn er auch jemanden für die Arbeit eingeteilt hatte, was eine immens große Umstellung für ihn bedeutete. Anfangs hatte er große Schwierigkeiten, sich an diese neue Lebenssituation anzupassen, und er wünschte sich oft, er wäre besser im Pflegeheim geblieben. Erst nach einigen Monaten, als er sich an sein neues Leben angepasst hatte, entwickelte sich das Erreichen seines Zieles als eine der besten Entscheidungen, die er je in seinem Leben getroffen hatte. Vor allem genoss er es von Anfang an, dass seine Assistenten in dieser Zeit nur für ihn da waren, er also nicht die Dienst habenden Pfleger mit anderen teilen musste. Immer hatte es ihn sehr geärgert, wenn ein Pfleger gerade mal fünf Minuten bei ihm gewesen war und gleich wieder zum Nächsten musste, weil schon wieder die verdammte Glocke läutete.

Nach einigen Monaten, die Informationen über das persönliche Budget waren noch immer sehr dürftig, hatte er sich gedacht: *Vielen Behinderten, die ein so großes Vorhaben umsetzen wollen, fehlt eine so gute Freundin wie Sophie. Da wäre es doch gut, wenn es eine offizielle Stelle geben würde, an die man sich wenden kann, wenn man dabei Hilfe benötigt. Ach, zum Teufel, warum sollte ich jetzt darauf warten, bis irgendjemand mal genau auf diese Idee kommt? Mach das doch einfach selber!*

In der ersten Zeit in seiner eigenen Wohnung hatte er noch als Programmierer in einer kleinen, aber sehr erfolgreichen Web-Design-Firma gearbeitet. Er hatte ja davor privat seine eigene Website programmiert, stieg dann auch beruflich auf seine privat angelernte Websiteprogrammierung um, während er bis dahin als reiner Datenbankprogrammierer gearbeitet hatte. Er hatte damals einen sehr netten Arbeitgeber, der auch später noch zu seinen guten Freunden zählte. Frankies Behinderung war in dieser Zeit so stark geworden, dass er nur noch sehr schwer tippen konnte und deshalb seine Arbeitsgeschwindigkeit kaum noch zu messen war. Aber er hatte noch ein weiteres Ziel, nämlich über einen Zeitraum von zehn Jahren berufstätig zu sein, was in seinem Land vorgeschrieben wurde, um eine anständige Berufsunfähigkeitspension zu erhalten anstatt der Mindestinvaliditätspension. Obwohl er nur noch sehr langsam arbeiten konnte und zudem sein Chef nur noch wenige Aufträge für ihn hatte, ließ der Frankie, auch aufgrund der Förderung, noch so lange angemeldet, bis er diese zehn Jahre erreicht hatte. Das war ein unglaubliches Entgegenkommen von ihm, wofür Frankie ihm später extrem dankbar war, auch weil er Frankie, während in seiner Arbeitszeit nichts zu tun war, bereits für dessen zukünftigen Verein arbeiten ließ. Aber natürlich erledigte er alle Aufgaben zur vollsten Zufriedenheit seiner Firma.

Also schrieb er dort die ersten Konzepte für seinen neuen Verein, erstellte selbst alle grafischen Oberflächen, die auch später noch verwendet wurden, angelte sich die ersten Mitarbeiter für seinen Verein und holte eine Steuerberaterin ins Boot, die die

Lohnverrechnungen von Assistenten erledigen sollte. Weiterhin erstellte er, unter großer Mithilfe seines Chefs, einen Businessplan, um herauszufinden, wie viel er von seinen Kunden verlangen müsste, um mit gewinnbringenden Zahlen auszusteigen. Jedoch musste er feststellen, dass er die Preise für seine Endkunden gewaltig in die Höhe hätte schrauben müssen, und das wäre für seine Kunden kaum finanzierbar gewesen. Er wollte seine Leistungen für die Kunden aber so niedrig halten, dass er laut diesem Plan schon nach einem halben Jahr über 50 Kunden gebraucht hätte. Diese Anzahl erschien ihm viel zu hoch, sodass sich die Erreichung dieses Zieles als nahezu unmöglich erwies.

Na gut, okay, dachte er sich, *dann mache ich eben keine Firma daraus, sondern nur einen gemeinnützigen Verein.*

Anfangs hatte er noch keine Ahnung, mit welchen Leuten er seinen Vorstand besetzen sollte, der in seinem Land für einen Verein vorgeschrieben wurde, und fragte erst mal nur zwei seiner damaligen ersten Assistenten und seinen sehr guten Freund Mario, die alle zusagten, ohne auch nur die leiseste Ahnung zu haben, zu welch einer großen, wichtigen Institution sich dieser Verein entwickeln würde. Frankie selbst hatte ja auch keinen blassen Schimmer, was er da in Angriff nahm, er ging – haha, fuhr – einfach zu den verantwortlichen Ämtern, unterschrieb dort die notwendigen Formulare und gründete diesen Verein. Kopf durch die Wand!

Später, als Frankie schon weit über 40 Jahre alt war, konnte er sich aber noch immer nicht ganz entscheiden, was er als sein Lebenswerk betrachten sollte. War es jetzt sein Schulabschluss, sein Studium, seine Arbeit als Programmierer, sein Umzug in die eigene Wohnung, die Website oder doch der Verein? Er hat es nie gewusst. Aber das nur am Rande.

Es gab sehr viele Vereine, auch in anderen Ländern, die für Menschen mit Behinderung arbeiteten, in welche Richtungen diese Arbeiten auch gingen. Aber die meisten davon waren reine Beratungsstellen, also Vereine, die sich größtenteils nur „wichtig" machten. Einen solchen Verein wollte Frankie auf keinen Fall haben, sondern einen, der konkrete Hilfestellungen anbot, anstatt nur „blablabla" zu machen. Vor allem wollte er jenen Behinderten, die einen sehr hohen Pflegebedarf hatten, so wie es auch bei ihm der Fall war, dabei helfen, diese wunderbare Möglichkeit, sich mit einem persönlichen Budget ein selbstbestimmtes Leben aufzubauen, umzusetzen und ihnen ein Beispiel dafür geben, diese Chance zu ergreifen. Er wollte ihnen also den Weg weisen. Deswegen nannte er seinen Verein „Signs".

Als das persönliche Budget noch relativ neu in seinem Land war, kam es hauptsächlich bei Menschen mit einer nicht ganz so starken Behinderung, sprich Querschnittslähmung, zum Einsatz. Er wollte jedoch anhand seines Beispiels zeigen, dass damit sogar Menschen mit einer sehr starken körperlichen Behinderung ein selbstbestimmtes Leben führen können. Es hatte jedoch etwas länger gedauert, bis sein Verein Kunden betreute, die einen ähnlichen Weg wie Frankie eingeschlagen hatten. Deswegen hatte der Verein in den ersten Jahren nur wenige Kunden und war fast eine One-Man-Show. Seine Behinderung war auch noch nicht ganz so stark ausgeprägt, er erledigte also noch alle Tätigkeiten selbst, betreute die Kunden, sorgte für ein gutes Marketing, schrieb die Honorarnoten und nahm oft an politischen Sitzungen, das persönliche Budget betreffend, teil. Er hatte dadurch den Grundstock für die weitere Zukunft des Vereins gelegt.

Einer der größten Erfolge des Vereins, den er mehr oder weniger in die eigene Hand genommen hatte, lag sicherlich in der Zeit, als das gesamte Behindertengesetz seines Landes reformiert wurde. Damals wurde bei fast allen Gesetzgebungen des Behindertenbereiches der Rotstift angesetzt und sämtliche Sozialleistungen, dazu zählte eben das persönliche Budget, wurden stark gekürzt oder sogar gestrichen. Natürlich hatte es sehr viele große Demonstrationen gegeben, und es kam ihm so vor, als würden sich vor allem diese Menschen, die im Sozialbereich arbeiteten, viel mehr dagegen auflehnen als die Betroffenen selbst. Bei einer sehr großen Demonstration war er in seiner Stadt und sah dort tausende Menschen vor dem Rathaus stehen, die geschlossen sämtliche Politiker aufs Wüsteste beschimpften. In den ersten Reihen waren die Rollstuhlfahrer mit großen Transparenten, auf denen „Ich will selbstbestimmt leben!" geschrieben stand. Zu einer dieser Rollstuhlfahrerinnen ging er hin – haha fuhr er hin – und sagte zu ihr:

„Du willst selbstbestimmt leben? Okay, dann fang mal besser damit an!"

Er gab ihr eine Visitenkarte des Vereins und freute sich schon auf seine nächste Kundin.

Er dachte sich sofort, dass es wohl nicht besonders zielführend wäre, die Verantwortlichen dauernd nur zu beschimpfen, denn diese waren auch nur Menschen und wurden dadurch nur demotiviert. Also, anstatt vor dem Rathaus einen Hungerstreik abzuhalten, ging er lieber mal dort rein, machte sich Termine mit den Verantwortlichen und versuchte, diese mittels konkreter Vorschläge zum Umdenken zu bewegen. Er merkte dann auch gleich, dass man sehr wohl gute Gespräche mit diesen Politikern führen konnte und sie sogar sehr aufgeschlossen auf wirklich gute und konkrete Vorschläge reagierten. Was dabei herauskam, war, dass das persönliche Budget, welches bisher als Pilotprojekt fungiert hatte, offiziell in die Gesetzgebung aufgenommen und damit ein Rechtsanspruch darauf ermöglicht wurde. Und „Signs" war daran nicht ganz unbeteiligt.

Der Verein war schon sechs Jahre alt, hatte also einen größeren Kundenstamm, als Frankies Behinderung langsam so stark wurde, dass er nur noch sehr wenige Arbeiten für seinen Verein erledigen konnte. Er war sehr traurig und betrachtete, zumindest an gewissen Tagen, sein Leben als nahezu beendet.

Das kann's doch noch nicht gewesen sein, dachte er sich, *du warst doch schon so oft in solchen Situationen und hast immer wieder neue Möglichkeiten gefunden, doch noch weiterzumachen oder etwas Neues zu beginnen.*

Ganz zurücktreten wollte er als Präsident des Vereins „Signs" auch nicht, da er seinen Verein immer als sein Baby betrachtete.

Er hatte es geboren und mit viel Liebe großgezogen. Metaphorisch gesprochen verlassen gute Eltern ihre Kinder ein Leben lang nicht, Frankie selbst würde ja auch immer das Nesthäkchen seiner Familie bleiben, da konnte er noch so alt werden. Um also seinem Verein nicht ganz den Rücken zu kehren, hatte er den bisherigen, sehr kleinen Vorstand erweitert und ihn mit Leuten besetzt, die gut ausgebildet waren und zudem einen sehr guten Namen und Stellenwert in der Behindertenpolitik besaßen.

Nach einigen Jahren jedoch, der Verein entwickelte sich im Laufe dieser Zeit zu einer wirklich großen und immens wichtigen Institution, war seine Behinderung so stark ausgeprägt, dass er kaum noch die Energie hatte, Arbeiten für seinen Verein zu erledigen. Aber zu einer kompletten Aufgabe ließ sich Frankie nicht bewegen. Er wusste aber nach wie vor noch nicht genau, was er tun konnte, um diesen Verein vor dem Untergang zu bewahren. Er beschloss dann, einen neuen Vize-Präsidenten zu suchen. Die Suche nach einem angemessenen Nachfolger erwies sich als äußerst schwierig, vor allem deshalb, weil er unbedingt wollte, dass sein Nachfolger ihm dabei helfen würde, die Visionen, die er von Anfang an hatte, umzusetzen. Ganz zufällig hörte er bei einer seiner Vorstandssitzungen von einem in der Behindertenpolitik sehr bekannten und erfolgreichen ehemaligen Politiker, der sich gerade auf Jobsuche befand und der noch dazu eng mit Frankie befreundet war. Sein Name war Sebastian, er war blind und lebte sogar selbst mit einem persönlichen Budget. Bei der darauffolgenden Generalversammlung ließ er ihn von seinen Vereinsmitgliedern zum Vize-Präsidenten wählen, und er wurde einige Monate später sogar Geschäftsführer des Vereins. Damit hatte er das Ziel, von dem er immer geträumt hatte, endlich erreicht, war also immer noch der Präsident, musste aber nicht mehr ganz so viel arbeiten, sondern beschränkte sich darauf, den Vorstand zu koordinieren, der endgültige Entscheidungsträger zu sein und ganz allgemein dafür zu sorgen, dass der Verein sich in die richtige Richtung weiterentwickelte.

Frankie verbrachte dann noch einen sehr schönen Tag mit Julia, und er sagte seinem Abenddienst sogar ab, weil ja Julia bei ihm war. Sie bot ihm sogar an, bei ihm in seiner Wohnung zu übernachten, aber nicht dass du glaubst, zwischen den beiden wäre bereits etwas passiert, denn sie schlief natürlich nur im Wohnzimmer auf seiner Couch. Obwohl er zugeben musste, dass es ihm lieber gewesen wäre, sie hätte in seinem Bett geschlafen, denn er selbst konnte deswegen kein Auge zutun. Trotzdem wäre er wieder einmal ein verflucht blöder Idiot gewesen, hätte er ihr Angebot abgelehnt.

KAPITEL 9

„Was machst denn du hier?“

Frankie hatte riesengroße Angst, dass seine wilden Jugendjahre, in denen er sehr aufregende und unglaublich ereignisreiche Zeiten erlebt hatte, nun endgültig vorbei wären, wenn er ein neues Leben im Rollstuhl beginnen müsste. Vor allem dort, wo er aufgewachsen war, wusste noch kein Mensch, schon gar nicht er selbst, welche Möglichkeiten ihm dadurch aufgetan würden. Ein Rollstuhl bedeutete eben allgemein eine Endstation, damit wäre dann so gut wie alles vorbei. Und wenn er immer alles genau so gemacht hätte, wie es ihm von diversen Neurologen vorgeschlagen wurde, wäre es auch beinahe so passiert.

Die Zeit der Sommerferien vor dem Wechsel in die neue Schule hatte er dafür benutzen wollen, sich auf seinen neuen Lebensabschnitt vorzubereiten, anstatt sein Leben schon als beendet zu betrachten. Seine Eltern hatten mit ihm zum wiederholten Male sämtliche Neurologen oder auch andere Mediziner besucht, die zum Teil einen angesehenen Namen hatten, aber auch einige schwachsinnige Kinderärzte, die ihm allesamt nur Scheiße einredeten. Er konnte sich erinnern, dass ihm einer dieser selbsternannten Fachleute großartig erzählt hatte, er hätte ein neues Medikament entwickelt, welches ihn mit großer Wahrscheinlichkeit heilen könnte. Er hatte ihm nur ein kleines Briefchen mit einigen kleinen weißen Pillen in die Hand gedrückt und für diesen Blödsinn eine gehörige Stange Geld verlangt. Natürlich waren diese Pillen nur schwachsinnige Placebos, aber Hauptsache dieser Möchtegern-Mediziner sahnte dabei ab. Andere Neurologen, die eigentlich recht erfolgreiche und gute Ärzte waren, hatten ihn dazu drängen wollen, sich besser sofort einen E-Rollstuhl zu besorgen, da seine Krankheit, wie damals schon bekannt war, fortschreiten würde und es ihm in absehbarer Zeit sowieso nicht mehr möglich wäre, mit einem mechanischen Rollstuhl umzugehen, was für ihn eine Aufgabe bedeutet hätte. Frankie hatte aber schon damals sehr nachhaltige Gedankengänge und glaubte, er wäre dann schon mit ungefähr 31 Jahren viel zu schwach, um noch ein aufregendes Leben zu führen, wenn er schon mit 16 Jahren nur noch eine Hand bewegen und sein restlicher Körper völlig inaktiv bleiben würde. Und, meine Güte, er sollte sowas von recht behalten. Trotz aller anderen Meinungen hatte Frankie genau das Gegenteil gemacht: Er hatte sich keinen E-Rollstuhl, sondern einen Sportrollstuhl mit einem sehr großen Radsturz besorgt. In der damaligen Zeit war dieser Rollstuhl einer der besten Aktiv-Rollstühle überhaupt und wurde in erster Linie von Profi-Rollstuhlbasketballspielern verwendet. Jetzt hatte Frankie langsam seine große Angst vor diesem Schritt verloren und machte schon Pläne, was er damit dann alles anstellen würde. Allerdings hatte er noch die ganzen Sommerferien auf diesen Rollstuhl, der gerade erst gebaut wurde, warten müssen und deshalb echt genug Zeit zum Nachdenken, weil er ohnehin schon nichts mehr tun konnte. Sogar sein heiß geliebtes Fahrradfahren war immer schwieriger geworden. Erst einen Tag vor Beginn der neuen Schule hatte er ihn endlich abholen dürfen. An diesem ersten Tag hatte er zwar nicht mehr ganz so viel Zeit, seinen neuen fahrbaren Untersatz auszuprobieren, aber schon am nächsten Tag in der Frühe fuhr ihn sein Bruder Thomas in seine neue Schule. Sie waren beide noch nie in dieser Schule gewesen und wussten deswegen nicht, wo sich der Fahrstuhl befand. Aber Frankie und auch sein Bruder ließen sich durch solche kleinen Schwierigkeiten nicht unterkriegen, also schleppte er Frankie über all die Stufen bis ins Klassenzimmer im zweiten Stockwerk. Fast alle seine zukünftigen Klassenkameraden waren schon längst anwesend und zuerst etwas überfordert, weil es damals noch nicht üblich war, dass Menschen mit einer starken körperlichen Behinderung eine allgemeinbildende höhere Schule besuchten. Frankie sprach zuerst auch kein Wort zu irgendwem und wartete nur auf seinen Klassenlehrer, damit dieser ihn vorstellen konnte. Frankie bekam während dieser Wartezeit ein sehr mulmiges Gefühl, schließlich waren ihm alle Gesichter gänzlich unbekannt. Sein Klassenlehrer war ein sehr lieber, ungemein lustiger Geselle und stellte Frankie den anderen ganz normal als ihren neuen Mitschüler vor, ohne gleich darauf einzugehen, dass sie jetzt einen körperlich behinderten Klassenkameraden hätten. Frankie hatte aber immer noch ein sehr ungutes Gefühl und dachte nur noch darüber nach, wie er am besten seine Mitschüler kennenlernen könnte. Er hatte aber großes Glück!

Schon ein ganzes Jahr davor hatte ein Mitschüler seiner alten Schule diese verlassen, um in seine jetzige Schule zu wechseln. Sein Name war Martin, er war ein paar Monate jünger als Frankie, einen Kopf größer und, sagen wir mal, etwas untersetzt, nur um nicht zu behaupten, er wäre fett gewesen. Und rate mal, warum Martin diese Schule hatte verlassen müssen? Genau, wegen Französisch! Frankie konnte sich noch gut daran erinnern, dass er damals, wie so oft, den ganzen Schultisch vor lauter Übelkeit vollgekotzt hatte und Martin mit ihm zur Krankenstation gegangen war, damit Frankie sich dort ein paar Minuten ausruhen konnte.

Frankie hatte davon noch nichts gewusst, hätte sich eigentlich aber sofort denken können, dass es sich um Martin handelte, weil sein Klassenlehrer sagte, dass einer der Mitschüler sich, wie so oft, verspätete. Als Martin das Klassenzimmer betrat, waren auch seine anderen Mitschüler sofort hellauf begeistert, und Frankie bekam sofort wieder große Hoffnung, sich in diese Klasse gut integrieren zu können, als er Martin erkannte. Dieser war völlig außer sich und schrie lauthals:

„Ja verdammt noch mal, Frankie! Was machst denn du hier?"

„Na hör mal, ich kam natürlich extra wegen dir hierher!", antwortete er, und sofort war er vollständig in seine neue Klasse integriert. So schnell kann das gehen!

Schon am zweiten Tag an dieser Schule hatte Frankie seine erste Informatikstunde. Sein Informatiklehrer war ein relativ junger, sehr liebevoller und lebensfroher Mensch. Er war ehemaliger Telematik-Student und unterrichtete an dieser Schule Physik und eben Informatik. Sein Name war Robert, aber Frankie und alle seine Mitschüler nannten ihn einfach kurz Rob. Eigentlich war es ja so üblich, dass man alle Lehrer einer Schule respektvoll mit Sir und ihrem Nachnamen ansprach. Außer an dieser Schule waren Schüler und Lehrer, ja sogar der Direktor, per „du". Frankie bezeichnete Rob immer als seinen großen Mentor, der ihm alles beibrachte, was man über Computer und speziell fürs Programmieren wissen musste. Ein weiterer Hauptgrund, warum Frankie die Schule gewechselt hatte, war nämlich, dass er dort zum ersten Mal in der Schule Programmieren lernen durfte. Schon immer hatte er Programmierer werden wollen.

Er war noch in der Grundschule gewesen und hatte gerade einmal schreiben gelernt, da bekam einer seiner Brüder einen der ersten Computer geschenkt, die damals auf dem Markt waren. Das war natürlich noch kein PC, sondern ein Commodore 64. Natürlich hatten sie sich diesen Computer nur besorgt, um ihrer Computerspielsucht nachzugehen. Zu diesem Computer hatte es ein Handbuch gegeben, in dem gewisse Befehle erläutert wurden. Im Anhang dieses Buches waren drei Basic-Programme aufgelistet, unter anderem ein Programm für ein elektronisches Klavier. Frankie, der gerade einmal schreiben gelernt hatte, tippte diese Programme mit Begeisterung ab. Es faszinierte ihn wahnsinnig, dass dieses Ding aus Plastik und Blech genau das ausführte, was er wollte. Das gab ihm so eine Art Machtgefühl, er war der Oberbefehlshaber. Er sagte beziehungsweise schrieb, was er haben wollte, und dies wurde ohne Widerrede ausgeführt. Ab diesem Zeitpunkt wollte Frankie nur noch eines, nämlich Programmierer werden. Er konnte die anderen Kinder mit ihren verblödeten Berufswünschen, von wegen „Ich werde einmal Feuerwehrmann!" oder gar „Ich werde einmal Indianer!", überhaupt nicht verstehen. Denn er war der Einzige, der sagte: „Ich werde mal Programmierer!"

An vielen Schulen, so zum Beispiel auch an seiner alten Schule, hatte es immer eine starke Cliquen-Bildung gegeben. In den vorderen Reihen saßen die ganzen Schnösel und Vorzugsschüler und in den hinteren Reihen die nicht sonderlich begabten Störenfriede und Schulschwänzer. Aber in seinem Jahrgang war das ganz was anderes, dort hatte jeder mit jedem einen riesengroßen Spaß, und alle hielten zusammen wie Pech und Schwefel. Sie waren alle eine Einheit! Wenn jemand in irgendeinem Fach sehr gut war, half er den schlechteren Schülern, zu einer positiven Note zu kommen, und das, ohne darum gebeten worden zu sein. In seiner alten Schule war das nur vorgekommen, wenn man einen der guten Schüler dazu gezwungen hatte. Diejenigen Schüler, die im Unterricht immer alles genauestens notiert hatten, erstellten dann zu Hause auf ihrem Computer hervorragende Mitschriften und verkauften diese dann an die anderen, ja sogar an die Lehrer selbst.

Er war es so gewohnt gewesen, dass er jahrelang nur zu seinen Klassenkameraden Kontakt hatte, und nun war er plötzlich sehr bekannt und beliebt in der ganzen Schule. Denn jetzt, wo er den Rollstuhl besaß, konnte er wieder diesen Frankie zeigen, der er eigentlich war, vorher musste er ja bei jedem Scheiß um Hilfe bitten. Früher hatte er den ganzen Vormittag nur auf seinem Stuhl in seinem Klassenzimmer verbracht und hatte lediglich Kontakt zu seinen wenigen Klassenkameraden. Nun aber durfte Frankie wieder Frankie sein. Der Rollstuhl war also seine Erlösung!

Frankie hatte dort sehr viele neue Freunde gewonnen. Wie es meistens der Fall war, verlor man nach dem Abschluss der Schule zu vielen ehemaligen guten Freunden den Kontakt, aber einige davon blieben bis zu seinem Lebensende seine besten Freunde. Eine dieser neuen, tollen Bekanntschaften war Tom, der nach dem Abschluss dieser Schule Mikrobiologe wurde und, wie schon öfter erwähnt, auch später noch einer seiner besten Freunde blieb und mit ihm gemeinsam an seiner Website arbeitete. Er war ein sehr beeindruckender Mensch. Er war wie ein süßer Kuchen, von dem sich sehr viele Menschen, wie auch Frankie selbst, ein Stück abschneiden konnten. Was ihn immer am meisten beeindruckte, war, dass man Toms, sagen wir jetzt mal, Genialität erst erkannte, wenn man hinter die Kulissen blickte. Zuerst hatte man den Eindruck, als wäre er ein ganz normaler, nichtssagender Kerl, der zwar ganz lieb und nett war, aber nie so wirklich was zustande brachte. Er ließ sich später am ganzen Körper tätowieren und wie auch Frankie war Tom noch mit über 40 Jahren in seine Band-Shirts gekleidet, aber wenn man genauer hinblickte, erkannte man, was dieser Kerl auf dem Kasten hatte, der nicht von ungefähr Doktor der Mikrobiologie geworden war.

Wie schon im letzten Jahr an seiner alten Schule war Frankie natürlich vom Turnunterricht befreit. Er blieb deswegen aber nicht einfach zu Hause, um vielleicht noch ein bisschen länger zu schlafen, sondern assistierte dem Turnlehrer oder war für die Aufstellungen der Teams bei allen Arten von Mannschaftssportarten zuständig.

Wie in den Jahren zuvor war Frankie ein relativ fauler Schüler, der sich in vielen Fächern mehr oder weniger durchschummelte. Immer sagte er damals, dass sich später kein Mensch mehr dafür interessieren würde, welche Note er in der sechsten Schulstufe in Geschichte bekommen hatte. Er dachte sich aber auch, dass es sehr wohl relevant wäre, welchen Notenschnitt er im Abschlussjahr haben würde. Deswegen hatte er sich ganz absichtlich die ganze Energie bis zum Abschlussjahr aufgehoben und gab erst dann so richtig Gas. Okay, er hatte zwar keinen Vorzug, aber er schloss diese Schule mit einem guten Schnitt von 2,0 ab. Später wurde sein Plan bestätigt, weil gerade die Mitschüler, die damals auch nicht besonders gut waren, dann einen sehr erfolgreichen Weg einschlugen.

Frankie dachte sich: *Gib erst dann Gas, wenn es wirklich gefragt wird!*

Zum Beispiel gab es damals einen Mitschüler, der zu den schlimmsten Schülern zählte und die ganze Zeit über nur den Unterricht störte. Alle hatten sich gedacht, dass ihm keine große Zukunft bevorstehen würde. Aber er war der erste seiner Mitschüler, der einen Studienabschluss vorweisen konnte.

Damals war er noch verdammt gut mit seinem Rollstuhl unterwegs begann, um noch besser mit dem Rollstuhl umgehen zu können, mit seinem Krafttraining, welches er jahrzehntelang ausführte, und bekam sehr muskulöse Oberarme. Später beneideten ihn manche Leute, weil er so einen muskulösen Oberkörper besaß, und er sagte darauf immer:

„Hör zu, das kommt doch nicht von ungefähr! Ich habe schon was tun müssen dafür ..."

Während der drei Jahre an dieser Schule hatte seine Klasse weit mehr Exkursionen unternommen als andere. Es stand überhaupt nie zur Diskussion, ob alle Gegebenheiten für die Teilnahme eines Rollstuhlfahrers vorhanden waren, denn es war allen von vornherein klar, dass Frankie dabei sein musste. Zum Beispiel unternahmen sie einmal eine mehrtägige Exkursion in eine andere Großstadt mit ihrem Italienischlehrer. Eigentlich zählte diese Exkursion nicht unbedingt zum Lehrplan, aber sein Italienischlehrer wollte unbedingt ein paar Tage in diese Stadt fahren, bekam dafür von der Schule aber keinen Urlaub. Also hatte er mit den Schülern gesprochen und sie um eine Exkursion gebeten, eigentlich nur, um selbst frei zu bekommen. Natürlich hatten sie sich bereit erklärt, und sie verbrachten einige unvergessliche und teilweise recht feucht-fröhliche Tage in dieser Stadt. Ihr Hotel befand sich direkt im Zentrum dieser Stadt und ihr Zimmer lag im vierten Stockwerk ohne Fahrstuhl. Das hatten sie eigentlich schon vorher gewusst, aber allen war das völlig egal.

„Frankie kommt mit uns, und wir tragen ihn eben jeden Tag ins Zimmer rauf."

Sie hatten alle einen so freundschaftlichen Kontakt zu ihren Lehrern, welcher in seiner alten Schule undenkbar gewesen wäre. Wie auch die Jahre vorher war Frankie nicht sonderlich sprachbegabt. Deswegen war er auch in Italienisch ständig am Sitzenbleiben vorbeigeschrammt. Auch im Abschlussjahr war er so grottenschlecht, dass es schon danach aussah, als würde er dieses Jahr nicht positiv bestehen, außer er hätte auf die letzte Schularbeit noch eine positive Note geschrieben. Dank seines tollen Lehrers hatte er es aber geschafft und durfte zur Abschlussprüfung antreten. Schon damals schrieb Frankie seine Schularbeiten nur auf seinem Laptop und gab dem Lehrer nur eine Diskette ab. Bevor sein Lehrer bei sich zu Hause diese Schularbeit ausdruckte, verbesserte er die gröbsten Fehler, nur damit Frankie eine positive Note bekam. Frankie selbst war eigentlich schon der Meinung gewesen, er müsse dieses Abschlussjahr wiederholen und nächstes Jahr zur Prüfung antreten. Umso erfreuter war er, als er diese Schularbeit zurückbekam. Sein Lehrer sagte damals zu ihm:

„Okay Frankie, ich lasse dich durch, aber nur unter einer Bedingung: Du darfst nicht zur Abschlussprüfung in Italienisch antreten!"

„Überredet!", sagte er, und die ganze Klasse im Hintergrund krümmte sich vor Lachen.

In dieser Zeit waren alle seine Mitschüler langsam alt genug geworden, um eine Führerscheinprüfung abzulegen und bekamen, meistens von ihren Eltern, die ersten Autos. Frankie hatte zwar langsam damit begonnen, seine Behinderung zu akzeptieren, aber er ließ sich davon nicht abhalten, trotzdem einen Führerschein zu machen. Dort wo er aufgewachsen war, wusste man noch nicht besonders viel darüber, welche Möglichkeiten man trotz eines Rollstuhles hatte. Etwas übertrieben ausgedrückt: Behinderte wurden gerne weggesperrt. Frankie hatte aber herausgefunden, wo und wie er seinen Führerschein machen konnte und wie ein rollstuhlgerechter Umbau eines Autos aussehen sollte. In den Sommerferien des Abschlussjahres hatte er sich in ein Rehabilitationszentrum begeben, welches er später noch öfter besuchen sollte, um dort seine Fahrstunden zu nehmen. Er hatte dort zum ersten Mal in seinem Leben sehr viel Kontakt zu anderen Menschen mit Behinderungen aller Art und verlor immer mehr seine große Angst vor der Zukunft. Als er seine Fahrerlaubnis bekam, war er unglaublich stolz auf sich und das noch bevor er die Abschlussprüfung abgelegt hatte.

Frankie hatte sich langsam aber sicher mit der Tatsache abgefunden, ein Leben im Rollstuhl führen zu müssen, aber eigentlich war er noch gar nicht den ganzen Tag auf seinen Rollstuhl angewiesen. Die Wohnung in ihrem Hotel befand sich nämlich im ersten Stockwerk, und sie besaßen keinen Fahrstuhl. Er bewegte sich innerhalb der Wohnung nur mit einem großen Bürosessel auf Rollen. Wenn er später darüber nachdachte, dachte er sich immer:

Um Gottes willen, was hast du damals nur für ein Leben geführt?

Damals aber hatte er noch nicht besonders viel darüber nachgedacht, da war das eben so. Einer seiner Neurologen fragte ihn mal, wie sein Stuhl aussehen würde.

„Ach, das ist ein ganz bequemer, moderner Bürosessel", hatte er geantwortet, ohne zu hinterfragen, was dieser wohl damit gemeint hätte.

Er fuhr nicht mehr mit dem Bus, sondern ließ sich von seinem Onkel zur Schule fahren, und der brachte ihn jeden Tag bis zu seinem Platz in seinem Klassenzimmer und holte ihn dort wieder ab.

Es war der Bruder seines Vaters Ivan, den er sehr gerne mochte und der an jedem Wochenende nach Hause kam, um in ihrem Familienbetrieb auszuhelfen. Unter der Woche arbeitete er in einer anderen Stadt als Paketzusteller, und Frankie war immer voller Vorfreude, ihn am Wochenende wiederzusehen. Er hieß William, hatte eine etwas rundlichere Figur und eine sehr positive Ausstrahlung, die ihn zu einer sehr angenehmen Person machte. Aber er war Alkoholiker und zwar leider Gottes sehr stark. Als Frankie noch mit dem Bus zur Schule fuhr, bekam William einen schweren Leberschaden und musste wochenlang das Krankenhaus hüten. Im Laufe seines Krankenhausaufenthaltes hatte er einen Entzug vom Alkohol absolviert und war damit sogar erfolgreich. Er hatte zwar seinen Job als Paketzusteller aufgeben müssen, wohnte dann nur noch bei Frankie zu Hause, aber er war völlig clean. Da Frankies Eltern nicht immer ganz so viel Arbeit im Hotel für ihn hatten, bestand seine Hauptaufgabe darin, sich ständig um Frankie zu kümmern und ihn jeden Tag in die Schule zu bringen. Als Frankie dann die Schule gewechselt hatte, er diese aber nicht mehr mit einem Bus auf direktem Wege erreichen konnte, chauffierte ihn William jeden Tag mit seinem Auto zur Schule. Was alle während dieser Zeit nicht sofort bemerkten, war, dass William wieder mit dem Trinken begann. Frankie war fast der Erste, dem dies auffiel, da sich William immer, bevor er Frankie von der Schule abholte, so einige Biere genehmigte. Wie es bei Alkoholikern so üblich ist, konnte man ihm den Alkoholeinfluss nicht sofort anmerken, aber Frankie bemerkte es, weil er jeden Tag mit Vollgas, sturzbetrunken nach Hause brauste und dabei einige von Frankies Schutzengeln verbrauchte. Frankie sagte nie etwas, auch nicht zu seinen Eltern, obwohl er sich später sehr bewusst war, dass seine Eltern sehr wohl mitbekommen hatten, dass William wieder trank. Mit sehr viel Glück blieben Frankie und William bis zum Abschlussjahr unfallfrei. Zumindest mehr oder weniger, denn einige Blechschäden gab es sehr wohl. Vor allem bei den kurvenreichen Straßen zu Hause in den Bergen bekam es Frankie oft mit der Angst zu tun, und er sah sich und William öfters tödlich in den Graben stürzen. Bei seinem Abschlussball hatte er unbedingt kurz vorher noch zu einem Frisör in die nächste Stadt gewollt und ließ sich natürlich von William hinbringen. Während er beim Frisör saß, musste ihm William gar nicht mal erzählen, was er der Zwischenzeit machen würde, denn Frankie war sich sicher, dass William in die nächste Bar gehen würde, um die nächsten paar Gläser schwerer alkoholischer Getränke zu kippen. Auf dem Heimweg hatten sie dann den ersten und einzigen richtigen Unfall. Es hatte zu schneien begonnen, und die Straße war sehr rutschig. Da William unter seinem Alkoholeinfluss die Geschwindigkeit seines Fahrzeuges nicht mehr kontrollieren konnte, schleuderten sie in den Graben, und der Wagen überschlug sich. Frankie hatte riesiges Glück, denn es war ihm bis auf ein paar kleine Schrammen nichts passiert. Komischerweise machte sich Frankie nur Sorgen, seine Brille wiederzufinden, die er während des Überschlags verloren hatte, und er hatte eigentlich nur Angst, dass er seinen Abschlussball ohne seine Brille überstehen müsste. Die Brille war natürlich auffindbar gewesen, und sein Abschlussball mit seiner tollen Frisur war ein super Erlebnis. William besuchte seinen Abschlussball nicht, er war nach diesem Unfall total am Ende und suchte Trost im, oh Überraschung, Alkohol. Sein Alkoholkonsum verdoppelte sich nach diesem Unfall, und er bekam wieder gesundheitliche Probleme, weil sein Körper diese übertriebene Alkoholzufuhr nicht mehr bewältigen konnte. Zirka elf Tage danach war William plötzlich verschwunden, alle suchten ihn, aber er war nicht auffindbar. Frankie hatte schon große Angst, William würde sich selbst etwas antun, stoppte diese Gedanken aber immer sofort ab und versuchte, sich zu beruhigen. Als eines Nachts alle schliefen außer Frankie, der schon damals seine Schlafprobleme hatte, war William für ihn zu hören, als er die Stiege erklomm, um in sein Zimmer zu gelangen. Frankie dachte sich:

Was soll ich jetzt bloß tun? William ist da, ist wahrscheinlich total am Ende. Soll ich denn meinen Vater rufen?

Das tat er aber nicht, weil er Angst davor hatte, William würde seinem Vater etwas tun, wenn dieser ihn stören würde. Zwölf Minuten später hörte er ihn wieder runtergehen und die Tür öffnen, die zum Innenhof des Hotels führte. Frankie wusste nicht genau, warum, aber er machte keinen Mucks und schlief ein. Als er am nächsten Tag erwachte, hörte er schon in seinem Zimmer, wie das ganze Hotel in Aufruhr war. Insgeheim wusste er, was passiert war, aber keiner brachte es über die Lippen. William hatte sich im Innenhof des Hotels erhängt, und sein Vater hatte ihn gefunden. Frankie erzählte nie jemandem, dass er William damals gehört hatte, aber nur, weil es für ihn nie einen Grund für diese sinnlose Informationsweitergabe gab. Hatte er seinem Vater das Leben gerettet, oder hätte er Williams Leben retten können? Er wusste es nie.

Um die Weihnachtszeit in seinem Abschlussjahr fand sein großer Abschlussball statt. Solche Bälle wurden in seinem Land vom jeweiligen Abschlussjahrgang veranstaltet und mit dem Gewinn, der erzielt wurde, wurde eine Abschlussreise finanziert. Es war ein sehr erfolgreicher Ball, der Umsatz hielt sich zwar in Grenzen, aber eine kleine Abschlussreise kam doch dabei heraus. Solche Abschlussbälle wurden in seinem Land von einer einstudierten Tanzeinlage eröffnet. Eigentlich könntest du dir denken, dass dieser Eröffnungstanz ohne Frankie stattgefunden hätte, aber für seine Mitschüler war es damals Gesetz, dass Frankie dabei sein musste. Dies war sogar zu einem kleinen Aufhänger für diese Veranstaltung geworden, weil es nicht so üblich war, dass Menschen mit Behinderung an solchen Veranstaltungen aktiv teilnahmen. Alle Kollegen des Jahrganges waren schon Wochen vor diesem Ball, zusätzlich zum üblichen Schulstress, im Dauereinsatz, da sie nicht nur für die Organisation dieser Veranstaltung verantwortlich waren, sondern sogar für die ganze Dekoration des Ballsaales. Der Ball stand unter dem Motto „Himmel und Hölle", deswegen waren die oberen Ränge in Blau mit vielen Engeln und der untere Teil in Rot mit einigen Dämonen dekoriert. Frankie war kurz vor seinem Tanz so aufgeregt, dass er so unglaublich blöd war, sich zur Beruhigung noch einige Gläser Whiskey zu genehmigen. Trotzdem war er beim Tanz selbst noch relativ nüchtern, konnte also seine Aufgaben zur Zufriedenheit aller erledigen, aber später zeigte der Alkohol große Wirkung, und er konnte sich später nicht an sonderlich viele Vorkommnisse erinnern. Seine Freunde erzählten ihm, was er damals angeblich getrieben hatte, aber alles davon konnte er nicht ganz glauben. Besser gesagt, er hoffte, dass nicht alles stimmte, denn da waren ziemlich viele eher unrühmliche Aktionen dabei. Zum Beispiel erzählte ihm Tom, sie hätten sich an einer Bar gegenseitig auf ihre Schuhe gekotzt. Der Ball dauerte die ganze Nacht, und sie alle fuhren am nächsten Tag in der Frühe noch zu einem Sektfrühstück. Frankie kam dort aber 34 Minuten zu spät an, weil er und noch ein paar Freunde von ihm den ganzen Ballsaal durchsuchen mussten, weil Tom sein nagelneues, sündhaft teures Sakko verlegt hatte. Erst nach fast einer halben Stunde war Martin aufgefallen, dass er zwei Sakkos anhatte, unter seinem eigenen eben Toms. Wo wir gerade beim Thema Sakkos sind, so muss festgehalten werden, dass alle seine Mitschüler – natürlich auch er selbst – wunderschön gekleidet waren, vor allem all die Mädchen, und es fiel ihm dadurch auf, welch optisch aufreizende Mitschülerinnen er hatte. Zur größten Freude Frankies waren für diesen Abschlussball sogar extra seine Schwester und seine damals dreijährige Nichte angereist. An diesem Abend war der Autounfall vom Vortag vergessen. Es war einige Tage nach Williams Tod, tage- oder wochenlang hatte es nur dieses Gesprächsthema gegeben, und er hatte dieses Thema echt satt – umso erfreuter war er, als Andy ihn besuchte. Er drückte ihm nur kurz sein Beileid aus, sprach dann aber sofort über ganz normale Themen, und er zauberte zum ersten Mal seit Tagen ein Lächeln auf Frankies Gesicht. Nach diesem Ball konzentrierte sich Frankie, wie auch alle anderen, nur noch auf die bevorstehenden Abschlussprüfungen. Er brachte diese Schule erfolgreich zu Ende, aber es war ihm sofort klar, dass der Schulabschluss nur der allererste Babyschritt in eine erfolgreiche Zukunft war.

Okay, wie geht es jetzt weiter?, dachte er sich.

Nach der letzten Abschlussprüfung, als er erfuhr, dass er bestanden hatte, machten er und seine Freunde erst einmal zur Feier des Tages sämtliche Lokale der Umgebung unsicher. Es lohnte sich auch gar nicht mehr, ins Bett zu gehen, denn schon in aller Früh ging der Flug zur Abschlussreise. Wie schon bei all den Exkursionen davor hatten sie kein spezielles Augenmerk auf ein behindertengeeignetes Urlaubsziel gelegt, sondern einfach irgendein Hotel gebucht, ohne sich vorher darüber zu informieren. Natürlich lag ihr Hotel mitten auf einem Hügel, und alle mussten 473 Meter steil nach unten zum Strand laufen.

„Egal", meinten alle, „eins steht mal fest: Frankie muss mit!"

Auch das Badezimmer im Hotel war nicht besonders rollstuhlgerecht, seine Freunde warfen ihn einfach in die Badewanne oder wechselten sich dabei ab, ihn zum Strand zu schieben. Das mussten sie aber gar nicht ganz so oft, da oft die ganze Nacht durchgemacht wurde und sowieso nur tagsüber am Strand in der prallen Sonne geschlafen wurde. Einer seiner Mitschüler war sogar mal dort eingeschlafen, und als er erwachte, war er so rot wie ein Krebs, und sie cremten ihn dauernd mit Joghurt ein.

In diesen zwei Wochen passierte so unglaublich viel, aber zugegebenermaßen konnte sich Frankie effektiv nur noch an eine Woche erinnern, der Rest war ihm aufgrund der übertriebenen Alkoholzufuhr leider entfallen.

In diesen Jahren war ihm natürlich schon immer stärker bewusst geworden, dass er eine Behinderung hatte, aber er konnte sich noch nicht wirklich vorstellen, welches „Schicksal" ihm dadurch auferlegt worden war.

In einem seiner Lieblingsfilme, nämlich Matrix, gab es ein Zitat, welches ihn sehr nachdenklich stimmte. Im Film fragte Morpheus Neo, ob er an ein Schicksal glauben würde. Neo antwortete:
„Nein, mir missfällt der Gedanke, mein Leben nicht selbst unter Kontrolle zu haben."
So ging es Frankie auch, nur hatte er damals noch nicht bedacht, dass er durch seine Krankheit immer mehr die Kontrolle über seinen Körper verlieren würde. Aber nur körperlich, denn sonst hatte er sein Leben im Griff. Aber das nur am Rande.

Okay, der erste Schritt wäre getan, aber wie geht's jetzt weiter?, dachte er sich.

KAPITEL 10

„Liebe auf den ersten Blick"

Fast jeden Tag war Julia in den nächsten Wochen bei ihm. Sie übernahm auch schon einige Dienste von seinen anderen Assistenten, aber auch wenn jemand anderer für ihn arbeitete, verbrachte sie ihre ganze Zeit liebend gerne mit Frankie. Und genau das war er bisher überhaupt nicht gewohnt gewesen, denn bis dahin musste er immer alle dafür bezahlen, damit sie bei ihm waren. Julia war da ganz anders, sie wollte ihn fast gar nicht mehr aus den Augen lassen und schickte oft seine Assistenten schon lange vor ihrem Dienstende nach Hause. Er genoss das sehr, sie lernte ihn langsam immer besser kennen, und Frankie bekam das Gefühl, sie würde mehr von ihm wollen als nur eine reine Freundschaft.

Oh mein Gott, dachte er sich, eigentlich möchte ich das jetzt aber gar nicht.

Es war nämlich schon einige Male vorgekommen, dass Frankie mit einer seiner Assistentinnen eine Beziehung probiert hatte, was im Endeffekt immer schwer in die Hose gegangen war. Er hatte sich schon so oft vorgenommen, ja fast geschworen, diesen „Fehler" nicht wieder zu begehen, aber immer, wenn er so weit war, kam die nächste Assistentin, die ihm gefiel, und die ganze Misere wiederholte sich. Andererseits hatte Frankie die Einstellung, alles auszuprobieren, ohne gleich unbegründete Ängste zu haben.

Frankie hatte irgendwann beschlossen, keine Ängste mehr zu haben, denn Angst hemmt, man erreicht sehr vieles nicht, wenn man sich andauernd von irgendwelchen – meistens völlig unbegründeten – Ängsten kontrollieren lässt. Frankie hätte sehr viel nicht erreichen können, wenn er sich dauernd nur von seinen Ängsten hätte abhalten lassen. Ab und zu sollte man die Dinge einfach mittels „Kopf durch die Wand" in die Tat umsetzen, ohne Rücksicht auf irgendwelche Verluste zu nehmen. Frankie wurde auch schon oft von Ängsten befallen, etwa vor seinem Umzug in die eigene Wohnung oder vor der Vereinsgründung. Trotzdem hatte er diese Sachen einfach durchgezogen und war danach auch sehr stolz darauf gewesen. Frankie lebte nur im Moment, machte sich also wenig Gedanken über die Zukunft, die sollte man nämlich sowieso so nehmen, wie sie kommt. Aufgrund seiner progressiven Krankheit durfte er nicht allzu viel über die Zukunft nachdenken, also wie sein Krankheitszustand in fünf Jahren aussehen würde, hatte er nie sagen können, und er wäre völlig ausgerastet, wenn er darüber nachgedacht hätte. Deswegen hatte er beschlossen, einfach nicht mehr über die Zukunft nachzudenken und damit auch keine Angst davor zu haben. Fast alle Menschen meinten und bestätigten, dass es sehr wichtig sei, im Moment zu leben. Für die meisten waren das aber nur Sprüche oder Zitate, die meistens von fernöstlichen Weisheiten abstammten, aber nur sehr wenige lebten tatsächlich danach. Menschen haben Angst vor so ziemlich allem und jedem, Angst vor der Politik, Angst vor Ausländern, Angst vor dem Islam, Angst vor der Überwachung der CIA oder den Geheimdiensten, Angst um ihre Privatsphäre – etwa durch soziale Medien – und so weiter und so fort. Frankie wollte bei diesem ganzen idiotischen und völlig unbegründeten Unterfangen einfach nicht mehr mitspielen. Er hatte keine Angst, nicht mal vor dem Tod. Frankie war nicht todessehnsüchtig, dafür liebte er das Leben viel zu sehr, aber durch seine starke Behinderung hatte er die Angst vor dem Tod verloren und sah darin nur noch eine Erlösung. Er glaubte auch nicht an ein Leben nach dem Tod, vielleicht ist dann einfach alles aus – rein wissenschaftlich betrachtet, ist das sogar am wahrscheinlichsten – oder vielleicht passiert dann ja doch irgendwas. Wenn es einmal so weit kommen würde, würde er es schon merken oder eben auch nicht. Es wäre nur komplette Zeitverschwendung, vorher schon darüber nachzudenken. Er nutzte diese Zeiten lieber, um im jeweiligen Moment zu leben. Viele Menschen in seiner Umgebung konnten diese Einstellung nicht so ganz verstehen, bestätigten ihn zwar, redeten aber im nächsten Atemzug wieder von der Zukunft.

Die Politik machte sich die Ängste der Menschen oft zu Nutze, man nehme zum Beispiel den Rechtspopulismus oder einfach nur eine stärker ausgeprägte Ausländerfeindlichkeit, indem sie uns noch mehr Angst machten, und sie bekamen dabei die allergrößte Unterstützung durch die Medien. Medien berichteten von irgendeinem Verbrechen, welches ein Ausländer begangen hatte, und sofort wurden alle Ausländer in einen Topf geworfen, und gefordert, man sollte dieses Dreckspack loswerden. Dabei hatten die Menschen aber nicht berücksichtigt, dass sie persönlich ja eigentlich gar nichts zu tun hatten mit solchen Leuten, trotzdem hatten sie Angst vor ihnen. Warum zum Teufel sollte denn Frankie vor solchen Menschen Angst haben? Das hätte ihm doch nur die Energie geraubt, die er viel lieber für sich selbst nutzte.

Die Schulmedizin stellte viele angstlösende Medikamente zur Verfügung, die Pharmaindustrie machte damit bei Frankie aber kein Geschäft, da er ja gar keine Angst hatte. Okay, vielleicht eine: Er hatte große Angst vor Spinnen. Viele andere sagten:

„Ja warum denn? Die sind doch so klein."

„Stimmt schon", antwortete er dann, „aber hast du schon mal eine Spinne unter einer Lupe gesehen? Der Körper in der Mitte und acht Beine sind rundherum, das ist das totale Monstrum, vor dem man einfach Angst haben muss."

Wenn Frankie behauptete, er würde gar nicht über die Zukunft nachdenken, war das vielleicht auch etwas überzogen dargestellt, denn in gewisser Weise musste man eben doch ein bisschen vorausplanen. Was bei Frankie gerade mal etwa eine Finanzplanung für die nächsten paar Monate betraf, aber nicht mehr. Es interessierte ihn nicht, ob er in fünf Jahren genügend Geld auf dem Konto hätte. Immer wenn Frankie finanzielle Mittel übrig hatte, gab er dieses Geld aus und leistete sich damit Dinge, die ihn erfreuten. Und zwar in diesem Moment! Ob er in fünf Jahren überhaupt noch leben würde, konnte er ja nicht sagen. Das wusste vielleicht sowieso keiner, Frankie jedoch hatte aufgrund seiner Behinderung eine sehr beschränkte Lebenserwartung und konnte mit sehr großer Wahrscheinlichkeit – außer es passierte ein Durchbruch in der Forschung – behaupten, dass er nicht sehr lange leben würde. Er konnte das natürlich auch nicht genau sagen, er würde schon noch etwas Zeit haben. Wenn nicht, war ihm das auch egal, zumindest in diesem Moment.

Frankie war aber der Meinung, dass diese Frau mit großer Vorsicht zu genießen war, vor allem, weil sie eigentlich rund um die Uhr für ihn Zeit hatte. Auf seine Fragen, ob sie nie irgendwas tun müsste, um zum Beispiel Geld zu verdienen, antwortete sie immer nur kurz und bündig:

„Na, ich bin eben arbeitslos, es wird sich schon irgendwas ergeben, vielleicht ja als persönliche Assistentin."

Aber egal, auf jeden Fall hatte er endlich jemanden kennengelernt, der sich aus freien Stücken um ihn kümmerte und das, ohne ihn in irgendeiner Weise auszunutzen, zum Beispiel finanziell, denn das war auch schon vorgekommen. Wen sie aber am meisten mit ihrer Anwesenheit erfreute, war Funky, denn der bekam so viel Bewegung wie nie zuvor.

Frankie hatte schon einige Haustiere gehabt. Neben Katzen und Hunden hatte er sogar mal eine Ratte besessen. Er hatte ihn „Ratman" genannt, sein großer, mehrstöckiger Käfig war die „Ratcave", und darin hatte er auch noch ein kleines Spielzeugauto aus Holz gehabt, das war das „Ratmobil". Ratman hatte aber nur zwei Jahre gelebt und, weil er Haustiere über alles liebte, besorgte er sich einen Kater. Er hieß Max, denn es war so üblich, dass man seine Haustiere nach bekannten Persönlichkeiten oder zum Beispiel Romanfiguren benannte. Und jetzt rate mal, wie sein Bruder geheißen hatte?

Max war ein richtiger Garfield gewesen, also faul, verfressen, egozentrisch und vor allem fett. Er klapperte jeden Tag die ganze Nachbarschaft ab und bekam von jedem einzelnen Nachbarn die nächste Portion Futter. Danach kam er zu Frankie nach Hause und tat so, als wäre er knapp am Verhungern. Max hörte auf Frankie wie ein Hund, immer wenn er im Speisesaal seines damaligen Pflegeheimes seine Mahlzeit beendete, musste er nur rufen:

„Max, wir gehen wieder!"

Dann kam er angerannt, sprang auf seinen Schoß, und sie fuhren beide wieder in die Wohnung. Max war auch noch bei ihm, als er bereits in seine eigene Wohnung gezogen war. Eines Tages war er dann plötzlich verschwunden, und Frankie wartete mit großer Sorge auf seinen heißgeliebten Kater. Leider Gottes vergeblich. Eigentlich war er dauernd bei ihm gewesen, lag aber die ganze Zeit tot unter seinem Bett. Der Tierarzt sprach von einer Herzverfettung, versicherte ihm aber, dass er ganz ruhig und schmerzfrei einfach eingeschlafen sei. Für Frankie brach eine kleine Welt zusammen. Alle anderen meinten, er solle sich ganz einfach einen neuen Kater zulegen, aber für Frankie bestand kein Zweifel, dass nichts Max einfach so ersetzen konnte. Also hatte er ein anderes Haustier gebraucht.

Im Film „Die Maske" mit Jim Carey spielte ein kleiner, unglaublich lustiger und intelligenter Hund namens „Milo" mit. Es war ein Jack-Russell-Terrier. Frankie hatte sich sofort in diese Rasse verliebt und sich damals geschworen: „Wenn ich mal einen Hund haben sollte, dann einen Jack-Russell Terrier!" Aber das nur am Rande.

Er kannte diese Rasse aber nur aus diesem Film, hatte also keine Ahnung, welche Eigenschaften solche Hunde hatten. Eine Assistentin fuhr mit ihm zu einer Hundezüchterin in seiner Nähe, die gerade einige Jack-Russell-Babys zu vergeben hatte. Er kam dort hin, und diese ungestüme Rasselbande, oder besser gesagt „Russellbande", stellte so ziemlich alles auf den Kopf, was nicht niet- und nagelfest war. Jack-Russell-Terrier sind nämlich extrem aufgeweckte, quirlige, aber auch sehr intelligente Hunde.

Ach du Scheiße, hatte er sich gedacht, *wie soll ich bloß mit so einer Bestie umgehen können?*

Er sprach dann mit dieser Hundezüchterin, informierte sich mit ihr genau über diese Rasse und gab ihr auch seine Wünsche, nämlich schon einen Jack-Russell-Terrier, aber eben einen eher ruhigen, treuen Gefährten, weiter. Sie meinte dann zuerst, er solle sich lieber nach anderen Rassen umsehen, und Frankie war sehr enttäuscht und tieftraurig wieder nach Hause gefahren. Zu seinem großen Glück war aber genau an diesem Tag ein weiterer Züchter anwesend, um die Hunde auf ihr Gehör zu testen. Dieser hatte so nebenbei von Frankies Wünschen gehört und rief ihn noch am selben Abend an. Er meinte:

„Ich hab eine gute Neuigkeit für dich. Ich habe da einen Hund, der genau deinen Wünschen entspricht."

Viel mehr hatte er gar nicht sagen müssen, schon am nächsten Tag fuhr er wieder mit der gleichen Assistentin vom Vortag zu dessen Zucht, die allerdings ein paar Autostunden entfernt lag. Als er sich dort vom Auto in seinen Rollstuhl gehievt hatte, was er damals noch ganz alleine schaffte, stürmten an die zehn Jack-Russell-Terrier mit lautem Gebell auf ihn zu, und er hatte schon Angst, sie würden ihn mitsamt seinem Rollstuhl über den Haufen rennen. Erst dachte er sich, dass ihn der Züchter wohl anlog und dieser auch nur Hunde hätte, mit denen er so absolut überhaupt nicht zurechtkommen würde. Der Züchter bemerkte das sofort und bat ihn um etwas Geduld, weil er den Hund, von dem er gesprochen hatte, erst holen müsste. Als er wiederkam, trug er einen kleinen Hund auf seinem Arm, der ganz traurig und verschreckt aussah. Er setzte ihn auf den Boden und sagte zu Frankie:

„Darf ich vorstellen: Das ist Funky!"

Funky erblickte Frankie, kam sofort auf ihn zugerannt, sprang auf seinen Schoß und blieb dort auf Anhieb liegen. Es war Liebe auf den ersten Blick!

Sogar der Züchter sagte:

„Gesucht und gefunden!"

„Warum meintest du, du hättest genau einen Hund, der zu mir passen würde?", fragte Frankie, und der Züchter erzählte ihm, dass er sich Funky extra für seine Zucht besorgt hätte, weil er schon als Baby bei Rassehunde-Ausstellungen als ein perfekter Jack-Russell-Zuchthund ausgezeichnet worden war. Als

Funky dann aber zeugungsfähig geworden war, stellte der Tierarzt fest, dass er an der linken Hüfte an einer Demineralisierung litt. Das heißt, dass die Hüftkugel im Gelenk nicht ganz abgerundet ist, wodurch es bei ganz viel Bewegung zu Arthrosen kommen könnte und ihm Schmerzmittel zu verabreichen wären. Schweren Herzens hatte er Funky dann aus seiner Zucht entfernen müssen und war seither auf der Suche nach einem geeigneten Platz für ihn. Als er dann zufällig von Frankies Wünschen gehört hatte, erkannte er sofort, dass die beiden wie angegossen zusammenpassen würden.

Seit damals waren Frankie und Funky unzertrennlich und nur die wenigen Tage in seinen Urlauben, an denen Funky zu Hause bleiben musste, kurz getrennt, verbrachten sonst aber ihr ganzes Leben miteinander.

Schade, dass Funky kein Weibchen war, denn er wäre die absolut perfekte Frau für Frankie gewesen. Er widersprach nie, tat was Frankie befahl, wollte ständig rammeln und war auch noch im Vergleich zu einer richtigen Frau relativ kostengünstig. Aber das nur am Rande.

Verdammte Scheiße, dachte er sich, hast du dich jetzt am Ende wieder verliebt oder was?

Verliebt eigentlich noch nicht, denn dafür kannte er Julia noch viel zu wenig. Sie wich ja allen seinen Fragen geschickt aus. Frankie wollte aber nichts mehr, als sie endlich näher kennenzulernen, was dann daraus werden würde, kam eh von selbst. In solchen Situationen hatte sich Frankie schon einige Male befunden, hatte aber seine Liebe – oder sagen wir besser seine Sympathie – nicht gestanden. Und weil er nie etwas gesagt hatte, war diese Freundschaft oder vielleicht sogar mögliche Beziehung total im Sand verlaufen. Diesen Fehler wollte er nicht noch einmal machen und sagte:

„Ich würde mir so sehr wünschen, dich so wirklich kennenzulernen. Du hast sicherlich schon bemerkt, dass ich dich – vorsichtig ausgedrückt – sehr nett finde. Ich stehe ja auf eine direkte

Art, also sage ich besser: Ich steh total auf dich. Warum also erzählst du mir so wenig über dich? Ich möchte dich doch einfach nur kennenlernen."

Zu Frankies Überraschung hatte er sofort das Gefühl, als hätte sie auf eine Frage dieser Art gewartet, denn sie wurde davon nicht überrumpelt, sondern antwortete sofort und in einer sehr beruhigenden Tonlage:

„Okay Frankie, ich sollte dir jetzt einmal gestehen, dass ich dich ein bisschen angeschwindelt habe."

Sie klang dabei so, als wäre sie auf eine Frage dieser Art vorbereitet und hätte sich ihre Wortwahl ganz genau überlegt. Sie war vielleicht nicht überrascht, Frankie aber war es sehr wohl, obwohl er das Gestehen einer Lüge nicht erwartet hatte. Immerhin wusste sie ja, wie wichtig für ihn die Wahrheit war. Jetzt wurde er sehr neugierig, glaubte aber sofort, dass sie eine nachvollziehbare Erklärung dafür hätte. Sie erzählte ihm, dass sie sich ihm deswegen noch nie richtig vorgestellt hatte, weil dann ihr ganzer Plan über den Haufen geworfen worden wäre. Um ihn aber nicht ganz anlügen zu müssen, was sie ja auch nicht besonders gerne tat, hatte sie einfach so wenige Informationen wie möglich über sich preisgegeben. Dieser Plan sah nämlich so aus, dass sie ihm eine riesengroße Chance bieten würde, und sie wäre sich schon jetzt fast ganz sicher, dass er diese Chance auch ergreifen würde.

„Okay, so weit so gut, aber um dein Verhalten ganz verstehen zu können, müsste ich schon genau wissen, wie dieser Plan aussieht?", fragte er sie und versuchte dabei, auch so ruhig zu bleiben wie sie es war, hatte aber das Gefühl, dass ihm das nicht ganz so gut gelang, denn seine Stimme überschlug sich fast. Sie meinte darauf, dass sie ihm die ganze Wahrheit nicht erzählen durfte, zumindest noch nicht, aber sie würde in den nächsten Tagen auf alle Fälle mit der vollen Wahrheit rausrücken.

„Deine Geheimniskrämerei ging aber schon fast einmal in die Hosen, denn ich kenne ja deinen vollen Namen, weil du nämlich vor zirka zwei Wochen eine Visitenkarte von dir bei mir liegengelassen hast", sagte er mit einem hinterlistigen Unterton und glaubte, sie damit auffliegen lassen zu haben.

„Freu dich nicht zu früh, denn das hat zu meinem Plan gehört. Als ich merkte, dass du etwas misstrauisch wurdest, habe ich absichtlich eine gefälschte Visitenkarte von mir herumliegen lassen", antwortete sie sofort.

Damit war Frankie dann völlig überfordert, weil alles, was er über sie zu wissen glaubte, gelogen war. Plötzlich war sie wieder eine völlig Fremde für ihn.

„Du bittest mich um ein paar Tage Geduld, bevor du mit der ganzen Wahrheit rausrücken kannst. Na gut, ich bereite mich auf die nächsten schlaflosen Nächte vor, aber eines muss ich jetzt sofort wissen, sonst drehe ich komplett durch. Wie heißt du?", fragte er in Erwartung einer für ihn zufriedenstellenden Antwort.

„Da kann ich dich ein bisschen beruhigen. Mein Nachname auf der Visitenkarte ist natürlich frei erfunden, aber ich heiße schon Julia", konterte sie sofort und bot ihm an, die nächsten paar Tage bei ihm zu übernachten, damit er wenigstens ein kleines bisschen Tiefschlaf finden könnte. Das hatte ihm in seinem bisherigen Leben noch nie eine Frau angeboten, und deshalb wäre er ein verflucht blöder Idiot gewesen, hätte er dieses Angebot abgeschlagen.

KAPITEL 11

„Der Pinky und der Brain"

Die nächsten paar Tage verliefen relativ ereignislos, wie immer schlief er ziemlich lange und ging dann gerade einmal mit Funky spazieren oder kurz für ein Mittagessen in die Stadt. Natürlich wartete er ständig gespannt auf das von Julia kurz angekündigte Ereignis, verlor aber ganz absichtlich kein Wort darüber. Er musste aber schon innerlich zugeben, dass er sich sehr oft dabei ertappte, sich völlig aus der Luft gegriffene oder sogar super romantische Szenarien auszumalen. Wie eigentlich fast immer konnte er kaum zum Tiefschlaf finden, nur hatte er diesmal wenigstens einen guten Grund dafür. Nach drei dieser langweiligen Tage hielt er es nicht mehr aus und sprach Julia darauf an:

„Ich habe dich jetzt schon drei Tage lang nicht mehr auf deine geplante – wie soll ich es nennen – Chance angesprochen, aber natürlich drehe ich langsam schon völlig durch. Bitte sag mir jetzt, was du da geplant hast, sonst sterbe ich vor Neugier. Oder zumindest, wie lange ich noch darauf warten muss?"

„Ich habe nur noch einige Tage gebraucht, um alles vorzubereiten, aber das, was ich für dich geplant habe, wird schon morgen passieren", antwortete sie und spannte ihn dadurch nur noch mehr auf die Folter.

„Aber was zum Teufel wird denn da passieren? Hast du etwa am Ende einen Exklusivauftritt meiner Lieblingsband für mich organisiert?", wollte Frankie wissen.

„Faith No More war leider Gottes total ausgebucht, das ist es leider nicht, was morgen passieren wird, ist ein noch viel größeres Ereignis, was aber nicht nur einmal eintritt und dann bleibt nur noch die Erinnerung daran, sondern was dein ganzes Leben von Grund auf verändern wird."

„Okay, jetzt bin ich aber so weit, also knapp vorm Sterben. Am besten machen wir beide heute die ganze Nacht durch, denn schlafen kann ich jetzt sowieso nicht mehr", sagte er sofort darauf und beschloss, besser auf den nächsten Tag zu warten und sie nicht mehr darauf anzusprechen.

Am nächsten Tag stand Julia schon um 7.34 Uhr neben seinem Bett und schüttelte ihn ganz heftig, um ihn wach zu bekommen. Denn Frankie war doch irgendwann gegen 5 Uhr aus Erschöpfung eingeschlafen, davor konnte er tatsächlich kein Auge zutun. Natürlich verfluchte er sie und entschuldigte sich nicht einmal dafür.

„Tut mir sehr leid, aber heute ist der große Tag, und du wirst gegen 9 Besuch bekommen, also stehen wir besser mal auf", sagte Julia und verstärkte damit noch seine Neugier. Aber Frankie hatte das Gefühl, keine Hinweise auf seine Überraschung zu finden und versuchte, ganz ruhig zu bleiben und einfach darauf zu warten.

Um 9:14 Uhr klingelte es an seiner Wohnungstür. Gott sei Dank, dachte er sich, ich hätte es jetzt nämlich keine einzige Minute länger ausgehalten.

Frankie konnte nicht zur Tür sehen, war aber erst mal eher negativ überrascht, weil Funky nicht wie gewohnt zur Tür stürmte, sondern sich sofort in seine Hundehütte verzog, als hätte er vor irgendwas große Angst. Zwei Männer um die 60 betraten seine Wohnung, beide in maßgeschneiderte Anzüge gekleidet, einer davon mit schneeweißem wallendem Haar und sehr schlank, ja fast dürr, der andere dunkelhaarig und ein bisschen fett.

Na super, dachte er sich, jetzt bekomme ich es auch noch mit Rechtsanwälten zu tun.

Also sagte er ganz schnell:

„Gleich vorweg, ich bin unschuldig!"

Die beiden Herren schmunzelten und stellten sich als Doktor Miller und Doktor Turner vor.

Frankie dachte sich: *Okay, vielleicht doch keine Anwälte, und ich hatte schon Angst, ich würde schon bald im Gefängnis landen.*

Da Frankie jetzt endlich wissen wollte, was dieser Besuch zu bedeuten hatte, fragte er:

„Julia hat mir schon von eurem Besuch bei mir erzählt, aber nichts Genaueres. Also, wer seid ihr und was wollt ihr von mir?"

Nachdem die beiden Platz genommen und sich von Julia einen Kaffee servieren lassen hatten, begann der Weißhaarige zu erzählen, obwohl Frankie vor Scham am liebsten im Boden versunken wäre, weil er so abweisend reagiert hatte und den beiden nicht mal angeboten hatte, Platz zu nehmen.

„Ich bin Mikrobiologe und seit Jahrzehnten in der medizinischen Forschung tätig, und Dr. Turner hier ist Neurologe, der sich auf deine Krankheit spezialisiert hat", sagte er.

„Wollen Sie mir jetzt erzählen, Sie hätten eine neue Möglichkeit gefunden, meine Krankheit zu behandeln?", wollte Frankie wissen, stellte seine Frage aber nicht mit großer Ernsthaftigkeit.

„Ja, genau das, aber nicht nur eine Möglichkeit, um die Krankheit zu behandeln, sondern sogar, um sie zu heilen."

Sehr viele Szenarien oder sogar Erwartungen waren in den letzten Tagen durch seinen Kopf geschossen, aber das hätte er sich nie erträumen lassen. Frankie war nun etwas überfordert, wusste überhaupt nicht, wie er reagieren sollte und hakte sofort nach:

„Es gab schon extrem viele Mediziner oder Mikrobiologen, die glaubten, etwas entdeckt zu haben, aber immer ist es bei guten Ansätzen geblieben und im Endeffekt wurde diese Forschung wieder eingestellt. Ich hoffe jetzt, dass Sie mir genau erzählen, wie Ihre Möglichkeit aussieht?"

Gespannt wartete Frankie auf die folgenden Worte und dachte sich sofort, dass Julia ihm mit der Ankündigung einer ganz großen Überraschung nicht zu viel versprochen hatte. Dr. Miller erzählte ihm von einer relativ neuen Methode der Gen-Therapie, die angeblich als sehr zukunftsweisend galt. Dann sagte er:

„Wir sind nun auf der Suche nach einem Patienten, der …"

„Moment, Moment", unterbrach ihn Frankie mitten in seinem Satz, „es gab schon so viele vielversprechende Behandlungsmöglichkeiten für diese Krankheit, aber bisher blieb es bei all diesen Möglichkeiten bei guten Ansätzen, jedoch wurde jede dieser

Möglichkeiten sehr bald wieder verworfen. Ich möchte das jetzt aber schon ganz genau wissen, um erkennen zu können, dass Ihre Entdeckung tatsächlich was bewirken könnte. Also, was ganz genau haben Sie da entdeckt?"

Dr. Miller erkannte durch seine Frage sofort, dass sie mit Frankie auf dem richtigen Weg waren und er kein Mensch war, der sich von irgendwelchen namhaften Forschern lauter Scheiße einreden ließ und antwortete:

„Wir arbeiten dabei nach einer Methode der Gentherapie, um dein erkranktes Gen auszuknocken und durch ein gesundes Gen zu ersetzen."

„Ich habe natürlich schon viel über so eine Möglichkeit gehört, Sie meinen damit sogenannte Genscheren, oder?"

„Ganz genau, so ist es", bestätigte ihn Dr. Miller sofort, „genau genommen arbeiten wir nach einer gängigen Methode namens CrispR/Cas."

Die CrispR-Methode wurde schon Ende der 1980er-Jahre entwickelt. Zumindest wurden damals mal die ersten Entdeckungen gemacht, aber die endgültige CrispR-Methode wurde erst im Jahre 2012 in einem Artikel vorgestellt und noch im gleichen Jahr mit dem sehr renommierten Forschungspreis „Breakthrough of the year" ausgezeichnet. Sie wurde zuerst nur in der Gen-Manipulation eingesetzt. Es geht dabei um Enzyme oder Proteine, die direkt auf die DNA wirken und dort an treffenden Stellen Start- oder Stopppunkte setzen, um das Gen an dieser Stelle auszuschneiden, man nennt das einen Gen-Knockout. Genau genommen wirkt es natürlich nicht auf die DNA selbst, also die Doppelhelix, sondern nur während des Transkriptions-Vorgangs auf den Einzelstrang der Messenger-RNA einfach nur weil dieser Einzelstrang leichter zu verändern ist. Wenn dieses Gen dann ausgeschnitten ist, kann man an dieser Stelle ein anderes – in Frankies Fall fehlerfreies – Gen einsetzen, das wäre dann ein Gen-Insert. Das klingt soweit sehr einfach und logisch, jedoch muss bedacht werden, dass der menschliche Körper aus über 100 Billionen Zellen besteht, die ja alle eine völlig identische DNA besitzen. Deswegen kann man nicht auf die Schnelle all diese Gene einfach so ersetzen, sondern es funktioniert nur im Zuge einer länger angelegten Gentherapie. Und genau das ist der große Unterschied zur Gen-Manipulation, denn dabei werden Zellen neue Gene einfach angefügt, um zum Beispiel eine Pflanze kälteresistenter zu machen. Weil man aber noch nicht ganz genau sagen konnte, welche Auswirkungen genau das Hinzufügen eines neuen Gens– etwa epigenetisch – hat, war die Gen-Manipulation eine eher nicht so tolle Angelegenheit. Eine Gentherapie jedoch erschien um einiges sinnvoller.

„Ich weiß natürlich, dass diese Art der Gentherapie als sehr zukunftsweisend angesehen wird, jedoch sehe ich folgendes Problem", warf Frankie ein und wollte ihnen damit etwas Wind aus den Segeln nehmen. „Das Protein, von dem bei mir zu wenig produziert wird, wird im Gehirn gebraucht. Das menschliche Gehirn verfügt aber über Blut-Hirn-Schranken. Da kommen dann irgendwelche oral verabreichten Proteine nicht an den gewünschten Wirkungsort. So einige gute Forschungsansätze sind daran schon gescheitert."

„Ganz richtig, Frankie", wurde er von Dr. Miller bestätigt, und er schmierte ihm damit Honig ums Maul, „Julia hat uns also nicht zu viel versprochen, du kennst dich wirklich ein bisschen aus."

An dieser Stelle wandte sich Frankies Blick an Julia. Mit großer Neugier starrte er in ihre Augen, und sie merkte sofort, dass es wohl langsam an der Zeit wäre, mit der vollen Wahrheit rauszurücken. Sehr gefasst und für ihn sehr beruhigend erzählte sie ihm, dass so ziemlich alles, was sie Frankie bisher über sich erzählt hatte, mehr oder weniger gelogen war. Sie war nicht arbeitslos und wollte in das Berufsbild der persönlichen Assistenz einsteigen, sondern sie war sogar beruflich bei ihm. Und zwar hatte sie zehn Jahre lang als Detective für die Polizei gearbeitet, war dort undercover tätig und forschte hauptsächlich des Steuerbetrugs verdächtigte Leute aus. Nach zehn Jahren in diesem Beruf hatte sie aber endgültig die Schnauze voll davon und kündigte. Um aber ihre jahrelange bestens ausgeführte Arbeit, vor allem nicht die vielen guten Kontakte, völlig an den Nagel zu hängen, machte sie sich selbstständig und arbeitete seither erfolgreich als Privatdetektivin. Nach einigen Jobs als Privatdetektivin im Ausforschen anderer Leute hatte sie durch Zufall von Dr. Miller gehört, der auf der Suche nach einem Patienten war, der sich für einen illegalen Testversuch zur Verfügung stellen würde. Erst einmal wollte sie nichts mit so einem illegalen Testversuch zu tun haben, da aber ihr Geschäft gerade nicht besonders gut lief, nahm sie diesen Job an.

Na super, dachte er sich, und ich Idiot war schon wieder drauf und dran, mich zu verlieben, und dann stellt sich raus, dass sie nur deshalb so lieb zu mir war, weil sie damit ihr verdammtes Geld verdient. Verdammte Scheiße!

Er versuchte aber verzweifelt, wieder zum eigentlichen Thema zurückzukehren und sagte:

„Erneuter Themenwechsel: Ich wollte jetzt ja noch wissen, wie Sie diese CrispR-Substanzen ins Gehirn bringen wollen?"

„Jetzt kommen wir zu dem Punkt, der bisher noch nicht ausreichend getestet wurde, schon gar nicht an einem Menschen. Wir planen, mit einem Botenstoff zu arbeiten, der die Proteine über die Blut-Hirn-Schranken ins Gehirn bringt und dort oben zur Wirkung wieder freisetzt, also einen Transporter. Was wir da im Endeffekt machen wollen, basiert auf der CrispR-Methode, wir nennen unsere Methode aber die Miller-Methode."

Jetzt begann Frankie sich schon wieder die wunderbarsten Szenarien auszumalen und sah sich schon als geheilt.

Ganz ruhig Frankie, dachte er sich, jetzt dreh bloß nicht gleich durch.

„Das sind echt tolle Neuigkeiten und sehr zukunftsversprechend, aber warum sind Sie jetzt hier? Was soll das Ganze denn mit mir zu tun haben?", fragte er.

„Damit kommen wir jetzt zum Grund unseres Besuchs. Wenn eine neue Behandlungsmöglichkeit entdeckt wird, kann es bis zu 30 Jahre dauern, bis zum Beispiel ein Medikament auf den Markt kommt. Denn wenn man den ganzen vorgeschriebenen Forschungsprozess durchläuft, vergeht sehr viel Zeit. Man muss

Ethikauflagen berücksichtigen, zuerst In-vitro-Tests, dann Tests an Labormäusen, dann mehrere Phasen an klinischen Studien vornehmen, hunderte Forschungspublikationen verfassen und am Ende auch noch darauf hoffen, dass das Medikament zugelassen wird. Dir, so wie auch allen anderen Patienten mit dieser Krankheit, fehlt diese Zeit. Deshalb sind wir weltweit auf der Suche nach einem Patienten, der sich bereiterklärt, einen versteckten und illegalen Testversuch zu absolvieren, um diesen langwierigen Prozess zu überspringen. Und deswegen sind wir bei dir."

Frankie war nun völlig überfordert, er wusste überhaupt nicht mehr, was er davon halten sollte. Dr. Miller bemerkte natürlich, dass er langsam immer mehr unfähig wurde, noch weitere Fragen zu stellen und erzählte ihm einfach weiter, dass sie durch seine Website auf ihn aufmerksam geworden waren. Frankie war nun endgültig perplex, und die einzigen zwei Wörter, die er noch herausbrachte, waren:

„Warum ich?"

„Warum nicht du?", antwortete Dr. Miller scherzhaft, fügte aber sofort hinzu, „nein, nein, das ist natürlich eine hervorragende Frage. Wir wollen durch diesen hoffentlich erfolgreichen Testversuch natürlich auch dir und allen anderen Patienten mit dieser Krankheit helfen, aber in erster Linie geht es mir um meine Tochter. Sie leidet schon seit über 20 Jahren an dieser Krankheit, hat also auch keine 30 Jahre mehr Zeit, um auf eine gute Behandlungsmöglichkeit zu warten. Ich als ihr Vater habe es zu meiner Aufgabe gemacht, ihr zu helfen. Es ist für mich nicht nur eine Aufgabe, sondern eine Verpflichtung. Deshalb kannst du dir ganz sicher sein, dass wir alles dafür tun werden, um unseren Versuch erfolgreich zum Abschluss zu bringen. Das ist meine einzige Chance, meiner Tochter zu helfen, bevor es zu spät ist."

„Das ist natürlich sehr lobenswert, und Ihre Tochter kann echt von großem Glück sprechen, so einen Vater zu haben", sagte Frankie, gab sich mit dieser Antwort aber noch nicht ganz zufrieden und fügte hinzu: „Aber warum zum Teufel testen Sie Ihre Möglichkeit nicht an ihr selbst, also wozu brauchen Sie mich?"

„Leider Gottes leidet meine Tochter neben dieser körperlichen Behinderung auch noch an anderen schweren Erkrankungen, weswegen sie für einen Testversuch dieser Art nicht infrage kommt, ganz abgesehen davon glaube ich nicht, dass sie sich für diesen risikoreichen Versuch zur Verfügung stellen würde. Und damit kommen wir jetzt zum allerwichtigsten Punkt: Es besteht ein sehr großes Risiko. Es gab bisher nur einige sehr positive Toxizitätsprüfungen, aber ob unsere Methode auch bei einem ausgewachsenen Menschen, der noch dazu einen hohen Krankheitsfortschritt aufweist, funktioniert, wissen wir nicht. Im allerschlimmsten Fall könnte es sogar tödlich enden. Wir werden aber alles Erdenkliche unternehmen, um das zu vermeiden und um dich, im Endeffekt auch meine Tochter, zu heilen. Dr. Turner ist schon seit Jahren einer meiner besten Freunde und wurde von mir natürlich eingeweiht, dann gibt es noch ein paar ausgewählte Leute, die wissen, was wir da geplant haben, aber sonst weiß kein Mensch, was da passieren wird. Die Mitarbeiter der Klinik, in der wir dich unterbringen würden, glauben, du wärst einfach ein Patient mit dieser Krankheit, der für einen längeren Zeitraum zur Kontrolle stationär aufgenommen wurde. Und du musst dich dazu verpflichten, kein Sterbenswort darüber zu verlieren, und ich bin mir auch ganz sicher, dass du das tun wirst, denn du würdest dir die Chance auf eine mögliche Heilung selbst verbauen. Wir bitten dich, diese Risiken zu bedenken und hoffen auf eine für uns positive Entscheidung von dir."

„Ich wäre doch ein verflucht blöder Idiot, würde ich dieses Angebot abschlagen", antwortete Frankie sofort, hatte aber gleich das Gefühl, als würde er diese große Entscheidung zu schnell getroffen haben.

Dr. Miller schmunzelte, wollte Frankie aber dazu bewegen, mal ein bisschen auf die Bremse zu steigen und meinte:

„Es ist mir bewusst, dass ich dich um eine der größten Entscheidungen deines Lebens bitte. Du musst alles liegen und stehen lassen, darfst keinem Menschen irgendwas davon erzählen, keine Abschiedsbriefe schreiben oder irgendwelche Vorbereitungen für deine Reise treffen. Du wärst dann von heute auf morgen wie vom Erdboden verschluckt. Viele werden sogar glauben, du wärst verstorben."

„Nehmen wir mal an, dieser ganze Versuch verläuft bestens und ich würde wirklich mehr oder weniger geheilt werden. Haben Sie dann vor, alle Ihre Ergebnisse zu veröffentlichen, um eine Zulassung Ihrer Möglichkeit zu bewirken?"

„Vielleicht, also im Grunde wäre das natürlich schon wünschenswert, aber diese Entscheidung treffen wir erst, wenn es so weit kommt. Wir würden dann ja vermeiden wollen, dass irgendjemand von uns deswegen ins Gefängnis wandert."

„Diese Entscheidung fällt mir leichter, als du denkst", sagte Frankie und beschloss damit, gleich mit Dr. Miller per du zu sein.

„Schon lange träume ich davon, einfach von hier zu verschwinden. Aber dass damit sogar die Chance besteht, geheilt zu werden, hätte ich mir nie zu erträumen gewagt. Also wann geht's los?"

„Bitte sei ein bisschen bedachter dieser Entscheidung. Es wundert mich, dass du noch gar nicht gefragt hast, wie das Ganze überhaupt ablaufen soll, wie lange es dauern kann oder wo es hingeht?", sagte Dr. Miller und wollte ihn damit zur Vernunft bringen.

„Ach so, stimmt schon. Also jetzt mal langsam: Wo geht's überhaupt hin beziehungsweise wie, mit einem Flugzeug oder was?"

Dr. Miller zeigte sich erfreut, dass Frankie nun Genaueres über seine Reise in Erfahrung bringen wollte und erzählte ihm, dass sie ihn schon in drei Tagen mitten in der Nacht zu einem klitzekleinen privaten Flughafen, genau genommen gar kein richtiger Flughafen, sondern gerade mal eine Start- und Landebahn, bringen und ihn für andere unentdeckt in einen Privatjet einpacken würden. Offiziell wären für diesen Flug nur die Besatzung, Dr. Miller, Dr. Turner und Julia als die einzigen Passagiere gemeldet, dass sich also auch Frankie in diesem Jet befinden würde, würde kein Mensch wissen. Er bekam von Julia bereits alle genaueren Informationen, was er im Alltag an Utensilien benötigen würde, zum Beispiel welche Medikamente er genau nahm, die genaue Typenbezeichnung seines Rollstuhles und noch vieles mehr. Er müsse sich also keine Sorgen machen, sein Leben würde gleich weiterlaufen wie bisher, nur eben an einem anderen Ort. Dr. Miller versprach ihm, alles neu zu besorgen, denn er dürfe nicht einmal großartig packen. Alles Weitere müsste zurückbleiben.

„Jetzt haben wir gleich mal das erste große Problem: Ich mache überhaupt nichts ohne Funky. Das ist meine große Bedingung. Funky muss mit!", sagte Frankie und hatte schon Angst, diese Chance damit vermasselt zu haben.

„Das hat mir Julia natürlich schon erzählt. Anfangs hätte ich schon fast gesagt, sie solle gleich wieder nach Hause fahren, und wir schauen uns weiter um. Aber weil du laut Julia der perfekte Kandidat dafür bist, darf ich dir mitteilen, dass dein Hund natürlich mitkommen darf", beruhigte ihn Dr. Miller. Drei Tage später sollte die Reise losgehen, und Frankie musste mit Julia für diese drei Tage einen Ausflug in die nächste Großstadt unternehmen, damit sie darauf achten konnte, dass Frankie auch wirklich kein Sterbenswort über die ganze Sache verlor. Außerdem wollten sie ihm in diesen drei Tagen die Möglichkeit bieten, noch einmal in Ruhe darüber nachzudenken, weil Dr. Miller das Gefühl hatte, Frankie hätte diese Entscheidung viel zu schnell getroffen. Dieses ganze Gespräch dauerte nun schon fast drei Stunden, und Frankie verlor langsam die Fähigkeit, noch verständlich zu sprechen.

„Julia wird dir in den nächsten drei Tagen alle Details zu deiner Reise ganz genau erklären, damit du noch einmal entscheiden kannst", sagte Dr. Miller noch, und Frankie war langsam richtig froh, dass dieses wichtige, aber auch sehr mühsame Gespräch sich dem Ende zuneigte, und fügte nur noch hinzu: „Wenn du Ja sagst, nehmen wir dich in drei Tagen mit, ansonsten sind wir und ist auch Julia wieder weg. Dr. Miller und Dr. Turner sind natürlich nicht unsere richtigen Namen, diese verraten wir dir erst, wenn du mit uns mitkommst."

„Willst du dich jetzt gleich wieder verabschieden? 1000 Fragen schießen mir noch durch den Kopf, das Ganze geht mir jetzt viel zu schnell, ich glaube, ich nehme mein etwas vorschnelles Ja-Wort besser zurück, ich muss mir alles noch einmal durch den Kopf gehen lassen, um nicht am Ende ganz blöd dazustehen", sagte Frankie und versuchte, dadurch ein bisschen vernünftig zu klingen.

„Das ist gut, dass du noch einmal genau darüber nachdenken willst", meinte Dr. Miller und war froh darüber, Frankie nicht zu schnell überfallen zu haben.

Genau deshalb wollten sie Frankie ja noch drei Tage Bedenkzeit geben.

Frankie wurde für Dr. Miller so langsam wirklich sehr unverständlich. Er war mittlerweile schon total am Ende und verlor die Fähigkeit, deutliche Sätze zu sprechen. Dr. Miller bemerkte dies natürlich und sagte:

„Ich kenne das nur zur Genüge von meiner Tochter. Auch sie wird nach einem so langen und wichtigen Gespräch immer sehr müde, und sie wird, vor allem für fremde Leute, sehr schwer verständlich. Deshalb würde ich dich gerne fürs Erste erlösen, aber wir geben dir ja noch drei Tage Bedenkzeit, und Julia wird dir in diesen Tagen alle genauen Details zu deiner Reise näher erläutern, und falls du irgendwelche Fragen an uns hast, stehen wir euch natürlich rund um die Uhr telefonisch zur Verfügung. Nach allem, was mir Julia bisher über dich erzählt hat, sind wir uns fast ganz sicher, dass du der richtige Kandidat für diesen Versuch bist. Noch einmal ganz kurz: Wir bitten dich um eine für uns positive Entscheidung und versprechen dir, dass wir und unser gesamtes Team wirklich alles unternehmen werden, um dir zu helfen. Ist das fürs Erste okay für dich?"

„Na Moment mal, nach allem, was du mir jetzt vorgeschlagen hast, kann ich dich doch nicht einfach gleich wieder nach Hause schicken. Vor allem deshalb, weil Dr. Turner sich bisher noch kein einziges Mal zu Wort gemeldet hat", sagte Frankie etwas verwundert aufgrund der Statistenrolle von Dr. Turner.

„Ach ja, das habe ich ganz vergessen. Dr. Turner ist der Neurologe meiner Tochter, bei dem sie schon seit 20 Jahren in Behandlung ist und der bei diesem Versuch für die ganze medizinische Kontrolle zuständig sein wird."

„Sie haben bereits erwähnt, dass diese Möglichkeit mit großen Risiken verbunden ist. Also das Worst-case-Szenario wäre, dass dieser Versuch tödlich endet. Was wäre dann aber das Best-case-Szenario, vollständige Heilung oder was?", wollte Frankie noch wissen.

„Okay, eine vollständige Heilung wäre natürlich etwas übertrieben", antwortete Dr. Miller, und er bekam dadurch das Gefühl, als würde Frankie nun sein Interesse daran verlieren, diesen Versuch angehen zu wollen. „Das, was wir geplant haben, wird dich nicht aus dem Rollstuhl holen, denn gewisse Skelettdeformationen wie zum Beispiel deine sehr starke Skoliose kann man dadurch natürlich nicht ganz beheben, aber wir können dadurch mit großer Sicherheit deine Krankheit völlig abstoppen und vielleicht die meisten neurologischen Defekte stark verbessern. Also würde das Best-case-Szenario so aussehen, dass, auch bei deinem sehr hohen Krankheitsfortschritt, sich deine Bewegungen, vor allem in den oberen Extremitäten, weitgehend normalisieren würden und du auch wieder ganz normal sprechen könntest."

Das waren für Frankie sehr hochgesteckte Erwartungen, die sofort jeden Patienten begeistern könnten, aber um sich nicht sofort das Blaue vom Himmel versprechen zu lassen, warf er ein:

„Wow, das klingt ja wahnsinnig toll, aber es sollte schon bedacht werden, dass sehr viele Gehirnzellen bei meinem hohen Krankheitsfortschritt bereits abgestorben sind. Um aber klare neurologische Verbesserungen herbeizuführen, würde ich schon neue, frische Nervenzellen brauchen. Wie zum Teufel soll denn das möglich sein?"

„Julia hat uns bereits erzählt, dass du dich seit Jahren überwiegend nur noch um deinen Verein kümmerst und deine Website überhaupt nicht mehr, oder fast nicht mehr, aktualisiert wird. Deshalb fehlen dir wahrscheinlich einige Informationen über die neuesten Erkenntnisse der Hirnforschung. Bisher ging man davon aus, dass sich abgestorbene Nervenzellen bei einem ausgewachsenen Menschen nicht mehr erneuern. Seit den 90er-Jahren weiß man aber, dass unser Gehirn ständig neue Nervenzellen bildet, es gehen nur die Verbindungen zwischen den Nervenzellen verloren, die das Gehirn wissen lassen, wofür diese Nervenzelle gebraucht wird, also wann diese Zelle angesprochen werden soll. Das heißt, man muss nur diese Verbindungen neu aufbauen, und das geschieht dann ganz automatisch, aber eben nur, wenn über einen längeren Zeitraum das Gehirn ständig trainiert wird. Ganz egal, um welche Zelle es auch gehen mag: Nur wer sein Gehirn ständig beschäftigt, kann dadurch auch etwas lernen. Es ist nur so, dass du jetzt nicht glauben darfst, dass wir da irgendwas machen und dann geht alles wieder von heute auf morgen. Julia hat uns bereits erzählt, dass Geduld nicht unbedingt deine Stärke ist, aber für unseren Versuch wirst du viel Geduld brauchen. Und dass unser Versuch tödlich enden könnte, ist wirklich nur das absolute Worst-case-Szenario aber eben sehr unwahrscheinlich. Das größte und wahrscheinlichste Risiko wäre, dass unsere Methode einfach nicht funktioniert und sich eben gar nichts an deinem Zustand ändert. Dann hast du es wenigstens probiert", informierte ihn Dr. Miller weiter und versuchte dadurch, ihn etwas zu beruhigen.

Frankie war schon fast entschlossen, mit den beiden mitzufliegen, dachte sich aber, dass es wohl zur Vorsicht besser wäre, noch ein paar kleinere Bedingungen einzubauen und sagte:

„Wenn ich mit euch fliege, dann möchte ich von da an Pinky genannt werden, und Funky ist dann der Brain."

„Warum das denn?"

„Naja, ich bin dann euer Versuchskaninchen, also die Labormaus, und mein Kumpel wäre dann der Brain. Pinky und Brain, zwei Labormäuse, die versuchen, die Weltherrschaft an sich zu reißen", antwortete Frankie mit einem Schmunzeln und war froh, doch noch einen kleinen Witz angebracht zu haben.

„Du hast aber nichts zu verlieren", meinte Dr. Miller darauf und fügte noch hinzu. „Wie du immer sagst: Kopf durch die Wand! Das weiß ich von Julia. Wir werden dich aber jetzt mal verlassen, du kannst dir ja noch drei Tage lang alles genau durch den Kopf gehen lassen und wirst alle weiteren Informationen von Julia bekommen."

Frankie wusste nun überhaupt nicht mehr, was er von der ganzen Sache halten sollte und musste feststellen, dass alle unglaublich guten Entscheidungen in seinem Leben im Vergleich zu dieser völlig nichtig waren. Nach seiner Abschlussprüfung hatte er die Entscheidung getroffen, von zu Hause wegzuziehen, um ein Studium zu beginnen, nach dieser kurzen Studienzeit hatte er die Entscheidung getroffen, einen Job zu suchen, später hatte er die Entscheidung getroffen, sein Website-Projekt zu starten, später hatte er die Entscheidung getroffen, in eine eigene Wohnung zu ziehen und mit einem persönlichen Budget zu leben, wieder später hatte er die Entscheidung getroffen, einen eigenen Verein zu gründen und so weiter und so fort. Nach jeder dieser Entscheidungen hatte er gesagt:

„Das war die beste Entscheidung meines Lebens."

Nun aber stand er vor der nächsten großen Entscheidung, und dieses Mal schien es wirklich die Entscheidung seines Lebens zu sein. Okay, vielleicht wäre es wieder mal einfach eine Kopf-durch-die-Wand-Entscheidung, nur diesmal war die Wand nicht nur eine einfache Ziegelmauer, sondern sie bestand aus circa 42 Zentimeter dickem deutschem Panzerstahl.

Scheiß drauf, dachte er sich, *da musst du jetzt durch, und wenn du dir dabei den Schädel zertrümmerst.*

Die Frage war nur, wie er sich entscheiden würde?

KAPITEL 12

„No risk, no fun!"

Nachdem sich Dr. Miller und Dr. Turner wieder verabschiedet hatten und ihm Dr. Miller zum wiederholten Male aufs Auge gedrückt hatte, dass er sich eine für ihn positive Entscheidung von Frankie erhoffte, war Frankie schon so erschöpft, dass er sich erst mal in sein Bett legte. Er war es so gewohnt, am späteren Nachmittag für ein paar Stunden ganz alleine zu sein. Diese Zeit brauchte er auch ganz dringend nur für sich selbst. Frankie war immer bewusst, dass man nur dann ein gutes und für andere oft beneidenswertes Leben führte, wenn man auch bestens mit sich selbst zurechtkam, sich also selbst liebte. Deswegen wollte er, dass Julia für ein paar Stunden seine Wohnung verließ, sie meinte aber, dass sie das nicht dürfte. Denn sie hatte Dr. Miller versprochen, ihn die nächsten Tage nicht aus den Augen zu lassen, um zu verhindern, dass er auf die blöde Idee kam, irgendjemanden anzurufen, von der ganzen Sache zu erzählen und sich damit dieses ganze Vorhaben selbst zu vermasseln. Er erlaubte ihr zwar, in seinem Wohnzimmer zu bleiben, bat sie aber, ihn ganz in Ruhe zu lassen, damit er über die ihm angebotene Chance in Ruhe nachdenken konnte. So wie Frankie eben war, wollte er alles so schnell wie möglich angehen, ohne großartig viel darüber nachzudenken und sich dadurch von irgendwelchen unbegründeten Ängsten davon abhalten zu lassen.

Okay, dann lass eben alles zurück und hau einfach ab. Schlimmer als dein Krankheitszustand jetzt schon ist, kann's ja ohnehin nicht mehr werden, dachte er sich.

Dann aber bekam er die ersten großen Bedenken. Er dachte gar nicht darüber nach, was seine Freunde oder seine Familie dazu sagen würden, sondern machte sich in erster Linie Sorgen um seinen heiß geliebten Verein.

Ach Scheiße, dachte er sich, *ganz ohne mich stirbt dieser Verein.* Wer sollte dann darauf achten, dass sich der Verein in die richtige Richtung weiterentwickelt?

Dann dachte er sich aber, dass sein Verein auch ohne ihn gut weiterlaufen würde, immerhin hatte er mit Sebastian einen würdigen Nachfolger für sich gefunden.

Frankie konnte es kaum glauben, aber an diesem Tag schlief er sogar am Nachmittag, zumindest für eine Stunde, kurz richtig ein. Als ihn Julia später weckte, wollte er gleich wissen, wo sie die nächsten drei Tage verbringen würden.

„Ich habe für uns ein rollstuhlgerechtes Zimmer in einem großen Vital & Beauty-Hotel gebucht", erzählte ihm Julia mit einem breiten Lächeln der Vorfreude im Gesicht. „Die haben dort sogar eine große Saunalandschaft."

„Na hoffentlich bekomme ich da nicht irgendwelche sexuellen Reaktionen, wenn du nackt vor mir stehst", scherzte Frankie, fügte aber hinzu: „Es ist sowieso total unfair! Meine teilweise echt hübschen Assistentinnen sehen mich bei jedem Dienst nackt, ich sie aber nie. Egal, ich würde jetzt gerne wissen, wie Dr. Miller das anstellen möchte, dass …"

„Immer mit der Ruhe, Frankie", unterbrach ihn Julia, „jetzt schalte mal einen Gang zurück. Wir haben noch drei Tage Zeit, damit ich dir alles in Ruhe ganz genau erklären kann. Du musst jetzt nicht auf die Schnelle gleich alles wissen, bitte geh Schritt für Schritt vor, und triff erst dann deine endgültige Entscheidung. Vor allem muss ich dir noch genau erklären, warum ich dich etwas angeschwindelt habe. Ich musste das tun, hatte aber immer ein großes persönliches Problem damit. Das Einzige, was ich dir schon vorher sagen sollte, ist, dass ich schon in zwei Tagen eine endgültige Entscheidung von dir brauche, da ich dann, dank meiner vielen guten Kontakte, einen neuen Personalausweis für dich besorgen müsste. Ich kenne deinen Lieblingssänger, und du würdest dann seinen Nachnamen bekommen. Also würdest du wie heißen?"

„Frankie Patton!"

„So ist es", sagte Julia. „Ich mache dir jetzt nur noch was zu essen, und wir sehen uns später einfach gemeinsam irgendeinen schwachsinnigen Kinofilm zur Ablenkung an. Morgen Vormittag brechen wir dann auf. Ach ja, ich habe bereits deine Mutter über unseren Ausflug informiert, aber falls sie anruft: Kein Wort über unser Vorhaben! Ist das okay für dich?"

„Hört sich ganz okay an, nur weiß ich nicht, wie ich die nächsten drei Tage überhaupt durchstehen kann, denn mit Schlafen ist jetzt sowieso nichts mehr los."

„Dann werde ich mir eben was einfallen lassen, damit du zum Tiefschlaf findest, vielleicht danach!", scherzte Julia.

„Na super, danke schön, damit kann ich jetzt sowieso nicht mehr schlafen."

Nachdem sich die beiden einen der langweiligsten, typisch hollywoodmäßigen Kinofilme im Fernsehen angesehen hatten und Julia eigentlich schon alle Lichter ausmachen wollte, sagte Frankie:

„Du hast schon recht, wir haben noch drei Tage Zeit, damit du mir alles genau erklärst, aber ich muss mit dir unbedingt schon jetzt besprechen, warum du mich angeschwindelt hast beziehungsweise warum du ein persönliches Problem damit hattest, denn sonst kann ich tatsächlich bis morgen kein Auge zu tun."

Sie sah ihn mit einem sehr verträumten Blick an und erzählte ihm erst einmal, dass sie ihn nur deswegen angeschwindelt hatte, weil sonst dieser ganze Plan, oder besser gesagt diese riesengroße Chance, von vornherein vermasselt worden wäre, wenn sie sofort mit der Wahrheit rausgerückt wäre. Das war Frankie natürlich schon klar, und er war für diese eben angebotene Chance auch sehr dankbar, aber er wollte ja von ihr wissen, warum sie angeblich so ein Problem damit hatte, denn immerhin wurde ihm dadurch ja die Chance seines Lebens geboten. Und dann geschah es. Zum ersten Mal, seit er sie kannte, sprach sie mit ihm über ihre Gefühle und sagte mit Melancholie in der Stimme:

„Frankie, ich muss dir gestehen, dass du mir in den letzten Wochen sehr ans Herz gewachsen bist. Ich bin natürlich noch etwas vorsichtig, aber man könnte sagen, dass ich mich schon ein bisschen in dich verliebt habe. Deswegen hatte ich immer ein großes persönliches Problem damit, weil ich ja ganz genau weiß, wie wichtig dir die volle Wahrheit ist. In mir findet gerade ein Boxkampf statt. In der einen Ecke steht mein Verstand und sagt: Ach vergiss es, ein Mann mit so einer starken Behinderung kann doch nicht wirklich dein Partner sein. Sein Herausforderer in der anderen Ecke ist mein Herz. Dieses sagt: Ist doch egal, die Vorzeichen stehen zwar schlecht, aber was zum Teufel könntest du denn dagegen tun? Du liebst diesen Scheiß-Kerl nun mal, also küss ihn endlich, bevor es zu spät ist. Ich weiß nicht, ob du das verstehen kannst, eine bessere Metapher fällt mir einfach nicht ein."

Frankie verstand ihre Metapher besser, als du dir das vorstellen kannst, denn er konnte sich erinnern, dass er ganz genau die gleiche Metapher selbst schon sehr oft verwendet hatte, also meinte er daraufhin:

„Ich weiß ganz genau, wie du das meinst, denn bei jeder Frau, die mir sehr gefällt, findet in mir genau derselbe Boxkampf statt. Bei diesem Kampf trat bei mir immer der Verstand als Sieger hervor. Damit einmal noch mein Herz gewinnen könnte, müsstest du meinem Herzen ein Paar ganz große Boxhandschuhe verleihen. Das liegt also an dir, ohne deine Hilfe ist der Boxkampf nicht zu gewinnen. Aber ganz egal, ob sich zwischen uns wirklich etwas entwickeln wird oder nicht, du kannst dir einer Sache ganz sicher sein: Du hast einen Freund fürs Leben gefunden!"

„Und wie sollte ich das anstellen?"

„Ganz einfach, mein Herz kann ohne deine Hilfe nicht gewinnen, deines aber schon, und wenn dein Herz gewinnt, wären das die Boxhandschuhe, die mein Herz benötigt", antwortete er sehr gefasst, denn immerhin war er schon sehr oft in solchen Situationen gewesen.

„Und wie sollte ich das machen?"

„Das kann oder will ich dir nicht sagen, das musst du ganz alleine herausfinden", sagte Frankie, fügte aber noch hinzu: „Aber als Erstes müsstest du sowieso mein Vertrauen in dich neu aufbauen, weil ich es nämlich ein bisschen verloren habe. Dazu werde ich schon etwas Zeit benötigen, da kann ich also nicht sofort in Minutenschnelle über dich herfallen", sagte Frankie und versuchte ganz verzweifelt, so gefasst wie möglich zu bleiben.

„Okay Frankie, wir werden in den nächsten drei Tagen sicher noch öfter darüber sprechen. Wir versuchen jetzt zu schlafen, denn gleich morgen Früh geht unser Ausflug los", sagte Julia und küsste ihn zum ersten Mal auf seine Lippen.

Am nächsten Tag packten sie die wichtigsten Utensilien zusammen und machten sich auf den Weg. Das Wetter passte ganz genau zu dieser langweiligen, mehrstündigen Autofahrt, denn es war stark bewölkt und schweinekalt. Seine Schwester war ja die Besitzerin eines großen, sehr vornehmen Hotels, aber im Vergleich zu diesem monströsen Hotel war das nur eine billige Absteige. Er wurde begrüßt wie Amerikas Präsident, alle nannten ihn nur Mr. Patton.

Dieses Hotel war so riesengroß, dass sie 23 Minuten gehen – haha fahren – mussten, bis die beiden endlich ihr Zimmer erreicht hatten. Zimmer ist etwas untertrieben, denn Julia hatte gleich eine der vornehmsten, luxuriösesten Präsidentensuiten des gesamten Komplexes gebucht.

„Na, du bist ja auch ein Präsident, zwar nur von deinem Verein, aber immerhin", sagte Julia mit einem breiten Lächeln, und auf seine Frage, wie sie sich so eine Suite leisten konnte antwortete sie: „Kann ich auch nicht, wird alles von Dr. McBride bezahlt."

„Wer zum Teufel ist Dr. McBride?"

„Ach du Scheiße", sagte Julia daraufhin und machte dabei ein peinlich berührtes Gesicht, „Dr. McBride ist Dr. Millers richtiger Name, aber bitte erzähl ihm nicht, dass mir das rausgerutscht ist."

„Nix da, ich rufe morgen extra eine Pressekonferenz ein!", wollte er diese Situation mit einem kleinen Scherz retten.

Nachdem die beiden ihre Sachen ausgepackt hatten, fragten sie erst einmal an der Rezeption nach dem Weg zum Hallenbad, denn Julia meinte, dort könnten sie sich an den Pool auf eine Liege legen und hätten dann etwas Zeit, damit sie ihm alles genau erklären könnte. Frankie war aber im Endeffekt auch nur ein Mann, zumindest anatomisch, deswegen war er sich unsicher, ob er sich überhaupt auf das Gespräch konzentrieren könnte, wenn diese hochattraktive Frau im Bikini neben ihm lag.

Na okay, dachte er sich, *solange sie sich nicht vor meinen Augen auszieht, wird das schon gehen.*

Das wunderschöne, luxuriös eingerichtete Hallenbad übertraf alle seine Erwartungen. Es gab dort viele Whirlpools, einige Fußgängerbrücken und sogar einen großen Wasserfall. Sie suchten sich zwei Liegen aus an einer Stelle, wo niemand ihr Gespräch mit verfolgen konnte. Frankie war mittlerweile schon sehr gespannt auf alle Details zu seinem Vorhaben – oder nennen wir es ab jetzt besser seine Reise. Natürlich wollte er als Erstes wissen, wo das Ganze überhaupt stattfinden sollte. Sie erzählte ihm, dass es nach Kalifornien gehen würde, verriet ihm aber noch nicht ganz genau wohin, weil er das ohnehin noch herausfinden würde, wenn er sich dafür entschied. Frankie meinte, ob es für Dr. Miller nicht zu risikoreich wäre, diesen illegalen Testversuch in Amerika zu absolvieren, da dort die Kontrollen und auch alle Ethikauflagen viel strenger gehandhabt wurden. Julia bestätigte ihn zwar, sagte aber, Dr. Miller hätte sich dann doch für Amerika entschieden, da Frankie natürlich während des ganzen Versuchs unter ständiger medizinischer Beobachtung stehen würde, wofür viele spezielle Geräte gebraucht würden, zum Beispiel Magnetresonanz-Scanner. In Ländern, in denen die Kontrollen vielleicht nicht so streng wären, wie zum Beispiel in China, konnte Dr. Miller keinen geeigneten Ort finden, an dem diese Geräte alle zur Verfügung stehen würden. Auch würde ihm täglich Blut abgenommen werden, welches im Labor überprüft würde. Auch dafür seien spezielle Geräte vonnöten, welche auch nicht überall vorhanden wären, aber in Amerika würde eine adäquate Kontrolle sichergestellt werden. Frankie müsste sich also keine allzu großen Sorgen machen, dass Dr. Miller irgendeinen Blödsinn mit ihm anstellen würde, auch Dr. Turner, der mit der gesamten medizinischen Kontrolle beauftragt wurde, war ein hervorragender, sehr erfolgreicher und angesehener Neurologe. Damit fühlte sich Frankie schon ein bisschen sicherer, weil er sein Leben zwar aus seiner Hand geben müsste, es aber wenigstens in sehr gute Hände legen würde.

Frankie wäre dann für mindestens ein ganzes Jahr weg; bevor diese Substanzen, wenn überhaupt, die ersten neurologischen Wirkungen zeigen würden, würde auf alle Fälle ein halbes Jahr vergehen müssen.

„Und dafür brauchst du das, was dir nicht unbedingt liegt, nämlich Geduld", sagte Julia, um zu verhindern, dass Frankie zu große Erwartungen an den Tag legte.

Dann informierte sie Frankie noch, dass er bereits der dritte Patient mit dieser Krankheit sei, den sie für Dr. Miller ausgeforscht hatte, zuerst war es eine 35 Jahre alte Frau und dann einen Mann über 40 Jahre. Bei der Frau hatte Julia auf Anhieb nicht den Eindruck, dass diese sich bereit erklären würde, diesen Versuch mit sich durchführen zu lassen, und sie organisierte nicht einmal den Besuch von Dr. Miller. Außerdem war diese Frau erst seit ungefähr 16 Jahren erkrankt, konnte sich also sogar noch ein bisschen mit Hilfe eines Rollators selbst fortbewegen. Dr. Miller wollte aber von Anfang an seine Methode an einem Patienten testen, bei dem die Krankheit schon sehr weit fortgeschritten war. Bei dem Mann hatte es schon etwas positiver ausgesehen. Julia hatte aber auch bei diesem ihre Bedenken gehabt, und diese wurden am Ende auch bestätigt. Sie organisierte zwar den Besuch von Dr. Miller, Dr. Turner war damals noch gar nicht dabei, aber der Mann entschied sich nach dem dreitägigen Ausflug, den sie auch mit ihm absolviert hatte, dagegen.

„Und jetzt kommt dieser Punkt, der mir persönlich am meisten am Herzen liegt", sprach Julia dann mit ganz leiser, bedächtiger Stimme. „Ich habe die Pflicht, von heute auf morgen aus deinem Leben zu verschwinden, falls du ablehnst. Das will ich aber nicht, weil ich dich tatsächlich sehr lieb gewonnen habe. Wenn du aber Ja sagst, könnten wir unseren Kontakt aufrechterhalten und würden dann ja sehen, ob sich zwischen uns mehr entwickelt. Natürlich sollst du diesen Versuch vordergründig für dich selbst machen, aber auch für mich. Das ist eine riesengroße Chance für dich, und wie ich dich bisher kennengelernt habe, bin ich mir fast sicher, dass du sie ergreifen wirst. Wenn du vielleicht irgendjemanden brauchst, für den du das alles machen würdest, dann bitte für mich."

„Damit machst du es mir jetzt verdammt schwer, nein zu sagen", antwortete Frankie. „Aber meine Bedenken sind eher, dass ein großes Risiko besteht, dieses ganze Vorhaben völlig geheim zu halten. Mal angenommen, die ganze Wahrheit kommt zu früh ans Licht, was könnte dann passieren?"

„Dir ohnehin nicht allzu viel", versuchte ihn Julia zu beruhigen, „aber Dr. McBr … – ach zum Teufel, nennen wir ihn ab jetzt Dr. McBride, denn das ist ja sein echter Name – könnte möglicherweise verurteilt werden und ins Gefängnis wandern. Ich denke aber, dass du das auch verhindern möchtest."

Frankie lächelte und sagte: „Ich würde ihn natürlich niemals auffliegen lassen, da muss er sich also keine Sorgen machen. Außerdem, dass er deswegen ins Gefängnis wandern würde, wäre sowieso nur der allerschlimmste angenommene Fall. Nächste Frage: Reden wir vom Nobelpreisträger Dr. Jonathan McBride? Denn dieser Name kam mir bei meiner Internet-Recherche für meine Website schon sehr oft unter."

„Ja, das ist er, aber bitte erwähne ihm gegenüber nicht, dass mir sein echter Name zu früh rausgerutscht ist. Versprichst du mir das?"

„Kommt drauf an. Was krieg ich denn dafür?", wollte Frankie diese peinliche Situation retten.

„Alles, was du willst!", stieg sie auf seinen nicht allzu ernst gemeinten Rettungsversuch ein.

Die beiden vergaßen die Zeit, denn nach diesem sehr langen und wichtigen Gespräch verließen schon alle anderen Besucher das Hallenbad, und auch Frankie bekam so langsam echt großen Hunger.

„Auweia, durch unser langes Gespräch haben wir jetzt ganz vergessen, in die Sauna zu gehen. Das müssen wir aber morgen nachholen", sagte Frankie etwas enttäuscht, immerhin konnte er es ja kaum erwarten, Julia endlich nackt zu sehen.

„Damit du mich nackt sehen kannst, müssen wir doch nicht unbedingt darauf warten, in die Sauna zu gehen", antwortete Julia ganz schnell scherzhaft, und Frankie war wieder einmal schwer beeindruckt, dass sie auf seine eindeutig zweideutige Ansage so cool reagiert hatte.

Das mehrgängige Abendmenü in diesem Hotel schmeckte so verdammt gut, dass er von da an ganz genau wusste, wie sich Gott in Frankreich gefühlt haben musste.

Nach diesem einzigartigen Abendmenü unternahmen die beiden noch einen Spaziergang durch die Ortschaft und genossen einen wunderschönen Sonnenuntergang. Frankie gestand nun Julia auch seine Zuneigung, aber weil sie ihm bisher so wenig über sich erzählt hatte, wollte er sie nun endlich näher kennenlernen. Natürlich war er ihr auch sehr dankbar, dass sie ihm diese riesengroße Chance geboten hatte. Er meinte, um herauszufinden, ob seine Gefühle für sie in irgendeiner Weise echt waren, sollte sie ihm von nun an besser die Wahrheit erzählen und damit sein Vertrauen in sie neu aufbauen.

„Und was willst du jetzt genau wissen?", sagte sie.

„Alles, wirklich alles. Fang am besten mit deiner Kindheit an."

Sie erzählte ihm, dass sie als Einzelkind in einer relativ armen Familie aufgewachsen war. Ihr Vater arbeitete in einer großen Fabrik am Fließband, und wie das meistens so ist, haben solche Arbeiter immer sehr viel zu arbeiten, verdienen dabei aber relativ wenig. Sie sah ihren Vater deswegen sehr selten, aber ihre Mutter war sehr viel zu Hause, da ihre Arbeit darin bestand, den Haushalt zu führen. Aber, im Gegensatz zu Frankie, hatte Julia zusammen mit ihren Eltern in ihren Schulferien sehr viele wunderschöne Urlaube unternommen. Sie selbst bezeichnete ihre Kindheit zwar nicht als super ereignisreich, aber doch als sehr schön. Sie hatte eine höhere Schule besucht und wollte nach ihrer Abschlussprüfung eigentlich Betriebswirtschaft studieren. Aber schon nach zwei Semestern merkte sie, dass sie wohl die falsche Berufssparte ausgewählt hatte. Im Prinzip war sie sich viel zu schade, ein Leben lang in einem Scheißbüro zu sitzen. Allerdings wusste sie noch nicht genau, was sie lieber machen würde, sie spürte, dass es besser für sie wäre, mit Menschen zu arbeiten anstatt sich mit langweiliger Buchhaltung abzukämpfen.

Sie begann dann kurz mit einem Medizinstudium, welches sie aber schon nach einem Semester wieder an den Nagel hängte. Ihr Onkel arbeitete für die Polizei und hatte ihr angeboten, sich von der Polizei ausbilden zu lassen. Nach dieser schnellen Ausbildung, in der sie auch für den richtigen Umgang mit Schusswaffen ausgebildet wurde, war sie zuerst eine relativ kurze Zeitlang als Streifenpolizistin tätig. Dann wurde ihr aber wegen des momentanen Personalmangels ein Auftrag als verdeckte Ermittlerin angeboten. Ein bei der Polizei sehr bekannter Verbrecher wurde damals verdächtigt, einen sehr gefährlichen Drogenring aufzubauen. Sie konnte sich durch ihre Undercover-Tätigkeit in diesen Ring einschleusen und dadurch den weiteren Ausbau des Drogenrings verhindern. Weil sie bei diesem Auftrag so erfolgreich gewesen war, entschied sich die Polizei dazu, sie weiterhin undercover zu beschäftigen. Sie hatte dann knapp zehn Jahre in diesem Beruf sehr erfolgreich gearbeitet, sich sehr viele hervorragende Kontakte aufgebaut. Frankie warf kurz ein, für ihn sei das ein riesengroßer Karrieresprung, der fast ein bisschen unglaubwürdig erscheine. Sie meinte, das wäre auch für sie selbst kaum zu glauben gewesen, aber die Polizei habe damals einfach niemanden gefunden, der diesen Aufrag angenommen hätte. Da sie bei diesem Auftrag aber so erfolgreich war, wurde sie eben erst dann so richtig dafür ausgebildet. Das heißt, wenn zum Beispiel irgendjemand einen bestens gefälschten Personalausweis benötigte, kostete sie das gerade mal einen Telefonanruf. Auch lernte sie in ihrer Arbeit, wie man am besten wirklich völlig unentdeckt arbeiten konnte. Sie war dann jahrelang in einer Beziehung, und ihr damaliger Freund kam mit ihrem Beruf überhaupt nicht zurecht. Sie war aber so sehr in ihn verliebt, dass sie ihren heiß geliebten Beruf für ihn an den Nagel hängte. Er wollte sie zu einem Leben als reine Hausfrau zwingen, so wie ihre Mutter es war. Natürlich wehrte sie sich erfolgreich dagegen und beendete diese Beziehung. Sie waren aber nicht im Streit auseinandergegangen, sondern noch sehr lange Zeit die besten Freunde. Sie konnte damals nicht gleich wieder zur Polizei zurückgehen, weil sie aber ihre vielen guten Kontakte nicht ganz aufgeben wollte, machte sie sich als Privatdetektivin selbstständig. Meistens bekam sie Aufträge von Privatpersonen, die beispielsweise ihren Ehepartner verdächtigten, sie zu betrügen, was sie auch so einige Male aufgedeckt hatte.

Vor einigen Monaten hörte sie von anderen Privatdetektiven von Dr. McBride, der – du weißt schon was.

„Wow, das ist echt eine sehr interessante Geschichte, du scheinst ja auch schon sehr viel erlebt zu haben", sagte Frankie daraufhin und war wirklich froh, dass er endlich mehr Details zu ihrem Leben in Erfahrung bringen durfte. Aber, ein bisschen unglaubwürdig erschien diese Geschichte schon, also fragte er Julia:

„Du sagtest ja, du bist Mitte 30, aber nach dieser ganzen Geschichte, klingt es so, als wärst du schon über 50 Jahre alt?"

„Mein Alter stimmt schon, aber das klingt vielleicht ein bisschen komisch, wenn ich sage, ich hätte langjährige Erfahrungen. Ein besseres Wort dafür wäre intensiv. Es ging bei mir eben alles sehr schnell. Ich schloss meine Schule bereits mit 18 Jahren ab, studierte dann nur kurz, die Ausbildung für die Polizei dauerte auch nur ein Jahr und ich war dann knapp zwei Jahre als Streifenpolizistin tätig. Zur verdeckten Ermittlerin wurde ich dann berufsbegleitend ausgebildet. Also waren meine Erfahrungen nie sehr lange, aber intensiv."

„Und ich hatte schon Angst, du hättest mich mit deinem Alter auch ein bisschen angeschwindelt."

„Wir haben jetzt schon wieder total die Zeit vergessen, denn es ist schon fast Mitternacht. Also gehen wir jetzt besser zu Bett, und ich erzähle dir morgen noch mehr Details zu deiner Reise. Ich hoffe nur, dass ich dein Vertrauen in mich langsam wieder ein bisschen neu aufbauen kann."

„Ja, das schaffst du. Und ich sage jetzt das, was ich schon immer zu einer Frau sagen wollte: Lass uns ins Bett hüpfen", sagte Frankie und wollte damit eigentlich nur wieder einen kleinen Witz anbringen.

Da Frankie wie so oft erst am Vormittag zu seinem Tiefschlaf kam, war es schon wieder fast Mittag, als ihn Julia weckte. Max hätte gesagt:

„Ist doch klar, wie könntest du auch gut schlafen, wenn so eine Traumfrau neben dir liegt?"

Frankie und Julia machten sich wie am Vortag wieder auf den Weg ins Hallenbad, allerdings herrschte an diesem Tag traumhaftes Wetter. Sie konnten ihre Liegen sogar ins Freie stellen und genossen den warmen Sonnenschein.

„Okay, du wolltest mir ja heute genauere Details zu meiner Reise berichten. Du wirst vielleicht gar nicht wissen, wo du beginnen sollst. Also stelle ich dir gleich eine Frage: Handelt es sich um Tabletten, die mir verabreicht werden sollen?"

„Wenn alles bestens verläuft, wird schon geplant, Tabletten mit diesen Wirkstoffen herzustellen, wofür aber meistens ein Pharmakonzern benötigt wird. Da Dr. McBride aber erst herausfinden muss, ob diese Wirkstoffe überhaupt eine Wirkung zeigen, wird dir zunächst das Zeug nur subkuntan, also unter die Haut, gespritzt."

„Also werde ich dann endgültig zum Fixer", sagte Frankie mit einem Grinsen im Gesicht.

„So kann man's auch sagen", sagte Julia, „Dr. McBride hat auch schon mehrere Versionen dieser Medikamente herstellen lassen, und als Allererstes ist herauszufinden, welche Version die besten Laborwerte erzielt. Damit sollte dir auch klar sein, dass jeden einzelnen Tag Blut von dir abgenommen wird. Auch musst du mehrmals die Woche in einen Magnetresonanz-Scanner. Dadurch soll sichergestellt werden, dass auf schlechte Laborwerte oder Auffälligkeiten in deinen Computertomographie-Bildern auf mögliche Nebenwirkungen sofort reagiert werden kann."

„Dabei ist aber schon zu bedenken, dass aufgrund meiner Implantate nur MRTs bis maximal drei Tesla möglich sind, also zu wenig, um zum Beispiel das Kleinhirn gut zu erkennen, vor allem, weil es aufgrund des implantierten Magneten zu Bildüberlagerungen kommen kann. Wenn ich also unbedingt ein gutes MRT benötigen sollte, kann man höchstens den Magneten kurz operativ entfernen. Ich denke aber, dies sollte sich schon auf maximal zweimal im Jahr beschränken", sagte Frankie und wollte sich damit nur wieder einmal als allwissend präsentieren.

„Das weiß Dr. McBride natürlich und hat dafür auch schon mit einem guten Chirurgen, der viel Erfahrung mit solchen Implantaten hat, gesprochen und diesen auch eingeweiht. Also keine Sorge, auch wenn du in dieser Zeit Ersatzteile für deine Hörgeräte brauchst, ist dafür bereits gesorgt", antwortete sie sofort, als hätte sie auf eine Frage dieser Art bereits gewartet.

„Das klingt jetzt so, als würde ich ohnehin kein allzu großes Risiko eingehen. Ich fühle mich dadurch schon etwas sicherer und glaube schon, dass ich mich dafür entscheiden werde. Es bleibt aber für mich noch die Frage übrig, ob ich überhaupt, rein körperlich gesehen, die Fähigkeit besitze, diesen Versuch wohlauf durchzustehen. Wer wird mir denn dort assistieren? Dr. McBride hat kurz erwähnt, dass er, Dr. Turner und auch du als Passagiere für den Flug gemeldet sind. Stimmt das? Denn natürlich würde ich mich um einiges wohler fühlen, wenn du dabei wärst", sagte Frankie.

„Das wurde von uns natürlich schon bedacht, und ich werde natürlich noch mit dir mitfliegen, und die Assistenten dort, so wie du es auch bei mir gemacht hast, für dich anlernen. Leider muss ich dich aber nach etwa vier bis fünf Wochen verlassen, weil ich mich zu Hause um meine anderen Aufträge kümmern muss. Wir werden aber auf alle Fälle unseren Kontakt aufrechterhalten und uns ganz bestimmt wiedersehen. Jedenfalls darfst du niemandem deiner neuen Assistenten genau erzählen, weshalb du dort bist, denn diese werden nicht eingeweiht sein."

„Scheiße, ich bin es schon gewohnt, dass immer der Kontakt zu meinen Assistenten, auch wenn sich eine wirklich gute Freundschaft entwickelt hat, völlig abbricht, sobald sie nicht mehr bei mir arbeiten und damit ihr verdammtes Geld verdienen. Julia, davor habe ich, gerade bei dir, große Angst", sagte Frankie, senkte beim letzten Satz seine Stimme und fügte ganz leise hinzu: „Meine Gefühle für dich sind nämlich wirklich echt. Du zeigst großes Interesse an mir, du bist eine sehr intelligente, erfolgreiche Frau, du hast eine unglaublich positive Ausstrahlung, sodass jeder deine Anwesenheit als sehr angenehm empfindet, ich fühle mich sofort pudelwohl in meiner Haut, wenn du dich einfach nur im selben Raum befindest, und als Sahnehäubchen obendrauf siehst du auch noch verdammt gut aus. Für mich würde also eine Welt zusammenbrechen, wenn du aus meinem Leben verschwindest."

Peinlich berührt sah Julia ihm in die Augen und sagte: „So etwas Schönes hat noch nie jemand zu mir gesagt. Aber wenn du am Ende nein sagst, muss ich ja aus deinem Leben verschwinden."

Die beiden verbrachten gemeinsam noch einen wunderschönen Tag, obwohl Frankie seine Schwimmweste zu Hause vergessen hatte, waren sie sogar baden, und Julia hielt ihn im Wasser die ganze Zeit im Arm. Um Frankie war es schon fast geschehen, und bevor sie sich auf den Weg zum Abendessen machten, klingelte sein Telefon. Seine Mutter wollte zu ihrer Beruhigung wissen, ob es den beiden gut ginge und wann sie nach Hause kommen würden, denn sie wollte schon in vier Tagen zu ihm zu Besuch kommen. Julia hob ab, sagte nur kurz, dass alles in Ordnung sei und sie in den nächsten Tagen sicherlich nach Hause kommen würden. Bevor Frankie selbst mit seiner Mutter telefonieren konnte, legte sie schon wieder auf.

„Sorry, aber ich darf dir nicht einmal die Chance geben, deiner Mama irgendetwas von deiner Reise zu erzählen", blieb Julia hart, und Frankie bekam plötzlich wieder große Bedenken. Immerhin waren seine Eltern beide über 70 Jahre alt, und vor allem sein Vater hatte schon seit vielen Jahren größere gesundheitliche Probleme. Er konnte sich erinnern, dass sein Vater für einige Wochen auf der Intensivstation eines großen Krankenhauses im künstlichen Tiefschlaf gelegen hatte. Einige Jahre davor hatten die beiden auf der Heimreise vom Hotel seiner Schwester einen schweren Autounfall gehabt, genau genommen einen Frontalzusammenstoß. Sie wären beide fast dabei gestorben, und sein Vater trat kurz vor dem Aufprall so stark auf die Bremse, dass er sich die Ferse zertrümmerte. Er hatte von da an sehr starke Medikamente, sogar Morphiumtabletten, nehmen müssen, musste von einem Orthopäden extra für ihn angepasste Spezialschuhe tragen, konnte nur noch sehr wenig tun und musste sogar sein großes Hobby als Jäger aufgeben. Im künstlichen Tiefschlaf war er dann gewesen, weil er zu Hause, aus bisher ungeklärten Gründen, einfach umgekippt war. Seine Mama hatte sofort den Notarzt angerufen, allerdings hatte es 23 Minuten gedauert, bis der Rettungswagen gekommen war und die Sanitäter ihn im allerletzten Moment gerettet hatten. Als die Sanitäter eingetroffen waren, hatte sich seine Mama bereits von ihm verabschiedet. Wochenlang hatte er im künstlichen Tiefschlaf gelegen, Frankies Mama besuchte ihn jeden einzelnen Tag, oft nur, um seine Hand zu halten, und als sie ihn wieder aus dem künstlichen Tiefschlaf geholt hatten, war er zum wiederholten Mal dem Tod von der Schippe gesprungen. Seither war er schon öfters für längere Zeit stationär im Krankenhaus und hatte seit damals schwer mit seiner Gesundheit zu kämpfen. Wenn Frankie daran dachte, dass er für mindestens ein Jahr einfach verschwinden würde, könnte es durchaus passieren, dass er seinen Vater nie mehr wiedersehen würde und das, ohne sich von ihm richtig verabschiedet zu haben. So eine Überlegung betraf natürlich auch seine Mama, auch wenn diese allgemein, bezogen auf ihr Alter, noch relativ fit war. Frankie bekam nun große Angst, und plötzlich war ihm sein Verein komplett egal. Julia hatte gesagt, dass sie schon nach zwei Tagen, also an diesem Tag, eine Entscheidung von ihm brauchen würde.

„Ich bekomme nun leichte Bedenken", sagte Frankie. „Plötzlich geht es mir gar nicht mehr um meinen Verein, aber wenn ich daran denke, dass meine Eltern schon über 70 Jahre alt sind und vor allem mein Vater gesundheitliche Probleme hat, besteht die große Gefahr, dass ich beide nie mehr wiedersehen werde. Und das macht mir große Angst."

„Da kann ich dich sehr gut verstehen", antwortete sie und sah ihn mit einem etwas traurigen Blick an. „Ich weiß ja, wie wichtig dir deine Eltern sind. Deine Frage muss lauten: Bleibst du deinen Eltern zuliebe zu Hause, oder nutzt du diese große Chance? Wie würde deine Mutter entscheiden?"

„Diese Frage stelle ich mir besser nicht. Denn meine Mutter würde sich mit großer Sicherheit dagegen entscheiden, mit der Begründung, dass da ohnehin nichts draus wird. Die einzige Frage lautet also: Wie werde ich mich entscheiden?"

„Bedenke aber, dass es um dein Leben geht und nicht um das deiner Eltern. Vielleicht fällt dir dann die Entscheidung leichter. Das ist deine Chance, und wenn du diese nicht ergreifst, wirst du wahrscheinlich an deiner Krankheit zugrunde gehen. Wir werden jetzt noch zum Abendessen gehen, und dann denkst du noch mal in Ruhe darüber nach, ich lasse dich auch gerne kurz alleine. Aber danach brauche ich unbedingt schon heute deine Entscheidung, damit ich meinen Kollegen wegen deines neuen Personalausweises anrufen kann", sagte Julia und versuchte, ihm damit noch etwas Zeit zu geben, um noch einmal in Ruhe darüber nachzudenken.

Ganz absichtlich vermied Frankie während des Abendessens dieses Thema und unterhielt sich mit ihr nur über ihr eigenes Leben. Sie erzählte ihm von ihren vielen wunderschönen Urlauben mit ihren Eltern und auch von ihren besten Freundinnen. Als sie dann einen Spaziergang – haha, eine Spazierfahrt – machten, sagte Frankie: „Darf ich wirklich während des ganzen Testversuchs gar kein Wort zu meinen Eltern sagen, oder darf ich ihnen wenigstens nach ein paar Monaten kurz Bescheid geben, dass es mir gut geht?"

„Dr. McBride hat gesagt, dass du dich zumindest überhaupt nicht verabschieden darfst. Aber ich persönlich denke schon, dass du dich bei ihnen melden darfst. Vor allem, weil du ganz sicher auch wissen willst, ob es ihnen gut geht. Ich denke, diese Frage wird aber erst in ein paar Monaten relevant und wird erst dann entschieden. Aber jetzt noch nicht, nicht mal irgendwelche Abschiedsbriefe oder irgendwelche Vorbereitungen beziehungsweise Absicherungen deinen Verein oder deine Wohnung betreffend", sagte Julia, und er hatte das Gefühl, dass sie so langsam eine Entscheidung von ihm verlangte.

„Wenigstens darf Funky mit mir kommen! Er fehlt mir übrigens schon jetzt sehr", meinte Frankie und setzte dabei einen sehnsüchtigen Blick auf. Sie hatten ihn nämlich zu einer guten Freundin von ihm zur Aufsicht gegeben. Als sie später wieder in ihrem Zimmer waren, fühlte sich Frankie, als würde das Gewicht der ganzen Welt auf seinen Schultern liegen. Dass Julia nun auf seine Entscheidung wartete, war deutlich zu spüren.

„Okay Frankie, hast du dich jetzt schon entschieden?", fragte Julia.

„Ich habe nun sehr lange und ausführlich darüber nachgedacht. Du wirst vielleicht ein bisschen enttäuscht sein, aber nach reiflicher Überlegung muss ich dir leider mitteilen, dass ich diesen Versuch, der für mich zu risikoreich ist, nicht absolvieren werde. Meine Familie ist mir einfach wichtiger und vor allem auch mein Verein", antwortete Frankie mit einem sehr traurigen Unterton.

Ende

DANKSAGUNG

Der Autor möchte sich bedanken bei … Na Moment mal, diese Geschichte ist natürlich noch lange nicht zu Ende. Das sollte nur ein kleiner Scherz sein, da passiert jetzt noch viel mehr, eigentlich geht die Geschichte erst jetzt so richtig los. Also kurz zurück:

„Okay Frankie, hast du dich jetzt schon entschieden?", fragte Julia.

„Natürlich habe ich immer meine großen Bedenken, aber diese Chance muss ich ergreifen. Frei nach dem Motto: No risk, no fun!", antwortete Frankie wie aus der Pistole geschossen und grinste dabei wie Dr. Evil, der gerade den genialsten Plan zur Eroberung der Weltherrschaft ausgeheckt hatte. „Aber vor allem möchte ich das Ganze für dich machen. Ich habe dich nämlich tatsächlich sehr lieb gewonnen und möchte unbedingt, dass unser Kontakt aufrechtbleibt."

„Ich habe es gewusst, du warst von Beginn an der perfekte Kandidat dafür", sagte Julia und griff zum Telefon, um ihren Kollegen anzurufen.

KAPITEL 13

„Wenigstens kommst du mit mir!"

An diesem Tag hatte Frankie eine der besten Nächte seines Lebens. Sie gingen zu Bett, und schon eine halbe Stunde später schlief er tief und fest bis zum nächsten Morgen, er war so erschöpft, als wäre er an diesem Tag einen doppelten Marathon gelaufen. Er war dann schon so früh munter, dass er zum ersten Mal sogar zum Frühstück erschien. Sie verloren lange kein Wort über seine Reise, erst nachdem sie das vorzügliche Frühstück beendet hatten, sprach er Julia auf sein geplantes Vorhaben an:

„Okay, wie läuft die Sache jetzt ab? Geht's jetzt gleich zum Flughafen?"

„Nicht so schnell, Frankie. Wir haben heute noch den ganzen Tag für uns und können noch weitere Details durchgehen. Erst morgen früh fahren wir dann zurück, holen Funky von deiner Freundin ab, und gegen Mitternacht holen uns Dr. McBride und Dr. Kil … – ach, was soll's – Dr. Kilmer in deiner Wohnung ab und fahren uns mit einem Taxi zum Flughafen. Wie Dr. McBride bereits kurz erwähnt hat, handelt es sich natürlich nicht um den großen, menschenüberfluteten Flughafen deiner Heimatstadt, sondern um eine kleine private Einrichtung, die gerade mal eine Start- und Landebahn besitzt. Das Taxi wird direkt vor dem Privatjet halten, übrigens eine Gulfstream IV, und wahrscheinlich wird dich Dr. McBride persönlich in den Flieger hineintragen. Dieser ganze Vorgang wird dann bei der Ankunft in Kalifornien einfach umgekehrt wiederholt, und du wirst sofort in deine neue Wohnung gebracht. Also, wenn alles planmäßig abläuft, wird kein Mensch bemerken, dass du überhaupt mitgeflogen bist", sagte Julia.

„Klingt alles sehr durchdacht, aber da stellt sich mir jetzt die Frage, warum ich dafür überhaupt einen Personalausweis benötige?", war Frankie etwas verwundert.

„Das mit dem neuen Personalausweis wächst ein bisschen auf meinem Mist. Für den Flug selbst wirst du ihn wahrscheinlich nicht brauchen, aber du wirst sicher nicht ein ganzes Jahr lang nur in deiner Wohnung verbringen wollen, und wenn du mal am Strand spazieren gehen möchtest, kann es schon vorkommen, dass du, aus welchen Gründen auch immer, von der Polizei kontrolliert wirst. Und damit du dich ausweisen kannst, riet ich Dr. McBride, zur Sicherheit einen Personalausweis für dich zu besorgen."

„Das bringt mir doch gar nichts, denn wenn sie mich kontrollieren, merken sie ohnehin gleich, dass es keinen Frankie Patton gibt."

„Oh doch, den gibt es sehr wohl, zumindest im Polizeicomputer. Das ist meine Arbeit, ich habe dir mit Frankie Patton eine neue Identität gegeben. Ich habe natürlich nicht eine komplette Biografie für dich erfunden, aber zumindest die wichtigsten Daten sind offiziell erfasst. Du wurdest am 3. Februar 1976 in San Francisco als Einzelkind geboren. Deine Mutter starb früh an Krebs, als du fünf warst, und dein Vater war von Beginn an unbekannt. Alle weiteren Informationen über dich habe ich ausgelassen, weil ohnehin kein Mensch mehr genauer nachforschen wird, sobald sie auf deine gefälschte Geburtsurkunde stoßen", erzählte sie, sichtlich stolz auf ihre hervorragende Arbeit. Sie sagte dann, dass sie deutlich merkte, wie schwer ihm diese Entscheidung gefallen war und wollte deshalb wissen, weswegen genau er dann seine Entscheidung getroffen hatte. Frankie erzählte ihr, dass seine Bedenken erst nur seinen Verein und dann seine Eltern betrafen. Was ihn aber im Endeffekt zu dieser Entscheidung bewogen hatte, betraf eher seine Freunde und Bekannten. Schon immer hatte er davon geträumt, seinen immens vielen Pseudofreunden so richtig eins auszuwischen, indem er einfach abhaute und diese dann das schlechteste Gewissen aller Zeiten bekommen würden, weil sie diesen Menschen, der ihnen ja bei Gott so unglaublich wichtig war, schon seit sehr langer Zeit nicht mehr gesehen hatten.

„Wenn ich dann irgendwann zurückkomme, vielleicht sogar geheilt, geben sie sich wahrscheinlich meine Türklinke gegenseitig in die Hand", sagte Frankie, grinste und legte dabei einen kleinen Finger an seinen Mundwinkel, als hätte er sich gerade der ganzen Gesellschaft verschworen.

„Aber natürlich mache ich das Ganze hauptsächlich für mich selbst. Wenn ich diese Chance nicht ergreifen würde, wäre ich echt unendlich dumm, und so ein blöder Idiot will ich auf keinen Fall sein", fügte er noch hinzu.

„Glaubst du wirklich, dass dir diese Leute deine Wohnungstür einstürmen werden?", fragte Julia.

„Ach, das ist vielleicht nur eine blöde Annahme. Kann aber schon sein, dass mich gerade dann plötzlich alle gerne sehen würden. Aber da denke ich sowieso schon wieder viel zu weit voraus. Jetzt mache ich das lieber erst einmal", meinte er und machte daraufhin eine längere Pause, um diese Aussage wirken zu lassen.

Dann dachte sich Frankie, dass es wohl besser wäre, mal seine Erzählungen von dem Thema seiner Freunde abzuwenden und fragte Julia nach ihrer genauen Vorgangsweise bei ihren Aufträgen. In erster Linie wollte er von ihr wissen, wie sie es bewerkstelligt hatte, völlig unentdeckt zu bleiben, da sie ja nach ihrer jahrelangen erfolgreichen Arbeit als Privatdetektivin sicherlich schon relativ bekannt war. Sie erzählte ihm, dass sie deshalb nie Aufträge aus ihrer Heimatstadt annahm, sondern immer nur weit weg von ihrem Zuhause arbeitete und dass sie sich natürlich für jeden Auftrag optisch leicht veränderte.

„Soll das heißen, dass du eine Perücke trägst? Hast du etwa eine Glatze oder was?"

„So schlimm ist das auch wieder nicht", antwortete Julia ganz schnell, und um ihn gleich wieder zu beruhigen, sprach sie weiter: „In Wahrheit bin ich aber blond, und ich habe auch keine glatten Haare. Deswegen werde ich heilfroh sein, wenn dieser Auftrag vorbei ist, weil mir die ständige Haarglätterei schon gewaltig auf die Nerven geht!"

„Kann ich verstehen. Ich hatte ja selbst ganz lange Haare, hat schon ziemlich gut ausgesehen. Ich habe mir immer ganz kunstvoll einen Zopf geflochten. Nach jeder langen Aufstehtortur, die ohnehin schon 43 Minuten dauerte, musste ich auch noch 12

Minuten damit verbringen, mir meinen Scheißzopf flechten zu lassen. Das nervte mich so gewaltig, dass ich mir die Haare abgeschnitten habe. Der Zopf hängt noch immer in meiner Wohnung!", sagte Frankie und erinnerte sich voller Sehnsucht an seine schönen langen Haare.

Die beiden unterhielten sich noch den ganzen Tag vorzüglich und tauschten ein nettes Erlebnis nach dem anderen aus. Er erzählte ihr zum Beispiel von einer längeren, teilweise ziemlich schwachsinnigen Diskussion mit Robert. Robert war querschnittsgelähmt, ziemlich hoher Halswirbelbruch. Er wusste nicht mehr, wie sie überhaupt auf dieses Thema gekommen waren, aber sie diskutierten völlig blödsinniger Weise, wer von den beiden jetzt stärker behindert war, als wäre das irgendein scheiß Wettbewerb. Robert führte einen Punkt nach dem anderen auf, den er noch konnte, aber Frankie nicht, und umgekehrt genauso. Er meinte, er könnte sich überhaupt nicht vorstellen, mit einer Behinderung wie Frankie sie hatte zu leben. Frankie meinte aber, dass er doch viele Sachen könne, bei denen bei ihm nichts mehr los war. Sie konnten beide diese Diskussion nicht beenden, und Frankie hatte schon so die Schnauze voll, dass er ganz am Ende nur noch sagte:

„Weißt du was, Robert, ich kann mir wenigstens einen abschütteln."

Darauf konnte Robert dann nichts mehr sagen.

Frankie und Julia verbrachten dann noch einen unvergesslichen Tag in diesem Wahnsinnshotel und nutzten es richtiggehend aus, dass Dr. McBride für alle Kosten aufkam. Frankie wurde währenddessen immer aufgeregter und konnte es selbst kaum fassen, welchen Intentionen er jetzt nachkommen würde, wenn er Funky nicht schon so vermisst hätte, wäre er am liebsten auf der Stelle abgehauen. Sie vergaßen zwar schon wieder, in die Sauna zu gehen, aber am Abend zeigte sich Frankies romantische Ader, und das ist sowieso viel besser, als sie nackt in der Sauna zu sehen. In einer der vielen Hotelbars fand ein Karaokeabend statt. Julia ging gleich auf die Bühne und sang eines der berühmtesten Lieder von Madonna. Als sie den Song beendet hatte, meinte Frankie zu ihr:

„Wow, der nächste Pluspunkt für dich. Du kannst ja sogar verdammt gut singen."

„Danke! Aber jetzt bist du dran", sagte Julia und machte eine Geste der Aufforderung in Richtung Bühne.

Frankie nahm einen Schluck zur Ermutigung von seinem Cocktail, schnappte sich das Mikrofon und ließ sich von Julia auf die Bühne schieben. Etwa 50 Menschen waren in diesem Raum, und Frankie war sehr überrascht, dass niemand seiner Zuhörer aufgrund seiner absolut überhaupt nicht vorhandenen Gesangsqualitäten gequält den Raum verließ. Romantische Ader deswegen, weil Frankie extra für Julia eine der bekanntesten Liebesschnulzen von Bon Jovi geträllert hatte. Als Belohnung heimste er von Julia einen fetten Kuss auf seine Lippen ein.

Als sie später wieder zu Bett gingen, schwirrten tausende Gedanken durch seinen Kopf. Komischerweise bekam er erst jetzt, kurz bevor es losging, riesengroße Angst vor diesem Vorhaben. Angst deshalb, weil er ganz plötzlich darüber nachdachte, was da alles schiefgehen könnte.

Scheiße, dachte er sich, *was, wenn bei mir irgendwelche ganz argen unvorhergesehenen Nebenwirkungen auftreten? Was, wenn mir dadurch irgendein Scheiß-Gehirntumor entsteht?*

Dann dachte er sich aber: *Ach, scheiß drauf, dann hast du's wenigstens überstanden. Vielleicht geht's ja auch gut aus, und du wirst tatsächlich mehr oder weniger geheilt.*

Als sie die Lichter ausgemacht hatten, konnte Frankie wieder einmal nicht sofort einschlafen, sondern musste ausführlich über seine geplante Unternehmung nachdenken. Unter anderem dachte er auch an die Möglichkeit, mit Julia eine richtige Beziehung zu führen.

Oh mein Gott, kam ihm in den Sinn, *vergiss das Ganze lieber sofort. Ich bin doch gar nicht so wirklich gut genug für sie. Wie sollte eine gute Partnerschaft zwischen uns denn überhaupt funktionieren? Ich meine, meine Behinderung ist ganz einfach zu heftig dafür! Also, eine richtige Beziehung vergesse ich lieber gleich und belasse es bei einer richtig guten Freundschaft. Denn das kann ich wenigstens.*

Also sagte er zu ihr, er würde nicht daran glauben, dass zwischen ihnen beiden eine tatsächliche Partnerschaft entstehen könnte, sie sich aber sicher sein konnte, einen sehr guten Freund gefunden zu haben, vielleicht sogar den besten Freund ihres Lebens, also eine Art platonische Liebe. Sie sah ihn etwas verwundert an, sowas hatte sie anscheinend nicht erwartet. Sie fragte ihn dann, wo denn nun der „Ich-bin-der-König-der-Welt"-Frankie geblieben wäre.

„Immer, wenn es danach aussieht, als könnte sich mit welcher Frau auch immer was entwickeln, komme ich mir plötzlich total nichtig und klein vor, dann ist es vorbei mit meinem großen Selbstvertrauen."

„Das musst du mir jetzt aber genauer erklären", sagte Julia.

Er wehrte sich zwar immer, die Schuld für alles gleich auf die Behinderung zu schieben, doch beim Thema Partnerschaft ist die Behinderung meistens der Grund des Scheiterns. Zumindest bei seiner Behinderung. Wenn er einfach nur im Rollstuhl wäre aber einen gesunden Oberkörper, ein normales Sprachbild und gleich viel Energie hätte wie andere auch, könnte eine Partnerschaft sehr wohl funktionieren. Frankie jedoch war fast jeden Tag schwerstens k.o., die meisten Leute hatten Probleme, ihn akustisch zu verstehen, und alle seine Bewegungen waren so wahnsinnig unkoordiniert, dass er ständig große Angst davor hatte, ihr eine klatschende Ohrfeige zu geben, wenn er ihr eigentlich nur über die Wange streichen wollte. Er glaubte nämlich schon, dass für eine gut funktionierende Partnerschaft auch ein gewisses sexuelles Begehren notwendig war. Das ist natürlich definitiv nicht das Allerwichtigste, eine Beziehung darf man auf keinen Fall nur auf den Sex reduzieren, aber wenn man für seinen Partner überhaupt kein Begehren entwickelt, kann die Beziehung nicht auf Dauer gut gehen. Frankie glaubte, dass die Frau, die mit einer so heftigen Behinderung wie Frankies zurecht kam, erst geboren werden müsste. Frankie glaubte auch, dass deswegen seine bisherigen Beziehungen gerade mal die große Verliebtheits-Phase überstanden hatten, denn während dieser war die Behinderung noch irrelevant gewesen. Frankie konnte das sogar ein bisschen verstehen, weil er oft versuchte, sich in die Lage des jeweiligen Partners zu versetzen. Dabei stellte er sich vor, er wäre ganz gesund aber der gleiche Mensch, und er würde sich in eine Frau verlieben, die eine so extrem starke Behinderung hatte wie er. Er würde sich dann auch sehr schwertun, Begehren für sie zu entwickeln. Die allermeisten Frauen streiten dies komplett ab. Falls du selbst eine Frau bist, könntest du jetzt auch das Interesse daran verlieren, überhaupt noch weiterzulesen, aber Frankie hielt diese ganzen „Ich-steh-auf-innere-Werte"-Aussagen für belangloses Geplapper. Im Endeffekt will doch jeder Mensch mit seinem Partner auch ins Bett hüpfen. Aber eines konnte Frankie wirklich sehr gut, nämlich ein Freund fürs Leben für Julia sein. Und das würde er auch auf alle Fälle tun.

Am nächsten Tag war Frankie zu seiner großen Überraschung wieder mal so richtig fit. Man konnte sagen, dass dieses geplante Vorhaben ungeahnte Energien in ihm weckte. Der Geschäftsführer des Hotels sah ihn ganz entgeistert an, als er bei der Verabschiedung laut sagte:

„Leben Sie wohl!"

Er sprach bei der ganzen Rückfahrt kein einziges Wort und kam sich sogar richtig schäbig vor, so einfach abzuhauen, ohne irgendjemandem Bescheid zu sagen. Nach zwei Stunden und 14 Minuten sprach er die ersten Worte und sagte:

„Heute Abend habe ich zwar noch niemanden in meinen Dienstplan eingetragen, aber morgen früh, wenn ich dann schon weg bin, kommt Christina. Sie wird komplett durchdrehen, wenn ich nicht da bin. Ich meine, Christina wird das schon packen, aber sie wird erst mal gleich meine Mutter anrufen, und bei dieser besteht die Gefahr, dass sie einen Herzinfarkt bekommt. Gibt es dafür irgendeinen Notfallplan?"

„Nein, gibt es leider nicht, dieses Risiko werden wir einfach eingehen müssen. Sie werden das schon verkraften", sagte Julia ermutigend.

„Dir ist hoffentlich bewusst, dass sie nur dich beschuldigen werden. Sie werden vielleicht sagen, du wärst eine kranke Psychopathin, die mich entführt hat und jetzt irgendwo in ihrem finsteren Keller in einem Brunnenschacht gefangen hält. Du bist dann ab morgen das allergrößte Arschloch auf Erden. Ist dir das egal?"

„Es ist mir zwar nicht völlig egal, aber erstens werden sie nichts über meine wahre Identität in Erfahrung bringen können, und zweitens werden sie ganz am Ende verstehen, warum ich so gehandelt habe. Denn eigentlich habe ich dir ja nichts getan, sondern dir geholfen", wollte ihn Julia damit gleich wieder beruhigen.

Während der gesamten Rückfahrt sprach Frankie nur das Notwendigste, und kurz bevor es dann losgehen sollte, verspürte er so einen großen Druck, als wäre er der größte Herrscher der Welt, der einen Finger an den roten Knopf legt, der ungefähr 47 Atomraketen auf die größten Städte der Welt abfeuern sollte. Er musste zugeben, dass er langsam ein bisschen Panik vor diesem Vorhaben bekam. Um die Zeit bis zur Ankunft etwas zu überbrücken, sagte er:

„Ich hätte jetzt noch eine kleine witzige Idee. Wenn dieser ganze Versuch planmäßig und erfolgreich abläuft, sollten wir die ganze Geschichte aufschreiben und an Hollywood verkaufen. Die machen dann einen Blockbuster draus, und wir stellen nur eine Bedingung: Die Hauptrolle spielt Leonardo DiCaprio! Und wer sollte dich spielen?"

Verschmitzt sah Julia ihn an und sagte:

„Ich mag weniger die ganz großen berühmten Schauspielerinnen, aber wenn du mich schon so fragst, dann werde ich von Patricia Arquette gespielt."

„Die Menschen werden die Kinosäle stürmen", sagte Frankie verträumt.

Kurz bevor sie in seine Wohnung zurückkehrten, fuhren sie noch bei Frankies Freundin vorbei, um Funky abzuholen. Er war vor Freude völlig außer sich, und Frankie glaubte, dass er wohl auch irgendetwas Großes ahnte. Sie fuhren gleich in seine Wohnung, Funky lag die ganze Zeit auf seinem Schoß, und Frankie sprach

Julia darauf an, wie das mit Funky überhaupt geplant wäre, denn normalerweise werden Haustiere bei Langstreckenflügen vorübergehend in den künstlichen Tiefschlaf versetzt und im Gepäckraum abgestellt. Das war einer der Gründe, warum er Funky nie zu seinen großen Urlauben mitgenommen hatte. Wieder einmal hatte er Angst, damit einen Punkt angesprochen zu haben, der nicht von Julia bedacht worden war. Aber sie erzählte ihm, dass sie zwei Wochen zuvor und dann noch einmal eine Woche später, während Frankie am Nachmittag geschlafen hatte, mit Funky bei dessen Tierarzt gewesen war, der ihn auf seine Flugtauglichkeit überprüft hatte. Er hatte gesagt, dass keine große Gefahr bestehen würde, dass Funky die große Höhe nicht vertragen könnte, gab ihr aber zur Sicherheit eine Spritze mit, mit der sie ihn zur Not für ein paar Stunden in den Tiefschlaf versetzen konnte.

Wieder in seiner Wohnung angekommen, wurde Frankie bewusst, dass er wohl das allerletzte Mal in dieser Wohnung sein würde. Er suchte verzweifelt nach irgendeiner Möglichkeit, diese Wohnung für sich behalten zu dürfen. Zuerst dachte er daran, dass er Dr. McBride bitten könnte, die Miete für diese Wohnung für ein Jahr lang im Voraus zu bezahlen. Aber natürlich riet ihm Julia sofort davon ab, weil es dann zu verdächtig erscheinen würde. Als zweite Möglichkeit schlug er vor, Julia sollte irgendeinen Kollegen von sich bitten, in der Zwischenzeit diese Wohnung zu mieten.

„An so eine Möglichkeit habe ich natürlich auch schon mal gedacht, aber nicht mal einer von meinen Kollegen darf über diesen illegalen Versuch Bescheid wissen", sagte Julia. „Ich weiß doch, wie sehr dir diese Wohnung am Herzen liegt, aber leider Gottes wirst du dich noch heute von ihr verabschieden müssen. Kann höchstens sein, dass sie in einem Jahr sowieso noch leer steht. Ebenso wie von all den Sachen, die in deiner Wohnung stehen."

„Meine ganzen Sachen machen mir ohnehin keine Probleme, so materialistisch veranlagt bin ich ja auch nicht. Aber mit der Wohnung sind doch sehr viele Erinnerungen verbunden. Darf ich wenigstens mit meinem Handy ein paar Fotos machen?"

„Kannst du schon, nur wird dir das nicht allzu viel bringen, denn dein Handy muss natürlich da bleiben. Mach dir einfach ein paar gedankliche Fotos davon", schlug Julia vor und hoffte, Frankie würde seine Entscheidung nicht wieder zurückziehen.

Um 11.34 Uhr kamen Dr. McBride und Dr. Kilmer, und Frankie bekam Panik, als wäre er ein Insasse der Green Mile, der abgeholt wird, um bei ihm das Todesurteil zu vollstrecken. Er sah sich noch einmal sehnsüchtig in seiner Wohnung um, und es dauerte 37 Minuten, bis er sich von jedem einzelnen Gegenstand in seiner Wohnung verabschiedet hatte. Unglaublich viele tolle, aber auch einige negative Erinnerungen schossen durch seinen Kopf. Er fühlte sich, als würde ein drei Tonnen schwerer Eisenblock auf seinem Herzen liegen. Als ihn Julia zum Taxi schob, standen Tränen in Frankies Augen, und immer, wenn Frankie so traurig wurde, begann Funky zu jaulen, als wäre er ein Kojote irgendwo mitten im Wilden Westen.

„Wenigstens kommst du mit mir!", sagte er und ließ Funky auf seinen Schoß springen.

Auf dem Weg zum Abflugort wollte Frankie seinem Versprechen nachkommen, Dr. McBride nicht zu erzählen, dass Julia sein richtiger Name herausgerutscht war und sagte: „Dr. Miller, du hast versprochen, mir deinen echten Namen zu verraten. Also, wie heißt du? Und wie heißt Dr. Turner?" Der Befragte lä chelte und sagte:

„Mein Name ist Dr. Jonathan McBride, und mein Kollege hier heißt Dr. George Kilmer. Also wird die Methode, die von uns entwickelt wird, nicht Miller-Methode heißen, sondern McBride-Methode. Aber wir duzen uns ja schon, also nenn mich einfach nur Jon."

Frankie tat, dank seiner schauspielerischen Fähigkeiten, komplett überrascht und sagte, als würde er dies nicht ohnehin schon wissen:

„Ach du Scheiße, du hast einen Nobelpreis bekommen, stimmt's?"

Jon gab sich sehr bescheiden und meinte:

„Ja, stimmt schon, aber das ist bald 15 Jahre her und mittlerweile schon fast gar nicht mehr wahr."

Julia stieß ihm einen Ellbogen in die Seite und flüsterte ihm ganz leise ins Ohr:

„Dankeschön."

Als sie sich schon auf der Startbahn dem riesigen Privatjet näherten, kam er sich vor wie das allergrößte Arschloch, weil er einfach so von heute auf morgen abhaute.

Ach, Schwachsinn, dachte er sich, wenn das so wäre, dann wäre doch jeder, der plötzlich verstirbt, ein Riesen-Arsch.

Aber jetzt auf einmal dachte er wieder positiv und glaubte daran, dass alles zu seinem Besten verlaufen würde und sagte kurz vor dem Abheben in Richtung seiner Heimatstadt:

„Wir werden uns schon noch wiedersehen!"

TEIL II

DIE REISE

„Life's journey is not to arrive at the grave safely
in a well preserved body, but rather to skid in sideways,
totally worn out, shouting: Holy shit, what a ride!"
Hunter S. Thompson, Fear and Loathing in Las Vegas

KAPITEL 14

„Der hoffnungslose Romantiker"

Christine Hava, Mutter von Frankie: Ich war gerade dabei, uns beiden ein Frühstück zuzubereiten, als mein Handy klingelte. Auf dem Display erschien der Name Christina, und ich bekam sofort die Panik. Hoffentlich erzählt sie mir nicht, Frankie sei irgendetwas Schlimmes passiert. Wir wissen zwar nicht genau, was passierte, aber Christina erzählte mir, dass Frankie nicht da sei. Ich sagte, sie solle einfach auf seinem Handy anrufen, vielleicht hätte er ja einfach bei einem guten Freund übernachtet. Aber sie meinte, dass sein Handy immer noch auf seinem Nachttisch liegen würde.

Christina Hauser, Frankies Assistentin: Schon als ich seine Wohnungstür öffnete, dachte ich mir, dass da irgendwas faul war, weil Funky nicht wie gewohnt mit lautem Gebell auf mich zu stürmte. Kein Frankie war da, und sogar sein Handy lag noch immer auf seinem Nachttisch. Ich rief als Allererstes seine Mutter an und wollte von ihr wissen, ob er vielleicht zu Hause war und nur vergessen hatte, mir das zu sagen. Als sie mir sagte, dass sie auch nichts wissen würde, bekam ich noch immer keine Panik, weil ich von Frankie gewohnt war, dass er sich oft die wildesten Scherze mit mir erlaubte.

Ivan Hava, Vater von Frankie: Ich griff sofort zum Telefon und rief die Polizei an. Sie versuchten sofort, mich zu beruhigen und meinten, dass sie sehr oft solche Vermisstenfälle bekommen würden, die sich dann aber als unbegründet erwiesen, trotzdem würden sie zur Sicherheit eine Personenfahndung einberufen.

Max Stoltski, Freund von Frankie: Es ist wohl ganz offensichtlich, dass diese Julia hinter allem steckt. Wahrscheinlich ist sie eine kranke Verbrecherin, die ihn entführt hat.

Mario Schwager, langjähriger Freund von Frankie: Frankie ist tot, und Julia hat ihn getötet.

Peter Steiner, Polizist: Es gibt überhaupt keine Daten von dieser Julia, und wir bezweifeln, dass sie überhaupt so heißt. Natürlich haben wir alle Daten von Flughäfen angefordert, aber nirgends ist ein Eintrag von Frankie Hava. Das Einzige, was wir fanden, ist die Buchung eines Hotelzimmers von Julia Neumann, also ihr wahrscheinlich falscher Name, die ein paar Tage vor seinem Verschwinden zusammen mit einem Frankie Patton dort urlaubte. Aber dieser Frankie Patton ist irgendein Amerikaner und lebt in San Francisco. Wir haben versucht, ihn zu kontaktieren, aber leider erfolglos. Und diese Julia heißt offensichtlich auch anders, denn von dieser taucht gar nichts auf.

Christine Hava, Mutter von Frankie: Ich bin seine Mutter, und ich kann euch mit großer Wahrscheinlichkeit sagen: Frankie lebt! Wenn ihm etwas zugestoßen wäre, dann würde ich das als seine Mutter spüren.

Frankie fühlte sich in diesem luxuriösen Flugzeug wie einer der berühmtesten Rockstars, der damit gerade auf Welttournee ging. Frankie glaubte zuerst, er müsse Funky während des ganzen Flugs beruhigen, jedoch machte der keinen Mucks, legte sich neben ihn und schlief ein. Weil das Frankie sehr beruhigte, fielen ihm auch die Augen zu, und er konnte endlich wieder zumindest für eine Stunde zum Tiefschlaf finden. Als er erwachte, wurde es langsam wieder hell. Er freute sich mittlerweile schon sehr auf sein geplantes Vorhaben und war sehr gespannt, wie dort alles aussehen würde. Verträumt sah er zum Fenster raus und erblickte unter sich das Meer. Immer, wenn Frankie irgendwo das Meer sah, musste er sich an seinen ersten Urlaub am Meer erinnern.

Frankie war zehn Jahre alt gewesen, als er seinen ersten Urlaub am Meer verbringen durfte. Es waren gerade die Sommerferien, kurz bevor er von der Grundschule auf die höhere Schule in der nächsten größeren Stadt wechselte. Bis dahin hatte ihn seine Behinderung noch nicht stärker beeinträchtigt, aber langsam war sein ataktischer Zustand so richtig bemerkbar geworden, und es war ihm richtiggehend peinlich, wenn andere Kinder ihn gehen sahen. In Behandlung war er damals auf der Lungenstation des größten Krankenhauses in seiner Umgebung gewesen, da bei ihm zuerst, aufgrund seines durch die Skoliose stark eingeschränkten Lungenvolumens, eine Lungenerkrankung diagnostiziert worden war, was sich nach seinem Gentest Jahrzehnte später als völlige Fehldiagnose erwies. Aber der Oberarzt der Lungenstation hatte seinen Fall, damals waren die Ursache und die Auswirkungen seiner Behinderung noch nicht bekannt gewesen, sehr interessant gefunden, und er hatte darauf bestanden, ihn auf der Lungenstation weiterhin zu betreuen. Einmal pro Jahr war für alle Kinder, die dort in Behandlung waren, ein Urlaub geplant worden, und diesmal wurde für die Kinder ein Urlaub am Meer organisiert, mit dem Hintergedanken, der zweiwöchige Genuss der Seeluft würde den erkrankten Lungen aller Beteiligten guttun.

Frankie hatte damals zuerst große Angst davor, die anderen Kinder, von denen er noch keines kannte, würden sehr abstoßend auf sein belustigendes Slapstick-Gangbild reagieren. Erst viel später entwickelte er ein Gefühl dafür, die Meinungen anderer, seinen Zustand betreffend, als irrelevant abzustempeln. In diesem Urlaub hatte er zum ersten Mal festgestellt, dass er durch ein sehr selbstbewusstes Auftreten am ehesten akzeptiert wurde. Sie waren mit einem eigens dafür gemieteten Bus zu ihrem Urlaubsort gefahren, obwohl sie eine sehr lange Strecke zu bewältigen hatten, aber einen Flug dorthin zu buchen, war ihnen damals zu teuer gewesen. Frankies Mama hatte ihn zur Abreisedestination gefahren, und die ganze Fahrt dorthin hatte Frankie von diesem wunderschönen Gefühl geträumt, sich bei großer Hitze in die kühlen Fluten des Meeres zu stürzen. Er hatte den Antritt dieser Reise kaum erwarten können, war voller Vorfreude und gab Mama nicht mal einen kleinen Abschiedskuss, während sich alle anderen Kinder tränenüberströmt von ihren Eltern trennten. Im Bus setzte er sich, von den anderen Kindern kannte er ja noch niemanden, alleine direkt neben den hinteren Ausstieg, wo sich die Toilette befand, damit er nicht weit durch den Bus laufen musste und alle anderen Kinder ihn deswegen auslachen würden. Sie fuhren die große, lange und kurvenreiche Küstenstraße entlang, da alle Autobahnen und Schnellstraßen an diesen Tagen aufgrund eines bevorstehenden Bürgerkrieges gesperrt waren. Während der ganzen Fahrt sprach Frankie keine drei Worte. Dass die anderen Kinder ihn ignorierten, war ja logisch, aber auch keiner der vielen Betreuer kümmerte sich um ihn, und er selbst war auch nicht selbstbewusst genug, auf sich aufmerksam zu machen. Zum Glück hatte ihm seine Mama ein paar Snacks und eine Dose Cola eingepackt, denn sonst wäre er wahrscheinlich, übertrieben ausgedrückt, verhungert und verdurstet. Insgesamt zwölf Stunden dauerte die Fahrt, weil der Bus bei jeder Straßensperre, die es alle paar Kilometer aufgrund der großen Unruhen gab, Halt machen musste. Verträumt sah er auf die Klippen zum Meer hinab, hörte nur, wie alle anderen Kinder riesengroßen Spaß hatten und konnte es kaum erwarten, endlich ins kühle Nass zu springen. Jeden Haltestopp nutzten die anderen Kinder, um sich die Beine zu vertreten, Frankie jedoch verharrte die ganzen zwölf Stunden auf seinem Platz und wünschte sich, er hätte mit der Realisierung seines Vorhabens noch etwas länger gewartet. Nach ungefähr sechs Stunden verspürte er zum ersten Mal einen leichten Harndrang, doch er traute sich nicht, sich zu erheben, um zur Toilette zu gelangen, vor lauter Angst, die anderen Kinder würden ihn auslachen, wenn sie sahen, wie er sich dorthin mühen musste. Er ließ sich aber nichts anmerken und hielt so lange an, bis seine Blase richtig weh tat. Nach insgesamt acht Stunden konnte er jedoch beim besten Willen seinen Harnfluss nicht mehr verhindern und pinkelte sich die Hosen und den ganzen Sitz voll. Keiner hatte was bemerkt, nur aufstehen konnte er jetzt erst recht nicht mehr, denn dann hätten alle seine nasse Hose gesehen, und er wäre vor lauter Scham am liebsten im Boden versunken.

Noch immer sprach er kein Wort zu jemandem, dachte sehr viel nach und kam dabei immer wieder zu dem Schluss, es wäre wohl besser gewesen, er hätte auf sich aufmerksam gemacht und einen Betreuer gebeten, ihm auf die Toilette zu helfen. Es wurde ihm klar, dass man sich nur deshalb einsam fühlte, wenn man selbst nicht selbstbewusst genug auftrat, um andere Menschen um Hilfe zu bitten. Eine Erkenntnis, die sich in seinem ganzen weiteren Leben bewahrheiten sollte. Nur durch seine starke Behinderung hatte er lernen müssen, Hilfe anzunehmen, denn bis dahin und später auch noch ein bisschen wollte er alles, vor allem die kleineren Tätigkeiten, für die andere keine Hilfe benötigten, selbst erledigen. Aber wenn man wirklich Hilfe benötigt, muss man auch das nötige Selbstvertrauen entwickeln, andere Menschen um Hilfe zu bitten. Und das tun dann auch alle – Menschen sind hilfsbereit – es kommt nur darauf an, wie man auf sie zugeht.

Zum wiederholten Male fiel ihm ein Junge auf, der offensichtlich ein Raufbold war, weil er andere Kinder oft anschrie oder sogar ohrfeigte, sodass die Betreuer oft in den hinteren Teil des Busses gehen mussten, um ihn zu beruhigen. Frankie dachte sich:

Oh mein Gott, hoffentlich schaffe ich es in den nächsten zwei Wochen, diesem Jungen aus dem Weg zu gehen.

Als sie nach dieser Zwölf-Stunden-Tortur endlich am Urlaubsort ankamen, war Frankie schon alles egal. Er scherte sich gar nicht mehr darum, dass alle anderen Kinder seine angepisste Hose sehen konnten, er hatte übrigens eine lange, weiße Jogginghose an, auf der die gelben Urinflecken klar zu erkennen waren, oder aus dem Bus stolperte, da ihm aufgrund der großen Hitze schon etwas schwindelig war. Frankie war in einem Hotel aufgewachsen, seine Schwester hatte sogar ein eigenes großes Hotel, und deshalb war er von Gaststätten einen sehr hohen, komfortablen oder vornehmen Standard gewohnt. Erschrocken musste er feststellen, dass ihre Unterkunft alles andere als luxuriös war. Sie hatten alle ganz, ganz einfache Zimmer, gerade mal

mit einem viel zu weichen Bett ausgestattet, und das Essen erwies sich als absolut grauenhaft, und er dachte sich:

*Na super, nicht nur, dass ich mich alleine fühle, jetzt muss ich auch
noch verhungern!*

Sie spazierten dann zum ersten Mal zum Strand, und als er
dort auf die unendlichen Weiten des Meeres blickte, bekam er
wieder etwas Mut, und er freute sich schon auf den nächsten Tag,
wenn er endlich zum ersten Mal im Meer schwimmen durfte. Als
sie wieder zu ihrem – nennen wir es mal – Hotel zurückkehrten, folgte die Zimmereinteilung. Alle anderen Kinder hatten
schon während der Busfahrt beschlossen, wer mit wem in einem
Zimmer schlafen sollte, übrig blieben nur noch Frankie, besagter Raufbold und ein Junge, der Frankie von allen Kindern am
meisten leid getan hatte. Sein Name war Peter, er war wirklich
schwer krank, hatte Asthma und dass er ihm leid tat, lag an seiner
Sonnenallergie. Da machte er Urlaub am Meer und durfte absolut nie zu viele Sonnenstrahlen abbekommen und lief deshalb
immer nur mit Sonnenschirm durch die Gegend. Der Name des
Raufboldes war Alex, er hatte auch schweres Asthma im Endsta-
dium, und es war bei ihm ein tödlicher Krebs diagnostiziert worden. Aufgrund der Chemotherapie, die er deswegen absolvieren
musste, waren ihm alle Haare ausgegangen und zwar wirklich
ausnahmslos alle, nicht einmal Augenbrauen hatte er. Alle Kinder hatten große Angst vor ihm, aber es war für Frankie nicht zu
vermeiden, mit ihm in einem Zimmer zu landen. Peter war nur
anfangs in seinem Zimmer, da niemand der anderen Kinder mit
diesem schwerkranken Kind in einem Zimmer schlafen wollte,
aber schon nach zwei Tagen wurde er im Zimmer eines Betreu-
ers aufgenommen. Schon in der ersten Nacht hatte Alex damit
begonnen, Frankie fertigzumachen, indem er ihn angeschrien
und geohrfeigt hatte. Er hatte sich ganz oft im Bett auf ihn gesetzt, Frankies Arme mit seinen Knien nach unten gedrückt und
ihm gedroht, ihn zu schlagen, wenn er um Hilfe rufen würde.
Frankie wurde sehr traurig und wünschte sich schon am ersten
Tag nur noch, endlich wieder nach Hause zu fahren, wo er zusammen mit Andy sicherlich mehr Spaß gehabt hätte. Aber am

nächsten Tag hatte sich dieser Wunsch gleich wieder verflogen, als er zum ersten Mal in seinem Leben im Meer baden durfte. Er war hocherfreut über die Tatsache, dass es im Meer leichter war zu schwimmen als in einem herkömmlichen Pool oder Badesee, und er wäre am liebsten die ganze Zeit im Wasser geblieben, vor allem, weil da seine Schwierigkeiten, das Gleichgewicht zu halten, überhaupt nicht auffielen. Als er aber nach dem längeren Badevorgang etwas müde wurde, legte er sich abseits aller anderen Kinder auf ein Badetuch in die pralle Sonne. Als er kurz die Augen geschlossen hatte und am Einschlafen war, wurde er plötzlich mit kaltem Wasser bespritzt. Es war Alex, und Frankie erwartete die nächste Auseinandersetzung. Zu seiner Überraschung suchte Alex aber keinen Streit, sondern fragte ihn, zum ersten Mal freundlich, nur, wie es ihm gehen würde.

Was ist denn jetzt los, dachte er, *sag bloß, Alex sollte sich plötzlich für mich interessieren? Vielleicht ist er ja doch nicht so ein Blödian.*

„Ich habe dich beobachtet", sagte der, „wie du die ganze Zeit diese Frau da drüben anstarrst", und zeigte in Richtung einer jungen Urlauberin, die ein paar Meter entfernt auf dem Bauch in der Sonne lag und ihr Bikinioberteil geöffnet hatte, um sich nahtlos zu bräunen. Sofort beschlossen Frankie und Alex, die Frau mit ihren Spritzpistolen zu bombardieren, in der Hoffnung, sie würde sich erschrocken umdrehen und sie würden zum ersten Mal in ihrem jungen Leben Brüste – außer denen von Mama – erblicken. Leider wurde dieses Vorhaben nicht vom gewünschten Erfolg gekrönt, aber die Frau fand das Verhalten der kleinen Buben sehr belustigend und begann ein längeres Gespräch mit ihnen. Ihr Name war Nicole, und sie erzählte ihnen, sie sei schon zum zehnten Mal hier, fast jedes Jahr, um Urlaub an diesem Ort zu machen, wohnte aber nicht in so einer billigen Absteige wie Frankie und Alex, sondern hatte sich ein ganzes Einfamilienhaus gemietet, wo sie auch selbst für sich kochte.

Das trifft sich doch gut, dachte Frankie.

„Na wenn das so ist", sagte er, „dann kommen wir dich mal zum Abendessen zu Hause besuchen, denn das Essen in unserem Hotel ist ungenießbar."

„Abgemacht", antwortete sie, „ich freue mich schon auf euch."
An diesem Abend seilten sich Frankie und Alex ab, behaupteten, sie würden spazieren gehen und besuchten Nicole.

Sie kamen fast eine halbe Stunde zu spät, weil sie zuerst den Weg, den ihnen Nicole beschrieben hatte, nicht finden konnten und in der ganzen Urlaubsortschaft umherirrten. Der Urlaubsort war eben doch nicht so klein, wie sie sich zuerst gedacht hatten. Nicole erwartete sie schon hocherfreut und stellte ihnen zuerst ihre Freunde vor, mit denen sie dort urlaubte. Es waren alles sehr nette Leute, und die Jungs genossen es, endlich mal über ganz andere Themen zu sprechen als über ihre Krankheiten. Nur ganz kurz wurde Alex gefragt, warum er keine Haare hatte, da erzählte er ihnen von seiner Chemotherapie, von seinem Asthma, und so wie immer bekamen alle sofort Mitleid mit ihm. Frankie konnte sowas überhaupt nicht ausstehen, auch später noch, immer wenn er anderen von seiner Behinderung erzählte, versuchten vor allem die Leute, die ihn nicht gut kannten, ihm immer gleich mit ihren schwachsinnigen Durchhalteparolen Mut zu machen. Er genoss es immer sehr, wenn Gespräche sich mal nicht um dieses Thema drehten, als wäre das das Einzige in seinem ganzen Leben, worüber es sich zu reden lohnte. An diesem Abend hatte er aber ohnehin nicht reden müssen, zumindest nicht direkt über seine Krankheit, er hätte sowieso nicht viel darüber erzählen können, da damals ja noch gar nicht bekannt war, was überhaupt in seinem Körper vor sich ging. Sie erzählten nur, woher sie genau kamen, welche Schulen sie besuchten, über ihre Hobbys, ihre Familien und was man eben sonst noch alles so besprach, wenn man sich fremden Menschen vorstellte. Sie hatten riesengroßen Spaß, bekamen von Nicole ein hervorragendes Essen serviert und schlugen sich zum ersten Mal in diesem Urlaub so richtig die Bäuche voll. Nicole wollte sie zuerst gar nicht mehr gehen lassen, aber Frankie sagte dann nach ungefähr einer Stunde:

„Ich glaube, wir sollten jetzt langsam mal gehen, denn sonst beginnen die uns zu suchen. Wie du ja vielleicht weißt, haben unsere Betreuer keine Ahnung, wo wir sind."

„Ihr beide seid wirklich ganz liebe Jungs, und ich bin jetzt schon sehr froh, euch kennengelernt zu haben", antwortete sie etwas traurig über den bevorstehenden Abschied, „ich hoffe aber, ihr kommt bald mal wieder."

„Da kannst du Gift drauf nehmen", antwortete Frankie, „sobald wir wieder Hunger haben, wissen wir jetzt, wo wir hingehen müssen."

Als sie zurückkamen, waren schon alle wieder auf ihren Zimmern, aber sie waren auch von niemandem vermisst worden, also merkte auch keiner, dass sie so lange weg gewesen waren. Sie waren jetzt auch schon sehr müde, legten sich gleich ins Bett und sprachen nur kurz über das Abendessen mit Nicole. Bevor Frankie einschlief und die erste ruhige Nacht dieses Urlaubs verbrachte, weil Alex ihn nicht ärgerte, dachte er sich noch:

Es hat sich ja doch ausgezahlt, hierher zu kommen: Ich bin schon im Meer geschwommen, habe supernette Menschen kennengelernt, und sogar Alex scheint, zumindest wenn man ihn ein bisschen kennengelernt hat, ein lieber Typ zu sein. So kann es weitergehen …

Ab dem nächsten Tag verbrachte Frankie dann nicht einmal eine Minute – okay, außer er musste mal aufs Klo – ohne Alex, und er wurde zu einem der besten Freunde, die er je im Leben hatte. Sie redeten zwar kaum darüber, aber Alex merkte natürlich, dass Frankie eine Behinderung hatte und deswegen so schwer gehen konnte, während alle anderen immer noch dachten, er wäre einfach zu blöd, um gerade zu gehen. Selbst seine Mama hatte ganz am Anfang gedacht, Frankie würde nur dauernd den Pinocchio imitieren. Alex half ihm immer bei allen Sachen, bei denen er Schwierigkeiten hatte. Zum Beispiel gab es direkt neben dem Badestrand einen kleinen Hafen, wo viele Fischerboote standen. Sie sprangen von den Mauern des Hafens ins tiefe Meerwasser und mussten dann um den ganzen Hafen zu einem Ausstieg schwimmen. Frankie verließ dabei fast die ganze Kraft, und er hatte dann keine Energie mehr, auf den vom Meerwasser glitschigen Steinen sicher empor zu klettern, aber jedes Mal wurde er von Alex gerettet. Am Strand lagen immer sehr viele Muscheln, aus denen Alex die kleinen Krebse herauspulte und sie dann auf das Fensterbrett des Zimmers legte, um die leeren Muscheln zu trocknen. Diese Arbeit war Frankie viel zu eklig, und er hätte sich gewünscht, Alex hätte das auch sein lassen, denn die ganzen zwei Wochen stank das ganze Zimmer bestialisch. Frankie traute sich auch nicht, am Abend unter die Dusche zu gehen, da er Angst hatte, er würde auf den nassen Fliesen ausrutschen und sich größere Verletzungen zufügen. Bis dahin hatte sich Frankie niemals getraut, andere Menschen um Hilfe zu bitten, aber bei Alex hatte er kein Problem damit. Noch einen Tag vorher hatte Frankie große Angst vor Alex gehabt, und jetzt war er sein bester Freund, so schnell kann das gehen.

Die Betreuer in diesem Urlaub hatten für die Kinder einen Wettbewerb geplant, bei dem sie in Zweiergruppen diverse Wettkämpfe, wie zum Beispiel Schlauchbootrennen, Turmspringen, Torwartschießen oder Schwimmen, absolvieren mussten, und als Hauptpreis gab es das von den Betreuern eigens organisierte, große Schlauchboot zu gewinnen. Es ist für dich jetzt wohl schwer zu erraten, mit wem Frankie diesen Wettkampf startete. Kleiner Tipp: Es war nicht Andy. Der Wettkampf dauerte bis zwei Tage vor der Heimreise an, jeden Tag fanden drei Wettbewerbe statt, und sie, Frankie und – ja, richtig – Alex überlegten sich vor jedem Start eine Taktik, die es als fast unmöglich erscheinen ließ, diesen Wettbewerb nicht zu gewinnen. Sogar beim Schlauchbootrennen waren die beiden schneller als Teams, die aus zwei großgewachsenen Jugendlichen bestanden. Um zum Beispiel das Schlauchboot beim Rudern zu wenden, hatten sie im Boot immer ein drittes Paddel dabei, und damit sie sich schneller drehen konnten, ruderte der Zweite mit diesem dritten Paddel in die Gegenrichtung. So drehte das Boot ganz schnell um, und sie waren nur dadurch gleich drei Sekunden schneller als alle anderen. Von vornherein hatten sie das Ziel, diesen gesamten Wettbewerb zu gewinnen, und dieses Ziel wurde auch erreicht. Auch später setzte sich Frankie immer wieder Ziele, die für andere nicht erreichbar erschienen, er arbeitete oft jahrelang unermüdlich an der Erreichung eines Zieles und wurde im Endeffekt für diese Arbeit immer belohnt. Er meinte damit Ziele, für die man auch selbst Taten sprechen lassen konnte, das andere wären nur Wünsche. Wünschen darf man sich alles.

Fast jeden Tag, an manchen sogar zweimal, besuchten sie Nicole zum Essen und waren damit wohl die Einzigen der 25 Kinder, die während dieser zwei Wochen sogar etwas zunahmen. Jaja, Liebe geht eben durch den Magen. Wo wir gerade die Liebe ansprechen, in diesem Urlaub erlebte Frankie den ersten Kuss seines Lebens. In dem Hafen legte an einem der ersten Tage eine kleinere Jacht an. An Bord war der Geschäftsführer eines sehr großen, bekannten Autoherstellers, der mit seiner Familie unterwegs war. Er wollte sein Image aufpolieren, sich als sehr sozial erweisen und organisierte für alle Kinder eine Führung auf seiner Jacht. Frankie konnte sich noch gut erinnern, dass er, der sowieso schon gar nicht mehr gerade laufen konnte, auf dieser Jacht, zumindest als sie ablegte, kaum das Gleichgewicht halten konnte und ihm richtig schwindlig wurde, man könnte sagen, er wurde seekrank. Aber es war ihm egal, denn Alex war ja da, und er hielt sich an ihm fest, um nicht umzufallen. Der Jachtbesitzer – Frankie wusste nicht mehr, wie der Kerl überhaupt hieß – hatte eine hübsche Tochter, in die Frankie sofort verschossen war. Ihr Name war Evelyn, sie hatte wunderschönes, blondes langes Haar und eine richtig süße kleine Stupsnase. Frankie war extrem schüchtern, hatte nicht den Mut, ein Gespräch mit ihr zu starten, erzählte aber Alex, dass er sich ein bisschen verschossen hätte. Erst dachte er, Alex würde ihn deshalb auslachen, aber nein, er bot sogar gleich an, am nächsten Tag Nicole mal nicht zu besuchen, sondern zum Hafen zu gehen, um Evelyn zu treffen.

Sie fragten an diesem Abend nicht mal, was es im Hotel zu essen geben würde, sondern gingen gleich zu Nicole, auch um ihr zu sagen, dass sie am nächsten Tag nicht kommen würden, weil sie etwas Wichtiges geplant hätten. Wieder einmal schlugen sie sich die Bäuche voll und hatten auch mit ihren Freunden riesengroßen Spaß. Ihre Betreuer hatten mittlerweile zwar schon rausgefunden, wo sie immer hingingen, aber sie beließen es auch dabei, und Frankie glaubte, dass sie die beiden sogar beneideten, weil sie als einzige ein gutes Essen bekamen. Bevor sie zu Bett gingen, lernte Frankie auch zum ersten Mal einige andere Kinder kennen und erkannte, dass alle mittlerweile sehr aufgeschlossen auf ihn reagierten und zum ersten Mal auch Interesse zeigten, warum er so Schwierigkeiten hatte, das Gleichgewicht zu halten. Bevor sie einschliefen, legten sie sich auch die Taktik für das bevorstehende Schlauchbootrennen zurecht. Sie standen dann ziemlich früh auf und waren damit die Ersten, die am Strand waren – auch, um die Ersten zu sein, die mit dem Schlauchboot fahren durften, und sie trainierten schon am Vormittag für den am Nachmittag anstehenden Wettbewerb. Sie waren somit die Einzigen, die wirklich auf diesen Wettbewerb vorbereitet waren. Gleich vorweg, sie gewannen diesen Wettstreit diesmal nicht. Sie kamen nicht nur weit abgeschlagen als Letzte ins Ziel, sondern sie wurden disqualifiziert. Sie mussten um die Wette, wie auf einem Baseballfeld, drei Bases abfahren, die als Bojen im Wasser markiert waren, und die zweite Base befand sich sehr weit im Meer draußen, und um den Wettbewerb schwieriger zu gestalten, mussten sie die Bojen einmal ganz umrunden, wo ihre Taktik am meisten zum Tragen kommen würde. Zuerst lief alles wie geplant, sie waren gleich ziemlich schnell unterwegs, vor allem, weil sie bei den Drehungen an den Bojen um einiges schneller waren als andere, aber vor der zweiten Base ankerte ein Fischerboot. Da sie um dieses Boot herumfahren hätten müssen, beschlossen sie, vor der Boje zu wenden, in der Hoffnung, keiner der Betreuer, die als Schiedsrichter fungierten, würde etwas bemerken. Dem war aber nicht so, sie hatten zwar die schnellste Zeit, aber sie hatten den Parcours eben nicht korrekt absolviert, weswegen sie disqualifiziert wurden. Sie waren so gewaltig sauer, dass sie beschlossen, noch einmal zu diesem Fischerboot zu fahren, um sich an dessen Besitzer zu rächen. Sie heckten also den Plan aus, das Fischerboot mit stinkenden Krebsen zu bombardieren. Als sie sich dann ins Schlauchboot setzen wollten, war das Fischerboot leider schon wieder weg, und sie beruhigten sich auch langsam wieder. Aber diese Disqualifikation konnte ihren Sieg beim gesamten Wettbewerb nicht verhindern. Den ganzen Tag träumte Frankie vom Treffen mit Evelyn, war sich aber sicher, dass im Endeffekt sowieso alles ganz anders sein würde. Denn die Jacht von Evelyns Vater war gar nicht da, keiner wusste, wo ihre Familie hingefahren war, und Frankie dachte sich:

Na super, heute ist wohl einer der perfektesten Tage, die ich je erlebt habe!

Sie verbrachten einen ganz normalen Urlaubstag und hofften darauf, zumindest Frankie hoffte, dass Evelyn am Abend wieder zurück sein würde. An diesem Abend gingen sie sogar mal ins Hotel zum Abendessen, Frankie schwor sich aber, dies nie wieder zu tun, weil er gekotzt hätte, wenn er gewusst hätte, was da vor ihm auf dem Teller lag. Die ganze Zeit dachte Frankie nur noch an Evelyn und beschloss, sogar die ganze Nacht am Strand zu verbringen, wenn sie nicht gleich auftauchen würde, und das tat sie auch nicht. Es wurde langsam dunkel, kühlte auch schon etwas ab, und Frankie sprang noch einmal von den Hafenmauern ins Wasser. Als er im Meer herumschwamm und ihn so langsam die Kraft verließ, wurde er etwas traurig, weil er zu diesem Zeitpunkt seine erste große Liebe nicht mehr treffen würde. Was er bis dahin noch nicht wusste, war, dass er Evelyn auch schon aufgefallen war und sie sich auch ein bisschen verguckt hatte. Als er den Ausstieg erreichte, wo Alex auf ihn wartete, um ihm, wie so oft, dabei zu helfen, auf den glitschigen Steinen heraufzuklettern, wirkte er ganz abwesend und sprach kein Wort. Auf dem Steg stand Evelyn mit einem Handtuch und wartete mit ausgebreiteten Armen auf ihn, um ihn zu umarmen und zu wärmen. Frankie verharrte ganze fünf Minuten in ihren Armen, und sie wollte ihn auch gar nicht mehr loslassen. Sie sprachen nicht mal ein Wort miteinander und genossen beide dieses wunderbare Gefühl, sich gegenseitig im Arm zu halten. Als sie dann die ersten Worte wechselten, kamen sie sofort zu dem Schluss, dass es wohl besser wäre, mal für ein paar Momente komplett alleine zu sein und beschlossen, mit dem Schlauchboot zu zweit auf das offene Meer zu rudern. Als sie hinausfuhren, wollte Evelyn von ihm wissen, was für eine Behinderung er hatte. Frankie war sehr überrascht, weil es das erste Mal war, dass ein anderes Kind sofort daran dachte, dass er wahrscheinlich eine Behinderung hatte, denn bisher hatten immer alle geglaubt, er wäre einfach zu dumm, um gerade zu laufen. Leider wusste er damals selbst noch gar nicht, wo in seinem Körper überhaupt der Fehler lag und sprach, wie immer, nur von seinen Gleichgewichtsstörungen, ohne zu wissen, was dies überhaupt bedeuten sollte. Die Sonne ging gerade am Horizont unter und hüllte das Meer in tiefes Rot. Frankie hörte auf zu rudern. Evelyn setzte sich neben ihn, legte einen Arm auf seine Schultern und sah ihm tief in die Augen. Langsam zog sie ihn an sich und küsste ihn. Jetzt stell dir das mal bitte vor, Sonnenuntergang am Meer und Frankie erlebte dort den ersten Kuss seines Lebens. So ziemlich jeder hat eine kleine Geschichte auf Lager, wie und wo er seinen ersten Kuss erlebte – aber Frankies Geschichte ist schon eine der romantischsten von allen. Das war wohl der Startschuss für sein Dasein als hoffnungsloser Romantiker. Am nächsten Tag war Evelyn leider weg, am Hafen sagten die Besitzer der anderen Boote nur, dass ihr Vater so schnell wie möglich nach Hause musste, da es angeblich irgendeinen Notfall in seiner Arbeit gegeben hatte.

Frankie hatte sich nicht mal von Evelyn verabschieden können, bekam keine Adresse von ihr und besaß auch kein Foto von Evelyn, sie existierte also nur noch in seiner Erinnerung.

Die letzten paar Tage dieses Urlaubs verliefen relativ unspektakulär, erwiesen sich aber als unglaublich schön, ja richtig erholsam. Sie machten am Ende noch ein Gruppenfoto, auf dem auch das Schlauchboot, welches sie natürlich gewannen und noch lange Zeit von Frankie als sakrosankt behandelt wurde, zu sehen ist. Das Foto stellte die einzige reale Erinnerung an diesen Urlaub dar. Heutzutage hat ja jeder sein Handy dabei und schießt damit andauernd von jedem Blödsinn eigene Fotos und postet diese nicht mal 13 Sekunden später auf Facebook. Von diesem Urlaub, wie auch von seiner gesamten Kindheit, existieren kaum Fotografien.

Am letzten Tag vor der Heimreise wollten Alex und Frankie noch einmal mit dem Schlauchboot weit aufs Meer hinaus rudern. Während dieser Bootsfahrt planten sie schon ihr nächstes Wiedersehen und sprachen darüber, was sie gemeinsam als nächstes „anstellen" würden. Frankie sprach ihn jedoch auf seinen als tödlich diagnostizierten Krebs an, und Alex wurde richtig sentimental, ja fast weinerlich. Er sagte, dass sie wohl sehr viele Dinge nicht mehr gemeinsam erleben würden, und die zwei Zehnjährigen – oder Alex war sogar schon elf – lagen sich in den Armen und weinten zusammen um die Wette. Die Heimreise war genau das Gegenteil der Anreise, Frankie wurde nicht alleine gelassen, pinkelte sich nicht in die Hosen, sondern hatte eigentlich großen Spaß mit allen Kindern, nicht nur mit Alex. Frankie hatte, auch später, nie besonders großes Heimweh, er war eigentlich immer nur heilfroh, mal nicht zu Hause zu sein. Aber als sie sich der Heimat näherten, wartete er schon sehnsüchtig darauf, seiner Mama von diesem Urlaub zu berichten, und noch viel mehr freute er sich schon auf ihre vorzügliche Verpflegung. Mit Alex war er dann nur noch für eine Woche zusammen stationär im Krankenhaus und hatte dort wieder riesengroßen Spaß. Einige Monate später fragte er bei einem ambulanten Besuch im Krankenhaus einen der Männer, der die Kinder im Urlaub mit betreut hatte, was mit Alex los war, da er so gar nichts mehr hörte von ihm. Da erzählte er ihm, dass Alex an seinem Krebs verstorben war. Trotzdem kann sich Frankie noch heute so genau an die Zeit mit Alex erinnern, als wäre das alles erst gestern passiert.

KAPITEL 15

„Ein Bild für Götter"

Frankie machte sich langsam Sorgen um Funky, denn der wurde sehr unruhig. Frankie versuchte, ihn irgendwie zu beschäftigen, aber in diesem engen Flugzeug war viel zu wenig Platz dafür. Unter sich erblickte er zum ersten Mal die Küste, wahrscheinlich die Ostküste, also dachte er sich, dass sie wohl noch ein bisschen länger hier verbringen müssten, um nach Kalifornien zu gelangen. Er war aber etwas verwundert, als er merkte, dass der Flieger seine Flughöhe senkte, sich also im Landeanflug befand.

„Ich dachte, es geht nach Kalifornien? Das da unten ist vielleicht New York oder Washington D.C. Ganz egal, auf jeden Fall müsste Funky mal raus, denn ich möchte wirklich vermeiden, dass wir ihn ruhigspritzen müssen", fragte Frankie, und erst jetzt wurde ihm bewusst, was für ein waghalsiges Vorhaben er in Angriff nehmen würde.

„Ja, stimmt, wir sind erst in New York, werden hier nur kurz zwischenlanden, um den Flieger aufzutanken. Der Grund, warum wir so einen großen Privatjet gechartert haben, ist nämlich, dass kleine, kostengünstige Privatjets keine so große Reichweite haben. Sogar mit dieser Maschine geht sich eine so große Strecke nicht ganz aus, aber mit billigeren Privatjets müssten wir zwei- bis dreimal zwischenlanden. Ich möchte aber trotzdem kein Risiko eingehen, du darfst das Flugzeug also nicht verlassen, aber Julia ist ja für diesen Flug gemeldet und kann mit Funky spazieren gehen", sagte Jon, und als er merkte, dass Frankie ihn mit einem vorwurfsvollen Blick bedachte, fügte er hinzu:

„Keine Sorge, natürlich haben wir auch Funky für den Flug gemeldet."

„Ich möchte mir aber auch mal die Beine vertreten!", sagte Frankie, und alle Anwesenden taten so, als hörten sie nicht richtig. Natürlich blieb er aber für diesen 34-minütigen Aufenthalt ganz alleine im Flugzeug zurück und wünschte sich, er hätte darauf bestanden, seinen Physiotherapeuten mitzunehmen, denn er bekam aufgrund der langen Sitzerei heftige Rückenschmerzen.

Julia brachte ihm dann auch etwas zu essen mit und erzählte ihm von ihrem Spaziergang mit Funky. Sie war wieder einmal schwer beeindruckt, welch starken Bezug dieser Hund zu seinem Herrchen hatte, denn es hatte keine vier Minuten gedauert, bis Funky an der Leine nur noch in Richtung des Privatjets gezogen hatte.

„Ich dachte, du willst Funky dabei haben, weil du es nicht ohne ihn aushältst, dabei ist er es, der es keine Minute ohne dich aushält", sagte Julia und war sehr froh, dass sie Dr. McBride zur Mitnahme von Funky überreden konnte.

Frankie wollte nun endlich für Klarheit sorgen und fragte Jon, wo es denn jetzt genau hingehen würde. Jon erzählte ihm, dass sie diesen Versuch an einem größeren Forschungsinstitut etwas nördlich von San Diego geplant hatten. Sie würden in circa fünf Stunden auf einem klitzekleinen Privatflughafen ganz in der Nähe von San Diego landen. Ein Taxi würde sie dann direkt zu seiner neuen Wohnung bringen, und alle Leute dort seien schon sehr gespannt, wer da jetzt zu ihnen kommen würde.

„Also doch keine Klinik. Und ich hatte schon Angst, ich würde jetzt ein Jahr lang in einem Scheiß-Krankenzimmer verbringen müssen", sagte Frankie. Schon wieder musste er feststellen, dass Jon wirklich alles ganz genau durchgeplant hatte, denn er verhinderte den Ausbruch einer Panik von Frankie, indem er ihm erzählte, dass es keine Universitätsklinik wie bei ihm in Europa wäre, sondern eine Bildungs- und Forschungsstätte. Untergebracht würde er auch nicht direkt in der Klinik, sondern er bekam eine eigene kleine Wohnung in unmittelbarer Nähe. Nur für eine medizinische Kontrolle und für alles, wofür er Hilfe benötigen würde, sei rund um die Uhr Betreuungspersonal vorhanden. Damit erinnerte sich Frankie an seinen ersten Umzug in seine Heimatstadt.

Allgemein war es so üblich, dass Jugendliche nach ihrer Reife-prüfung auf eine Universität wechselten, um ein zukunftsver-sprechendes Studium zu beginnen. Da Frankies Behinderung zu diesem Zeitpunkt schon relativ stark ausgeprägt war, rieten ihm alle, vor allem seine Eltern, davon ab, weil sie meinten, er wür-de einen solchen Weg nicht bewältigen können. Frankie hatte ja nicht mal selbst eine Ahnung, wie er in der nächstgelegen Stadt wohnen, dort aber auch seine mittlerweile benötigte Pflege und Betreuung bekommen sollte. Trotzdem bestand er darauf, diesen Weg, auch wenn er sehr schwierig erschien, einzuschlagen und ein Telematikstudium zu beginnen, wie es sein Informatiklehrer und großer Mentor getan hatte. Natürlich hatte er erst einmal keine Ahnung, wie er diesen Plan in die Realität umsetzen soll-te. Der einfachste Weg, dieses Ziel zu erreichen, schien darin zu liegen, in eine betreute Wohneinrichtung, sprich in ein Pflege-heim, zu ziehen. Also halfen ihm seine Eltern dabei, verschiedene Heime anzurufen und dort einen Termin für eine Besichtigung auszumachen. Einige dieser als Behindertenabfertigungsstätten verschrienen Heime wurden angerufen. Ein solches Leben als Behinderter, der eine Massenabfertigung über sich ergehen las-sen muss, wollte er auf gar keinen Fall führen, da wäre er lieber zu Hause geblieben und hätte sich dort zu Tode pflegen lassen. Nach längerer Suche jedoch knüpften sie einen Kontakt zu einer betreuten Wohneinrichtung, welche damals ihre Wohnungen den Behinderten als eine Art Trainingswohnung zur Verfügung stellte, in welcher sie lernen sollten, ein selbstständiges Leben zu führen. Das Problem bestand aber darin, dass es ein paar Mona-te Zeit in Anspruch nehmen würde, bis dort eine Wohnung für ihn zu vergeben war. Frankie dachte sich aber, dass dies wohl die zielführendste Art und Weise wäre, seine Vorhaben in die Tat umzusetzen. Zur Überbrückung dieser Wartezeit beschloss Frankie, als Vorbereitung auf sein neues Leben eine Kur in einem nahegelegenen Rehabilitationszentrum zu absolvieren, auch weil er bis dahin noch sehr wenig Kontakt mit Physiotherapien, die die einzige Möglichkeit darstellten, seiner Krankheit entgegen-zuwirken, hatte. Damals erschien ihm dieser Plan nur als Überbrückung der Wartezeit, später konnte er aber behaupten, dass diese neun Wochen extrem wichtige Schritte beinhaltet hatten, nicht nur wegen der regelmäßigen Physiotherapien, sondern vor allem, weil er dort Menschen kennengelernt hatte, die ihm sehr viel über eine angemessene Lebensführung als Mensch mit Behinderung beigebracht hatten. Auch hatte er dort zum ersten Mal in seinem Leben sehr viel Kontakt zu anderen Behinderten, was er bis dahin ja überhaupt nicht gehabt hatte. Er sah dadurch, dass es extrem viele Menschen gab, die sich mit einer Behinderung „abkämpfen" mussten, dass er bei Gott nicht der Einzige war, dem ein solches, nennen wir es einmal „Schicksal" auferlegt wurde. Während dieses Aufenthaltes entwickelte Frankie auch seine Liebe zu einer Sportart für Rollstuhlfahrer, die dann lange Zeit von ihm mit großer Leidenschaft ausgeübt wurde, nämlich das Handbiken. Im Rehabilitationszentrum stand ein gutes Handbike mit Grip-Shift-Schaltung zum Ausborgen zur Verfügung. Diese Möglichkeit wurde von Frankie fast jeden Tag für mehrere Stunden in Anspruch genommen, und er spulte jeden Tag bis zu 30 Kilometer an Trainingsstrecke ab. Aufgrund seiner stark eingeschränkten Feinmotorik und damit seiner Unfähigkeit, mit hoher Umdrehungszahl mit seinen Händen zu kurbeln, schaltete er immer in die höchsten Gänge, sogar wenn es bergauf ging, was sehr viel Muskelkraft in Anspruch nahm. Also begann er zu trainieren und verweilte oft noch in der Kraftkammer, wenn bereits die Putzfrauen antraten, um den Raum zu reinigen.

Einige Jahre später legte er sich dann ein eigenes, übrigens ganz schön teures, Handbike zu und übte diesen Sport dann fast täglich aus, bis er ihn mit 28 Jahren ganz aufgeben musste, da seine Behinderung zu stark wurde und ihm vor allem seine Skoliose starke Schmerzen verursachte.

Dieses Rehabilitationszentrum war auch die Trainingsstätte der ortsansässigen Tetra-Rugby Mannschaft. Der Kapitän der Mannschaft beeindruckte ihn damals sehr und weil er erfuhr, dass dieser ebenfalls an der Universität studierte, entwickelte er sich zu einem Vorbild für Frankie. Sein Name war Henry, aber alle nannten ihn Rambo, da er lange Haare hatte und während des Spiels immer ein Stirnband wie die Filmfigur John Rambo trug. Er hatte auch recht muskulöse Oberarme und war zudem tätowiert, also hatte er sich noch etwas von ihm abgeschaut, damals hatte er zwar noch keine Tätowierungen, später aber schon zu viele, da beide Arme voll tätowiert waren. Rambo erzählte ihm, er würde auch in besagter Wohneinrichtung leben, und er sollte unbedingt auch dorthin kommen, weil sie dort gemeinsam bestimmt sehr viel Spaß haben würden. Er organisierte für Frankie einen Termin mit der Heimleitung und Frankie fuhr, ohne seine Eltern zu informieren, in die große Stadt, um die Wohneinrichtung zu besichtigen. Von den Wohnungen war er sofort begeistert, malte sich in seiner ausgeprägten Fantasie die coolste Zeit seines Lebens aus, aber als er mit der Heimleiterin, die offensichtlich eine echt blöde Kuh war, sprach, dachte er sich:

Um Gottes willen, ich lege doch nicht freiwillig mein Leben in die Hände einer solchen Bitch!

Aber er lernte nicht nur Rambo, sondern auch einen anderen Jungen in seinem Alter kennen, der sich bereits in dieser Wohneinrichtung angemeldet hatte. Sein Name war Thomas, und er absolvierte dort seinen ersten Aufenthalt nach einem Autounfall, der ihn in den Rollstuhl gezwungen hatte. Sie freuten sich schon beide riesig auf die gemeinsame Zeit, die sie dort erleben würden.

Frankie wusste noch immer nicht genau, wo er einziehen sollte, um mit seinem Studium beginnen zu können. Er wollte zwar mit Thomas und Rambo zusammenziehen, jedoch hatte er sich noch gar nicht für den Einzug in eine der Wohnungen dort angemeldet. Kurz bevor er die Kur beendet hatte, bat er seine Eltern, mit ihm noch ein ganz anderes Pflegeheim zu besichtigen und beschloss innerlich, sich dort anzumelden, selbst falls dieses Pflegeheim ihm nicht so sehr gefallen würde. An den Wochenenden durfte er immer für zwei Tage nach Hause, und am letzten Freitag bevor er die Kur beendete, vereinbarten seine Eltern einen Termin in einem der größten und bekanntesten Pflegeheime der Stadt, in der sich die Universität befand. Es war der schrecklichste Tag, an den er sich erinnern konnte, denn das war wirklich nur ein Behindertenheim, in dem Behinderte wie Tiere massenhaft abgefertigt wurden. Das war natürlich sehr übertrieben ausgedrückt, aber so kam es ihm nun mal vor. Jeder „Insasse" hatte dort nur ein eigenes Bett, einen Nachttisch und einen Spind, also wie beim Militär. Auf gar keinen Fall wollte er so ein Leben führen, und er überlegte sich eben schon, gleich seinen ganzen Plan wieder zu verwerfen, zu Hause zu bleiben, sich dort irgendeinen Scheiß-Job zu besorgen und bis zu seinem Tod dahinzuvegetieren. Er wurde total ruhig, hatte fast schon die Gedanken, dass sein bisheriges, zumindest seine Schulzeit betreffend, recht erfolgreiches Leben plötzlich vorbei wäre und er von nun an einer dieser typischen Behinderten werden würde. Auf dem Heimweg saß er im Auto, verteufelte Gott und die ganze Welt und schluchzte vor sich hin. Mama würdigte ihn daraufhin wieder mal mit ihren altbekannten Durchhalteparolen, von wegen, es werde schon wieder alles ganz gut werden, sein Vater jedoch reagierte sofort, machte plötzlich kehrt und sagte:

„So, jetzt fahren wir aber sofort in diese Wohneinrichtung, von der du dauernd gesprochen hast, und melden dich dort an!"

Sofort hörte Frankie auf zu weinen, war voller Zuversicht, machte sich aber gleich Sorgen, dass ihm die dortige Heimleitung wieder einen Strich durch die Rechnung machen würde. Zu seinem Glück war die Heimleiterin an diesem Tag nicht im Haus, aber die Besitzerin und Gründerin dieses einzigartigen Hauses war anwesend, und Frankie war sofort sehr begeistert von dieser beeindruckenden Frau. Er musste zwar zugeben, dass er nicht mehr wusste, wie sie mit Vornamen hieß, denn alle hatten sie nur respektvoll mit Frau Goldman angesprochen. Sie hatte auch eine Behinderung, war zwar nicht im Rollstuhl, hatte aber eine starke Gehbehinderung. Ihr gesundheitlicher Zustand hielt sie aber nicht davon ab, diese sehr erfolgreiche Wohneinrichtung mit Hilfe von guten Kontakten zu namhaften Politikern zu gründen und ihren eigenen Weg zu gehen. Als er Frau Goldman kennenlernte, wollte er schon damals genau solche Wege einschlagen und eben nicht einfach zu Hause bleiben. Also meldete er sich an, sie nahmen die Maße der Wohnung, um die richtigen Möbel zu kaufen, und er konnte es kaum erwarten, Thomas und Rambo darüber zu informieren, dass er bald bei ihnen einziehen würde.

Als er seine Kur beendet hatte, verbrachte er noch einige Monate zu Hause, in denen ihm wirklich extrem langweilig war, und er träumte nur noch davon, endlich zusammen mit Rambo und Thomas im selben Haus zu wohnen. Kurz nach Weihnachten läutete plötzlich sein Handy, und am Apparat war die Heimleitung der Wohneinrichtung, die er anfangs als blöde Kuh eingestuft hatte.

„Frankie, ich habe eine ganz gute Nachricht für dich", sagte sie, „eine Wohnung ist bei uns gerade frei geworden, und du kannst schon in zwei Wochen einziehen."

Frankie konnte erst mal sein Glück gar nicht fassen und musste sich sehr bemühen, nicht die ganze Ortschaft durch seine Jubelschreie in Aufruhr zu bringen.

„Warum jetzt so plötzlich?", fragte er. „Ich habe gar nicht damit gerechnet. Ich dachte, dass es noch ein paar Monate dauern würde, bis eine Wohnung frei wird. Warum ist jetzt so schnell eine frei geworden?"

„Wir sind zwar ein bisschen traurig, aber der Bewohner Thomas, der erst vor kurzem eingezogen war, ist leider vor zwei Tagen verstorben", antwortete sie, ohne zu wissen, dass sich zwischen Frankie und Thomas eine gute Freundschaft entwickelt hatte. Frankie wusste erst einmal gar nicht, was er darauf sagen sollte, er war tief schockiert, seine Kinnlade fiel ihm fast zu Boden, und er sagte nur, dass er alles mit seinen Eltern besprechen würde und sie sich bei ihr melden würden. Dann legte er auf, weil ihm fast die Tränen in den Augen standen. Er wusste zunächst gar nicht, wie er damit umgehen sollte, sollte er sich jetzt freuen, dass er dort einziehen konnte, oder sollte er trauern? Es zeigte sich für ihn, dass man sich aus nahezu allen, auch noch so schlechten Neuigkeiten immer sehr positive Seiten rauspicken konnte, die dann die schlechten Dinge kompensieren können. Wie er später erfuhr, war Thomas im Schlaf erstickt, hatte aber vorher überhaupt keine Anzeichen gezeigt, dass er irgendwelche Probleme mit seiner Lunge gehabt hätte. Es war einfach völlig unerwartet gekommen, und vor allem seine Mutter, die er schon im Rehabilitationszentrum kennengelernt hatte, tat ihm sofort wahnsinnig leid. Zuerst hatte ihr Sohn einen Autounfall gehabt, musste von da an den Rest seines Lebens im Rollstuhl verbringen, und dann verstarb er auch noch unerwartet im Schlaf. Das Leben konnte oft beinhart sein. Aber wie es bei Frankie die meiste Zeit war, dauerte seine Trauer nicht allzu lange, und er machte sich schon ein paar Stunden später Gedanken darüber, wie er seine Wohnung einrichten würde. Denn das ist einer der Hauptunterschiede, die diese Wohneinrichtung im Vergleich zu anderen Pflegeheimen zu etwas Besonderem macht, man lebt dort nicht einfach nur zusammen mit mehreren Bewohnern in einem Gemeinschaftsraum, sondern zieht in eine eigene, wenn auch kleine Wohnung, auch mit eigenem Badezimmer. Es gab nur einen großen Speisesaal, für das Essen dort musste man einmal die Woche einen Speiseplan ausfüllen, was Frankie natürlich sehr oft vergaß. Deswegen gab es auch in jeder Wohnung einen Küchenblock, wo man selbst für sich kochen konnte. Damals hatte Frankie, der ja vorher immer zu Hause gewesen war, noch überhaupt keine Ahnung vom Leben allgemein, und es war ihm damals noch überhaupt nicht klar, dass man, wenn man in eine neue Wohnung zog, für diese eine Kaution hinterlegen musste. Erst viel später wurde ihm klar, dass immer, wenn er etwas vorhatte, wovon er keine Ahnung hatte, seine Eltern hinter ihm standen und das, obwohl sie ihm von allen Vorhaben erst mal abrieten. Erst viel später war er seinen Eltern sehr dankbar, dass sie ihn immer wieder unterstützt hatten. Diese Wohneinrichtung galt als Trainingswohnung, in der die Bewohner ihre Selbstständigkeit erlernen sollten. Aufgrund seiner Behinderung machte Frankie größere Rückschritte körperlicher Natur, aber er lernte dort sehr viel über die angemessene Lebensführung eines Menschen. Aber die Selbstständigkeit eines Menschen mit Behinderung lag gar nicht darin, alle Tätigkeiten alleine auszuführen, sondern eher darin, sich sein Leben so zu organisieren, dass man für all die Tätigkeiten, die man nicht selbst erledigen konnte, die nötige Hilfe besorgte und ganz allgemein die Fähigkeit besaß, zu wissen, wo das eigene Leben langgeht. Genau das konnte er speziell in den ersten Jahren in dieser Wohneinrichtung lernen. Man könnte sagen, er wurde langsam zu einem Mann.

Während des restlichen Fluges nach San Diego unterhielten sich alle noch vorzüglich, und vor allem Dr. Kilmer, oder nennen wir ihn besser George, stellte sich Frankie zum ersten Mal genauer vor. Er arbeitete im größten Krankenhaus San Diegos, betreute dort aber weniger Patienten mit Frankies Krankheit, sondern war vordergründig auf die Krankheit Parkinson spezialisiert.

„Okay", sagte Frankie, „Parkinson und meine Krankheit sind ohnehin ziemlich ähnlich. Zumindest nach dem, was ich so gehört habe, aber genau kenne ich diese Krankheit auch nicht."

„Die Krankheiten unterscheiden sich im Endeffekt schon sehr, aber man kann viele Parallelen ziehen", antwortete George und erzählte ihm weiter, dass er schon seit 25 Jahren sehr erfolgreich dort arbeitete. Vor etwa 20 Jahren bekam er Jons Tochter, übrigens hieß sie Jennifer, als Patientin, die damals erst die ersten Anzeichen der Krankheit gezeigt hatte. Die Symptom-Diagnose konnte natürlich sehr bald gestellt werden, da aber das Human-Genome-Project damals mehr oder weniger abgeschlossen war, wurde die Krankheit schon ein Jahr später genetisch bestätigt.

Laut George war Jennifers Krankheit auch schon relativ weit fortgeschritten, sie war aber doch noch um einiges besser unterwegs als Frankie, vor allem, weil sich ihre Krankheit erst manifestiert hatte, als sie schon 20 Jahre alt gewesen war und nicht, wie bei Frankie, schon mit ungefähr sechs Jahren. Das Manifestationsalter gab an, wie stark die Krankheit später ausgeprägt war.

„Als ich die Krankheit erst seit 20 Jahren hatte, ging es mir noch verdammt gut, aber schon damals dachte ich mir: Ach du Scheiße, jetzt bin ich schon so ‚behindert', schlimmer kann's ja gar nicht mehr werden. Naja, falsch gedacht!", sagte Frankie und machte dabei ein tieftrauriges, mitleidschürendes Gesicht. George erzählte ihm dann auch noch, dass sich in den letzten

20 Jahren zwischen Jon und ihm eine sehr gute Freundschaft entwickelt hatte und er der Allererste war, der von Jon in sein geplantes Vorhaben eingeweiht worden war. Als einer seiner besten Freunde sagte er Jon sofort seine Hilfe zu und zwar zum wiederholten Male, denn er hatte schon vorher die medizinische Kontrolle für Jons viele Forschungsprojekte, unter anderem das Projekt, für welches Jon den Nobelpreis bekommen hatte, übernommen. Er war auch der Meinung, dass aus diesem Projekt, vorausgesetzt es verlief alles planmäßig, eine sehr zukunftsweisende Möglichkeit entstehen könnte, die einem Durchbruch in der medizinischen Forschung ziemlich nahekam.

„Jetzt steigen wir besser einmal auf die Bremse", wollte Frankie alle beruhigen, „und jetzt machen wir das erst mal, dann sehen wir ja, was daraus wird! Ich hoffe jetzt, dass mir, oder besser uns, meine neue Wohnung einigermaßen gefällt, und ich werde, bevor wir mit unserem Versuch starten, sicher noch ein bis zwei Tage brauchen, um diesen großen Jetlag zu verkraften. Und dann bekomme ich zum ersten Mal diese Wirkstoffe gespritzt, stimmt das?"

„Nicht so ganz, wir werden zwar in zwei Tagen mit unserem Versuch beginnen, aber bevor wir dir die ersten Wirkstoffe spritzen, stehen noch einige medizinische Untersuchungen auf dem Programm", sagte Jon und vermittelte Frankie damit das Gefühl der Sicherheit, dass die beiden sehr wohl auf Frankies körperlichen Zustand achten würden, ihm also nicht die Substanzen auf Teufel komm raus verabreicht würden, fügte aber noch hinzu: „Auch müssen wir, bevor wir dir die ersten Substanzen spritzen, Stammzellen von dir entnehmen und diese im Reagenzglas differenzieren, um dann Gehirnzellen zu züchten, an denen wir deinen Proteinlevel messen können."

Julia war inzwischen eingeschlafen, Funky schlief mit seinem Kopf auf ihrer Brust, und Frankie dachte sich:

Ach du meine Güte, schade, dass ich keine Kamera dabei habe. Das wäre ein Bild für Götter.

Sie befanden sich im Landeanflug, und Frankie war schwer beeindruckt von der Größe amerikanischer Großstädte. Sie flogen dann aber noch 23 Minuten, und unter ihm sah Frankie kaum noch was von irgendeiner Zivilisation, da sie ja ungefähr 30 Meilen entfernt von San Diego auf einem privaten Flughafen landeten. An dieser Stelle sollte darauf hingewiesen werden, dass Frankie sehr große Probleme damit hatte, sich umzustellen, da in Amerika kein metrisches System verwendet wurde. Als sie auf der Landebahn aufsetzten, wollte Frankie schon, wie er es von großen Linienflügen gewohnt war, dem Piloten für die gelungene Landung applaudieren, hielt sich aber im letzten Moment zurück. Als sie ausgestiegen waren, wurde er erst einmal von der sengenden Hitze San Diegos fast erdrückt und meinte zu Jon:

„Jetzt kenne ich den wahren Grund, warum du dich für San Diego entschieden hast, denn bei dieser großen Hitze musst du mir nicht viel Kleidung kaufen, da reichen mir ein paar kurze Hosen."

Sie fuhren gemeinsam mit einem Taxi 37 Minuten nach San Diego zu seiner Wohnung. Während dieser Fahrt bekam es Frankie langsam ein bisschen mit der Angst zu tun, weil ihm bewusst wurde, welch risikoreiche Unternehmung er jetzt in Angriff nehmen würde. Diese Angst verflog sich aber gleich wieder und er freute sich nur mehr auf seine neue Wohnung und seine vielen neuen Bekanntschaften.

Ätsch, dachte er sich, *bei mir zu Hause müssen sich jetzt alle die Ärsche abfrieren, und hier hat es sommerliche Temperaturen.*

Schon als er seine neue Wohnung zum ersten Mal betrat – haha, in sie hinein rollte – fühlte er sich wie zu Hause. Sie war in etwa gleich groß wie seine bisherige und hatte auch einen kleinen Garten. Vor allem das Badezimmer sah nahezu komplett so aus wie sein altes.

„Na logisch", sagte Jon stolz, „Julia nahm ja alle genauen Maße und schickte uns auch viele Fotos, und wir haben nach diesen Vorlagen das Badezimmer umgebaut."

„Das ist gut", zeigte sich Frankie sofort beruhigt. „Damit wird es mir nicht schwerfallen, mich hier zurechtzufinden."

Jon verabschiedete sich jetzt vorerst von Frankie mit der Begründung, dass Jennifer und auch seine Frau schon sehnsüchtig auf ihn warten würden, immerhin war er ja schon seit sieben Tagen unterwegs, nicht ohne ihm noch eine gute Nacht zu wünschen.

„Ich weiß jetzt nicht genau, was ich sagen oder denken soll. Einerseits freue ich mich schon riesig und bin dir auch sehr dankbar für diese riesengroße Chance, andererseits bekomme ich langsam immer größere Angst, dass die ganze Angelegenheit ein böses Ende nimmt. Aber natürlich bin ich trotzdem voller Zuversicht!", waren seine Abschiedsworte an Jon, und die beiden waren noch nicht einmal zur Tür hinaus, da bat Frankie Julia schon, ihn gleich ins Bett zu bringen, weil er nach dieser Reise schon schwer k.o. war.

KAPITEL 16

„Sonst bin ich gesund!"

Eigentlich konnte Frankie nie besonders gut schlafen, wenn ihm so einschneidende Lebensveränderungen bevorstanden, doch diesmal schlief er fast die ganze Nacht durch, so erschöpft war er. Er war unglaublich froh, dass Julia noch bei ihm war, denn sonst hätte die Gefahr bestanden, dass er völlig durchgedreht wäre. Erst gegen 11 Uhr weckte sie ihn und erzählte ihm erst einmal, dass sie bereits mit Funky am Strand spazieren gewesen war und er zum ersten Mal im Meer baden durfte. Zumindest im Pazifik, denn bei ihm in Europa im Mittelmeer war er schon mal am Meer gewesen.

Frankie hatte erst zwei Jahre in seiner eigenen Wohnung gelebt, da war er auf der Suche nach einer neuen Assistentin. Nach längerer Suche stellte sich Laura bei ihm vor, und er war sofort hin und weg von dieser Frau, vor allem optisch. Denn er musste zugeben, dass er damals noch einen zu großen Wert auf solche Oberflächlichkeiten wie ein gutes Aussehen gelegt hatte. Erst viel später waren ihm dann ein guter Charakter und eine gute Ausstrahlung viel wichtiger. Sie waren bis zu seinem ersten Urlaub in der Dominikanischen Republik ein Paar. Erst nach dieser schiefgegangenen Beziehung hatte er festgestellt, dass es nicht immer so gut war, bei seiner Partnerwahl nur auf die Optik zu achten. Nie vergessen würde er aber diese eine Woche, in welcher sie einen Urlaub am Meer unternommen hatten. Funky, der erst ein Jahr vorher von ihm aufgenommen worden war, durfte zum allerersten Mal mit ihnen gemeinsam ein paar Tage Urlaub verbringen. Sie waren dort nicht in einem Hotel, denn in denen herrschte Hundeverbot, sondern mieteten sich ein eigenes Appartement. Funky war so begeistert vom Meer, dass er fast 77 Prozent des gesamten Urlaubs im Wasser verbrachte. Dort gab es keinen Sandstrand, sondern nur einen aus groben Kieselsteinen. Funky hatte sich bei seiner ganzen Herumtollerei seine Pfoten so stark aufgewetzt, dass er gegen Ende des Urlaubs keinen Schritt mehr laufen konnte. Gott sei Dank bestanden die Strände in San Diego aus Sand, denn ansonsten würde Funky niemals ein Jahr lang dort überleben.

Frankie versuchte sich gleich in seiner neuen Wohnung zurechtzufinden, was ihm aber auch nicht schwerfiel, da ja ohnehin alles ziemlich gleich wie in der alten war. Sogar alle seine benötigten Haltegriffe waren auf den Millimeter genau so angebracht wie dort. Der einzige große Unterschied war, dass diese Wohnung mit einer Klimaanlage ausgestattet war, und die brauchte man hier auch. Die wichtigsten Sachen hatte Jon bereits besorgt, weil er aber gar nichts einpacken durfte, hatte er nur das Nötigste anzuziehen. Jon hatte ihm noch am Abend davor eine seiner Kreditkarten mit der Bitte gegeben, das nicht auszunutzen und nicht mit dem Geld um sich zu werfen. Sie fuhren ins Pacific Plaza, eines der größten Einkaufszentren San Diegos, und verbrachten dort eine sehr schöne und lustige gemeinsame Zeit des Einkaufens. Schade nur, dass Jon ihm nicht erlaubt hatte, Geld für Julia auszugeben, denn am liebsten hätte er mit ihr die teuersten Modeboutiquen aufgesucht und sich die besten Kleider von ihr vorführen lassen. Gekauft hätte er ihr dann das Kleid mit dem größten Sex-Appeal. Sie fuhren die ganze Zeit im Tandem quer durch dieses Einkaufszentrum, also sie schob ihn, und er schob den Einkaufswagen voller Krimskrams.

Frankie erinnerte sich, dass er mal zusammen mit einem guten Freund in einem Einkaufszentrum seiner Heimatstadt versteckte Kamera gespielt hatte. Dieser absolvierte nur ein halbjähriges Praktikum in der Wohneinrichtung, in der er gelebt hatte. Der Kontakt zu ihm war dann zwar abgebrochen, aber damals hatten sie riesengroßen Spaß zusammen. Sie stellten dort eine eingeschaltete Videokamera hinter zwei Blumentöpfe und vollzogen mitten unter vielen Menschen ein heftiges Streitgespräch. Streitgespräch war etwas zu milde ausgedrückt, denn sie beschimpften sich gegenseitig aufs Wüsteste, und vor allem Frankie verwendete ganz absichtlich die derbsten Kraftausdrücke. Damals entwickelte sich eine von Frankies Lieblings-Ansagen, dass eine Behinderung einen Freibrief zum Arschloch-Sein bedeuten würde. Diese Ansage wurde unwiderruflich bestätigt, denn einige Leute gingen bei ihrem Streit dazwischen, wiesen aber nur seinen Freund zurecht, obwohl der ihn gar nicht so schlimm beschimpft hatte. Sie sagten so etwas in der Art, wie:

„Lass doch den armen Behinderten in Ruhe!"

Aber Frankies unflätiges Verhalten wurde sofort gutgeheißen, und das, obwohl er seinen Freund mit den schlimmsten Ausdrücken beschimpft hatte. Aber solange man eine Behinderung hatte, wurde ein solches Verhalten entschuldigt.

Frankie musste zugeben, dass er nicht besonders gerne zum Einkaufen ging – haha fuhr –, zumindest nie sehr lange, denn er wusste immer, was er haben wollte, ging direkt ins richtige Geschäft und dann wieder nach Hause. Er war eben ein Mann, für Männer bedeutete einkaufen eine lästige, aber eben notwendige Tätigkeit, für Frauen jedoch eine der liebsten Freizeitbeschäftigungen.

Erst nachdem er sich mit dem fettigsten, ungesündesten Junk-Food vollgestopft hatte, weil Jon am Abend bei ihm vorbeikommen würde, um ihm auch Jennifer vorzustellen, fuhren die beiden wieder nach Hause. Er war ziemlich überrascht, denn er erwartete eine sehr stark behinderte junge Frau, die gar nicht viel sprach und dauernd durch die Gegend geschoben wurde. Aber er lernte eine sehr aufgeweckte und wirklich hübsche Frau kennen, die ihm zügig entgegenfuhr. Er schloss sie sofort in sein Herz. Es war jetzt nicht so, dass er sich gleich wieder verguckt hätte, trotzdem musste er sich daran erinnern, als er mit 27 Jahren eine relativ kurze Fernbeziehung mit einer Frau geführt hatte, die die gleiche Behinderung wie er hatte.

Frankies Website war in dieser Zeit sehr erfolgreich gewesen, und vor allem in seinem Online-Forum hatte er sehr viele andere Betroffene kennengelernt, und alle hatten ihre Erfahrungen ausgetauscht und sich so gegenseitig hochgeschaukelt. Eine davon verbrachte oft den ganzen Tag vor ihrem Computer und wartete darauf, dass Frankie online ging. Und das tat er auch ständig, nur um eine wunderbare Freundschaft aufzubauen. Aber es entwickelte sich sogar etwas mehr als nur eine Freundschaft, allerdings beschränkte sich dieser Kontakt vorerst nur aufs Internet. Da die Website sehr erfolgreich war, wollte er damit zum wiederholten Male an die Medien gehen und plante deshalb, in der nächstgrößten Millionenstadt seine bereits zweite große Pressekonferenz abzuhalten. Zumindest gab er an, dass er diese für den weiteren Erfolg seiner Website organisiert hatte, aber eigentlich wollte er dort nur besagte Frau zum ersten Mal live treffen. Mario begleitete ihn in diese Stadt, und sie fuhren geradewegs zum Flughafen, auf dem sie landete. Ihr Name war Anna, sie war brünett, trug eine Brille und war, wie auch Frankie, tätowiert. Die ganze Fahrt dorthin versuchte Mario, mit ihm gemeinsam die Pressekonferenz durchzuplanen, konnte Frankies Gedanken aber nicht von Anna abwenden. Frankie glaubte, er war Mario damit sogar gewaltig auf die Nerven gegangen. Er hatte sich vorgenommen, ihr zur Begrüßung einen kleinen Kuss auf die Wange aufzudrücken und erst später zu schauen, ob sich zwischen ihnen noch mehr entwickeln könnte. Dort standen sie mitten unter sehr vielen Menschen beim Ankunfts-Terminal und warteten und warteten. Es dauerte 34 Minuten, ehe sich die Tür öffnete und Anna von einem Flughafenmitarbeiter herausgebracht wurde. Die nächsten zwölf Minuten zählten mit großer Wahrscheinlichkeit zu den schönsten Momenten seines Lebens. Sie hatten sich gesehen, waren sich in die Arme gefallen und hatten sich an die zwölf Minuten lang geküsst. Dass sie sich geküsst hatten, war etwas untertrieben ausgedrückt, eigentlich hatten sie eher so lange gegenseitig ihre Körperflüssigkeiten ausgetauscht. Alle Menschen hatten sie angestarrt und waren von dieser romantischen Szene angetan. Die nächsten paar Tage waren die beiden kaum voneinander zu trennen, und Frankie träumte schon von einer glücklichen Beziehung, die wahrscheinlich ewig lange dauern würde. Sie war, zumindest damals, noch nicht besonders oft im Urlaub in einem fremden Land gewesen, und gerade deshalb wollte er ihr die schönste Zeit ihres bisherigen Lebens bereiten. Er organisierte für sie jeden einzelnen Tag Ausflüge. Unter anderem fuhren sie einen Tag lang in die Berge, und er zeigte ihr, wo er aufgewachsen war. Annas Behinderung hatte sich etwas später manifestiert als Frankies, und sie war deshalb noch ein bisschen besser unterwegs. Wenn man dies überhaupt so angeben konnte, betrug der Unterschied ungefähr vier Jahre. Deswegen war es für beide ein kleines Problem, dass Frankies körperlicher Zustand wie ein Spiegel der Zukunft auf Anna wirkte. Er hatte aber den Eindruck, dass ihr diese Woche sehr gefallen hatte, und beide waren tränenüberströmt, als sie sich trennen mussten. Seine Mama sagte immer:

„Wenn du einmal eine Frau haben solltest, dann wird sie wohl dieselbe Behinderung haben müssen wie du."

Verdammt nochmal, dachte er sich, *müssen die Mamas denn immer recht haben?*

Aber sie hatte, leider Gottes, nicht recht, denn Frauen mit einer Behinderung lehnten behinderte Männer noch eher ab als nicht-behinderte. Sie waren vielleicht schon aufgeschlossener und verständnisvoller, aber natürlich wollten sie keine Beziehung mit einem Mann führen, der noch dazu viel stärker behindert war als sie selbst es waren. Die eine Woche mit ihr war zwar unglaublich schön und blieb für ihn unvergesslich, aber eine Beziehung zwischen zwei stark behinderten Menschen erwies sich als nahezu unmöglich, vor allem auf über 1000 Kilometer Entfernung. Eine solche Fernbeziehung könnte eigentlich schon funktionieren, aber eben nur, wenn zumindest einer körperlich gesund war. Dann würde der Nicht-Behinderte einfach über das Wochenende mit dem Zug zum anderen fahren. Das war bei Frankie und Anna nicht möglich. Wenn sie ihm das ziemlich bald gesagt beziehungsweise im Chat geschrieben hätte, hätte er es ohne Weiteres verstehen können, aber sie hielt ihn monatelang hin und wartete darauf, bis er zwei Monate später zu ihr flog, nur damit sie ihm persönlich sagen konnte, dass sie mit ihm Schluss machen wollte. Er musste damals für diesen Flug ganz schön viel bezahlen und auch große Überredungskünste aufbringen, um sich seine Begleitperson zu organisieren. Richtig sauer flog er wieder nach Hause, und der Kontakt zu ihr brach vorerst völlig ab. Trotzdem erinnerte er sich sehr gerne an diese wunderschöne Erfahrung.

Jennifer hatte einen ähnlichen sarkastischen und tiefschwarzen Humor wie er auch, und die beiden hatten den ganzen Abend lang großen Spaß. Sogar Jon und auch Julia waren mit dieser Art des schwarzen Humors völlig überfordert und konnten sich oft nicht erklären, worüber sich Frankie und Jennifer so kugelten. Noch nie hatte er eine Frau getroffen, die sich so verhielt als wäre sie Frankies weibliches Gegenstück. Sie sprachen dann auch über den illegalen Testversuch, und er merkte, dass Jennifer große Hoffnungen in die Arbeit ihres Vaters und damit auch in ihn selbst setzte. Bevor sie sich wieder verabschiedeten, fuhren die beiden noch zum Strand beziehungsweise ließen sich von Jon und Julia zum Strand schieben. Frankie fand es sehr toll, dass die Strände in San Diego bis kurz vor dem Wasser asphaltiert waren, in der Dominikanischen Republik zum Beispiel konnte er sich nur mit einem eigenen Strandrollstuhl mit großen Ballonreifen bewegen.

Jon sagte ihm, dass sie schon am nächsten Tag mit ihrem Versuch starten würden, ihn also einer seiner zukünftigen Assistenten am späten Vormittag abholen würde, um ihn zur ersten Untersuchung, bei der übrigens MRT-Bilder seines Gehirns gemacht werden sollten, in die angelegene Klinik zu begleiten.

„Du wirst dich sicherlich sehr gut mit ihm verstehen", sagte Jon ermutigend, „denn er ist dir sehr ähnlich."

„Du meinst, er ist genauso ein Freak wie ich?!", sagte Frankie, und diesmal mussten alle darüber lachen.

„Aber du weißt hoffentlich schon, dass ich aufgrund meiner Hörimplantate kein gutes MRT machen lassen kann?", sagte Frankie und glaubte, damit endgültig einen Punkt angesprochen zu haben, der von Jon noch nicht berücksichtigt worden war.

„Das weiß ich natürlich, deswegen wird vorher eine kleine Operation geplant, um dir den Magneten deiner Hörimplantate nur für das MRT kurz zu entfernen und später wieder einzusetzen. Diese Operation wird von einem sehr guten Chirurgen durchgeführt, der auch sehr gut mit mir befreundet ist und von mir bereits eingeweiht wurde", ließ Jon Frankies Angst gleich wieder verschwinden und fügte noch hinz: „Diese kleine Operation wird übrigens alle drei bis vier Monate gemacht, also immer dann, wenn ein gutes MRT von uns benötigt wird. Zur weiteren medizinischen Kontrolle wird mehrmals die Woche Blut von dir abgenommen und im Labor überprüft. Circa einmal die Woche wird eine Hautbiopsie geplant, um aus deinen Hautabstrichen Stammzellen für eine weitere Proteinlevelbestimmung zu isolieren. Aber zurück zu deinem neuen Assistenten:

Sein Name ist Corey. Mit der Ähnlichkeit meine ich vor allem seinen Musikgeschmack. Er hat sogar eine eigene Band, die allerdings nicht sehr bekannt ist, oder zumindest noch nicht, denn Talent haben alle seine Bandmitglieder. Nur bitte erzähl ihm nicht, weshalb genau du hier bist, denn er weiß von gar nichts, und das soll auch so bleiben." Frankie konnte sich kaum von Jennifer trennen, war sich aber sicher, dass er mit ihr noch sehr viele superschöne Tage erleben würde.

Frankie saß nun schon knapp acht Stunden im Rollstuhl und wollte zuerst gar nicht mehr zu Bett gehen. Es war kaum zu glauben, welch ungeahnte Energien in ihm schlummerten, denn bei sich zu Hause war er schon nach ungefähr viereinhalb Stunden schwer k.o., was aber sicherlich auch am perfekten pazifischen Klima lag. Es herrschte dort vor einem Regen nicht so ein drückend schwüles Wetter wie in Europa. Dort blieb das Wetter immer konstant, was seiner extremen Wetterfühligkeit sehr zugute kam.

Frankie und Julia gingen – haha, fuhren – noch einmal kurz zum Strand und genossen dort den Sonnenuntergang. Sie sagte, dass sie merkte, welch große Erwartungen Frankie in diesen Versuch legte, wollte seine Erwartungen aber zurückschrauben, indem sie ihm erkläuterte, dass es sicherlich noch ein halbes Jahr dauern würde, bis sich, wenn überhaupt, die ersten Erfolge einstellten.

„Bleib einfach ganz ruhig und gelassen", meinte sie, „versuche dich lieber hier ganz gut einzuleben."

„Vertrau mir, ganz abgesehen von dem vielleicht erfolgreichen Versuch bin ich mir sicher, hier eine tolle Zeit zu erleben."

Frankie versuchte zwar, nicht allzu viel über seinen geplanten Versuch nachzudenken, aber das gelang ihm natürlich nicht so gut. Er musste sich eingestehen, dass er sehr große, vielleicht zu große, Erwartungen hatte, sich also schon als nahezu geheilt betrachtete. Aus Erfahrung wusste er aber, dass im Endeffekt alles sowieso ganz anders kam. Er hoffte nur, dass die ihm verabreichten Substanzen keine größeren, lebensbedrohlichen Nebenwirkungen mit sich brachten. Er wälzte sich die halbe Nacht von einer Seite auf die andere und konnte, wie so oft, kaum zum Tiefschlaf finden. Er war am nächsten Tag fast nicht aus dem Bett zu kriegen, zumindest nicht für Julia alleine. Gott sei Dank stand in aller Früh bereits Corey auf der Matte, er war sehr groß und kräftig gebaut. Er hatte so dicke Oberarme, dass Frankie glaubte, er wäre ein mit Anabolika vollgestopfter Bodybuilder, der Frankie ohne Probleme in seinen Rollstuhl hob. Corey schob Frankie die 17 Minuten in die anliegende Klinik und erzählte ihm von seiner Band, beziehungsweise darüber, was er damit alles erreichen wollte. Seine Band, übrigens eine relativ harte Metal-Core-Partie, war zwar schon recht bekannt, der durchschlagende Erfolg, sprich ein Plattenvertrag, blieb bisher aber noch aus. Corey meinte, dass dieser Erfolg auch ausbleiben würde, solange sie noch keinen richtig guten Sänger hätten.

„Okay", sagte Frankie, „dann singe eben ich, und wir nennen unsere Band ‚Dysarthria'!"

Die Klinik war nicht besonders groß, aber sehr schön, ja fast luxuriös eingerichtet und mit den modernsten und teuersten Geräten ausgestattet. Es war eben eine Privatklinik, nur für die gehobene Klasse, also Amerikaner, die sich eine solche Behandlung auch leisten konnten. Frankie empfand es als sehr angenehm, nicht wie in anderen Kliniken stundenlang auf die nächste Behandlung warten zu müssen, denn dort waren sämtliche Untersuchungen minutiös durchgeplant.

Zuerst wurde nur sein Blut abgezapft, die erste Hautbiopsie durchgeführt und allgemein sein Gesundheitszustand kurz überprüft. Nicht mal eine Stunde später lagen bereits alle Blutwerte vor, und Jon erzählte ihm, dass das Chirurgenteam bereits auf ihn wartete, dass die Operation nicht viel Zeit in Anspruch nehmen würde und er noch während der Narkose, die ungefähr drei Stunden anhalten würde, in die, wie man so schön sagte, „Röhre" geschoben würde.

Als Frankie nach 3,2 Stunden aus seiner Narkose erwachte, war er zuerst völlig überrascht, dass die dortigen, übrigens verdammt hübschen, Krankenschwestern ihm bereits wieder seine Hörgeräte einschalteten. Er hatte nämlich erwartet, dass er bis zur zweiten Operation taub sein würde, aber Jon sagte ihm gleich, dass schon alles passiert war und sie nur noch auf die MRT-Bilder warteten. Dann wurden bei ihm diverse Muskeltests durchgeführt. Das erinnerte ihn an die vielen Untersuchungen, die er absolvieren musste, als er noch ein Kind gewesen war. Dabei bekam man einige Nadeln in den zu testenden Muskel gesteckt, und an diese Nadeln wurden Stromstöße angelegt und die Reaktionen der Muskeln darauf gemessen. Damals war das Ganze extrem unangenehm, ja fast schmerzhaft gewesen, später aber nur noch Routine. Als es schon wieder Abend wurde, warteten George und Jon auf die beiden. Frankie war sehr positiv überrascht, dass nicht einmal drei Stunden später bereits die ersten Befunde bereitlagen, denn bisher war er es so gewohnt, immer ungefähr 23 Tage lang auf die ersten Ergebnisse zu warten.

„Lass mich raten!", sagte Frankie. „Du willst mir jetzt bestimmt genau die gleichen Ergebnisse präsentieren, die ich schon zur Genüge kenne und fast nicht mehr hören kann. Die große Erkenntnis lautet: Frankie, du hast seit über 35 Jahren eine sehr stark ausgeprägte körperliche Behinderung, aber sonst bist du gesund!"

George wusste erst mal nicht genau, was er darauf sagen sollte, denn er hatte sich genau einen solchen Satz zurechtgelegt. Also sagte er nur:

„Sei doch einfach nur froh, dass wir bei dir keinen verdammten Krebs diagnostiziert haben. Das heißt ja auch nur, dass wir ohne weiteres mit unserem Versuch starten können. Jon hat sechs unterschiedliche Versionen unserer CrispR-Substanzen erstellt, und zuerst gilt es herauszufinden, welche Version die besten Laborwerte erzielt, bevor wir damit beginnen können, uns um die richtige Dosierung zu kümmern. Vorausgesetzt, es verläuft alles planmäßig, wirst du erst drei bis vier Monate nach der Verabreichung dieser erhöhten Dosis die ersten neurologischen Erfolge bemerken können. Bis dahin ist also Geduld angesagt!"

„Seid bitte ganz beruhigt, ich sage zwar immer, dass Geduld nicht zu meinen Stärken zählt, andererseits habe ich diese beschissene Behinderung seit über 35 Jahren, also kann man mir schwer vorwerfen, ungeduldig zu sein. Um Gottes willen, im Vergleich zu 35 Jahren sind einige Monate eine Lappalie", antwortete Frankie und konnte den Start dieses Versuchs kaum erwarten.

KAPITEL 17

„Die Kehrseite der Medaille"

Schon am nächsten Tag bekam Frankie seine ersten CrispR-Substanzen gespritzt, allerdings zeigten diese ersten Substanzen kaum Veränderungen seiner Laborwerte, und diese Version wurde von Jon gleich wieder verworfen.

„Ich habe das erwartet!", sagte ihm Jon, als die ersten Laborwerte vorlagen. „Diese erste Version war nicht besonders gut, und mir war klar, dass sie wahrscheinlich keine Veränderungen zeigen würde, trotzdem wollte ich mit dieser Version starten, um im Endeffekt alle Versionen durchgetestet zu haben. Aber gleich morgen starten wir mit der zweiten Version."

Frankie versuchte, sich in San Diego gut einzuleben, fast jeden Tag genoss er einen vorzüglichen Badetag am wunderschönen Strand in San Diego und vor allem, dass die ganze Zeit Julia im Bikini neben ihm lag. Einmal lagen sie direkt neben einem Beachvolleyball-Platz, und langsam entwickelte sich dieses Vorhaben zum wiederholten Male zur besten Entscheidung seines Lebens. Wieder einmal war er am Rätseln, welches Vorhaben oder Ereignis als sein Lebenswerk zu betrachten wäre. Als er so darüber nachdachte, traf ihn ein ins Abseits geratener Beachvolleyball mitten im Gesicht. Genau genommen flog er genau auf seinen einen Schneidezahn.

Na Gott sei Dank, dachte er sich, *flog er auf meinen Zahn, denn woanders hätte ich bestimmt geblutet. Den Zahn spüre ich nämlich nicht mehr.*

Er hatte nämlich ein Implantat, und da konnte man ja nichts mehr spüren.

Frankie hatte anfangs sein Studium nicht besonders ernst genommen, hatte stattdessen eine Zeit lang nur sein Studentenleben genossen. Mit anderen Worten ausgedrückt, er hatte mal so richtig die Sau rausgelassen, hatte sich sogar sprichwörtlich die Hörner abgestoßen. Zu sagen, Frankie wäre alkoholabhängig geworden, war vielleicht schwer übertrieben, trotzdem musste er zugeben, dass er damals schon relativ viel mit Alkohol und sogar mit Drogen in Berührung gekommen war. Fast jedes Wochenende war Frankie, meistens zusammen mit seinem Freund Rambo, in einem Metalschuppen unterwegs, der zumindest in der damaligen Zeit als Drogenumschlagplatz bekannt war. Das Lokal befand sich im Keller, aber Rambo und Frankie kannten einige Taxifahrer, die sie die lange Stiege zu diesem Lokal hinuntertrugen und sie erst zur Sperrstunde dort wieder abholten.

Frankie war 22 Jahre alt, und eine der unzähligen Freundinnen, die er damals „aufgerissen" hatte, hatte ihre sehr kurze „Beziehung" beendet. Natürlich war er deswegen total fertig und wollte Trost im Alkohol suchen. In diesem Lokal gab er sich wieder einmal die Kante. Alle Leute, die er kannte, waren schon längst nach Hause gegangen, und Frankie bat einen Besucher, der offensichtlich auch schon sehr betrunken war, mit seinem Handy seinen Taxifahrer anzurufen, da er nicht mehr in der Lage war, selbst zu telefonieren. Inzwischen schmissen die Besitzer des Lokals die Gäste bereits raus, und er bat den Typen, der ihm zuvor telefonieren geholfen hatte, ihn die Stiege raufzutragen. Damit dieser ihn zur Stiege begleiten konnte, mussten sie zuerst eine kleine Stufe bewältigen, die zu einem Vorraum mit einem Betonboden führte. Da beide sturzbetrunken waren, übersahen sie diese Stufe, und der Kerl – zum Teufel, Frankie wusste nicht mehr, wie dieser hieß – ließ ihn Kopf voraus aus dem Rollstuhl fallen. Frankie landete mit dem Gesicht voraus auf dem harten Boden und bohrte seine Schneidezähne in den Beton. So weit wäre das ja gar nicht so schlimm gewesen, er hatte sich den Schneidezahn beziehungsweise das Zahnfleisch darunter geprellt, und das wäre nach ein paar Tagen wieder verheilt gewesen. Dieser Typ, der ihn da rausgeschoben hatte, stolperte aber, weil er eben auch schon so besoffen war, über seinen Rollstuhl und fiel mit seinem ganzen Gewicht auf Frankies Hinterkopf.

Kennst du vielleicht den Film „American History X" mit Edward Norton? Diesen Film konnte sich Frankie nicht ansehen, ohne eine Gänsehaut zu bekommen. Es gab da nämlich die Szene, in der Edward Norton einen Schwarzen auf eine Gehsteigkante beißen ließ, diesem dann mit voller Wucht auf den Hinterkopf trat und ihn dabei tötete. Bei Frankie war das damals so ähnlich, er war zwar nicht dabei gestorben, aber er war ganz knapp davor gewesen. Aber das nur am Rande.

Sein ganzes weiteres Leben hatte Frankie dieses Geräusch im Ohr, als er sich seinen Schneidezahn entwurzelte. Zum Glück hatte Frankie aber nicht sonderlich viel gespürt, da er mehr als ausreichend von Jack Daniels „anästhesiert" war. Aber alles war voller Blut, und er spürte nur noch mit seiner Zunge, dass ihm ein Zahn fehlte. Was in den Minuten darauf genau geschehen war, konnte er nicht wirklich berichten, da er kurz das Bewusstsein verloren hatte. Er kam erst wieder zu sich, als die Notärzte schon bei ihm waren und ihn die lange Stiege zum Rettungsauto trugen. Frankie konnte von da an behaupten, er würde jetzt wissen, wie man sich fühlt, wenn man starb. Die gängige Geschichte vom weißen Licht, auf welches man zugeht, wenn man stirbt, kam seinem Gefühl schon ziemlich nahe. Er konnte seinen Kopf nicht mehr gerade halten und stieß auf dem Weg nach oben dauernd an die Wände des engen Treppenhauses. Auch die Polizei hatte einen kleinen Einsatz, fragte ihn aber nur, ob er im Lokal eine Schlägerei gehabt hätte und jemanden anzeigen wollte. Er erzählte kurz von diesem Typen, der mit ihm die Stiege übersah; dieser hatte sich mittlerweile aber schon verzogen, weil er mit der Polizei nichts zu tun haben wollte. Auf dem Weg ins Krankenhaus sprach er kein Wort, und er war später noch überaus froh, dass im Krankenwagen weit und breit kein Spiegel zu sehen war, denn er muss schrecklich ausgesehen haben, sogar seine ganze Kleidung war voller Blut. In der Notaufnahme wurde er sofort notoperiert, sie verpassten ihm jedoch nur einen dicken Kunststoffschutz über seine Zahnlücke, oder besser gesagt: seine drei Zahnlücken, denn die Zähne links und rechts vom entwurzelten Zahn waren halb abgebrochen. Frankie war danach völlig fertig, wurde aber langsam nüchtern und realisierte, was ihm da passiert war. Er wurde sehr traurig und wusste nicht, was er mit seinem restlichen Leben anfangen sollte. Die Krankenschwestern baten ihn noch, einen Moment auf das Röntgen zu warten. Sie nannten es zwar einen Moment, aber Frankie wartete und wartete und wartete. Nach 42 Minuten hatte er endgültig die Nase gestrichen voll, ging – haha fuhr – zur Tür hinaus und winkte sich ein Taxi, um nach Hause zu fahren. Natürlich waren zu Hause erst mal alle schockiert, wollten gleich wissen, was zum Teufel passiert war, aber Frankie ignorierte alle und legte sich gleich ins Bett, damit er sich endlich seinen Rausch ausschlafen konnte.

Zwei Tage später fuhr er mit seinen Eltern dann noch mal ins Krankenhaus und besuchte dort die Kieferchirurgie, um zu erfahren, ob sich noch irgendetwas retten ließe. An diesem Tag war glücklicherweise der Oberarzt der Kieferchirurgie, zudem ein namhafter Forscher auf diesem Gebiet, anwesend und dieser versprach ihm sofort, ihm seinen Zahn wieder einzusetzen.

„Wie denn?", fragte er. „Mein Zahn steckt ja immer noch dort im Beton."

„Verdammt noch mal", ärgerte sich der Arzt, „ich habe das so oft zu den Sanitätern gesagt, sie sollen auch einen ausgeschlagenen Zahn vom Unfallort einpacken und mitnehmen. Wenn sich irgendjemand einen Daumen abschneidet, wird dieser doch auch mitgenommen, um ihn wieder anzunähen. Bei einem Zahn tun sie das nicht …"

Einen Tag später hatte ihn sein Bruder noch ein allerletztes Mal die Stiege zu diesem Lokal hinuntergetragen, in der Hoffnung, Frankies Zahn würde immer noch im Beton stecken. Seinem Bruder war dieses Lokal nicht so bekannt, aber als sie dort den Müll auf der Suche nach dem Zahn durchwühlten, fanden sie lauter leere Spritzen, die von den Drogensüchtigen zurückgelassen worden waren, und sein Bruder bedachte Frankie mit einigen vorwurfsvollen Blicken. Er konnte es kaum fassen, dass sein Bruder in solchen Lokalen verkehrte. Der Zahn war natürlich unauffindbar, und Frankie war gezwungen, sich ein schweineteures

Implantat setzen zu lassen. Zum Glück hatte er noch nie größere Angst vor Zahnärzten gehabt, denn sonst hätte er diese sehr schmerzhaften Operationen schwer überstehen können. Da ihm dieser Zahnarzt im Zuge einer Forschungsstudie kein einfaches Implantat auf den Kieferknochen schraubte, sondern eine Abbildung der Wurzel einsetzte, die aus einem Material bestand, welches mit dem Zahnfleisch zusammenwächst, musste er dafür nicht viel bezahlen. Der Zahnarzt musste ihm, im wahren Sinne des Wortes, seinen neuen Zahn mit einem Gummihammer einhämmern, was ziemlich schmerzhaft war, und es dauerte fast ein Dreivierteljahr, bis Frankie endlich einen neuen Zahn hatte.

Nach diesem Unfall dachte sich Frankie:

So kann das nicht weitergehen, ich habe in den letzten zwei Jahren ein Leben wie ein alkoholsüchtiger, schmarotzender, nichtsnutziger Taugenichts geführt. Was soll denn so aus dir werden? Zuerst redest du davon, Programmierer zu werden, dann willst du ein erfolgreiches Leben wie Frau Goldman führen, aber so wie ich das bisher getan habe, werde ich nie so weit kommen. Schluss damit!

Also beschloss er, sein Studium, für welches er sowieso noch 20 Jahre gebraucht hätte, sofort zu beenden und sich einen Job als Programmierer zu suchen. Natürlich erwies sich dieses Vorhaben als nicht ganz so einfach, er wusste ja lediglich, dass er etwas ändern musste, hatte aber keine Ahnung wie. Rein über Zeitungsinserate kam er auch nicht sonderlich weit, erfuhr aber von einer kleinen Firma, die es übrigens etwas später nicht mehr gab, die Menschen mit Behinderungen bei der Suche nach einer guten Arbeitsstelle behilflich war. Der Geschäftsführer dieser Firma war Sebastian, der viel später auch der Geschäftsführer seines Vereins wurde. Dieser schickte ihn zu einem Bewerbungsgespräch bei einer Firma, die eigene Systeme speziell für mittelständische Betriebe programmierte. Der Chef war so weit begeistert von Frankie, und er konnte schon eine Woche später dort beginnen.

Das ganze Leben bestand aus zwei Seiten, bezogen auf sein bisheriges Leben war sein Studentendasein eine Seite und von nun an würde er die Kehrseite der Medaille kennenlernen. Später konnte er behaupten, dass er beide Seiten der Medaille kannte, also einerseits das locker-leichte, schmarotzerische Studentenleben und andererseits die harte Berufswelt. Nach diesem Unfall hatte er drei Jahre lang nur gearbeitet, wenigstens aber auch relativ erfolgreich. Dass Frankie nur noch der superbrave Typ war, der für seinen Job lebte, war zwar auch etwas übertrieben, aber prinzipiell hatte er es geschafft, sein Leben so zu ändern, dass ihm noch eine sehr erfolgreiche Karriere als Programmierer bevorstand. Drei Jahre lang arbeitete er erfolgreich in dieser Firma, verdiente sogar dementsprechend gut, war mit seinen Gedanken rund um die Uhr bei der Arbeit und hatte deswegen sowieso zu wenig Zeit, um wie früher dauernd unterwegs zu sein, schon gar keine Zeit hatte er für eine Frau. Die meiste Zeit war Frankie so in seine Arbeit vertieft, dass er sogar zum Mittagessen im Speisesaal des Heimes – er arbeitete größtenteils zu Hause – einige Notizzettel dabei hatte, damit er sich sofort weitere Programmierschritte – hätte ja jederzeit sein können, dass ihm etwas einfiel – notieren konnte, um sie nicht vergessen zu haben, wenn er mit dem Essen fertig war. Frankie war irrsinnig stolz auf sich, dass er endlich seinen Kindheitsberufswunsch in die Tat umsetzen konnte und dabei sogar recht erfolgreich war. Drei Jahre später musste er diesen Job jedoch vorerst an den Nagel hängen, da seine Feinmotorik schon so stark eingeschränkt war, dass er beim Tippen auf einer Computertastatur extrem langsam wurde, was für einen Programmierer ein nahezu unlösbares Problem darstellte. Als er später gar nicht mehr tippen konnte, bediente er sich sehr lange einer guten Spracherkennungssoftware, um zum Beispiel seine E-Mails zu schreiben, aber falls du mal versuchen solltest, nur mit einer Spracherkennungssoftware eine Programmzeile zu diktieren, dann wünsch ich dir viel Glück dabei!

Aber ein bisschen blieb Frankie schon noch der „Alte", er war natürlich schon noch öfters ausgegangen – nur nicht in das Lokal, in dem er den Unfall hatte –, aber er hatte sich eben nicht dauernd nur die Nächte um die Ohren geschlagen. Die meiste Zeit hatte er zwar gearbeitet, die wenige Zeit, die ihm blieb, hatte er dafür investiert, sich konkret mit seiner Krankheit zu beschäftigen. Damals war das „Human Genome Project" in aller Munde, und in dieser Zeit wurde auch dieses eine Gen entdeckt, welches zu seiner Krankheit führte. Da er, vor allem damals, schon viel besser über diese Krankheit Bescheid wusste als die meisten Ärzte – was sich später änderte, da die Krankheit immer besser erforscht wurde –, hatte sich Frankie von seinem Hausarzt Blut abnehmen lassen, und dieses Blut auf eigene Faust für einen Gentest zu einer renommierten Universitätsklinik geschickt. Seit fast 20 Jahren hatte er nun schon diese Behinderung, aber erst jetzt wurde seine Erkrankung genetisch bestätigt, während er zuvor jahrzehntelang mit einer Verdachtsdiagnose gelebt hatte. Vielen Menschen mit Behinderungen schien es gar nicht so wichtig zu sein, was genau zu ihrer Behinderung geführt hatte; Frankie aber wollte schon immer genauestens wissen, was in seinem Körper vor sich ging. Er genoss es richtiggehend, wenn er anderen, unwissenden Leuten von seiner Krankheit erzählte, und diese behaupteten sogar, Frankie wäre schon ein halber Arzt.

„Wohlgemerkt, nur ein halber!", sagte Frankie dann immer.

Die zweite Version der CrispR-Substanzen zeigte zwar leichte Veränderungen seiner Laborwerte, aber seine Stammzellen zeigten keine Erhöhung des Proteinlevels. In neurologischer Hinsicht würde dies bedeuten, dass auch diese Version keine Verbesserungen seines körperlichen Zustandes bringen würde, deshalb musste Jon diese Version gleich wieder absetzen.

„Wie kannst du überhaupt so schnell sagen, dass diese Version keine neurologische Wirkung zeigen wird?", zeigte sich Frankie neugierig.

„Einmal pro Woche werden von dir Stammzellen isoliert, und aus diesen über Differenzierung Gehirnzellen gezüchtet. Aus diesen können wir mittels der GFP-Methode sehen, ob von dir mehr von deinem benötigten Protein produziert wird. Und die letzte Version zeigte eben keine Erhöhung deines Proteinlevels", antwortete Jon stolz über seine hervorragende Arbeit.

„Aber keine Sorge", sagte Jon, „wir haben ja noch vier andere Versionen. Bevor wir aber zur dritten Version übergehen, machen wir ein paar Tage Pause, damit dein Körper wieder ganz clean wird. Du kannst also die nächsten paar Tage dazu nutzen, mit Julia Ausflüge zu machen, um dich hier noch besser einzuleben. Ich hoffe, es gefällt dir hier bisher ein bisschen."

Frankie sah ihn mit einem sehr ermutigenden Blick an und sagte:

„Und wie es mir hier gefällt! Kalifornien ist ein wunderschönes Land, und ich würde gerne mal mit Julia nach San Francisco oder wenigstens Los Angeles fahren. Besser wäre Los Angeles, ich möchte dort nämlich das erste NHL-Eishockeyspiel meines Lebens besuchen."

Jon lächelte zufrieden und meinte:

„Ja, mach das! Wenn du Karten für ein Spiel brauchst, dann sag es mir vorher, ich kann dir ziemlich günstig gute Karten besorgen."

Auch Julia war sofort hellauf von dieser Neuigkeit begeistert, und sie begannen sofort damit, den Ausflug zu planen. Schon am nächsten Tag machten sie sich mit einem Mietauto auf den Weg nach Los Angeles und sahen sich dort die bekanntesten Sehenswürdigkeiten an, unter anderem besuchten sie auch einige Hollywood-Studios und waren auch beim Walk of Fame in Hollywood, und Frankie träumte davon, hier mal einen Stern zu besitzen. Sie waren dann auch am Strand in Malibu, und dort an der Strandpromenade sahen sie einige Rollstuhlfahrer, die in einer Halfpipe trainierten und die wildesten Kunststücke vollzogen. Schon immer hatte Frankie davon geträumt, dass er einen so guten Oberkörper besitzen würde, um so gut mit seinem Rollstuhl umgehen zu können. Er erinnerte sich aber auch an die Zeiten, in denen er noch hervorragend und sehr sportlich mit seinem Rollstuhl unterwegs war. Allerdings hatte er dabei auch einige Unfälle gebaut.

Bevor Frankie in das Pflegeheim einzog, absolvierte er noch eine längere Kur in einem großen Rehabilitationszentrum, um sich auf sein weiteres Leben gut vorbereiten zu können. Er lernte dort auch, seinen Rollstuhl zu kippen, um kleinere Hindernisse wie eine Gehsteigkante zu überwinden, sich an einem Geländer ein paar Stufen emporzuheben oder sogar sich ohne Hilfe vom Boden in den Rollstuhl zu heben. Dieses Selbständigkeitstraining wurde von den Trainern beinhart gestaltet, indem sie den jeweiligen Behinderten ohne irgendeine Vorwarnung einfach aus seinem Rollstuhl kippten, seinen Rollstuhl neben ihn stellten und sagten: „So, jetzt bist du dran, rein mit dir, ich schaue zu."

Dann warteten sie daneben bis zu einer halben Stunde, bis dieser Rollstuhlfahrer, nachdem er sich zuerst mal gewaltig aufgeregt hatte, endlich dieses Vorhaben erreichte. Das mag vielleicht sehr beinhart klingen, aber es führte zum Erfolg.

Einige hundert Meter vom Rehabilitationszentrum entfernt gab es ein Lokal, in dem auch gegrillt wurde und welches Frankie mit zwei seiner Zimmerkollegen fast jeden Tag besuchte, um nach dem anstrengenden Training Bier zu trinken. Frankie hatte, was seiner knappen Finanzlage zugutekam, nie besonders viel vertragen. Deswegen war er schon nach zwei Bieren sturzbetrunken. Weil es schon dunkel wurde, mussten sie alle nach Hause, damit die diensthabende Nachtschwester, die um Punkt zehn alle Zimmer kontrollierte, nicht misstrauisch wurde. In seinem betrunkenen Zustand war Frankie unfähig, seinen Rollstuhl zu kontrollieren, kam vom Gehweg ab, rutschte seitlich in den Straßengraben und landete mit dem Kopf voraus in einem Bach. Da die anderen sowieso immer schneller waren als er, fuhr er ihnen ein Stück weit hinterher, war also völlig alleine, und da die stark befahrene Straße direkt vorbeiführte, waren seine Hilferufe nicht zu hören. Seine Kollegen vermissten ihn erst, als sie schon im Zimmer waren und schickten einen der Trainer los, um ihn zu suchen. Dieser fand Frankie erst nach einer halben Stunde dank seiner Taschenlampe, und Frankie war fast am Ertrinken. Eine Woche später, sie machten immer längere Trainingsfahrten mit dem Rollstuhl auf den Hügel hinter dem Rehabilitationszentrum, und obwohl er nie besonders schnell mit dem Rollstuhl unterwegs war, mühte er sich dank reiner Muskelkraft auf diesen Hügel. Als er endlich oben ankam, waren die anderen schon längst wieder im Rehabilitationszentrum, und Frankie fuhr ganz alleine den Hügel hinab. Weil er von dem anstrengenden Weg nach oben total am Ende war, rutschte er mit einer Hand vom Greifreifen ab und manövrierte auf der anderen Seite in den Graben. Dort in der Wiese blockierten die Vorderreifen seines Rollstuhles, und er knallte mit voller Wucht und dem Gesicht voraus auf die Wiese. Gott sei Dank lag dort kein Stein, denn sonst wäre er gewiss ums Leben gekommen. Alle hatten ihn gesucht, er war wahrscheinlich sogar kurz bewusstlos, und wieder musste ihn derselbe Trainer wie eine Woche davor aus dem Graben holen. Höchstwahrscheinlich wurde diese Geschichte noch lange Zeit später im Rehabilitationszentrum erzählt, so in der Art: „Hast du schon von diesem idiotischen Rollstuhlfahrer gehört, der …"

Frankie war noch mehrere Male auf Kur in diesem Rehabilitationszentrum, bis seine Behinderung so stark wurde, dass er kaum noch selbst mit dem Rollstuhl unterwegs sein konnte. Später ließ er sich ja nur noch durch die Gegend schieben beziehungsweise von Funky ziehen.

Frankie wurde sehr traurig, als er voller Sehnsucht die anderen Rollstuhlfahrer am Strand beobachtete. Julia bemerkte dies natürlich, nahm ihn in den Arm und versuchte, ihn zu trösten.

„Ach Frankie, es besteht doch die Chance, dass du einmal so gut mit deinem Rollstuhl umgehen kannst, wie die da. Deswegen bist du doch hier!", sagte sie und küsste ihn auf seine Stirn. „Ich bin wahnsinnig stolz auf dich, dass du diese Chance ergriffen hast. Ich jedenfalls glaube ganz fest daran, dass dieser Versuch zum gewünschten Erfolg führen wird."

Frankie bekam wieder großen Mut, allerdings hielt seine positive Stimmung nicht allzu lange an, weil Julia ihm gleich darauf beibringen musste, dass sie ihn schon zwei Wochen nach diesem Tag zumindest für ein halbes Jahr verlassen musste.

„Ich hoffe, ich werde dir nicht allzu sehr auf die Nerven gehen, denn ich werde dich wahrscheinlich jeden einzelnen Tag mehrmals anrufen", sagte Frankie. „Ich werde dich zwar sehr vermissen, aber ich bin mir sicher, dass ich hier noch eine ganz tolle Zeit verbringen werde. Und wenn wir uns dann in einem halben Jahr wiedersehen, wird es mir hoffentlich schon viel besser gehen."

KAPITEL 18

„Liebe ist nicht blind, sie ist geisteskrank!"

Die letzten zwei Wochen zusammen nutzten die beiden vor allem dazu, seinen neuen Assistenten so richtig gut für ihn anzulernen, da er ja dann mit diesem alleine zurechtkommen musste. Zu Hause arbeitete er immer mit bis zu neun Assistenten, die sich untereinander abwechselten. Dort in San Diego bekam er von Jon nur zwei Assistenten plus einen weiteren zum Einspringen. Einer seiner zwei Hauptassistenten war Corey, den zweiten lernte Frankie erst nach dem Ausflug nach Los Angeles kennen. Sein Name war Tico, er war mexikanischer Abstammung, wohnte aber schon sein ganzes Leben in San Diego. Er war 36 Jahre alt, 1,98 groß und hatte die längsten Dreadlocks, die Frankie je zu Gesicht bekommen hatte. Obwohl er so groß war, reichten seine Haare bis zu den Knien. Für Corey war die Arbeit bei Frankie nichts Neues, da er zuvor schon lange im Krankenhaus als Pfleger gearbeitet hatte. Tico jedoch musste sich völlig ahnungslos auf diese neue Aufgabe stürzen. Du könntest dir jetzt vielleicht denken, dass dies ein kleines Problem für Frankie darstellte. Aber schon zu Hause hatte er sich ganz absichtlich immer Assistenten ausgesucht, die kaum Pflegeerfahrungen oder gar eine einschlägige Ausbildung in diesem Bereich hatten. Er hasste es wie die Pest, wenn Leute mit der Einstellung zu ihm kamen, sie würden sowieso schon alles wissen. Frankie jedoch war es gewohnt, seine Assistenten ganz speziell für die Arbeit bei ihm anzulernen. Jeder Mensch mit Behinderung ließ alles ein bisschen anders, zugeschnitten auf die jeweilige Behinderung, erledigen. Frankie sagte zu seinen neuen Assistenten bei dem ersten Dienst oft:

„Deine Ausbildung kannst du dir sofort in deinen Arsch stecken, du machst alles so, wie ich es mir von dir wünsche!"

Der dritte Assistent oder besser gesagt die dritte Assistentin war meistens nur einmal die Woche bei ihm beschäftigt. Ihr Name war Rachel, sie hatte blondes langes Haar und eine ähnliche Figur wie Julia, das heißt, sie sah verdammt gut aus. *Na hoffentlich geht es mir jetzt mit Rachel nicht gleich wie schon öfters mit Assistentinnen zu Hause,* dachte er sich.

Verliebt war Frankie schon öfters, nur das brauchte er später wirklich nicht mehr, er hatte sogar ein bisschen Angst davor, sich wieder einmal so blöd zu verlieben. Verliebt-Sein macht nämlich nicht nur blind, es macht einen geisteskrank.

Dass Verliebt-Sein geisteskrank machte, hatte er doch schon einige Male erleben müssen.

Frankie war einmal längere Zeit mit einer Frau liiert gewesen, die ein starkes Alkoholproblem hatte, dies aber wahrscheinlich so absolut überhaupt nicht zugab, weil es für sie gar kein großes Problem darstellte. Aber der Versuch, eine Beziehung mit einer solchen Frau zu führen, wurde dann zu einem Problem. Alles hatte damals sehr schön begonnen und klang nahezu wie eine Hollywood-Romanze. Ihr Name war Laura, sie war zwar etwas älter als Frankie, aber noch sehr junggeblieben. Deswegen hatte es zuerst auch so ausgesehen, als würden die beiden wirklich gut zusammenpassen und als würde ihnen ein glückliches Zusammensein bevorstehen. Frankie war schon um die 32 Jahre alt, lebte also schon in seiner eigenen Wohnung und hatte damit begonnen, mit seinem persönlichen Budget sein eigenes Assistententeam aufzubauen. Eine seiner ersten Assistentinnen war eben Laura. Sie war eine sehr hübsche Person, die noch dazu eine gute Ausstrahlung besaß, was für Frankie, damit ihm eine Frau wirklich gefiel, sehr ausschlaggebend war. Schon als Laura zum ersten Mal beim Bewerbungsgespräch seine Wohnung betrat, war Frankie sofort in sie verschossen. Weil er natürlich nicht sofort erkennen konnte, was für eine Person sie war, war er natürlich nur optisch von ihr beeindruckt. Oder, um es vulgär auszudrücken, er fand sie einfach geil. Um nicht zu vulgär zu werden: Sie hatte einfach einige, genau genommen zwei, körperliche Vorzüge, die allgemein jeden Mann schwindelig machten. Erst hatte er sich lange Zeit, also einen Monat lang, vehement dagegen gewehrt, etwas mit ihr anzufangen, einfach weil er schon vorher öfter den Fehler gemacht hatte, eine Beziehung mit einer Assistentin, Betreuerin oder Pflegerin zu beginnen. Aber Frankie beging niemals den gleichen Fehler zweimal, er beging ihn gleich fünf- bis sechsmal, nur um sicherzugehen. Bei ihm gehörte es zur Arbeit von Assistenten, ihm sein Kondomurinal anzulegen, was für ihn, weil er es eben seit Jahren so gewohnt war, einfach nur eine Routinearbeit darstellte. Aber als Laura immer wieder sein bestes Stück bearbeitete, wurde er doch von Reaktionen sexueller Natur überrollt. Als dies zum wiederholten Male vorkam, hatte er sämtliche seiner guten Vorsätze verworfen, lautstark „Scheiß drauf" gerufen und sie geküsst. Die folgenden Wochen waren sie dann jeden Tag fast rund um die Uhr zusammen. Du wirst dir jetzt vielleicht denken, dass Frankie sie ausgenutzt hätte, weil sie ihm ständig geholfen hatte, aber sie war ja auch noch nach wie vor seine Assistentin, und er hatte sie für ihre ganze Arbeit normal entlohnt. Sie sagte immer, sie wäre seine bezahlte Hausfrau. Ein Szenario, von dem die ganze Emanzipation träumte. Dann zeigten sich aber ihre Probleme. Sie war nämlich manisch depressiv und immer, wenn sie in der nächsten Depressionsphase war, hatte sie sich in den Alkohol geflüchtet. Das Ärgste dabei war, dass sie Frankie in den übertriebenen Alkoholgenuss mit hineinzog. Auch Frankie hat täglich seine drei Bier gekippt, und das fiel ihm nicht mal auf. Er selbst wurde also fast geisteskrank. Aber die ersten drei Monate mit ihr waren sehr schön, und er wollte diese Erfahrung auch nicht unbedingt missen. Auch für seine anderen Assistenten hatte diese ganze Beziehung extrem romantisch ausgesehen, und das war sie auch auf alle Fälle. Wie gesagt, die ersten drei Monate, dann kam der Alltag, und die ganze Geschichte war vorbei. Er war dann zwar noch ein paar Monate mit ihr liiert, aber in Wahrheit war es nach drei Monaten aus. Sie hatte ihn dann zwar ab und zu noch geküsst, wenn auch ohne Zunge, und auch sexuell war nichts mehr los. Sie sprach damals von einer Beziehungspause, für ihn bedeutete das aber Schluss machen, er hatte ihr von seiner berühmten Dreimonatsgrenze berichtet, und sie war nur deshalb länger bei ihm geblieben, weil sie eben eine kleine Ausnahme mit ihm machen wollte.

Die ganze Erfahrung, die er mit Laura gemacht hatte, war sehr dramatisch und zum Teil sehr negativ beeinflusst. Er musste aber schon sehr ausdrücklich betonen, dass er mit Laura auch eine unglaublich schöne Zeit erleben durfte. Sie hatten einmal ein paar Tage Urlaub am Meer verbracht, wo sie sich für eine Woche ein ganzes Appartement, welches eigentlich für mehrere Personen gedacht war, mieteten und eine unvergessliche Woche gemeinsam verbrachten. Dieser Urlaub wurde von ihnen noch ganz am Anfang ihrer Beziehung absolviert, und da war zwischen den beiden noch alles in Ordnung. Ihre Depressionen begannen erst nach diesem Urlaub, und erst dann entwickelte sich eine eher negative Erfahrung für ihn. Aber Frankie hatte eben die Einstellung, alles einmal erleben zu müssen, auch wenn es nur für kurze Zeit war, deshalb war er später auch Laura sehr dankbar, dass er diese Zeit mit ihr erleben durfte. Frankie war sowieso nicht unbedingt nachtragend und besaß die Fähigkeit zu verzeihen. Auch im Urlaub wurde ihm so wirklich bewusst, dass sie doch ein bisschen ein Alkoholproblem hatte, weil er zusehen musste, wie Laura, während er am Strand ein Nickerchen machte, neben ihm saß und sich ein Bier nach dem anderen hinter die Binde kippte. Nach diesem Urlaub dachte er sich dann im Zuge seines großen Samariterdaseins, er würde ihr ganz einfach dabei helfen, ihre Abhängigkeit loszuwerden. Er hatte immer wieder versucht, mit ihr zu reden und sie dann sogar so weit gebracht, sich zum wiederholten Male in eine psychiatrische Behandlung zu begeben. Sie gab zum ersten Mal von sich aus zu, ein Alkoholproblem zu haben. Und genau das war auch der erste und wichtigste Schritt, um von einer Sucht loszukommen. Ein Abhängiger musste in erster Linie einmal selbst zugeben, dass er ein Problem hatte, erst dann konnte man damit beginnen, an Problemlösungen zu arbeiten. Sie hatte etwas später sogar eine Ausbildung begonnen und bereits sehr aufregende Zukunftsvisionen gehabt. Frankie dachte sich, sie wäre so langsam auf einem sehr guten Weg. Aber als sie die Ausbildung begann, die sie, wie er später erfahren hatte, wieder einmal abbrach, hatten sie schon größere Beziehungsprobleme, und sie hatte dann mit ihm Schluss gemacht, kurz bevor er seinen ersten großen Weihnachtsurlaub in der Dominikanischen Republik antrat, indem sie ihn angeschrien hatte, sie würde nicht mehr fliegen wollen. Das war aber gar nicht mehr so schlimm für ihn, weil sie ja ohnehin schon nichts mehr von ihm wollte, sondern nur noch aus sozialen Gründen mit ihm zusammen war. Sie war eben eine Person mit einem sehr großen Herzen, und der Hauptgrund, warum Frankie überhaupt noch mit ihr zusammen gewesen war, war, dass er erkannt hatte, dass sie tief in ihrem Inneren ein sehr guter, liebenswerter Mensch war. Gerade bei Frauen schätzte er es sehr, wenn diese bei ihrer Partnerwahl versuchten, hinter die Fassade zu blicken. Auch für sich wünschte er sich, dass Frauen erkannten, mit wem sie es zu tun hatten und sich nicht von seiner ganzen Hülle, sprich Behinderung, täuschen ließen. Damals war Frankie schon sehr verliebt in sie gewesen, später zwar nicht mehr, aber er hatte sie immer noch sehr gerne, und war ihr bis zu seinem Lebensende für alle wunderbaren Momente, die er mit ihr erleben durfte, sehr dankbar.

Schon eine halbe Stunde nach der ersten Injektion der dritten Version fühlte er sich etwas schwindelig, dachte sich aber noch nicht wirklich was dabei. Corey begleitete ihn wieder einmal in die Klinik zur Blutabnahme beziehungsweise Hautbiopsie. Noch am gleichen Tag besuchten ihn George und Jon in seiner Wohnung.

„Ich habe leider schlechte Neuigkeiten für dich", sagte George. „In deinen zuletzt isolierten Stammzellen bemerkten wir eine Auffälligkeit. In den daraus gezüchteten Gehirnzellen sieht es so aus, als würden die CrispR-Substanzen ein anderes Gen verändern, welches für deinen Körper essenziell ist. Wir wissen noch nicht genau, warum, aber wir setzen diese Version besser sofort ab, ohne genau zu wissen, warum diese Auffälligkeit überhaupt entstanden ist. Wir wissen nicht mal, was da entstehen könnte, aber zur Sicherheit brechen wir den Test dieser Version sofort ab, bevor es gefährlich werden könnte. Das heißt auch, dass wir ab jetzt drei Wochen Pause machen müssen, bevor wir mit dem Test der nächsten Version beginnen."

„Klingt ein bisschen heftig", antwortete Frankie und machte dabei ein besorgtes Gesicht, „Wenigstens ergeben die vielen Blutabnahmen und Biopsien endlich wirklich Sinn, denn das Ganze nervte mich schon gewaltig."

„Ich bin sehr überrascht, dass du diese schlechte Neuigkeit so gut aufnimmst. Ich hatte schon befürchtet, du würdest jetzt gleich aufgeben. Ich zumindest gebe noch lange nicht auf, immer noch bin ich voller Zuversicht", sagte Jon erleichtert.

„Ich versuche auch, positiv zu bleiben, und das Positive daran ist vor allem, dass ich die kommenden Wochen vor allem dazu nutzen kann, mit Julia noch einige schöne Tage zu verbringen. Ich verstehe mich mit Corey und Tico blendend, aber ich werde Julia schwer vermissen", sagte Frankie und sah Julia dabei tief in die Augen.

„Ich werde dich natürlich auch sehr vermissen, aber wir werden uns bestimmt wiedersehen, und auch ich bin voller Zuversicht, dass es dir bis dahin sehr viel besser gehen wird", sagte Julia mit zittriger Stimme und musste sich bemühen, nicht zu viel Trauer zu zeigen.

George und Jon verabschiedeten sich wieder und Frankie und Julia gingen – haha, fuhren – noch einmal zum Strand, um einen weiteren wunderschönen Sonnenuntergang zu genießen. Er hatte schon die Tage davor darüber nachgedacht, wie er ihr seine Gefühle für sie gestehen konnte, ohne sich in zu große Gefahr zu begeben. Jedoch ohne konkretes Ergebnis, er war sich fast sicher, dass Julia ihre Zuneigung sehr ernst meinte, ohne sein berühmtes „Blablabla" zu machen.

Es hatte mal eine Frau in seinem Leben gegeben, die er im Endeffekt als seine große Liebe bezeichnen würde. Ihr Name war Carla, sie war nur etwas jünger als Frankie, hatte blondes Haar und so ziemlich die schönsten Lippen, die er je in seinem ganzen Leben gesehen hatte. Also wieder einmal eine sehr hübsche und körperlich richtiggehend aufreizende Frau. Du wirst dir jetzt vielleicht denken: „Jaja, Frankie war eben doch nur ein typischer Mann, der sich immer nur die Hübschesten der Hübschen aussuchte." Aber eigentlich war es ja so, dass es Frankie immer nur um eine sehr gute, positive und für alle angenehme Ausstrahlung ging, die eine Frau besitzen musste, damit sie ihm tatsächlich gefiel. Sehr hübsche Frauen besaßen diese Ausstrahlung ganz automatisch. Aber natürlich gab es auch hierbei immer wieder große Ausnahmen, etwa Frauen, die nicht unbedingt die absoluten Schönheiten waren. Trotzdem hatten sie die richtige Ausstrahlung und waren deshalb auch schön. Für Frankie war jede Frau schön, die sich selbst für schön hielt.

Bei Carla machte er zum x-ten Mal den gleichen Fehler, denn auch sie war seine persönliche Assistentin. Zuvor hatte er sich schon öfters geschworen, nie wieder was mit einer Assistentin zu beginnen. Aber verdammt noch mal, was zum Teufel hätte er denn dagegen machen sollen? Sie wollte ihn doch, und er hatte das nur zugelassen, zumindest anfangs. Um es genauer zu sagen, hatte sie plötzlich mitten in einem Dienst gemeint, er könnte mal eine Frau brauchen, woraufhin er nur meinte:

„Schon klar, blablabla …"

Sie erwiderte, sie würde nicht nur ‚blablabla' machen und hatte im nächsten Moment seinen Kenny in der Hand.

Kenny war übrigens der Spitzname für seinen kleinen Frankie. Diesen Spitznamen hatte ihm Laura gegeben, weil sie meinte, er würde von vorne betrachtet so aussehen, wie die Comicfigur aus South Park Kenny McCormick mit seiner Kapuze, wenn sich die Vorhaut nicht ganz zurückgezogen über seine Eichel legte. Nebenbei erwähnt, musst du bedenken, dass Frankie nicht beschnitten war. Aber das nur am Rande.

Jetzt zeig mir einen Mann, der es schaffen würde, in einer solchen Situation eine Frau, die noch dazu verdammt gut aussieht, wegzustoßen. Frankie hatte das natürlich nicht geschafft, obwohl er sich vielleicht später dachte, dass er das wohl besser getan hätte. Zwar vor allem aus dem Grund, da Carla zu diesem Zeitpunkt einen Freund hatte und noch dazu einen Rollstuhlfahrer, der ein Paradebeispiel dafür darstellte, wie Behinderte auf gar keinen Fall sein sollten. Ein richtiges Arschloch eben, der zudem größere psychische Probleme hatte, genau genommen manische Depressionen und sogar Psychosen. Als Frankie zum ersten Mal auf einem Foto auf Facebook gesehen hatte, dass Carla ausgerechnet mit diesem Typen zusammen war, hatte er sich nur gedacht:

Verdammte Scheiße! Jede Frau, die was mit so einem Typen anfängt, ist mir suspekt.

Wie gesagt, erstens schaffte Frankie es nicht, ihr nicht zu erlauben, ihm beziehungsweise Kenny zur Hand zu gehen, und zweitens sah es zu diesem Zeitpunkt so aus, als würde ihre Beziehung zu diesem Arschloch sowieso nicht mehr lange halten. Später erst hatte sie dauernd davon geredet, sie hätten nur eine schlechte Phase in ihrer Beziehung gehabt. Jedenfalls war ein paar Wochen später wieder alles in Ordnung bei den beiden, und sie war sogar mit ihm zusammengezogen. Trotzdem hatte sie ihre Affäre mit Frankie weitergeführt, und Frankie kam sich die ganze Zeit vor wie ein lästiges Anhängsel, das aber zu schön war, um es wegzuwerfen. Sie unternahmen auch zusammen einen längeren Weihnachtsurlaub, bei dem sich Frankie als ihr tatsächlicher Freund fühlen durfte. Sie hatte sich in diesem Urlaub sehr für ihn aufgeopfert, wofür er ihr noch sehr lange Zeit dankbar war. Sie war gegen Ende des Urlaubs schon so am Ende, weil sie den gesamten Urlaub kaum eine Minute richtig zum Tiefschlaf finden konnte. Aber kaum war der Urlaub zu Ende gegangen, hatte er das Gefühl, als wäre die Beziehung mit ihm schon wieder ad acta gelegt und zum wiederholten Male nur noch ihr damaliger Freund für sie so wirklich wichtig. Trotzdem hatte er es noch immer nicht geschafft, diese ganze Farce endgültig zu beenden, weil er immer noch darauf hoffte, dass sie mit ihrem Freund bald Schluss machen würde. Das hatte sie aber nicht getan, weil sie Schiss davor hatte, er würde sich im Zuge einer weiteren Psychose selbst etwas antun. Das sagte er ihr sogar und sie war nicht fähig, deswegen diese Beziehung zu beenden. Gott sei Dank war er selbst es, der mit ihr Schluss machte, und sie erzählte Frankie später, dass ihr ganzer Bekanntenkreis applaudiert hatte, dass sie, diese liebe Frau, endlich von diesem Arschloch getrennt war. In der Zeit nach dieser Trennung glaubte Frankie, er hätte jetzt ein bisschen freie Bahn, und sie würde ihr Augenmerk auf ihn legen. Falsch gedacht, sie flog dann für drei Monate in ein anderes Land, um dort zu arbeiten, und Frankie dachte sich, er würde diese Zeit der Trennung dazu nutzen, endgültig von ihr loszukommen. Er brach den Kontakt fast komplett ab und konzentrierte sich auf sein eigenes Leben. Zum Glück hatte er dies tatsächlich geschafft, denn kaum war sie wieder zurück, wärmte sie die Beziehung zu diesem Idioten wieder auf. Vor allem deshalb nahm er lange Zeit gar keinen Kontakt zu ihr auf, konnte diese Frau aber doch nicht ganz aus seinem Kopf kriegen, einfach weil er bemerkt hatte, was für eine liebenswerte Person sie eigentlich war. Erst ein ganzes Jahr später las er auf Facebook, dass sie ihr bereits zweites Studium beendet hatte und wollte ihr eigentlich nur zu ihrem Studienerfolg gratulieren. Sie war hocherfreut, von ihm zu hören, und Frankie war unglaublich froh, dass eine seiner großen Lieben wieder in seinem Leben war. Sie erzählte ihm dann auch, dass sie die Beziehung endgültig beendet hatte. Sie nannte es zwar endgültig, aber circa sechs Monate später hing sie schon wieder mit diesem Typen ab. Ob sie doch wieder in einer Beziehung standen, wusste Frankie nicht, aber das war ihm auch egal, denn durch den Kontakt zu dem anderen Mann ließ sie sich wieder runterziehen. Natürlich fand sie auch keine Arbeit, und Frankie hatte den Eindruck, als hätte sie ihr Studium völlig umsonst absolviert. Die ganze Geschichte mit Carla war also sehr negativ behaftet, trotzdem hatte diese Frau sein ganzes restliches Leben einen Sonderplatz in seinem Herzen.

Als sie am Strand waren, sah ihn Julia mit sehr traurigen Augen an, und Frankie bereitete sich schon auf eine herzzerreißende Abschiedsszene vor. Sie erzählte ihm, dass sie Frankie schon in drei

Tagen für ein halbes Jahr verlassen musste, um sich zu Hause um ihre anderen Aufträge zu kümmern. Er bemerkte, wie unglaublich schwer ihr dieser Abschied fiel und dachte sich:

Verdammte Scheiße, ich glaube jetzt, dass sie wirklich diese Eine ist, auf die ich so lange gewartet habe.

Alle bisherigen Erfahrungen waren auf einen Schlag wie weggewaschen, und er beschloss, alles Erdenkliche nur für sie zu tun. Übertrieben ausgedrückt würde er sogar für sie sterben, hoffte aber doch innerlich, dass er aufgrund dieses Versuchs nicht tatsächlich sterben würde. Das sagte er ihr zwar nicht, aber er glaubte schon, dass sie wusste, was sie ihm bedeutete. Scheiße, sie war ihm wichtiger als er selbst, und bezogen auf seine immens große Selbstverliebtheit kannst du erahnen, was das hieß. Er gestand ihr aber seine Gefühle, und beide mussten sich schwer bemühen, nicht zu zerschmelzen. Frankie sagte ihr aber auch, dass sie die Ruhe bewahren sollte, sich also nicht gleich in eine Beziehung stürzen sollte, was ganz im Gegensatz zu seiner ausgeprägten Ungeduld lag. Er überlegte kurz, ob er, um ihr seine Gefühle zu gestehen, die berühmten drei Worte benutzen sollte. Das ließ er aber sein, weil er schon zu oft die Erfahrung gemacht hatte, dass Frauen oder überhaupt alle Menschen, das Verliebt-Sein und die Liebe gleichsetzten und nicht so einen großen Unterschied zwischen den beiden machten wie er selbst. Als sie auf die unendlichen Weiten des Pazifiks blickten, hätte er sie am liebsten ganz lange geküsst. Er hielt sich dennoch zurück, dachte sich dann aber, dass er gerade eine große Chance verpasst hatte.

In den darauffolgenden zwei Tagen konnte Frankie nicht besonders gut schlafen, weil er die ganze Zeit über Julia nachdenken musste. Sie verbrachten noch zwei wunderschöne Badetage, waren auch in einem vorzüglichen, teuren Restaurant zum Abendessen, redeten aber nicht sonderlich viel über den bevorstehenden Abschied. Frankie dachte sich:

Oh mein Gott, hoffentlich gibt es keine wahnsinnig große und superromantische Abschiedsszene, wie man sie aus Hollywood-Romanzen kennt, bei denen fast das Schmalz von der Leinwand tropft.

Aber ganz so schlimm wurde es dann nicht, vor allem weil sie sich ja nicht auf ewig trennen mussten, sondern nur vorübergehend. Das einzige, was Frankie nicht vermeiden konnte, war, dass er Julia einen dicken fetten Abschiedskuss gab, der fast eine halbe Minute lang dauerte. Sie schenkte ihm noch ein eingerahmtes Foto von sich, und er blickte dem Flugzeug traurig hinterher. Zum Abschluss sagte er zu ihr noch:

„Schau, dass du schnell nach Hause kommst, aber komm bitte genauso schnell wieder zurück!"

KAPITEL 19

„Der persönliche Tourneebus"

Aufgrund des Abschieds von Julia konnte Frankie nicht besonders gut schlafen, aber immer, wenn er wegen einer unbegründeten „Nachgrübelei" nicht zum Tiefschlaf finden konnte, saß Funky die ganze Zeit neben ihm auf dem Bett und starrte ihm mitleidig in die Augen, als wollte er sagen:

„Nur keine Sorge, sie kommt ja wieder!"

Tico hatte am nächsten Tag Dienst, und da er nebenbei die Universität besuchte, verspätete er sich an die 20 Minuten, wie es bei Akademikern üblich ist. George hatte gesagt, dass sie vor dem Test der vierten Version erst einmal circa drei Wochen Pause machen mussten, jedoch war an diesem Tag eine weitere Biopsie geplant, und Frankie schickte Tico in der Zwischenzeit mit Funky in den Doyle Community Park. Frankie war schon längst mit der Biopsie fertig und wartete, da auch George einige Termine hatte, mutterseelenalleine inmitten aller anderen Klinikbesucher an die 45 Minuten auf die beiden. Wieder einmal malte er sich die allerschlimmsten Horror-Szenarien aus und sah sich schon vor seinem inneren Auge tränenüberflutet an Funkys Grab stehen. Aber seine Sorge erwies sich Gott sei Dank als unbegründet, und beide kamen wohlauf zurück. Tico erzählte ihm, dass die beiden von der Polizei aufgehalten worden waren, da er Funky mitten im Park von der Leine gelassen hatte, was in San Diego streng verboten war. Tico, der ja nicht in sein geplantes Vorhaben eingeweiht worden war, gab natürlich an, wer der Besitzer von Funky war, und sie forschten dann im Polizeicomputer nach Frankie. Sie hatten aber nichts beanstandet und schickten die beiden wieder weg. Dadurch erfüllte Julias Plan, eine Geburtsurkunde von Frankie zu fälschen, seinen Zweck. Frankie konnte es kaum erwarten, Julia davon zu berichten und freute sich schon auf ihren ersten Anruf aus Europa.

Nachdem sie sich ein vorzügliches Mittagessen gegönnt hatten, suchten sie wieder die Klinik auf. Natürlich lagen schon am gleichen Tag der Biopsie die ersten Ergebnisse vor, und Frankie hoffte darauf, dass das zuvor falsche Gen nicht mehr verändert wurde. Das war auch nicht der Fall. Das war zwar auch für George nicht zu erklären, aber das Positive daran war, dass sie schon bald mit dem Test der Version 4 starten konnten, allerdings wollte George zur Sicherheit trotzdem zwei Wochen Pause machen.

Tico fragte ihn später, was Frankie in seinem bisherigen Leben alles so gemacht hatte, er wusste ja nicht mal, ob Frankie überhaupt einen Highschool-Abschluss besaß. Er erzählte ihm ein bisschen was aus seiner Zeit in seiner Trainingswohnung beziehungsweise aus dem Pflegeheim, in welchem er knapp ein Jahrzehnt gewohnt hatte.

Dieses „Pflegeheim" stellte damals – oder tat es zum Teil auch später noch – seinen Bewohnern Trainingswohnungen zur Verfügung, in denen sie sich auf ein selbstständiges Leben vorbereiten sollten. Frankie nannte es zwar immer Pflegeheim, aber in Wahrheit war es eine vollzeitbetreute Wohneinrichtung, die über die Behindertenhilfe seines Landes finanziert wurde. Von Anfang an hatte es bei Frankie, aufgrund seiner progressiven Erkrankung, eher schlecht ausgesehen, jemals eine größere Selbstständigkeit zu erreichen. Trotzdem hatte Frankie von Beginn an dieses Ziel und verlor es nie aus den Augen.

Frankie lernte unglaublich viel über eine angemessene Lebensführung behinderter Menschen in dieser Wohneinrichtung. Im Laufe der Jahre entwickelte sich dieses Haus jedoch – seiner Meinung nach viel zu sehr – zu einem nahezu reinen Pflegeheim. Soll heißen, die ursprüngliche Vision einer Art Trainingswohnung, in der Menschen mit Behinderung ihre Selbstständigkeit erlernen sollten, wurde aus den Augen verloren. Frankie machte diese Tatsache sehr nachdenklich, und er versuchte als ein Vorstandsmitglied, diese wundervolle Wohneinrichtung wieder in die ursprüngliche Bahn zurückzulenken. Da er mit seinen Versuchen nicht sonderlich erfolgreich war, hatte er seine Funktion als Vorstandsmitglied niedergelegt. Vor allem aber weil die Gründerin des Hauses, Frau Goldman, die ja der Grund für seinen Einzug gewesen war, mehr oder weniger hinausgeekelt wurde. Die damalige Heimleitung und auch diverse Mitarbeiter konnten diese Frau – wahrscheinlich, weil sie als Autoritätsperson galt – überhaupt nicht ausstehen und benutzte die Bewohner, um ihr Druck zu machen und sie zum Rücktritt zu bewegen. Die Heimleitung war übrigens schon länger nicht mehr jene Frau, die er anfangs als blöde Kuh eingestuft hatte, sondern als nächste Leitung wurde die vormalige Sekretärin eingesetzt. Frankie hatte diese Frau wirklich sehr gerne, und es entwickelte sich eine sehr gute Freundschaft. Später, als er seinen eigenen Verein gegründet hatte, vermittelte ihm dieses Haus einige Kunden für seinen Verein. Am Ende gab es eine Mitgliederversammlung, für die alle Mitarbeiter und sogar alle Bewohner eine Petition unterschrieben hatten, in der Frau Goldman zum Rücktritt aufgefordert wurde. Frankie sagte deshalb, man hätte die Bewohner als ein Druckmittel benutzt, da der Großteil der Bewohner nicht mal wusste, worum es da überhaupt ging. Frankie musste feststellen, dass, obwohl er sofort angab, nicht unterschrieben zu haben, auch seine eigene Unterschrift auf dieser Petition aufschien. Eine Mitarbeiterin gab dann zu, dass sie Frankies Unterschrift, ohne ihn gefragt zu haben, gefälscht hatte. Frankie war gewaltig sauer deswegen und fühlte sich massiv hintergangen. Frau Goldman verlor aber auch den Mut, oder besser gesagt, sie wollte sich einfach nicht mehr mit all diesen Leuten, die ihr einen so großen Hass entgegenbrachten, abkämpfen und trat zurück. Vor allem aber, weil für sie die Wünsche ihrer heißgeliebten Bewohner immer an oberster Stelle gestanden waren. Erst Jahre später wurde Frankie bewusst, dass sich diese Wohneinrichtung im Laufe der Zeit einfach verändern musste, sie also so wie anfangs nicht mehr weitergeführt werden konnte. Erst als sich das persönliche Budget entwickelte, womit ja sein Verein arbeitete, war es wieder zur ursprünglichen Vision – zu einer Trainingswohnung für junge Behinderte – zurückgekehrt.

Nach dieser Mitgliederversammlung wollte Frankie der Wohneinrichtung den Rücken kehren und begutachtete einige andere Wohneinrichtungen, musste aber feststellen, dass das Haus, in dem er gelebt hatte, immer noch eine große Ausnahme darstellte, was die Selbstbestimmung der Bewohner betraf. Aber Frankie war sich damals einer Sache ganz sicher: Er wollte nichts mehr, als da raus. Er begutachtete einige andere Wohneinrichtungen, die auch Trainingswohnungen zur Verfügung stellten, aber keine einzige stellte eine klare Verbesserung seines bisherigen Lebens dar. Die einzige Möglichkeit, die sich also bot, war, alle Arten von Trainingswohnungen zu verwerfen und sofort in eine eigene Wohnung zu ziehen. Aber verdammt noch mal, wie zum Teufel hätte er das denn erreichen sollen, sein damaliger körperlicher Zustand war ja schon schlimm genug, sodass es ihm nahezu unmöglich erschien, ein selbstständiges Leben in einer eigenen Wohnung zu führen. Sogar die damalige Heimleitung verbot einem Mitarbeiter, Frankie bei der Suche, andere Einrichtungen zu finden, behilflich zu sein.

„Frankie wird dies ohnehin niemals schaffen", meinte sie, und Frankie beschloss, ihr das Gegenteil zu beweisen.

Sein damaliger Nachbar Robert konnte dieses Haus als Vorbereitung auf ein selbstbestimmtes Leben gut nutzen und meldete sich für eine neue Wohnung in einem neu errichteten Wohnhaus an. Als er Frankie davon erzählte, war Frankie sofort von einem neuen Traum erfüllt. Nur hatte er wirklich gar keine Ahnung, wie er dort zu seiner mittlerweile dringend benötigten Betreuung beziehungsweise Pflege kommen sollte. Er war damals knapp 30 Jahre alt gewesen, da erfuhr er, dank seiner immer noch mit großer Liebe ausgeführten Internetrecherche, dass in seinem Land ein persönliches Budget geplant wurde, um auch Menschen mit einer sehr starken körperlichen Behinderung die Möglichkeit zu geben, in eine eigene Wohnung zu ziehen. Frankie dachte sich:

So eine riesengroße Chance wirst du so schnell nicht wieder bekommen. Ergreife sie!

Er wusste nur, dass er diese Chance ergreifen musste, hatte aber große Angst vor diesem Schritt. Wie so oft in seinem bisherigen

Leben traute ihm dies kein Mensch zu. Aber Frankie besann sich wieder einmal auf sein altbekanntes Lebensmotto: Kopf durch die Wand! Er hatte nicht einmal seinen Umzug genau durchgeplant, sondern stellte sich erst einen Tag davor eine große Pappschachtel vor seinen Schreibtisch, wischte alles mit einer Handbewegung dort hinein und leerte diese Schachtel in der neuen Wohnung wieder aus. Robert zum Beispiel organisierte sich eine eigene Umzugsfirma, die alles genau einpackte und die Sachen in seiner neuen Wohnung wieder auf den gleichen Platz stellte. Frankie konnte sich noch gut an seine erste Nacht in der neuen Wohnung erinnern. Er war es bis dahin so gewohnt gewesen, zu allen erdenklichen Zeiten, in denen er Hilfe benötigte, einen Pfleger zu rufen. Von da an aber war er vor allem nachts alleine. Und zwar auch noch ohne Funky.

Verdammte Scheiße, dachte er sich*, da hast du dir jetzt aber was angetan.*

Später aber konnte er mit ruhigem Gewissen behaupten, dass dies eine der besten Entscheidungen seines Lebens war. Aber war dies sein Lebenswerk?

Als Tico Frankie und Funky wieder nach Hause gebracht hatte, warf Frankie sich erst einmal ins Bett, und Funky schlief neben ihm tief und fest ein, weil er vom Parkspaziergang mit Tico total am Ende war. Frankie schlief dann auch ein, vor allem, weil Tico vergessen hatte, die Akkus seiner Hörgeräte zu erneuern. Ganz ohne seine Hörgeräte war Frankie nämlich fast komplett taub, weswegen er nicht mal bemerkte, dass Corey schon knapp 52 Minuten bei ihm war. Er wollte dann von Corey, dass er ihm ein bisschen von seinem Leben erzählte, da er Corey endlich näher kennenlernen wollte, immerhin würden sie ja noch mindestens ein Jahr gemeinsam verbringen. Corey erzählte ihm, dass er in einer recht wohlhabenden Familie aufgewachsen war. Sein Vater war der Besitzer eines größeren Architekturbüros, in welchem auch sein älterer Bruder arbeitete. Seine Mutter arbeitete sehr erfolgreich als Immobilienmaklerin, und ihre Familie war deshalb sehr bekannt in San Diego. Vor allem sein Vater wollte eigentlich von ihm, dass er auch Architektur studierte, immer schon war er aber sehr an Kunst, vor allem an Musik, interessiert und studierte an der California State University Musik. Er wurde zu einem hervorragenden Gitarristen ausgebildet und arbeitete in den letzten Jahren schon erfolgreich als Studiomusiker. Da er privat aber eher auf der etwas „härteren Welle" unterwegs war, gründete er zusammen mit zwei guten Bekannten eine Band. Sie waren von Anfang an relativ erfolgreich, spielten bisher aber nur mit einem oder mehreren Gastsängern.

„Ohne einen wirklich guten Sänger wird kein größerer Durchbruch zu schaffen sein", meinte Corey.

„Na, ein guter Sänger wird wohl zu finden sein!", sagte Frankie.

„Das dachte ich auch", antwortete Corey, „aber gerade im Metal-Bereich ist das extrem schwierig. Wenn du da einen Sänger suchst, der einfach nur schreit und grölt, findest du gleich jemanden. Wenn du aber jemanden suchst, der eine super klare Stimme hat, suchst du oft vergeblich."

„Wenn ich singen könnte, würde ich sofort bei dir einsteigen", sagte Frankie verträumt.

Die nächsten zwei Wochen verliefen sehr ruhig, und Frankie kam sich langsam schon vor, als wäre er zu Hause geblieben. Jeder einzelne Tag verlief fast genauso wie der vorangegangene ohne größere Highlights. Aber wie immer zeigte sich Frankies Begabung, aus den ereignislosesten Tagen immer noch positive Aspekte rauszupicken. Und das Positive war eben, dass er sich schon ziemlich gut in San Diego eingelebt hatte.

Dann bekam Frankie seine erste Injektion der Version vier. Die gezüchteten Gehirnzellen zeigten eine stärkere Erhöhung des Proteinlevels. Auch Jon war sofort begeistert von dieser Version und glaubte sofort, dass sie eine vielversprechende Version gefunden hatten, nicht ohne Frankie noch mal aufs Auge zu drücken, dass es sicher noch ein halbes Jahr dauern würde, bis er die ersten Erfolge spüren würde. Es dauerte aber 17 Tage, ehe sie damit beginnen konnten, die Dosis dieser Version vier langsam zu erhöhen, denn Jon wollte vorher zur Sicherheit noch die

Versionen fünf und sechs kurz antesten, einfach nur, um zu sehen, ob diese Versionen nicht noch bessere Laborwerte erzielen würden. Wie zu erwarten, war das aber nicht der Fall, und auch in Frankie verstärkte sich das Gefühl, dass es ihm bald um einiges besser gehen könnte. Dieses Gefühl war auch stark genug, um nicht sofort aufzugeben, weil er sich durch die ersten Verabreichungen der erhöhten Dosis etwas unwohl fühlte. Er war auch unglaublich froh, dass er fast jeden Tag mit Julia telefonieren durfte, und diese schöpfte alle Möglichkeiten aus, ihn immer wieder neu zu motivieren. An einem Wochenende durfte er zusammen mit Corey Rachel betreute währenddessen Funky – ein größeres, zwei Tage dauerndes Rockfestival in der Nähe von San Diego besuchen, wo er einige Konzerte seiner Lieblingsbands aus den 90er-Jahren – in dieser Zeit gab es nämlich recht viele Reunions – miterlebte. Er erinnerte sich, dass er vor allem in der Zeit der betreuten Wohneinrichtung sehr viele Konzerte, auch einige Rockfestivals, besucht hatte. Vor allem eines dieser Festivals blieb ihm bis an sein Lebensende in Erinnerung.

Er war 23 Jahre alt und hatte gerade erst mit seiner Arbeit als Programmierer begonnen, da kündigte sich in seinem Land seine absolute Lieblingsband – Faith No More – für ein Rockfestival an. Natürlich wollte Frankie um jeden Preis dorthin. Er fuhr mit seinem damals schon besten Freund Mario, den er kurz vorher erst kennengelernt hatte, als er ein Praktikum in seiner Wohneinrichtung absolvierte, mit dem Kleinbus seines Vaters dorthin und nannten diesen Bus ihren „persönlichen Tourneebus". Sie schraubten die Rückbänke raus und legten stattdessen eine große Matratze rein, auf der sie schliefen. Schon damals war er in Besitz eines Behindertenausweises, wodurch ihm erlaubt war, auf allen Behindertenparkplätzen gratis zu parken. Er glaubte zwar nicht, dass es dort in der Nähe der Bühne einen Behindertenparkplatz gab, aber er dachte sich:

Scheiß drauf, zeig ihn einfach her, vielleicht kommst du damit ja rein.

Die Parkwächter winkten sie tatsächlich immer wieder durch, bis sie am großen Parkplatz direkt hinter der Bühne waren, wo all die Tourneebusse der Künstler standen. Sie durften dann drei Tage lang mit ihrem „persönlichen Tourneebus" mitten unter allen anderen Bussen stehen bleiben. Sie trafen dort sehr viele große Künstler und hatten sogar riesengroßen Spaß mit einigen. Unter anderem durfte Frankie damals seinen Lieblingssänger und sein Idol, oder wie er ihn nannte „seinen Gott", Mike Patton kennenlernen. Er musste sich kurz nach diesem Festival für eine Woche krankmelden, gab aber natürlich nicht die genauen Gründe für seine Erkrankung bekannt.

Auch später noch besuchte er so viele Konzerte, dass es kaum eine Band, die seinem Musikgeschmack entsprach, gab, die er nicht schon mehrmals live erlebt hatte.

Nach diesem Festival in San Diego war Frankie zwar Gott sei Dank nicht gleich krank, brauchte aber schon zwei Tage zur Erholung. Nach jeder Injektion der immer mehr erhöhten Dosis fühlte sich Frankie etwas schwindelig, und langsam war er ein bisschen in Sorge, Jon wäre mit dieser Version vier doch auf dem falschen Dampfer. Aber Jon sagte immer zu ihm:„Bitte gib nicht gleich auf, denn deine Laborwerte sehen hervorragend aus. In deinem Gehirn wird tatsächlich weit mehr von deinem Protein produziert als vorher. Du wirst ganz bestimmt bald die ersten Erfolge spüren können."

„Wie können Sie überhaupt bestimmen, wie mein Level des Proteins im Gehirn aussieht? Mit MRT-Bildern oder wie?", fragte Frankie.

Hocherfreut über den wissbegierigen Frankie sah Jon ihn an und antwortete:

„Ein ganz normales MRT-Bild reicht nicht aus, sondern wir müssen Stammzellen aus deiner Haut isolieren und diese zu Gehirnzellen differenzieren. Dann kann man im Fluoreszenzmikroskop erkennen, wie der Proteinlevel ist."

„Alles klar, die GFP-Methode."

„Ganz genau", bestätigte ihn Jon.

Die GFP-Methode wurde bereits in den 1960er-Jahren zum ersten Mal beschrieben und entwickelte sich im Laufe der Jahre zur

Standardmethode. Das Protein, das sichtbar gemacht werden soll, wird um einen weiteren Genabschnitt erweitert. Soll heißen, diese Proteine werden genetisch markiert. Der Abschnitt, der hinzugefügt wird, nennt sich GFP, Abkürzung für Green Fluorescent Proteine. Die damit markierten Proteine werden dann im Fluoreszenzmikroskop grün zum Leuchten gebracht. Mit dieser Methode konnte schon Ende der 90er-Jahre der genaue Wirkungsort des Proteins, von dem bei Frankie zu wenig produziert wird, bestimmt werden. Es gab später sehr viele Möglichkeiten, um die GFP-Methode einzusetzen. Den genauen Wirkungsort beziehungsweise den Proteinlevel zu bestimmen, ist nur eine davon.

KAPITEL 20

„Mütter, sperrt eure Töchter ein!"

Tag um Tag verging ohne größere Highlights, und Frankie war extrem gelangweilt. Er konnte dann zwar einige neue Bekanntschaften, zum Beispiel zu seinem Nachbarn, schließen, jedoch musste er immer darauf achten, nicht allzu viele Informationen über sich preiszugeben, schließlich wollte er ja vermeiden, dass die volle Wahrheit ans Licht kam. Erst jetzt wurde ihm bewusst, wie unglaublich wichtig ihm seine Aufgabe als Vereinspräsident gewesen war, und er musste oft daran denken, wie es seinem Verein später ergangen war. Er bat Julia, sich auf der Homepage des Vereins darüber zu informieren, denn Jon hatte ihm sogar verboten, zu viel im Internet zu surfen. Erst hatte er geantwortet, dass er ja ohnehin nicht so abhängig vom Internet sei, später aber wurde ihm bewusst, welch immens großen Stellenwert das Internet für ihn besaß. Julia erzählte ihm, dass der Verein nach wie vor existieren würde, nur wurde als sein Nachfolger Sebastian präsentiert. Heilfroh über diese Neuigkeit versuchte Frankie, sich wieder auf sein Vorhaben zu konzentrieren. Aber er musste schon zugeben, dass er ungefähr fünf Wochen nach der ersten Verabreichung der erhöhten Dosis noch immer keine Veränderungen spüren konnte. In diesen Wochen wurde die Dosis noch mehr erhöht, und im Fluoreszenzmikroskop war ein starker Anstieg seines Proteinlevels zu erkennen.

Wochenlang hatte sich Frankie nicht getraut, Jon darauf anzusprechen, nun aber riss sein ohnehin kurzer Geduldsfaden, und er fragte:

„Du sagst immer, in meinem Gehirn würde mehr als ausreichend von meinem Protein produziert. Das glaube ich dir natürlich aufs Wort, aber wenn ich genug von diesem Protein besitze, warum spüre ich dann noch überhaupt keine Veränderungen?"

Jon erkannte, dass es an der Zeit war, Frankie neuen Mut zuzusprechen, und sagte:

„Erstens können wir deinen Proteinlevel ja nur an gezüchteten Zellkulturen messen, und zweitens ist es so, dass viele Gehirnzellen in deinem motorischen Rindenzentrum bereits abgestorben sind. Erst jetzt werden von deinem Gehirn neue Nervenzellen gebildet, bei welchen aber noch die nötigen Verbindungen fehlen. Dein Gehirn wird also alle Bewegungsabläufe neu erlernen müssen, und dafür wirst du ab sofort eine ganz spezielle Physiotherapie und auch Ergotherapie bekommen. Stell dir einfach vor, du wärst ein neugeborenes Kind, das erst lernen muss, mit seinem Körper umzugehen."

„Das klingt gut", sagte Frankie. „Auch als ich meine Hörimplantate bekam, hat mir mein Akustiker gesagt, dass es bis zu zwei Jahre dauern kann, ehe ich wieder ganz normal hören könnte. Aber weil ich ohne Hörgeräte ja nur noch ganz schwer hören konnte, konnte ich dieses ‚neue' Hören sehr schnell wieder lernen. Und du wirst sehen, mein motorisches Gehirn wird genauso schnell lernen."

„Du scheinst ja wirklich entschlossen zu sein. Dann wird es auch ganz bestimmt so werden", antwortete Jon, zum wiederholten Male ganz sicher, dass er mit Frankie den richtigen Patienten für seinen Versuch gefunden hatte.

Jon organisierte noch an diesem Tag ein erstes Treffen mit seinem Physiotherapeuten, mit dem er von da an noch sehr viel Zeit verbrachte. Sein Name war Theodore, aber alle nannten ihn einfach nur Theo. Sofort bekam er aber von Frankie einen neuen Spitznamen. Er nannte ihn immer Bruce Lee, weil er so sehnig und damit extrem stark war wie eben besagter Schauspieler. Also war er weniger ein Bodybuilder wie zum Beispiel Schwarzenegger, denn diese haben nur aufgeblasene, große Muskeln, aber Menschen, die wirklich sehr stark waren, hatten eben nicht einfach nur große Muskelpakete, sondern waren sehr sehnig.

Frankie konnte ihn auf Anhieb gut leiden und war außerdem richtig froh darüber, endlich wieder zu einer guten Physiotherapie zu kommen. Sie beschlossen, zuerst hauptsächlich seine oberen Extremitäten zu stärken und zwar durch ein richtiges Krafttraining. Ein Krafttraining geht vor allem auf Zeit. Soll heißen, man geht dabei an sein Limit und holt die allerletzten Kraftreserven aus seinem Körper. Das ist genau der Unterschied zum Bodybuilding, denn dabei trainiert man oft stundenlang, ohne sich dabei zu übernehmen. Damals hatte ihm das ein Trainer in seinem Fitnessstudio wie folgt zu erklären versucht: Nimm mal an, ein Muskel hat 100 Muskelfasern. Davon arbeiten aber nur 21. Also 79 Muskelfasern werden nicht gebraucht. Wenn man dann mit einem sehr hohen Gewicht trainiert, arbeiten ungefähr 30 Sekunden nur die ersten sieben. Wenn diese erschöpft sind, arbeiten die nächsten sieben. Man trainiert dann ungefähr eineinhalb Minuten, dann sind alle 21 Muskelfasern erschöpft, und man geht fast ein, dann wird es wirklich sehr schwer, man geht also ans Limit, und der betroffene Muskel tut richtig weh. Dann kommt aber der Körper zu dem Schluss, dass er ja noch 79 Muskelfasern besitzt, die noch nicht mitgearbeitet haben. Also lässt er die Muskelfasern 22 und 23 mitarbeiten, und diese arbeiten dann beim nächsten Training schon mit. Und dadurch wird man immer stärker, also der Muskel gewinnt nicht einfach nur an Größe, sondern er wird wirklich stärker. Diesen Vorgang nennt man auch eine Faser-Rekrutierung.

Gleichzeitig hatten sie auch geplant, damit zu beginnen, an einem Stehtisch aufzustehen und längere Zeit stehen zu bleiben, einfach nur, damit nach der langen Zeit im Rollstuhl seine Beine wieder belastet wurden.

„Das hört sich für mich so an, als würdest du mir wieder beibringen wollen zu laufen. Sehr viele Physiotherapeuten von mir haben sowas schon versucht, aber bei meiner Krankheit stehen die Chancen relativ schlecht", sagte Frankie.

„Ich merke schon, du bist extrem vorsichtig", sagte Theo, wollte Frankie aber gleich aufklären und fuhr fort: „Aber ich weiß natürlich, warum du bei mir bist, denn Jon hat mich in seinen ganzen Versuch bereits eingeweiht."

„Ach gut, das ist sehr wichtig, und ich bin mir sicher, dass wir sehr viel schaffen werden, allerdings ist das Ziel, wieder laufen zu lernen, vielleicht etwas hoch gesteckt."

Corey brachte Frankie und Funky dann wieder nach Hause. Da sie noch genügend Zeit hatten, gingen sie mit Funky ein bisschen durch den Park und fuhren dann mit den öffentlichen Verkehrsmitteln zu seiner Wohnung. Als sie in der U-Bahn saßen, stieg eine ältere Frau in einem weiten Umstandskleid ein, und Frankie brach sofort in schallendes Gelächter aus.

„Meine Güte, der arme Hund!", sagte er und musste sich zurückhalten, nicht mit dem Finger auf die Frau zu zeigen. Alle Leute starrten ihn an, als wäre er irgendein geistig behinderter Vollidiot, und Corey war dies fast peinlich. Später klärte ihn Frankie auf. Er erinnerte sich an eine Geschichte aus seiner Heimatstadt, die er mal von einem ehemaligen Pfleger gehört hatte, der eine Zeit lang in der Notaufnahme gearbeitet hatte. Einmal kam dort in aller Herrgottsfrühe eine ältere Frau in einem Umstandskleid herein und verlangte sofort den Oberarzt. Sie fragten sie zwar, was sie wolle, sie sagte aber, dass sie ausschließlich mit dem Oberarzt sprechen wollte. Sie war dann 37 Minuten in seinem Behandlungsraum, dann erst öffnete sich die Tür, der Oberarzt kam heraus, konnte sich vor Lachen kaum halten, und die einzigen Worte, die er noch herausbrachte, waren:

„Richtet den Operationssaal her!"

Die Frau hatte ihm erzählt, sie wäre so einsam und alleine und benutzte ihren Hund, um diverse Sexspiele zu treiben. Und zwar hatte sie sich eine Leckerli-Pastete auf ihre Mamau geschmiert, damit der Hund sie leckte. Als sie dann die Wallungen bekam, hatten sich ihre Beine verkrampft und sie hatte den Hund zwischen ihren Beinen erdrückt. Dieser hatte sich in seinem Todeskampf in ihrer Vagina festgebissen und sie brachte ihn nicht mehr weg. Also hatte sie sich ein großes Umstandskleid angezogen und fuhr den ganzen Weg mit den öffentlichen Verkehrsmitteln mit dem toten Hund zwischen ihren Beinen zur Notaufnahme. Seither, immer, wenn er eine ältere Frau in einem Umstandskleid sah, konnte er sich vor Lachen kaum halten. Solche Geschichten hört man in seinem Leben sehr oft, und Frankie machte sich immer einen großen Spaß daraus. Nur, bei einer dieser Geschichten wurde ihm immer fast übel. Der gleiche Pfleger erzählte ihm auch, dass sie einmal eine Frau um die dreißig reinkriegten, die eine total zerschnittene Vagina hatte und knapp am Verbluten war. Sie konnten sie zwar retten, aber ihre Vagina war komplett zerstört, und sie hatte niemals mehr Kinder bekommen können. Erst am nächsten Tag erzählte sie, dass sie bei sich zu Hause einen Gangbang mit zehn Männern veranstaltet hatte, und diese führten ihr eine Mineralwasserflasche ein. Diese ganze Flasche verschwand in ihrer Vagina und um sie herauszubekommen, kamen diese Vollidioten auf die schwachsinnige Idee, auf sie drauf zu steigen. Natürlich kam sie nicht einfach wieder rausgeflutscht, sondern sie zerbrach und schlitzte ihr alles auf. Ist schon sehr traurig, wozu die Menschen fähig waren, nur um ihre Sexsucht zu befriedigen.

Ein paar Tage später startete Frankie mit seiner Physiotherapie. Sie begannen damit, seinen ganzen Körper zu dehnen und zu bewegen. Er war heilfroh, da er seine letzte Physiotherapie noch zu Hause in Europa gehabt hatte. Schon nach der ersten Stunde fühlte er sich wieder um einiges lockerer. Nur, als sie zum ersten Mal gemeinsam am Stehtisch aufzustehen versuchten, wurde ihm, aufgrund der „Höhenluft", etwas schwindelig. Auf seine Frage, ob Theo tatsächlich daran glaube, dass Frankie jemals wieder laufen könnte, meinte der nur, dass es ratsamer wäre, seine Ziele so hoch wie möglich zu stecken, da man dann sehr viel erreichen konnte, auch wenn man sein tatsächliches Ziel nicht ganz erreichen würde.

„Genau meine Rede!", bestätigte ihn Frankie, hoch erfreut über die Tatsache, jemanden gefunden zu haben, der ganz genauso dachte wie er selbst.

Frankie war die kommenden Tage hauptsächlich mit Tico unterwegs. Er erzählte ihm wieder einmal einiges aus seinem Leben, unter anderem auch einige Erlebnisse, die er als eher peinlich einstufte. Er war 14 Jahre alt gewesen, da musste er ein paar Tage stationär in der Urologie verbringen, da ihm im wahrsten Sinne des Wortes seine „Eier" angeschwollen waren. Er war mitten in der Pubertät, und in dieser Zeit, vorsichtig ausgedrückt, entdeckt man seinen eigenen Körper, vulgär ausgedrückt hatte er rücksichtslos gewichst. Erst hatte er sich gedacht, dass sich deshalb seine Hodensäcke entzündet hatten, woran diese Entzündung im Endeffekt wirklich gelegen hatte, erfuhr er nie. Auf jeden Fall hatte er sich nicht getraut, seinen Eltern sofort davon zu erzählen, aber nach drei Tagen war sein Hoden so groß wie ein Tennisball und schmerzte. Er wurde also behandelt, und es war dann nicht ganz so schlimm, ein Hoden war ihm zwar abgestorben, aber die ganze Sache war nach ein paar Tagen wieder ausgestanden. Was ihm aber peinlich gewesen war, war, dass er als 14-jähriger, schwer pubertierender Junge, der gerade erst sein Interesse am weiblichen Geschlecht entwickelt hatte, bei der Visite im Krankenhaus, bei der immer einige echt scharfe Schwesternschülerinnen dabei waren, diesen allen seine geschwollenen Eier präsentieren musste. Außerdem war es ihm auch peinlich, dass er dort vor allen anderen den Oberarzt fragen musste, ob er mit einem Hoden überhaupt zeugungsfähig war. Dies war eigentlich schon der Fall, aber wenn er damals gewusst hätte, wie sein Leben mit dieser Behinderung verlaufen würde, wäre es ihm ohnehin völlig egal gewesen, wenn der Oberarzt diese Frage verneint hätte.

Auch erinnerte Frankie sich an seinen 35. Geburtstag. Wie fast jedes Jahr veranstaltete er an diesem Tag eine kleine, aber feine Geburtstagsparty in seiner Wohnung. Er lud seine besten Freunde und auch alle Assistenten, die damals bei ihm beschäftigt waren, ein. Wochen vor diesem Tag ging er seinen Assistenten schon gewaltig auf die Nerven, weil er, wie immer, unbedingt herausfinden wollte, was seine Assistenten ihm zum Geburtstag schenken wollten. Natürlich wollte er nicht tatsächlich sein Geschenk erraten, aber er machte sich eben einen großen Spaß daraus. Sehr viele Theorien kamen ans Licht, aber was er wirklich bekommen sollte, fand er natürlich nicht heraus. Scherzhaft meinte er immer, er würde eine Kaffeemaschine geschenkt bekommen. Ganz aufgeregt wartete er auf den Moment der Geschenkübergabe. Erwähnenswert wäre vielleicht, dass an diesem Tag auch einige Leute anwesend waren, die er nicht besonders gut kannte, zum Beispiel diverse Freunde seiner Assistenten. Entgegen seiner Erwartung, ein großes Paket zu bekommen, überreichte ihm einer seiner Assistenten nur ein Briefkuvert. Erst meinte er: „Meine Güte, die Kaffeemaschinen werden heutzutage auch immer kleiner."

In diesem Kuvert befand sich aber nur Geld, damit er sich eine Prostituierte leisten konnte. Erst dachte er sich: *Naja, eigentlich schon ein ziemlich cooles Geschenk für seinen Arbeitgeber.* Dann aber kam ihm der Gedanke: *Na super, für mich heißt das: Auf einem normalen Weg bekommt Frankie nie eine ab, also hilft nur eines: Eine Hure muss her!*

Wären wirklich nur seine Assistenten anwesend gewesen, wäre das ja nicht schlimm gewesen, aber da auch einige andere Leute dabei waren, war ihm das richtiggehend peinlich. So ein Schuss kann nämlich schwer nach hinten losgehen, er hätte auch sauer reagieren können, er bedankte sich aber nur für das im Endeffekt doch ziemlich coole Geschenk, verwendete das Geld aber nicht für eine Prostituierte, sondern sparte es sich auf für seinen nächsten Urlaub in der Dominikanischen Republik. Er glaubte aber, dass seine Assistenten sehr wohl bemerkten, dass dieses Geschenk nicht ganz so gut überlegt gewesen war, denn das war eigentlich die letzte große Geburtstagsparty seiner Assistenten für ihn. Nur ein paar Jahre später organisierte er zu seinem 40. Geburtstag eine sehr große Familienfeier. Das war sicherlich auch ein Grund, warum der Kontakt zu einigen seiner damaligen Assistenten abgebrochen war. Er konnte es aber ein bisschen verstehen, da er, der immer sehr offen mit seinen Assistenten sprach, öfters von recht coolen Erlebnissen berichtete, die er mal mit Prostituierten hatte. Aber meine Güte, auch wenn man dazu steht und es als ganz angenehm betrachtete, so leistet man sich solche Sachen doch selber, anstatt es sich zum Geburtstag schenken zu lassen.

Es war einer der schönsten Tage, seit er seine Behinderung hatte. Frankie durfte Corey im Anschluss an eine Physiotherapie zu einer Probe seiner Band begleiten. Schon während der Autofahrt dorthin bemerkte Corey zum ersten Mal, dass Frankie zumindest an diesem Tag deutlicher sprechen konnte als zuvor. Im wahren Sinne des Wortes konnte sich Frankie besser und vor allem leichter mit Corey unterhalten. Frankie musste sich zurückhalten, um Corey nicht die ganze Wahrheit aufzutischen, aber wenn er schon bemerkte, wie es Frankie langsam besser ging, würde er Corey doch alles erzählen müssen, aber nicht, ohne Jon um Erlaubnis zu bitten. Trotzdem konnte er einen kleinen Hinweis darauf nicht vermeiden und sagte:

„Warte nur, dass ich ein bisschen sprechen kann, ist erst der Anfang, da kommt noch einiges mehr!"

Verwundert sah ihn Corey an, sagte aber nur:

„Da bin ich aber gespannt, wahrscheinlich willst du damit sagen, du würdest in ein paar Monaten durch die Gegend hüpfen."

„Jawohl", scherzte Frankie, „am besten, du hängst überall in der ganzen Stadt Zettel auf, auf denen geschrieben steht: Mütter, sperrt eure Töchter ein, Frankie is coming!"

Zum ersten Mal lernte Frankie Coreys andere Bandmitglieder kennen. Der Bassist war ein ehemaliger Studienkollege und vor allem für seine Technik bekannt, auf die Bass-Saiten zu schlagen, anstatt sie zu zupfen. Sein Name war Josh, er hatte kurz geschorenes Haar, war zwar immer sehr sportlich gekleidet, aber ganz offensichtlich eher nicht so sportlich unterwegs, denn er wirkte ein bisschen fett. Der Schlagzeuger der Band hieß Wayne, und er sah fast genauso aus wie ein sehr bekannter Schauspieler. Damit du weißt, wer gemeint ist, musst du nur wissen, was Frankie sagte:

„Ich weiß jetzt, wie die Band heißt: Wayne's World. Aber habt ihr denn gar keinen Keyboarder? Fast alle sehr guten Bands haben einen guten Keyboarder."

„Nein, leider noch nicht, wir haben uns schon einige ange-hört, aber wir suchen nicht nur irgendeinen Keyboarder, son-dern einen sehr gut ausgebildeten Pianisten, und die Band hat auch noch keinen eigenen Namen."

Frankie meinte dann auch, um einen durchschlagenden Erfolg zu haben, sollten sie ein bisschen weggehen von der reinen Me-tal-Core-Szene, sondern besser einen ganz eigenen Sound fin-den. Für Bands, die ausschließlich Metal-Core spielten, war die Zielgruppe doch relativ klein. Um ein größeres Publikum an-zusprechen, sollten sie versuchen, möglichst viele Musikrichtun-gen zusammenzumischen und damit ganz eigene Wege zu ge-hen. Frankie fand es schade, dass er selbst nicht gut genug singen konnte, bot aber an, als Produzent in Coreys Band einzusteigen und im Endeffekt auch einen eigenen Namen dafür zu finden.

„Abgemacht", sagte Corey, „bin schon sehr gespannt, welche Einfälle du da haben wirst."

KAPITEL 21

„Ein geheilter Patient ist ein verloren gegangener Kunde!"

Auch in den Tagen darauf merkte Frankie immer stärker, dass er jeden Tag ein bisschen verständlicher sprechen konnte. Er konnte aber nur den Menschen, die ihn umgaben, vertrauen, dass sie ihn tatsächlich besser verstehen würden, denn er selbst konnte selbiges noch nicht so stark bemerken. Aber nach 13 Tagen fiel auch ihm selbst auf, dass es nicht mehr ganz so anstrengend war, deutlich zu sprechen. Langsam glaubte er selbst, dass dieser Versuch zum gewünschten Erfolg führen könnte.

Jetzt warte ich nur noch darauf, dass sich auch meine Bewegungen, vor allem in den oberen Extremitäten, verbessern werden, dachte er sich. Aber leider Gottes wurde dieser Versuch noch nicht ganz so schnell vom gewünschten Erfolg gekrönt. Die Dosis seiner CrispR-Substanzen wurde noch mehr erhöht, und er selbst und auch Jon glaubten, dass er langsam ein bisschen zu viel davon in seinem Körper haben würde. Denn etwas später kamen Tage, an denen er fast überhaupt kein Wort mehr herausbrachte. Frankie dachte erst, er wäre ganz einfach an einer leichten Grippe erkrankt, allerdings checkte George seinen ganzen Körper durch und versicherte ihm, dass er allgemein gesehen gesund war.

„Okay", sagte Frankie darauf, „solche Ansagen habe ich schon so oft gehört. Ich habe zwar eine sehr starke körperliche Behinderung, aber sonst bin ich gesund!"

Die Frage war also, wie sie jetzt damit umgehen sollten. Sollten sie schon aufgeben und Frankie wieder nach Hause schicken? Frankie hätte es nämlich für sehr schade gehalten, bei der allerersten kleinen Schwierigkeit gleich wieder alles hinzuschmeißen, ohne nach Problemlösungen zu suchen. Glücklicherweise war Jon derselben Meinung, und die erste problemlösende Idee war, zuerst nur die Dosis wieder zu reduzieren. Auch, weil er vermutete, dass die verabreichten CrispR-Substanzen bei einer sehr hohen Dosis auch essenzielle Proteine ausknockten, diese jedoch nicht wieder einfügten.

„Nur Mut", versuchte Jon den fast verzweifelten Frankie wieder aufzubauen, „wir werden alles wieder gut hinbiegen. Deine Laborwerte und auch dein Proteinspiegel sehen so verdammt gut aus, dass wir alles Erdenkliche unternehmen werden, um solche auftretenden Nebenwirkungen zu umgehen. Außerdem wäre es ja fast zu schön gewesen, wenn überhaupt keine Nebenwirkungen aufgetreten wären. Vielleicht wirst du auch ein anderes Medikament benötigen, welches diese Nebenwirkung behandelt."

„Danke, dass du mich gleich wieder so beruhigst", sagte Frankie, „Wenn du noch immer oder jetzt erst recht über eine Publikation deines Versuchs nachdenkst, dann kann eine Notwendigkeit eines weiteren Medikaments ja gar nicht schaden, da man dadurch leichter Forschungsgelder auftreiben kann."

„So ist es", antwortete Jon sofort. „Es geht ja immer um den Profit. Ein Grundsatz der Pharmaindustrie lautet: Ein geheilter Patient ist ein verloren gegangener Kunde!"

Alle wollten aber mit dem Versuch erst einmal ein bisschen pausieren und erst dann mit einer etwas geringeren Dosis weitermachen, wenn Frankie sich wieder einigermaßen erholt hätte.

Frankie wusste zuerst nicht genau, wie er Julia diesen kleinen Rückschritt beibringen sollte, also meinte er nur, sie solle sich nicht zu früh freuen, denn es würde noch länger dauern, bis er zurückkommen würde. Frankie und Julia hatten sich nun schon fast ein halbes Jahr nicht gesehen, aber die 10.000 Kilometer zwischen ihnen änderten nichts daran, dass es ihm diese Frau angetan hatte. Frankie hatte in dieser Zeit sehr viele Frauen kennengelernt, und viele hätten es für blöd gehalten, dass Frankie noch immer einer Frau die Treue schwor, mit der noch gar nichts am Laufen war und die noch dazu am anderen Ende der Welt wohnte. Aber er war sich ganz sicher, dass zwischen ihnen irgendwas passiert war, denn Frankie musste jede Frau, die er kennenlernte, sofort mit ihr vergleichen. Und verdammt nochmal, keine davon, ganz egal wie hübsch oder reich oder jung oder was auch immer sie war, keine konnte Julia auch nur annähernd das Wasser reichen.

Wie fast jeden Tag waren Frankie, Funky und auch Corey im Community Park mit Funky spazieren. Frankie musste zugeben, dass er an diesem Tag einen, sagen wir einmal, nicht ganz so guten, ja fast erbärmlichen Eindruck machte. Wie so oft an solchen Tagen hing er wie reingekackt in seinem Rollstuhl. Als ihn Corey zu einer abgesperrten Hundewiese schob, wo sie Funky von der Leine lassen konnten, kam eine Frau Mitte 30 auf ihn zu. Sie sah ihn mit mitleidigen Augen an, legte ihm ein paar Flyer auf den Schoß und sagte:

„Ich möchte dich zu einem Treffen meiner Kirchengemeinde einladen. Denn ich bin mir ganz sicher, wenn du dich Gott anvertraust, wird er dir helfen."

„Lass mich bloß in Ruhe mit so einem Glaubensscheiß, du Jesus-Freak", hätte er fast gesagt, konnte sich aber im letzten Moment davon abhalten, lächelte sie nur an und ging – haha, fuhr – weiter.

Frankie war streng katholisch aufgewachsen. Er wurde zwar als Katholik geboren, zumindest stand in seinem Taufschein bei „Religion" bis zu seinem Lebensende „römisch-katholisch", aber besonders religiös war Frankie nie wirklich.

Damals hatte seine Ortschaft noch einen eigenen Pfarrer, der in der ganzen Umgebung sehr beliebt war, so eine Art Don Camillo. Er wohnte in einem eigenen Pfarrhaus direkt neben der Kirche, lebte zwar im Zölibat, hatte aber eine Bedienstete, die im gleichen Haus wohnte und alle Haushaltstätigkeiten für ihn erledigte. Er selbst hielt seine Messen, führte den Religionsunterricht an der Grundschule und war der Ansprechpartner für all jene, die Probleme mit ihrer Lebensführung hatten.

Der Glaube an sich ist etwas sehr Gutes und auch sehr Wichtiges, aber Frankie war der Meinung, dass es im Prinzip völlig egal

war, an was man glaubte. Man hätte auch an ein südvietnamesi-
sches Hängebauchschwein glauben können, dieser Glaube wäre
zwar nicht so weit verbreitet gewesen wie der Glaube an – zum
Beispiel – den Vater von Jesus oder an einen der anderen Götter, aber im Endeffekt wäre es dasselbe. Also brauchen die Menschen eine imaginäre dritte Person, die einem hilft, also einen
Gott. Frankie glaubte an sich selbst. Er war also Gott! Das klang
vielleicht ein bisschen blasphemisch, aber denk mal ein bisschen
näher darüber nach. Was erhoffte man sich von einem Gott? Ein
Gott sollte immer für einen da sein, sollte einem immer zuhören und einem immer dabei helfen, sein Leben zu meistern. Na,
und wer war das? Genau! Er selbst! Immer, wenn er ein Problem hatte, arbeitete er selbst an einer Lösung und setzte diese
Ideen in die Tat um. Kriegt man das von seinem Gott im Himmel oder von Allah oder von irgendeinem anderen Gott? Nein,
zumindest nicht von diesem persönlich, sondern von dem Glauben an diesen. Also könnte man behaupten, jeder Mensch dieser Welt sei sein eigener Gott. Angeblich waren dies genau die
Worte von Jesus Christus, oder besser Jesus von Nazareth, denn
Christus war ja eigentlich nicht sein richtiger Nachname, sondern nur ein hebräisches Wort für gesalbt. Dieser sagte auch, dass
wir kein Haus aus Holz und Stein brauchen, also keine Institution Kirche, um zu glauben, denn Gott ist überall, genau genommen ist Gott in dir. Frankie glaubte, dass er damit gemeint hatte, dass jeder Mensch sein eigener Gott sei. Damit glaubte also
Frankie auch, dass Jesus sehr wohl gelebt hatte, dass aber seine
ganzen Ansagen, von wegen er wäre Gottes Sohn, frei erfunde-
ne Märchengeschichten waren. Hätte er im 20. Jahrhundert genau dies behauptet, hätte man ihn sofort in die Klapse gesperrt.
Nur hatte Jesus vor 2000 Jahren eben genügend andere Menschen gefunden, die ihm glaubten. Auch später hielt Frankie den
christlichen Glauben für völligen Blödsinn, jedoch hatte er großen Respekt vor Menschen, die einen sehr starken christlichen
Glauben besaßen. Gleichzeitig hätte Frankie von strenggläubigen
Menschen erwartet, dass sie andere, die nicht so stark glaubten,
genauso respektierten. Das taten sie aber nicht, sie wollten alle

immer gleich bekehren, wie zum Beispiel die Frau, die ihm sagte, er solle sich Gott anvertrauen, damit dieser ihm helfe. Strenggläubige Menschen hatten nicht nur keinen Respekt vor nichtgläubigen Menschen, sondern sie hatten auch keinen Respekt vor Menschen anderer Glaubensrichtungen, deswegen gab es immer so große Glaubenskriege. Wir töteten andere Menschen, die andere Glaubensrichtungen hatten, das war nicht gut. Jesus wollte uns mit allem, was er uns sagte, nur eines näherbringen, nämlich: „Sei ein guter Mensch." Wenn man andere Menschen tötete, war man aber kein guter Mensch. Es war schon sehr seltsam, wenn man betrachtete, wie weit die gesamte Wissenschaft schon fortgeschritten war, aber noch lange nicht am Ende, dass wir jedoch trotzdem noch an solche Märchen wie die unbefleckte Empfängnis glaubten.

Frankie wollte nie, dass irgendjemand an ihn glaubte. Seine Religion bestand nur aus einem einzigen Gläubigen und zwar ihm selbst. Er sagte auch immer ganz gerne:

„Ich will gar nicht, dass du denkst wie ich, ich will einfach nur, dass du denkst!"

Als Frankie ungefähr 28 Jahre alt war, wurde es ihm zu dämlich, ständig seine Kirchensteuer zu bezahlen und damit einen Verein zu unterstützen, der ihm so absolut gar nichts brachte. Also ging – haha, fuhr – er zur Kirchenbeitragsstelle, mit dem Vorhaben, dort auszutreten. Die Beschäftigten sagten ihm, oder betteltn ihn fast an, er möge doch in der Kirche bleiben, dafür würden sie ihn lebenslang von der Kirchensteuer befreien.

„Überredet", sagte er, also stand bis zu seinem Lebensende in seinem Ausweis „römisch-katholisch", in Wahrheit aber war er eher Atheist. Vor allem glaubte er definitiv nicht an ein Leben nach dem Tod, er glaubte eher, dass unser Gehirn funktioniert wie zum Beispiel ein Computer. Nimmt man diesen vom Stromnetz, funktioniert er einfach nicht mehr. Also wenn unser Herz stehenblieb, war da einfach gar nichts mehr. Und weil er so glaubte, war es für ihn völlig logisch, dass das Leben immer im jeweiligen Moment zu genießen war und nicht erst später.

Friedrich Nietzsche sagte, dass Religionen immer aus Angst entstehen, wir hatten Angst, zum Beispiel in die Hölle zu kommen, wenn wir die Regeln Gottes nicht befolgten. Damit Menschen sich selbst ein bisschen die Angst nehmen konnten, waren sie bereit, so ziemlich alles zu glauben. Frankie aber sagte, Religionen würden vor allem aus Unwissenheit entstehen, immer wenn wir irgendwelche Phänomene nicht erklären können, erklären wir uns das einfach durch einen Gott.

Eine solche Einstellung zum Tod war auch etwas gefährlich, da man dadurch sehr große Angst vor dem Tod bekommen konnte. Und genau das war einer der vielen kleinen Aspekte seiner starken Behinderung, die er als sehr positiv betrachtete. Denn durch diese beschissene Erkrankung verlor Frankie jede Angst vor dem Tod, er bedeutete nur noch eine Erlösung. Aber sterben wollte er deshalb nicht, dafür liebte er das Leben viel zu sehr.

In den Wochen darauf zeigten sich sehr langsam immer größere Erfolge seines körperlichen Zustandes. Ganz absichtlich vermied er es, Julia genau davon zu berichten, das Einzige, was sie hören konnte, war, dass sich seine Sprache immer mehr normalisierte. Ansonsten aber hatte sie keine Ahnung, was mit Frankie wirklich geschah, er wollte sie eben damit überraschen. Er selbst konnte zum ersten Mal feststellen, dass er sich plötzlich sehr leicht im Bett drehen konnte. Erst da wurde ihm klar, dass er deshalb so wenig geschlafen hatte, denn wenn er sich die Jahre davor im Bett drehen musste, war dies so unglaublich anstrengend gewesen, dass er immer wieder putzmunter war, nach einem dieser 20-minütigen Kämpfe. Damit sollte dir jetzt klar sein, dass Frankie endlich wieder einen erholsamen Tiefschlaf genießen konnte. Auch mit Theo konnte er sehr große Erfolge feiern. Aber auch außerhalb der Therapiezeiten verbrachte Frankie die meiste Zeit in der Kraftkammer. Er fühlte sich, als könne er sämtliche Bäume der ganzen Welt mit bloßen Händen ausreißen, und alle mussten ihn zurückhalten, damit er dies nicht tatsächlich tat. Zumindest fühlte er selbst es so, für andere jedoch hatte er noch immer eine starke körperliche Behinderung. Sehr viele Träume hatte er vorher gehabt, was er dann alles tun würde, viele davon blieben auch Träume, aber einen Traum ließ sich Frankie erfüllen. Er bat Jon, ihm ein professionelles Handbike zu besorgen und zwar ein noch besseres, als er damals gehabt hatte. Er haute einfach ab, ließ also einige Therapieeinheiten ausfallen, weil er unbedingt mal einen kleinen Abstecher nach Los Angeles machen wollte, um diese wunderschöne Stadt zu besichtigen.

Aber da Frankie eine geografische Null war, hatte er die Größe von Kalifornien total unterschätzt, denn Los Angeles lag knapp 130 Meilen von San Diego entfernt. Frankie schaffte nur ungefähr 67 Meilen bis zu einer Kleinstadt namens Dana Point. Dort hielt er an einem American Diner mit Blick aufs Meer, genoss ein wieder einmal ungesundes Mittagessen und fuhr danach nach San Diego zurück. Trotzdem machte er nach über 20 Jahren wieder einen längeren Handbikeausflug und war sehr stolz auf diese Traumerfüllung.

Dann verspürte er langsam auch feinmotorische Verbesserungen, und George schickte ihn zu einer speziellen Ergotherapie.

KAPITEL 22

„You see this guy …"

Mittlerweile wurde es in San Diego Hochsommer, und – danke Klimaerwärmung! – an manchen Tagen hatte es über 40 Grad Celsius. Aber hier am Pazifik machte ihm das nicht allzu viel aus, denn wenn es bei ihm zu Hause mal so heiß gewesen war, wurde er immer fast von der Hitze erdrückt. Hier war die Hitze nicht so drückend, denn es wehte immer eine leichte, kühlende Meeresbrise. Nach sehr langer Zeit konnte Frankie endlich wieder Spontaneität genießen. Wenn ihm, zu welcher Uhrzeit auch immer, einfiel, er würde jetzt gerne zum Pier auf einen Kaffee gehen – haha fahren, dann schnappte er sich einfach Jons Kreditkarte und fuhr los. Zuvor hatte er jede einzelne Tätigkeit genauestens im Voraus durchplanen müssen, damit er einen Assistenten organisieren konnte, der ihm dabei half. Es war an einem Montag, als ihm Jon einen weiteren Termin zur Hautbiopsie gab, den er zuvor mit Sicherheit abgesagt hätte, da Corey immer montags in einem Tonstudio arbeiten musste, auch Tico montags bei einem anderen Rollstuhlfahrer tätig und Rachel gerade auf Urlaub war. Aber diesmal sagte er Jon sofort zu und beschloss, ganz einfach alleine zur Klinik zu fahren und nach der Biopsie zum Strand, um bei einem guten Kaffee die leicht bekleideten Mädels beim Beachvolleyball zu beobachten – okay, um sie zu „spannen". Die Hautbiopsie und zuvor die Blutabnahme waren wie immer, wurden also langsam zur reinen Routine. Vor allem hatte er überhaupt keine Angst vor irgendwelchen negativen Werten, da er sich ganz allgemein verdammt gut fühlte. Gerade deshalb wollte er diese Routineuntersuchungen so schnell wie möglich über die Bühne bringen, da er es kaum erwarten konnte, die besten und größten Argumente der Beachvolleyballspielerinnen zu betrachten. Er fuhr direkt zu jenem Kaffeehaus, welches in den letzten Monaten zu seinem Stammlokal mutiert war. Dort in dem Lokal kannten ihn schon alle, und der Ober servierte ihm seinen Kaffee sofort mitsamt dem Strohhalm, den er bis dahin gebraucht hatte, um überhaupt einen Kaffee trinken zu können.

„Ab jetzt benötige ich keinen Strohhalm mehr, ich trinke meinen Kaffee ab sofort so wie jeder andere auch", sagte er und fühlte sich unbeschreiblich gut dabei, um nicht zu sagen richtig „erwachsen". Auch brachte ihm der Ober wie gewohnt einen Aschenbecher, aber auch damit schickte er ihn wieder weg, da er, by the way erwähnt, schon seit ungefähr zwei Wochen nach über 25 Jahren endlich das Rauchen aufgegeben hatte. Zum einen, weil er sich immer ein bisschen schämen musste, bei jedem Kauf von Zigaretten Jons Kreditkarte zu belasten und zum anderen, weil die Nichtraucher-Julia mal erwähnt hatte, dass sie nicht besonders gerne einen Aschenbecher küsste. Wie immer, wenn er, aus welchen Gründen auch immer, an Julia denken musste, wurde er richtig sentimental, schmunzelte verträumt in sich hinein und wurde anschließend richtig traurig. Als er seinen Kaffee getrunken hatte und eigentlich gerade nach Hause aufbrechen wollte, um sein tagtägliches Krafttraining zu beginnen, hörte er hinter sich plötzlich eine Frau, die lautstark seinen Namen rief. Als er sich umdrehte, konnte er es erst mal gar nicht fassen, wer da vor ihm stand. Es ist jetzt für dich wohl schwer zu erraten, um wen es sich handelte. Nein, falsch, es handelte sich nicht um Mike Patton, vor ihm stand tatsächlich Julia. Eigentlich dauerte es einen kleinen Moment, bis er sie erkannte, da sie schon seit längerem damit aufgehört hatte, sich die Haare zu färben, und sie war ja eigentlich blond. Aber sie hätte ihre Haare sogar kotzgrün färben können, er hätte sie trotzdem erkannt, denn dieser aufreizende Körper war einfach einzigartig.

„Julia!?", rief er, denn das war das Einzige, was er herausbrachte. Zum ersten Mal sah sie, wie gut er sich schon bewegen konnte und war deshalb auch sprachlos, sie kam auf ihn zu, setzte sich auf seine Knie und umarmte ihn innig. Frankie wollte dann gleich wissen, warum sie ihn jetzt so plötzlich besuchte, ohne ihn in irgendeiner Weise vorzuwarnen.

„Das war wirklich eine sehr spontane Entscheidung von mir. Als wir vor zwei Tagen telefoniert haben, hast du kurz erwähnt, dass du dich schon sehr viel besser bewegen kannst. Ich musste das einfach mit eigenen Augen sehen und habe noch an diesem Abend den Flughafen angerufen, wann der nächste Flug nach San Diego geht. Dann habe ich nur das Nötigste schnell eingepackt, denn gleich am nächsten Tag in der Früh ging ich zum Flughafen. Das Einzige, was ich mit Sicherheit wusste, war, dass ich dich völlig überraschen wollte", sagte sie und sah ihm dabei die ganze Zeit so tief in die Augen, dass er fast dahin schmolz. „Außerdem musste ich dich einfach sehen, nicht nur aus Neugier, sondern weil ich dich in den letzten Monaten extremst vermisst habe."

Frankie spürte, dass dies nicht ein gewohntes Blablabla war und beschloss, bei ihr nicht den gleichen Fehler wie so oft vorher zu machen und die Sache zu Tode zu quatschen, also das gleiche Blablabla zu entgegnen, sondern drückte sie einfach an sich und drückte ihr, weil sie mal erwähnt hatte, dass sie das so gerne mochte, einen kräftigen Schmatz auf ihren Hals.

Diese Umarmung war nahezu erotisch, und beide hatten das so genossen, dass sie ein paar Minuten kein Wort miteinander wechselten. Frankie hätte am liebsten noch eine ganze Stunde in ihren Armen gelegen, Gott sei Dank brach aber sie das Schweigen.

„Sag mal, hast du einen neuen Rollstuhl?", fragte sie.

„Nein, es ist schon noch der gleiche Rollstuhl, nur meine angepasste große Sitzschale konnte ich abmontieren, da ich mittlerweile schon eine ausreichend gute Körperkontrolle besitze, um einigermaßen gerade im Rollstuhl sitzen zu können", antwortete Frankie und war sich durch ihre Frage sicher, dass der Frankie, den man jetzt sah, erst jetzt auch optisch so wirklich was hermachte.

Sie erzählte ihm dann, dass sie zu dieser Zeit sehr wenige Aufträge hatte und sie, bis ihr nächster Auftrag begann, ungefähr drei Wochen Zeit hatte, um bei ihm zu bleiben. Jon hatte ihr gesagt, dass Frankie nach der Hautbiopsie sicherlich zum Strand fahren würde, und sie musste ihn auch gar nicht lange suchen, da er ohnehin schon recht bekannt in der ganzen Umgebung war.

Ihr fiel als Allererstes auf, dass er nun, weil er eben alle Bewegungen gut koordiniert ausführte, einen sehr männlichen Eindruck machte, zuvor hatte man zuerst nur einen sehr stark „Behinderten" gesehen.

„Jetzt kann man sehr glaubwürdig behaupten, dass du definitiv ein Mann zum Verlieben bist", sagte sie, aber auf seine Gegenfrage, ob ihr das schon passiert sei, antwortete sie: „Frag mich das bitte in drei Wochen noch einmal."

Langsam dämmerte es schon, und sie wollten sich auf den Weg zu seiner Wohnung machen. Sie wollte ihn schon nach Hause schieben, Frankie jedoch nahm ihre Hand, und die beiden fuhren Hand in Hand nach Hause. Er fühlte sich großartig dabei, er erinnerte sich an eine seiner ersten Freundinnen, mit der er oft sehr lange Spaziergänge Hand in Hand unternommen hatte. Er erzählte ihr auf dem Heimweg von seinen wiedererlernten Fähigkeiten, zum Beispiel von seinem Handbike-Ausflug nach San Francisco, von seinem wiederbegonnenen Krafttraining, und er merkte, wie sie sich für ihn freute. Auch schmiedeten sie langsam Pläne, was sie alles in den nächsten drei Wochen unternehmen würden. Er konnte zwar nicht einfach drei Wochen lang die Behandlung aussetzen, aber er hatte eine kleine Idee, wie sie es bewerkstelligen konnten, dass die Unternehmungen gleichzeitig ein gutes Training für ihn darstellen würden. Frankie hatte von einer Tanzschule ganz in der Nähe erfahren, welche professionelle Tanzkurse für Rollstuhlfahrer anbot.

„Da sehen wir uns zu Hause ein paar Youtube-Videos an, das sieht echt cool, ja richtig spektakulär aus. Das Ganze ist richtig professionell, dieser Tanzsport ist sogar olympisch", erzählte er voller Vorfreude.

„Steck deine Ziele doch nicht immer gleich so hoch, aber ja, ich bin natürlich gerne dabei", antwortete sie, um ihn gleich wieder auf den Boden der Realität zurückzuholen.

An diesem Abend unternahmen die beiden dann nichts mehr weiter, denn schon auf dem Heimweg fiel Frankie auf, dass Julia wohl schon seit zwei Tagen überhaupt nicht mehr geschlafen hatte und sie endlich ins Bett musste, um sich vor allem den großen Jetlag auszuschlafen. Er hatte zwar in seiner Wohnung eine bequeme Couch, aber sie schlief gleich neben ihm in seinem Bett. Er musste schon zugeben, dass er sich sehr zurückhalten musste, damit da nicht noch mehr passierte. Nur Corey, der am nächsten Tag Dienst hatte, wusste zuerst nicht ganz, wie er reagieren sollte, als er sah, dass jene Frau neben Frankie lag, die er zuvor schon oft als seine Traumfrau bezeichnet hatte. Frankie hätte am liebsten alle Termine sofort abgesagt und den ganzen Tag nur mit ihr verbracht.

„Ruhig Blut, Frankie. Wir haben jetzt drei Wochen Zeit, und wir werden ganz bestimmt viel unternehmen. Also mach bitte ruhig deine Therapien, ich werde inzwischen Jons Frau und auch Jennifer besuchen, denn die beiden habe ich bei einem Europabesuch von Jon auch kennenlernen dürfen. Nach deiner Therapie feiern wir dann deine wiedergewonnenen Fähigkeiten, oder besser gesagt, machen wir San Diego unsicher", sagte sie, immer noch verschlafen.

„Okay, aber vorher schaust du lieber noch, dass du ein bisschen zur Ruhe kommst", antwortete Frankie und fuhr mit Corey los.

Theo wartete schon voller Vorfreude auf Frankie, denn er hatte für ihn ein relativ neues Gerät organisiert, welches in erster Linie dafür verwendet wurde, um das Gehen zu erlernen beziehungsweise genau diese Muskelpartien zu trainieren, die für einen aufrechten Gang notwendig waren. Es handelte sich um einen Lokomaten, und er hatte diese „Maschine" extra aus Boston besorgt. Man braucht dafür zuerst kaum eigene Muskelkraft, weil der ganze Körper, vor allem die Hüfte und die Beine, mit vielen Gurten in das Gerät eingespannt werden und man nur die ganzen Bewegungsabläufe trainiert. Also geht eigentlich die Maschine mit einem, und die ganzen Muskeln werden erst mal nur bewegt.

„Also willst du mir jetzt doch beibringen, wieder zu laufen?", fragte Frankie.

„Ja natürlich. Vielleicht ist das Ziel, wieder ganz alleine zu laufen, eine kleine Spur zu hoch gesteckt, aber wir können es sicherlich schaffen, dass du zumindest zwei, drei Schritte alleine machst, um dich zum Beispiel leichter auf die Toilette umzusetzen", antwortete Theo in Anbetracht der großen Erwartungen.

Es dauerte 23 Minuten, ehe er vollständig in diese Maschine eingespannt war und das Gerät die ersten paar Schritte mit ihm machte. Für Frankie war es ein unbeschreibliches Gefühl, endlich wieder alleine ein bisschen zu marschieren und dabei nicht herumzutorkeln, allerdings glaubte er erst mal nicht daran, dass dies viel an Training bedeuten würde, da er sich doch nicht jedes Mal, wenn er aufs Klo musste, 23 Minuten lang in diese Maschine einspannen konnte.

„Keine Sorge Frankie, du wirst nach langem Training die Bewegungen so verinnerlicht haben, dass du nicht jedes Mal dieses Gerät brauchst. Zuerst wird dein ganzes Körpergewicht noch von der Maschine getragen, und auch deine Beine werden automatisch richtig bewegt, erst ein bisschen später werden wir den dazugehörigen Computer so einstellen, dass du selbst immer mehr tun musst", sagte Theo, als hätte er sofort gewusst, woran Frankie dachte.

„Gut, dass ich angeschnallt bin, denn sonst würde ich jetzt umkippen", sagte Frankie während eines üblen Schwindelanfalls. Nach der ersten Stunde Training mit diesem Gerät dachte er sich, dass das überhaupt keine Wirkung zeigen würde, aber als sie dann Frankie selbst immer mehr sein eigenes Körpergewicht tragen ließen, wurde es richtig schweißtreibend.

„Es ist für mich ein riesiges Gefühl, endlich wieder aufrecht zu laufen. Ich kann zwar die nächste Stunde kaum erwarten, aber jetzt muss ich los, denn ich habe so eine Art Date", sagte Frankie, und ohne sich zu verabschieden brach er auf, um „seine" Julia aufzusuchen.

Wer sich aber am meisten über Julias Besuch freute, war Funky, denn dieser musste an diesem Tag nicht im Therapieraum auf Frankie warten, sondern bekam Julias volle Aufmerksamkeit, oder anders gesagt, er kümmerte sich bestens um sie. Obwohl Theo so einige neue und sehr aufregende Therapiemethoden mit ihm probierte, war es für Frankie unglaublich schwer, sich komplett auf die Therapie zu konzentrieren, da er, jetzt erst recht, nur Julia im Kopf hatte. Einerseits dachte er sich, dass es nun wohl an der Zeit wäre, ein bisschen aufs Gas zu steigen und seine wiedererlernten Fähigkeiten auszunutzen, sprich sie anzubaggern, andererseits wäre es doch besser, Ruhe zu bewahren und darauf zu hoffen, dass sich eine echte Liebe zwischen ihnen entwickeln würde. Nur war er sich sofort fast sicher, dass er, am besten so bald wie möglich, ihr seine Liebe gestehen musste. Nur wie?

Am Nachmittag nach der Therapie verbrachten die beiden – okay, die drei – einen wunderschönen Badetag, und als sie im Pazifik schwammen – übrigens schwamm Frankie zum ersten Mal seit über 25 Jahren wieder ganz ohne Schwimmweste oder andere Schwimmhilfen – und als sie Arm in Arm im Wasser lagen und sie ihm tief in die Augen sah, dachte er sich:

Jetzt ist die Chance, auf die du schon so lange gewartet hast. Jetzt sag ihr endlich, was du für sie empfindest, verdammt noch mal!

Verzweifelt suchte er nach den richtigen Worten, immerhin konnte er doch nicht einfach sagen, dass er voll blöd auf sie stehe und er sie unbedingt ins Bett kriegen wolle oder so irgendeinen Scheiß. Aber zu seiner großen Erleichterung blieb ihm so ein schwieriges Gespräch erspart, denn sie sagte zu ihm:

„Ich weiß ganz genau, was du die ganze Zeit zu mir sagen willst. Das musst du aber nicht, denn ich kann in deinen Augen sehen, was du für mich empfindest. Und Augen sagen mehr als Worte. Nur damit du gleich Bescheid weißt: Mir geht es ganz genauso."

Die beiden lagen sich dann minutenlang in den Armen, und Frankie dachte sich, dass er sie jetzt doch einfach ganz lange küssen sollte. Aber, da er bei jeder Frau immer darauf wartete, dass sie selbst diesen ersten großen Kuss wagte, ließ er, der große, schüchterne, hoffnungslose Romantiker, es wieder mal sein und legte nur seinen Kopf auf ihre Schulter. Sie nahm ihn ganz fest in ihre Arme und wollte dann gleich wieder mit ihm aus dem Wasser gehen.

„Ich glaube nicht, dass es momentan ein guter Zeitpunkt wäre, das Wasser zu verlassen", sagte Frankie, und auf ihre Frage nach dem Warum sagte er nur: „Naja" und lenkte ihren Blick auf seine Badehose.

„Okay, verstehe", antwortete Julia und fügte hinzu: „Dann denk mal schnell besser an deine Mutter!"

Daraufhin mussten beide so lautstark lachen, dass jeder, der das sah, hätte denken können, sie wären beide vollkommen durchgeknallt.

Die nächsten Tage waren unglaublich aufregend, mittlerweile hatte er den ganzen Tag Energie, und auch seine doch noch benötigte Betreuung war für Julia in keiner Weise mehr anstrengend, da er bei jedem Transfer sehr viel mehr mithelfen konnte, sein eigenes Körpergewicht zu hieven. „Wenn das so weitergeht, brauchst du schon bald gar keine Assistenten mehr", schmunzelte Julia, aber Frankie sagte darauf:

„Okay, vielleicht keine großen Assistenzleistungen mehr, aber völlig ohne Assistenz schaffe ich noch sehr wenig, es geht zwar alles allmählich ein bisschen leichter, aber ich fühle mich noch zu unsicher, um das ganz alleine zu machen."

Es wurde bisher so erzählt, dass du glauben könntest, Frankie wäre ohnehin schon komplett geheilt. Es sollte an dieser Stelle aber schon ganz klar zum Ausdruck gebracht werden, dass nur Frankie selbst sich so verdammt gut fühlte. Erkennbar war seine sehr starke Behinderung aber nach wie vor, er benötigte also noch immer sehr viel Betreuung. Zum Beispiel, wenn er einen Transfer erledigen wollte, konnte er nun schon sehr viel mithelfen, aber um solche Tätigkeiten ganz alleine auszuführen, war noch sehr viel Training notwendig. Ja, er konnte fast alle Bewegungen besser koordiniert ausführen, aber sichtbar war seine Behinderung schon noch. Das Einzige, was sich bisher mehr oder weniger normalisiert hatte, war seine Aussprache. Wenn er alleine zu Hause war und nur Funky ihn hören konnte, versuchte er sogar schon, ein bisschen zu singen und zwar gar nicht mal so schlecht.

Frankie wurde in diesen Tagen immer stärker bewusst, dass Julia so ziemlich alles verkörperte, was er sich von einer Frau je erträumt hatte. Er war sich nur noch nicht ganz sicher, ob er ihr auch tatsächlich so viel bedeutete, immerhin hatte er eben doch noch eine stärkere körperliche Behinderung. Sie war zwar nicht mehr ganz so extrem schlimm, aber leugnen konnte man sie deshalb nicht. Er konnte auch noch immer nicht so richtig einschätzen, ob ihre Gefühle für ihn ernst genug waren. Aber vielleicht war er aufgrund seiner eher negativen Erfahrung mit Beziehungen einfach schon viel zu vorsichtig. Vor allem aber wollte er mit ihr endlich mal Dinge unternehmen, die für ihn bisher einfach nicht möglich gewesen waren. Als er wieder einmal zu einer Therapie musste und Julia inzwischen einkaufen war, fuhr er ganz alleine zu jener Tanzschule, die seines Wissens nach auch Kurse für Rollstuhlfahrer anbot. Dort war man zuerst überrascht, weil man es gewohnt war, dass hauptsächlich Querschnittgelähmte, genau genommen Paraplegiker, diese Kurse besuchten, freute sich aber riesig auf ihn und war sehr gespannt auf „seine" Julia. Auch Julia war von dieser Neuigkeit begeistert, und noch am selben Abend machten sich die beiden auf den Weg zu ihrer ersten Tanzstunde. Außerdem hatte er auch mit Jon vorher darüber gesprochen, und auch der war hocherfreut, da ein solcher Tanzkurs ein hervorragendes Gehirntraining bedeutete. Der Einzige, der nach der ersten Tanzstunde etwas enttäuscht war, war Frankie selbst, denn für ihn war es nicht besonders aufregend, sich zu irgendeiner schwachsinnigen Musik ein bisschen im Kreis zu drehen. Seiner Tanzlehrerin fiel dies natürlich auch auf, sie meinte aber:

„Keine Sorge Frankie, spätestens beim Rock 'n' Roll wird die Sache schon noch anspruchsvoll genug!"

Und so war es auch, schon in den ersten Rock-'n'-Roll-Tanzeinheiten lernte er seinen ersten, richtig coolen Tanzmove, wobei er sich in seinem Rollstuhl so weit zurücklehnte, dass er umkippte, und er stieß sich dann mit einer Hand wieder vom Boden weg und stellte sich den Rollstuhl wieder auf. Allerdings betätigte er vorher die Bremsen seines Rollstuhles, damit er nicht wegrollte, während er kurz am Boden lag. Aber wenn er dies lange genug trainierte, würde er es auch irgendwann ohne Bremsen schaffen. Als er dies zum ersten Mal schaffte, war Julia so begeistert von ihm, dass sie ihm in die Arme fiel. In den darauffolgenden drei Wochen, also bis kurz vor Julias Rückreise nach Europa, besuchten sie alle zwei Tage diese Tanzschule, und in dieser Zeit wurde ihr inzwischen vollkommen choreografierter Tanz richtig gut und spektakulär. Nur Frankie wollte von Anfang an weniger das Ziel verfolgen, damit irgendwann so gut zu werden, um Wettbewerbe zu gewinnen, sondern hatte ganz einfach nur große Freude daran, dadurch Julia immer so nahezukommen. Außerdem, oder sogar vor allem, war es für Frankie ein tolles Gefühl, seinen ganzen Körper so einzusetzen, dass dies für andere wirklich gut aussah. Als die beiden ihre letzte Tanzstunde vor ihrer Abreise besuchten und sie auch sonst eine sehr schöne Zeit miteinander verbrachten, war er sich einer Sache ganz sicher: Er liebte diese Frau! Und das Beste war, dass er spüren konnte, dass sie ihn auch liebte. Jetzt hoffte er nur noch, dass sich diese Liebe endlich auch zeigen würde, sprich – naja – du weißt schon.

Es war an einem Montag, drei Tage bevor sie wieder nach Europa aufbrach, als er nach einem sehr aufregenden Tag mit vielen Therapien und ihrer letzten Tanzstunde, zum Strand ging haha, fuhr – um dort einen weiteren wunderschönen Sonnenuntergang zu genießen. Sie lagen dort am Strand, sie saß hinter ihm, hielt ihn im Arm, und sie blickten gemeinsam verträumt auf das offene Meer hinaus. Nun war es endlich so weit, dass sie selbst es war, die sich nicht mehr zurückhalten konnte und zu ihm sagte:

„Ich habe dir mal gesagt, dass du mit deiner Frage, ob ich mich verliebt habe, drei Wochen warten sollst, aber du musst mich gar nicht mehr fragen. Ich bin mir nach wie vor deiner Behinderung bewusst, das verkompliziert die ganze Sache natürlich, aber ich kann nichts dagegen tun, ich habe mich in dich einfach verliebt. Vielleicht wird es viele Menschen geben, die dies absolut nicht verstehen können, aber das ist mir alles scheißegal. Ich liebe dich!", sagte sie ganz leise zu ihm, drehte mit beiden Händen seinen Kopf zu ihrem Gesicht und küsste ihn zum ersten Mal leidenschaftlich. Erstens waren dies genau die Worte von einer Frau, auf die er schon so lange gewartet hatte, und zweitens erinnerte er sich dadurch an den ersten Kuss seines Lebens. Wieder am Meer und wieder bei Sonnenuntergang. Er hatte schon oft von einem Moment dieser Art geträumt, aber jetzt, wo es endlich so weit war, verschlug es ihm völlig die Sprache. Er benutzte nur die berühmten drei Worte, in dem Fall vier, weil er das Wort „auch" hinzufügte, sprach sonst aber kein Wort, sondern erwiderte ihren Kuss einfach. Diese ganze Szene dauerte so lange, bis es schon stockfinster war, und das einzige, was den beiden einfiel, war nur noch, so schnell wie möglich nach Hause zu kommen. Warum sie so schnell nach Hause wollten, dürfte dir klar sein, aber um diese Erzählung weiterhin einigermaßen seriös zu halten, wird auf genaue Details völlig verzichtet.

Corey, der am nächsten Tag Dienst hatte, um ihn zur Therapie zu bringen, sagte zuerst gar nicht viel dazu, dass die beiden so eng umschlungen im Bett lagen, aber Frankie glaubte, dass er sofort wusste, was zwischen den beiden passiert war. Er musste Frankie sogar einige eher negative Sachen beibringen, aber er hätte Frankie sogar so etwas Schlimmes sagen können, wie zum Beispiel, dass bei ihm Krebs diagnostiziert worden sei, denn nichts – wirklich absolut gar nichts – konnte Frankies Stimmung trüben. An jenem Tag war für Frankie alles wunderschön, und alles wurde von ihm gutgeheißen. Erst als sie auf dem Weg zur Therapie waren und Frankie zum wiederholten Male die ganze Welt für schön erklärte, sagte er nur kurz:

„Mir ist alles klar, Frankie. Du hattest gestern Nacht Sex."

Frankie musste ihm nichts antworten, und gerade deshalb war er sich sicher, dass Corey ihn richtig verstand.

Am letzten Tag bevor Julia nach Hause aufbrechen musste, bat Frankie Jon, sämtliche Termine abzusagen, und er und Funky verbrachten noch einen wunderschönen Badetag. An diesem Tag erfüllte er sich einen weiteren Traum, er durfte zum allerersten Mal in seinem Leben einen Jetski selbst steuern. Was sonst noch zwischen den beiden passierte, kannst du dir denken.

Zum Abschied auf dem Flughafen überlegte er sich noch eine weitere romantische Abschiedsszenerie. Er nutzte seine wiedergewonnenen Fähigkeiten, um für sie noch eine superromantische Liebesschnulze zu singen. Er sang das Lied „This guy's in love with you" von Burt Baccarach. Julia rannen die ganze Zeit die Tränen über die Wangen, und Frankie verharrte so lange auf dem Flughafen, bis der Flieger außer Sichtweite war.

KAPITEL 23

„Die Erfüllung meines Lebenstraumes"

Frankie konnte in dieser Nacht nicht sonderlich gut schlafen. Er war zwar überglücklich, trotzdem fühlte er sich etwas überfordert, weil sich die ganze Sache mit Julia doch ein bisschen schnell entwickelte. Vielleicht rührte sich aber auch nur wieder sein Verstand, und er beschloss, besser auf sein Herz zu hören, und dieses sagte, dass alles genau so richtig war, ihnen also noch eine große, glückliche Beziehung bevorstand. Tico hatte an diesem Tag Dienst, und der ganze Vormittag verlief relativ ereignislos. Er sprach nicht besonders viel, und Tico konnte dadurch spüren, dass Frankie wegen Julias Abschied sehr traurig war. Frankie verriet ihm zwar keine Details, das musste er aber auch gar nicht, da mittlerweile ohnehin schon alle mitbekommen hatten, was zwischen den beiden los war. Tico brachte ihn wortlos zu seiner Therapie, kümmerte sich in erster Linie um Funky und ließ Frankie mit seiner Trauer alleine. Jon war an diesem Tag gar nicht da, und auch sein Training mit dem Lokomaten übernahm ein Kollege von Theo. Aber Frankie hatte an diesem Tag noch etwas vor und freute sich schon riesig darauf. Corey hatte ihn zu einer weiteren Probe seiner Band eingeladen, ihm vorher angekündigt, dass sie an diesem Tag einen Kandidaten zum Vorsingen eingeladen hatten und ihm auch einige neu komponierte Lieder vorspielen wollten. Der Proberaum der Band befand sich am Stadtrand von San Diego in einem alten, verlassenen Wohnhaus im Keller, wo sonst weit und breit kein Mensch wohnte und sich wegen Lärmbelästigung aufregen konnte. Da Frankie sonst überhaupt nichts zu tun hatte, war er eine halbe Stunde zu früh dort, er hätte aber ruhig eine halbe Stunde zu spät kommen können, da sich besagter Gastsänger verspätete. Als er dort mitten im Proberaum saß, fiel sein Blick auf ein kleines

Terrarium, und er fragte sich, was sie wohl darin halten würden. Erst dachte er an einen kleinen Gekko, aber dann sah er genauer hin. Ihm lief ein kalter Schauer über den Rücken, und er bekam eine Gänsehaut, denn in diesem Terrarium befand sich etwas, wovor Frankie schon sein ganzes Leben lang die größte Angst hatte. Eine große Angst ist etwas untertrieben, eher war es eine richtige Phobie. Die Band hielt tatsächlich eine ekelige Spinne und zwar eine furchteinflößende Hausspinne. Corey erzählte ihm, dass es hier in diesem uralten Gebäude vor Ungeziefer nur so wimmelte, und sie machten sich immer einen Riesenspaß daraus, eine der Hausspinnen einzufangen und sie bei jeder Probe mit Fliegen oder ähnlichem zu füttern.

„Obwohl ich selbst eine Arachnophobie habe, bringt mich das auf eine Idee. Eine solche Hausspinne versteckt sich bei Tageslicht, kommt also nur hervorgekrochen, wenn es dunkel wird. Sie ist also quasi unsichtbar. Aber wenn man eine solche Spinne genauer betrachtet, ist das ein echtes Monster. Folgende Idee: Was haltet ihr davon, wenn diese Spinne bei jedem Auftritt mit auf die Bühne kommt, quasi als Markenzeichen der Band, und die Band heißt ‚Invisible Monsters'", sagte Frankie und hielt das sofort für eine ganz tolle Idee. Immer schon hatte er es für sehr gut empfunden, wenn Bands eine kleine Geschichte zu erzählen hatten, die zum jeweiligen Bandnamen geführt hatte. Corey, so wie auch die gesamte Band, hielt dies für eine unglaublich gute Idee, und sofort kamen ihnen, ausgehend davon, weitere Ideen, wie zum Beispiel eine kleine Grafik mit einer angedeuteten Hausspinne als Bandlogo bis hin zu T-Shirt-Drucks mit diesem Logo.

Mit über einer halben Stunde Verspätung tauchte endlich der vielleicht zukünftige Sänger der Band „Invisible Monsters" auf. Er sah auf den ersten Blick nicht unbedingt wie ein Sänger einer Metal-Core-Band aus. Er war extrem schlank, besser gesagt richtig dürr, hatte eine Glatze, keine Tätowierungen und trug sogar eine Brille.

Ok, dachte sich Frankie, *vielleicht hat er wenigstens eine wirklich gute Stimme.*

Aber leider Gottes wurde Frankie schon enttäuscht, als von diesem verlangt wurde, mit Clean-Stimme zu singen, was dieser sofort mit der Begründung ablehnte, dass er keine so gute Clean-Stimme hätte. Das war für Frankie grundlegend die völlig falsche Einstellung zum Singen. Denn wenn man singen will, muss man in erster Linie das nötige Selbstvertrauen besitzen und darauf vertrauen, dass das, was man herausbringt, auch gut ankommt. Dieser Typ, der sich selbst einen Sänger schimpfte, bildete sich aber ein, er könne sofort daher trällern wie der allerbeste ausgebildete Opernsänger. Gott sei Dank konnte Frankie sich zurückhalten, denn am liebsten hätte er diesen Schwachkopf nach fünf Minuten mit einem Arschtritt zur Tür hinausgejagt. Auch die anderen Mitglieder der Band merkten sofort, dass er wohl nicht der Richtige war, trotzdem spielten sie noch ein Lied, welches sie gerade komponiert hatten und wollten von ihm, dass er irgendeinen Text von sich selbst dazu sang. Frankie wusste schon vorher, dass daraus nichts werden würde, sagte aber nichts, sondern hörte sich einfach diese neue Komposition an. Dieses Lied mit sehr vielen Rhythmuswechseln erinnerte ihn an einen Text, den er selbst mal für die Band von Max geschrieben hatte. Das Lied hieß „Nothing at all" und ging so:

NOTHING AT ALL

Pain!!!
you don't learn without
you like it even rougher
but there is no doubt
you don't have to suffer

so live your life
enjoy the free fall
it's better to feel pain
than nothing at all

You're sick of feeling numb
your life is filled with hurt
You're not the only one
When happiness doesn't work

so live your life
enjoy the free fall
it's better to feel pain
than nothing at all
nothing at all
nothing at all
nothing at all

(„spoken words")

„Given the choice between the experience of pain and nothing,
I would choose pain." (William Faulkner)

pain!!!
it will make you strong
so make this experience
it is never wrong
just believe, it all makes sense

so live your life
enjoy the free fall it's better to feel pain
than nothing at all

Take my pain,
Take my pain,
Take my pain away!

Erst mal erzählte er nur Corey davon, dieser sagte aber sofort:
„Hör zu, ich habe dich am Flughafen das Lied für Julia singen hören. Ich weiß also, dass du singen kannst. Dann leg mal los", und drehte das Mikrofon in Frankies Richtung. Frankie

schnappte sich das Mikrofon, wartete auf den richtigen Moment und begann, die erste Strophe zu singen. Dass es richtiger Gesang war, wäre vielleicht etwas übertrieben, es handelte sich eher um einen sehr rhythmusbetonten Sprechgesang. Sein gesamter Text passte wie angegossen zu diesem Lied. Als er den Song beendet hatte und gespannt in die Runde blickte, starrten ihn alle mit offenen Mündern an.

„Damit steht es fest", sagte Corey, „Wir brauchen ab jetzt niemanden mehr zum Vorsingen einzuladen. Du wirst unser Sänger!"

Frankie bekam dann ein Gefühl, das er bisher nicht gekannt hatte. Er hatte sich nämlich nie zum Ziel gesetzt, Sänger einer Band zu werden, sondern es überraschte ihn vollkommen. Natürlich war er trotzdem mit Stolz erfüllt, und sofort erträumte er sich, damit berühmt zu werden, dachte sich aber, dass dies nicht unbedingt die Motivation sein sollte. Es sollte ihm in erster Linie einfach nur Riesenspaß machen, ein möglicher Erfolg wäre aber ein ziemlich cooler Nebeneffekt.

„Es freut mich sehr, dass ihr meine Stimme und vor allem auch diesen Text für gut haltet. Schon immer war es mein großer Traum, Sänger einer Band zu werden. Mein ganzes Leben schon hatte ich das Gefühl, ein großes Talent zum Singen zu besitzen, allerdings konnte ich dieses Talent aufgrund meiner Sprachschwierigkeiten nicht zum Ausdruck bringen. Wie ihr wisst, hatte ich ja jahrzehntelang große Schwierigkeiten mit meiner Stimme. Ich muss also das Singen erst wirklich erlernen, das Ganze klingt zwar jetzt schon relativ gut, allerdings traue ich mir noch nicht zu, ein ganzes Konzert durchzuhalten. Da ist also noch sehr viel an Training notwendig, aber ich kann euch jetzt schon versprechen, dass ich alles Nötige unternehmen werde. Es wird also schon einige Zeit vergehen, bis ich so weit bin, um ein bis zwei Stunden lang gleich gut durchzusingen", sagte Frankie und legte sich sofort Pläne zurecht, wie und was er genau singen wollte. Diese Pläne betrafen in etwa ein richtiges Gesangstraining, also Tonleitern rauf und runter singen, bis hin zu einigen weiteren Texten von ihm selbst und sogar so einige Coverversionen von Songs, die zu seinen Lieblingssongs zählten. Da

Frankie immer schon ein Perfektionist war, stellte er sofort einige Forderungen, die er als bisher reiner Zuhörer immer schon für gut gehalten hatte.

„Ich möchte mit mindestens drei Mikrofonen abwechselnd arbeiten, und bei jedem davon wird mittels Harmonizer der Klang meiner Stimme leicht verändert. Zum Beispiel wird ein Mikrofon so eingestellt, dass der Klang meiner Stimme ganz natürlich wiedergegeben wird, und damit singe ich die Strophe eines Songs. Beim Refrain wechsle ich dann zum Mikrofon, welches so eingestellt ist, dass es meine Stimme verzerrt oder Ähnliches. Also möchte ich auch als Sänger die technischen Möglichkeiten unserer Zeit nutzen. So wie ein Gitarrist seinen Verstärker laufend etwas umstellt, sehe ich auch meine eigene Stimme als Instrument, aus dem ich das Allerbeste herausholen möchte", erzählte Frankie und fühlte sich so richtig gut dabei, als würde er schon seit Jahrzehnten professionell singen und hätte auch eine abgeschlossene Gesangsausbildung. Auch die gesamte Band war sich sofort einig, dass sie mit Frankie den richtigen Sänger gefunden hatten, vor allem, da die Tatsache, dass er im Rollstuhl war, sich zu einem wirklich guten Aufhänger für die Band entwickeln könnte.

Die Wochen darauf verbrachte Frankie zusätzlich zu seinem Lokomatentraining und den Einheiten mit seiner neuen Ergotherapeutin, also einem weiteren Training, welches als Ziel die praktische Anwendung seiner wieder erlernten Fähigkeiten besaß, fast jede freie Minute mit seinem „Gesangstraining". Es gab einige direkte Nachbarn, denen er damit gewaltig auf die Nerven ging, weil er ihnen ständig zumutete, sich das langweilige Auf und Abspulen von Tonleitern anhören zu müssen und er sie auch noch dazu zwang, das ständige dazu Jaulen von Funky zu ertragen. Aber er hatte auch Erfolg damit. Zuerst hatte er schon nach drei Songs überhaupt keine Stimme mehr und musste eine halbe Stunde pausieren, später jedoch konnte er schon eine Stunde und 43 Minuten lang gleich gut durchsingen. Corey besorgte für ihn ein kleines Mischpult, an dem er während des Singens den Klang seiner Mikrofone umschalten konnte. Vor allem Corey redete schon großartig vom ersten Konzert, aber Frankie sagte, er würde nicht auf die Bühne gehen, ehe sie einen guten Keyboarder oder, besser gesagt, einen wirklich gut ausgebildeten Pianisten hätten. Am besten einen, der auch ein relativ guter Rhythmusgitarrist war, sich also bei einem gitarrenlastigen Song auch mal eine Gitarre umschnallen konnte.

„Aber nur, wenn ihr alle damit einverstanden seid", meinte Frankie, nur um seine Forderungen etwas abzuschwächen. „Denn natürlich soll und wird auch diese Band demokratisch geführt. Wir entscheiden alle gemeinsam, was passieren wird."

Erst dachte er sich, dass so ein Keyboarder nicht leicht zu finden wäre, aber Corey kannte einen, der zusammen mit ihm im Tonstudio arbeitete, der ganz genau diesen Wünschen entsprach. Sein Name war Matt, und schon als er zum ersten Mal zur Probe erschien, verstand sich Frankie wunderbar mit ihm, vor allem, weil er ihm erzählte, dass sein kleiner Bruder eine schwerere körperliche Behinderung hatte. Das Beste war aber, dass Matt kein Problem hatte, Frankie richtig gut am Klavier zu begleiten, und dies klang richtig gut, auch wenn gar keine anderen Instrumente dabei waren. Denn Frankie war immer schon sehr talentiert darin gewesen, sich Texte, die er nur einmal gehört hatte, zu merken und sie eins zu eins wiederzugeben. Das reichte von den ärgsten Death-Metal Texten über Jazz-Texte bis hin zu uralten Volksliedern mit reiner Klavierbegleitung.

Natürlich war er sich nach wie vor sehr bewusst, warum er eigentlich hier war. Er hatte an diesen Tagen aber ein kleines Probleme damit, sein Hauptaugenmerk auf seinen körperlichen Zustand zu lenken, denn fast seine gesamte Energie galt der Erfüllung seines großen Lebenstraumes.

Was passiert, wenn wir tatsächlich ein bisschen Erfolg mit der Band haben?, dachte er sich. *Nicht einmal Corey weiß, weshalb ich eigentlich hier bin. Es wäre doch zu vermeiden, dass die ganze Wahrheit einfach so ans Licht kommt und Jon am Ende deswegen ins Gefängnis wandern muss.*

Also beschloss er, Jon, der bis dahin von nichts wusste, in sein ganzes Vorhaben mit der Band einzuweihen und ihn darum zu bitten, Corey oder am besten gleich der gesamten Band die volle Wahrheit auftischen zu dürfen. Er hatte große Angst, Jon würde ihm völlig verbieten, mit der Band auf die Bühne zu gehen. Jon war auch nicht unbedingt begeistert, erzählte ihm aber, dass er ohnehin schon Pläne schmiedete, den ganzen illegalen Testversuch an die Öffentlichkeit zu bringen, um im Endeffekt sogar eine offizielle Zulassung dieser Behandlungsmöglichkeit zu erwirken. Er wollte aber mit der ganzen Band ausführlich darüber sprechen, denn sie würden auf alle Fälle sehr, sehr vorsichtig sein müssen, also nicht gleich auf Welttournee gehen oder sowas in der Art. Auch riet er davon ab, sofort einen Plattenvertrag zu unterschreiben, erlaubte aber, dass sie eine selbstproduzierte Demo-CD pressen lassen dürften. Natürlich nur unter Angabe irgendwelcher Künstlernamen. Nur ein paar Tage darauf lud Jon Frankie und seine Band zu einem Abendessen bei ihm zu Hause ein.

Als Frankie das der ganzen Band erzählte, waren die meisten völlig überrascht und hatten keine Ahnung, was Jon ihnen erzählen wollte. Bis auf Corey, denn der ahnte sehr wohl, dass irgendwas im Busch war. Corey hatte Frankie in den Wochen davor schon einige Male auf sein bisheriges Leben anzusprechen versucht. Frankie war seinen Fragen aber bisher immer geschickt ausgewichen, indem er ihm immer sofort Gegenfragen stellte, so wie es Julia bei ihm selbst gemacht hatte. Aber Corey konnte spüren, dass Frankie ihm nicht die ganze Wahrheit erzählte. Vor allem, weil er ihn wiederholt nach seiner genauen Herkunft fragte. Denn als sich seine Stimme mehr oder weniger normalisiert hatte, fiel ihm verstärkt ein leichter ausländischer Akzent auf, den er bisher immer auf seine Sprachschwierigkeiten zurückgeführt hatte. Nun aber wurde ihm klar, dass Frankie mit großer Wahrscheinlichkeit kein echter Amerikaner war, konnte aber nicht herausfinden, was in Wirklichkeit los war. Jon begann die ganze Geschichte von Anfang an zu erzählen. Er ließ dabei zwar wissenschaftliche Details aus, präsentierte ihnen aber den Namen und die Auswirkungen seiner Krankheit und erzählte von der Behandlungsmöglichkeit, die sie entdeckt hatten und von seiner weltweiten Suche nach einem Patienten, der sich für diesen illegalen Testversuch bereit erklärte. Natürlich erzählte er auch von den, Frankies Meinung nach etwas schwachsinnigen, Ethikauflagen, die sie in erster Linie für seine Tochter umgehen wollten. Vor allem Corey konnte sich dadurch endlich einen Reim darauf machen, warum es Frankie Schritt für Schritt besser ging und sich vor allem seine Stimme mehr oder weniger normalisiert hatte. Denn Corey war der Einzige der Band, der Frankie schon gekannt hatte, als seine Behinderung noch sehr stark ausgeprägt gewesen war. Knapp 50 Minuten redete nur Jon, machte dann absichtlich eine längere Pause und beobachtete, wie die Band darauf reagierte. Erst sagten sie, dass diese ganze Geschichte eigentlich sehr gut für eine Bandwerbung wäre, aber als Jon ihnen erzählte, dass alles geheim bleiben müsste, bekamen sie große Bedenken, wie sie es überhaupt, zumindest bei einem größeren Erfolg, geheim halten konnten.

Matt, der Frankie erst vor Kurzem kennengelernt hatte, kannte sich überhaupt nicht mehr aus und fragte: „Willst du uns jetzt völlig verbieten, mit dieser Band an die Öffentlichkeit zu gehen?"

„Nein, ich denke, das wird sich ohnehin nicht vermeiden lassen", sagte Jon. „Ich bitte euch nur, ganz extrem vorsichtig mit dieser ganzen Geschichte umzugehen und zuerst einmal nur einige kleinere Auftritte zu organisieren, wobei nur Corey bei möglichen Interviews für die Band spricht. Der Name Frankie Patton darf noch nicht öffentlich präsentiert werden. Ich gebe euch nur ein Verbot, nämlich dass diese Band sofort einen Plattenvertrag unterschreibt. Später vielleicht schon, aber alles mit meiner Absprache. Darum etwas später, da ich momentan an einer Forschungspublikation schreibe, also ohnehin schon nach Wegen suche, diese neue Behandlungsmöglichkeit an die Öffentlichkeit zu bringen. Momentan verläuft dieser Versuch nämlich überaus erfolgreich, und Frankie macht von Tag zu Tag immer größere Fortschritte."

„Das kann vor allem ich bestätigen", sagte Corey. „Denn vor allem Matt, der Frankie noch gar nicht lange kennt, würde es kaum glauben, wie arg Frankies Zustand war, als ich ihn kennenlernte."

„Mit Betonung auf Zustand", warf Frankie ein, und sofort waren alle ein bisschen erheitert, denn dieses ganze Gespräch war bisher ziemlich ernst geführt worden. Frankie war dann sehr erleichtert, dass „seine" Band diese Geschichte so positiv aufgenommen hatte.

Zum Abschluss dieses Gesprächs sagte Jon:

„Zuerst dachte ich mir, dass ich vielleicht einen kleinen Geheimhaltungsvertrag aufsetze, dann dachte ich aber, dass mir euer Wort reicht. Bitte helft mir, Frankie, meiner Tochter sowie allen Patienten mit dieser Krankheit, diese ganze Geschichte vorerst völlig geheim zu halten. Versprecht ihr mir das?"

Frankie nahm Jons Hand und legte sie mitten auf den Tisch. Alle anderen wussten sofort, was er damit erreichen wollte. Sie alle legten ihre Hände darauf und sagten laut:

„Ich schwöre!"

Frankie fragte dann aber auch, warum sie alle so cool darauf reagierten, und Josh meinte, dass er selbst überhaupt nicht überrascht war, da er von Anfang an nicht ganz glauben konnte, dass Frankie tatsächlich Amerikaner war. Frankie glaubte, dass es den anderen, bis auf Corey, ganz genauso ging.

Frankie sagte:

„Ich denke jetzt, diese Geschichte führt am Ende doch noch zur Erfüllung meines Lebenstraumes!"

„Ich denke, es wird jetzt langsam Zeit, uns um unseren ersten Auftritt zu kümmern, so langsam fühle ich mich wie ein Künstler, und diese wollen alle irgendwann mit ihrer Kunst auf die Bühne gehen", sagte Frankie und erträumte sich schon einen Plattenvertrag und sogar eine anstrengende Welttournee, glaubte aber eher nicht daran, dass sie damit wirklich berühmt werden würden. Er war sich aber fast sicher, dass es einige Leute geben würde, denen ihre Musik wirklich gefallen könnte. Aber bevor sie sich wirklich daran machten, sich um einen Auftritt zu bemühen, äußerte er noch einen Wunsch, nämlich, dass die Band einige Coverversionen, vor allem von seinen Lieblingssongs, zu den Liveauftritten beisteuern sollte.

„Immer schon, wenn ich kurz darüber nachdachte, mal meine eigene Band zu haben, die auch Coverversionen spielt, dachte ich an einen meiner Lieblingssongs der Band ‚Die Krupps'. Der Text dieses Songs beeindruckte mich immer sehr, obwohl der Autor dieses Liedes eigentlich nicht wirklich einen Rollstuhl meinte, aber dieser Text passt genau zu meinem bisherigen Leben. Das Lied heißt ‚Alive'", sagte Frankie und konnte es kaum erwarten, seinen Bandmitgliedern den Text zu präsentieren. Auch dir wird dieser Text nicht vorenthalten.

ALIVE

Where's the hand that guided me
My cry within me is let me be
Crossing the endless seas of pain
Fighting against torrential rain
It seems pain is the experience in life
I'm sorely
Tried by affliction in my life
I have to master this impossible situation
This driving force is my salvation

The world in my arms – I'm alive
Love is pain, pain is strife
In my world – I'm alive
And I can't see danger – anymore

This driving force sets me in strife
That driving force that's in my life
Whatever the pain is – I must survive
Determination keeps me alive
This extreme situation makes me realize – I'm alive
It makes me realize it changed my life
Hope is the hand that guided me
Secured by the hand that set me free

Als Frankie ihnen erklärte, dass er in „driving force" einen Rollstuhl hinein interpretiert hatte, da er damals der englischen Sprache noch nicht so mächtig war, und er ihnen auch erzählte, dass für ihn selbst der Rollstuhl eine Erlösung bedeutete, konnten alle sofort verstehen, warum ihm dieser Text so viel bedeutete.

In den nächsten Wochen traf sich die ganze Band fast täglich im Proberaum und spielte zusätzlich zu „Nothing at all" und „Alive", die sie dann schon mehr als nur gut spielen konnten, noch zwei Songs, die Frankie selbst geschrieben hatte, auch noch ein weiteres Cover einer seiner absoluten Lieblingsbands.

„Ich hätte da noch einen Song, welcher gerade Josh gefallen wird, da dabei seine Technik, den Bass zu spielen, am ehesten zum Ausdruck gebracht wird. Ich möchte, dass wir den Song ‚Tommy the Cat' von einer meiner Lieblingsbands ‚Primus' einstudieren."

Auch die anderen Bandmitglieder schlugen Lieblingssongs für Coverversionen vor, und sie wurden von Tag zu Tag besser. Sie hatten dann schon genügend Material, um einen einstündigen Auftritt zu absolvieren. Josh hatte in einem Lokal gearbeitet, in welchem laufend kleinere Konzerte abgehalten wurden. Ein sehr kleiner Veranstaltungsort war es jedoch nur für San Diego, für die Verhältnisse in Frankies Heimatstadt war er verdammt groß. Es gab dort eine riesengroße Bühne, eine tolle Lichtshow, und in dem Konzertsaal fanden über 2500 Leute Platz. Also wäre „klein" etwas untertrieben. Josh kannte auch einige Musiker einer schon relativ bekannten Band aus San Diego, die in dem Lokal ein Konzert zu ihrer CD-Präsentation abhalten wollten, aber noch auf der Suche nach einem geeigneten Vorband waren. Als Josh ihnen von „Invisible Monsters" erzählte, waren sie sofort begeistert. Bis zu diesem Auftritt, der schon Wochen davor ausverkauft war, traf sich die Band fast jeden Tag im Proberaum und arbeitete hart. Mit Absicht bezeichnete Frankie die Proben als Arbeit, da es nicht unbedingt immer aufregend war, die gleichen Songs auf und ab zu spielen. Erst jetzt wurde ihm bewusst, dass jeder Musiker seine Kunst nicht einfach so aus dem Ärmel schütteln konnte, sondern dass alles mit nicht gerade aufregender Arbeit verbunden war. Wegen der vielen Zeit im Proberaum vermisste Frankie seinen Hund ein bisschen, denn für Funky musste er immer irgendwelche Leute organisieren, die sich in der Zwischenzeit um ihn kümmerten. Gott sei Dank verstand sich Funky wunderbar mit Jennifer, denn Frankie hatte schon das Gefühl, dass Funky mehr Zeit mit ihr verbrachte als mit ihm selbst.

Vor allem mit Corey entwickelte sich langsam aber sicher eine der besten Freundschaften, die er je hatte. Frankie erzählte ihm Schritt für Schritt seine ganze Lebensgeschichte und genoss es sehr, ihn nicht anlügen zu müssen.

„Ich kenne dein allergrößtes Idol, und damit ist mir jetzt auch klar, warum dein Nachname Patton lautet. Wie heißt du eigentlich wirklich?", wollte Corey von ihm wissen.

„Okay, mein Vorname stimmt schon, aber mit Nachnamen heiße ich in Wahrheit Hava! Aber dieser Name bleibt noch völlig geheim, und auch der Name Patton bleibt es noch ein Weilchen. Zumindest darf der Name Patton, auf Jons Wunsch, noch nicht öffentlich präsentiert werden, denn wie ich dir schon erzählt habe, gibt es für Frankie Patton lediglich eine gefälschte Geburtsurkunde. Bei den ersten Auftritten sagen oder schreiben wir einfach: Mr. Bungle singt!"

KAPITEL 24

„Die Glasbox"

Als der Auftritt fast vor der Tür stand, hatte Frankie mit einem Gefühl zu kämpfen, welches man durchaus als Lampenfieber bezeichnen könnte. Aber er war fest entschlossen, mit seiner Band auf die Bühne zu gehen und ließ sich von nichts davon abbringen. Er erinnerte sich dabei immer an zwei seiner Lieblingsprinzipien der Shaolin-Mönche. Nämlich das Prinzip der Entschlossenheit, welches besagt, dass man alles mit fester, tiefster Entschlossenheit angehen sollte und sein Ziel so lange verfolgen sollte, bis man es erreicht hat. Das zweite Prinzip war das Prinzip der Gelassenheit. Dieses Prinzip war sein absoluter Favorit. Man sagte, dass man allen Vorkommnissen des Lebens mit innerer Ruhe begegnen sollte. Soll heißen, dass man immer gelassen auf Ereignisse welcher Art auch immer reagieren sollte, womit man viele andere völlig überrascht.

Er fand es nur schade, dass Julia an diesem großen Tag nicht anwesend sein konnte und sogar Funky, seinen empfindlichen Hundeohren zuliebe, zu Hause bleiben musste. Eine Woche vor diesem Auftritt hatten sie schon genügend Songs einstudiert, um fast eineinhalb Stunden durchzuspielen. Sie begannen dann, ihre komplette Bühnenshow zu planen. Alle waren der Meinung, dass es extrem wichtig für eine Newcomer-Band wäre, eine angemessene Bühnenshow zu präsentieren. Vor allem Corey meinte damit nicht, dass junge Bands einfach nur irgendeinen Blödsinn auf der Bühne veranstalten sollten, also keine reine Partyband sein sollten, sondern diverse Showeinlagen bieten müssten, die einen bleibenden Eindruck beim Publikum hinterlassen. Einfach nur, damit diese Band ins Gespräch kam. Sie wollten damit erreichen, dass viele Wochen später von Konzertbesuchern noch gerne darüber gesprochen würde. So in der Art: „Hast du diese Band gestern gesehen? Weißt du, was die gemacht haben ..."

Frankie kramte in seinen Erinnerungen, denn er war, vor allem in seiner Jugendzeit, bei sehr vielen Konzerten gewesen und hatte dabei sehr viel erlebt.

Eine seiner Lieblingserinnerungen war, als er zusammen mit Mario, wieder mit demselben Tourneebus wie schon zwei Jahre davor, zu einem großen Drei-Tages-Rockfestival gefahren war. Er war damals ungefähr 25 Jahre alt gewesen, und sie durften wieder mit ihrem eigenen „Tourneebus" auf dem großen Parkplatz hinter der Bühne übernachten, mitten unter allen anderen Tourneebussen. Diese drei Tage waren unvergessen geblieben. Woran Frankie sich am besten erinnern konnte, war, als er sich schon am ersten Tag ein Meet & Greet mit einer seiner ganz großen Lieblingsbands „Amorphis" organisieren konnte. Amorphis war zu diesem Zeitpunkt nicht mehr ganz so berühmt, ihre großen Zeiten hatten sie nämlich Mitte der 90er Jahre gehabt, deswegen war es für Frankie gar nicht so schwierig, dieses Meet & Greet zu ergattern. Frankie war damals überaus froh gewesen, dass es ihm nicht die Sprache verschlagen hatte, als er vor seinen großen Idolen stand. Frankie unterhielt sich vorzüglich über eine halbe Stunde mit dieser Band und hatte sehr viele Fragen, vor allem an den Sänger der Band. Das Allerbeste war aber, dass er dort im Backstage-Bereich auch sehr viele andere Künstler getroffen hatte, die zu diesem Zeitpunkt weitaus berühmter waren als Amorphis. Gemeint ist, dass er auch Mitgliedern von sehr berühmten Bands wie zum Beispiel Metallica, Slipknot, den Toten Hosen und sogar The Red Hot Chilli Peppers die Hände schütteln durfte. Ganz lange und ausführlich hatte er sich sogar mit der ganzen Band von Static-X unterhalten dürfen. Auch die Konzerte selbst boten unvergessliche Showelemente, und das gesamte Festival mutierte zu einem unglaublichen Erlebnis, welches sich gegen Ende sogar relativ „flüssig" gestaltet hatte, da er auf der Rollstuhltribüne, welche sich nur 30 Meter vor der Hauptbühne befand, seinen Kumpel Rambo getroffen hatte. Mit „flüssig" meinte er, dass er am Ende so besoffen war, dass er sich nicht mehr erinnern konnte, wie zum Teufel er überhaupt nach Hause gekommen war. Ein kleines Showelement irgendeiner Band, er wusste nicht mehr, welche das war, blieb ihm in Erinnerung, und Frankie schlug so etwas in der Art für Invisible Monsters vor. Dabei wurde mitten im Konzert eine Couch auf die Bühne geschoben, und die gesamte Band machte es sich auf dieser Couch gemütlich, rauchte dabei Zigarren und lud auch Fans aus dem Publikum auf die Couch ein. Vorher sagte der Sänger: „Okay, wir brauchen jetzt mal eine Pause und machen ein kurzes Break!"

Also ganz ganz einfach, keine aufwendige Pyro-Show, sondern einfach nur eine nette Idee, die beim Publikum einen bleibenden Eindruck hinterlassen hatte.

„Ich denke, wir müssen uns gar nicht irgendwelche blöden Showelemente überlegen, denn allein durch die Tatsache, dass wir einen Rollstuhlfahrer als Sänger haben und dass unsere Spinne auf der Bühne steht, bleiben wir schon im Gespräch. Möchtest du eigentlich das ganze Konzert nur hinter deinem Mischpult verbringen?", fragte Corey.

„Nicht ganz, ich möchte schon zwischendurch immer wieder auf der Bühne herumfahren, aber damit ich keinen großen Kabelsalat fabriziere, möchte ich, dass alle meine Mikrofone per Funk funktionieren, und weil ich meistens drei Mikrofone vor mir habe, möchte ich mir links und rechts kleine Mikrofonständer anbringen. Das dritte Mikrofon halte ich an einem abgeschnittenen Ständer in meinen Händen. Ich weiß nur noch nicht genau, wie ich mit dem Publikum kommunizieren soll, denn einfach nur die Songtitel anzusagen, finde ich ein bisschen langweilig", kündigte Frankie schon vorher an, wie seine Bühnenpräsenz aussehen würde.

An dieser Stelle sollte schon erwähnt werden, dass Frankies körperlicher Zustand natürlich noch immer nicht ganz perfekt war. Denn so wie diese Geschichte im Moment erzählt wird, könntest du dir denken, dass Frankie ohnehin schon geheilt war und grenzenlose Energie hatte. Das zu behaupten, wäre aber übertrieben. Immer noch gab es Tage, an denen er sich sehr schlecht, völlig übermüdet und schwindelig fühlte, vor allem kurz nachdem ihm CrispR-Substanzen gespritzt wurden. An solchen Tagen war er sogar beim Sprechen sehr unverständlich, also noch schlimmer als zuvor, und singen konnte er schon gar nicht. Er musste deswegen sogar so einige Bandproben absagen. Der einzige, der sich darüber freute, war Funky, weil er dann den ganzen Tag mit seinem Herrchen verbringen durfte.

Bei einer weiteren Bandprobe erzählte Frankie, dass er daran arbeiten würde, ganz neue Texte zu schreiben. Er wollte, dass diese, sagen wir mal „Lebensweisheiten" behandelten und erinnerte sich an Metaphern, die zu beschreiben versuchten, wie er sich zu dieser Zeit gefühlt hatte. Er war nämlich eine Zeit lang, eigentlich viel zu lange, sehr introvertiert gewesen. Er hatte immer alle, also auch die sehr kleinen, Probleme in sich hineingefressen, mit niemandem über seine Gefühle gesprochen und sich deshalb ein bisschen zu extrem einsam gefühlt. Damals hatte er seine Gefühle so beschrieben, als würde er gefangen in einem geschlossenen Turm auf einem Drehsessel sitzen. Jedes Mal, wenn das nächste Problem auf ihn herabprasselte, schraubte er seinen Sessel in die Höhe und setzte den nächsten Ziegel auf den Turm. Bei kleineren Problemen oder Ereignissen wurde sein Turm vielleicht nur um einen Ziegel erhöht, bei größeren Sachen, wie zum Beispiel einem klar erkennbaren Krankheitsfortschritt, wurde sein Turm gleich um ein ganzes Stockwerk höher. Er hatte kein einziges Ventil, symbolisch gesprochen kein Fenster in seinem Turm und nichts, was seinen Turm stabil halten konnte. Da sein Turm immer höher wurde, also langsam aber sicher einzustürzen drohte, begann er damit, einige Fenster beziehungsweise Stabilisatoren einzubauen, indem er mit vielen Freunden über seine Gefühle sprach. Das hatte auch funktioniert, seit kurzem war er auch nicht mehr ganz alleine in diesem Turm, da er bereits Julia hineingelassen hatte. Genau über diese Metapher wollte er einen Songtext dichten mit dem Titel „der Turm".

Frankie hatte sich diese Metapher damals nur für sich selbst überlegt. Er konnte sich denken, dass eine solche oder sehr ähnliche Metapher schon irgendwann von irgendeinem berühmten Menschen in einem Buch beschrieben worden war, aber das war ihm völlig egal. Diese Metapher konnte am besten beschreiben, wie er sich damals gefühlt hatte, und ob genau das von irgendjemandem schon einmal gesagt wurde, war ihm scheißegal. Das sagte er deshalb, weil die zweite Metapher, über die er einen Text dichten wollte, eine weit verbreitete Metapher in der Psychotherapie darstellte – was er damals nicht wusste. Es war vor allem in der Zeit, als er um die 30 Jahre alt gewesen war, also kurz vor seinem Umzug in die eigene Wohnung. Er hatte gesagt, er fühle sich wie eine Fliege, die gefangen in einer Glasbox sitzt, welche mitten auf einer großen Blumenwiese steht. Er wollte unbedingt dort hinaus in die Freiheit, stieß aber immer mit dem Kopf an ein für ihn unsichtbares Hindernis, nämlich die Wände dieser Glasbox, die seine körperliche Behinderung symbolisierten. Und hast du schon einmal eine Fliege an einer Fensterscheibe beobachtet? Die Fliege will unbedingt raus, verbiegt sich aber an der Glasscheibe jedes Mal ihren Rüssel. Dann liegt sie ein paar Sekunden bewusstlos am Boden, fliegt wieder los, und die ganze Szene wiederholt sich so lange, bis sie stirbt. Das klang ein bisschen depressiv, aber trotzdem würde Frankie immer wieder losfliegen, denn er war sich sicher, dass die Scheiß-Box irgendwo ein kleines Loch haben würde. Und er würde dieses Loch auch finden, und wenn doch nicht, hätte er es wenigstens versucht. Der Philosoph Ludwig Wittgenstein hatte eine solche Metapher bereits beschrieben, aber nicht mit einer Glasbox, sondern er nannte es einfach ein Fliegenglas. Er meinte aber, dass es sehr wohl einen Ausweg gab, dieser aber von der Fliege nicht gesehen wurde, weil sie immer vom Licht der Freiheit geblendet wurde. Er beschrieb also gar nicht, dass man zum Beispiel durch eine Behinderung gefangen war, sondern dass man sich selbst einsperrte und sich gefangen fühlte, obwohl es sehr wohl einen Ausweg gab. Nur konnte die Fliege diesen vielleicht einfachen Ausweg nicht erkennen. Bei Frankies starker Behinderung war seine Box wirklich verschlossen, also blieb ihm nur die

Möglichkeit, es sich in dieser Box so richtig gemütlich zu machen und in der Box ein aufregendes Leben zu führen. Julia war für ihn eine wunderschöne, bequeme Couch in seiner Glasbox, und zwar war sie so bequem, dass er sie nicht mehr verlassen wollte. Umgelegt auf die Wittgenstein-Metapher, war Julia für ihn eine sehr starke Sonnenbrille, durch die er nicht ständig vom Licht der Freiheit geblendet wurde. Aber in diesem Moment war er vielleicht sogar endlich auf dem richtigen Weg, einen tatsächlichen Ausweg aus seiner Glasbox zu finden, denn Jons hoffentlich erfolgreicher Testversuch könnte das genannte Loch darstellen. Und ganz egal, ob so eine Metapher bereits beschrieben wurde oder nicht, Frankie wählte sie für einen weiteren Songtext aus. Es war in dieser Zeit ohnehin schon extrem schwierig, ganz egal um was es auch gehen mochte, irgendwelche Texte, Gedichte, Musik, Philosophien, Zitate, oder was auch immer, ganz neu zu erfinden, da so ziemlich alles schon mal dagewesen war.

Mit diesen zwei neuen Songs, den zwei Songs mit Texten, die Frankie schon vor langem geschrieben hatte, und „Nothing at all" hatten sie bereits fünf Songs von Frankie und dazu drei Songs, die Corey mal für seine Band geschrieben hatte, hatten sie bereits acht eigene Songs von Invisible Monsters auf dem Programm. Dazu kamen noch „Alive", „Tommy the Cat" sowie zwei weitere Cover-Versionen, die allerdings nicht von Frankie, sondern von der ganzen Band ausgewählt wurden. Mit diesem einstudierten Programm konnten sie ein Konzert vonungefähr einer Stunde spielen, und Frankies Aufregung stieg von Tag zu Tag. Er bat Jon, ihm nicht kurz vor dem Auftritt frische CrispR-Substanzen zu spritzen, denn seine größte Sorge war, dass er ausgerechnet an diesem Tag einen seiner schlechten hatte.

Bis zu diesem Auftritt waren nur noch zwei Wochen Zeit, trotzdem brachte Frankie noch eine Idee an.

„Ich war vor ein paar Tagen zu Besuch in unserem Veranstaltungsort, habe mir alles genau angesehen und mich über die Möglichkeiten, die uns geboten werden, informiert. Es ist eine große, geräumige Bühne, die sehr viel Platz für unser ausgesprochen gutes Equipment bietet", begann Frankie.

Für eine Newcomer-Band waren sie nämlich wirklich bestens ausgestattet. Josh war der Einzige, der nur im Besitz der weitverbreiteten Marshall-Verstärker war. Corey jedoch spielte auf den modernsten Kemper-Verstärkern, die sich erst langsam zu Standard-Verstärkern entwickelten. Wayne hatte ein verdammt großes Schlagzeug mit zwei Double-Base-Drums, gleich sieben weitere Trommeln und sechs Becken in verschiedenen Größen. Matt hatte ein hochmodernes, sündhaft teuresYamaha Keyboard, und für Frankie besorgten sie die besten Funkmikrofone, die auf dem Markt zu finden waren. Der Soundcheck an diesem Veranstaltungsort bot ihnen unglaublich gute Möglichkeiten, den Sound ihrer Musik bestens einzustellen und sogar während des Konzerts ganz leicht etwas umzustimmen. Vor allem wurde dort im Hintergrund der Bühne eine durchsichtige LCD-Leinwand geboten, die von hinten von einem Beamer beleuchtet wurde, der über einen Laptop vom Soundcheck aus gestartet wurde, um zum Beispiel diverse Visuals einzuspielen. Diese Möglichkeit brachte Frankie auf eine Idee, und er fuhr fort: „Wir werden es in den nächsten zwei Wochen zwar nicht mehr schaffen, großartige Visuals zu erstellen, aber es sollte sich schon bewerkstelligen lassen, dass auf der Leinwand unsere Texte dargestellt werden, damit sie jeder selbst durchlesen kann. Es würde ein bisschen aufwändig sein, dass jede einzelne Zeile zum richtigen Zeitpunkt erscheint, aber es lässt sich sicherlich hinkriegen, dass zum Beispiel einzelne Strophen oder von mir aus der ganze Text im Hintergrund zum Mitlesen erscheint."

Vor allem Matt hielt dies sofort für eine tolle Idee, kannte sich am Computer bestens aus und bot sofort an, genau solche Visuals für die Band zu erstellen. Auch die anderen Bandmitglieder konnten diesen Auftritt schon kaum noch erwarten. Sie probten vorher jeden Tag bis zu fünf Stunden und wurden jeden Tag besser. Der Wunsch, mit dieser Band auf die Bühne zu gehen, wurde bei Frankie immer größer, und auch wenn man sich in San Diegos Szene umhörte, konnte man häufiger hören, dass alle so richtig gespannt auf diese neue Band waren.

Frankie war unglaublich froh, dass er genau an diesem Tag, übrigens ein Samstagabend, einen sehr guten hatte. Es war kaum zu glauben, welch ungeahnte Energien in ihm steckten. Er beschloss, vorher keinen Tropfen Alkohol zu sich zu nehmen, um keine größeren Fehler zu machen, denn genau diesen Blödsinn hatte er zuvor schon einige Male gemacht. Erst hatte er sich gedacht, dass der Konzertsaal bei ihrem Auftritt nur halb gefüllt sein würde, zu seiner größten Überraschung drängten sich aber schon bei der Vorband über 1000 Menschen vor die Bühne. Die Fans warteten gespannt, was da jetzt zu sehen oder hören wäre, sie schalteten sämtliche Lichter aus, und vor allem Corey wollte nichts mehr, als auf die Bühne zu marschieren. Frankie jedoch versperrte mit seinem Rollstuhl absichtlich den Weg zur Bühne und sagte immer wieder:

„Noch nicht, Corey, lass sie warten!"

Im Dunkeln gingen sie auf die Bühne – haha, in Frankies Fall: er fuhr –, und der ganze Raum wurde mucksmäuschenstill. Auf Frankies Wunsch spielten sie anfangs nur ein kurzes Intro vom Tonband, und sie achteten darauf, dass Frankies Rollstuhl noch nicht zu sehen war. Als Corey, Josh und Wayne zu spielen begannen, war Frankie noch immer nicht zu sehen. Sie begannen mit „Nothing at all", und genau in diesem Moment, als Frankie zu singen begann, kam ein Spotlight auf ihn und seinen Rollstuhl. Frankie hätte am liebsten Fotos der überraschten Gesichter gemacht, denn diese blieben ihm bis zu seinem Abgang in Erinnerung. Alle waren begeistert, nicht nur von Frankies Stimme und der Tatsache, dass er im Rollstuhl war, sondern vor allem auch von ihrer Musik und ganz speziell von Coreys Gitarrenarbeit. Sehr gut kam auch Frankies Idee mit ihren Visuals an, und speziell beim sehr bekannten Text von „Tommy the Cat" sang das ganze Publikum lautstark mit. Wie Frankie sich fühlte, wirst du dich jetzt fragen. Frankies Gefühle ließen sich aber nicht einmal vom berühmtesten Autor dieser Welt in Worte fassen. Kurz gesagt, hätte er am liebsten in sein Mikrofon gebrüllt:

„Ich bin ein Rockstar!"

KAPITEL 25

„Frankie, du darfst bald wieder nach Hause"

Gleich am nächsten Tag hatte Frankie wieder einmal einen seiner ganz ganz schlechten Tage. Er konnte keine einzige Minute zum Tiefschlaf finden, ihm war extrem schwindelig, und in der Frühe kotzte er sogar sein ganzes Bett voll, weil er den Weg zur Toilette nicht mehr schaffte. Gott sei Dank bekam er aber an diesem Tag schon die nächste Dosis CrispR-Substanzen gespritzt, denn er war nun schon sieben Tage ohne Medikation. An die ständige Verabreichung frischer CrispR-Substanzen war er nämlich schon so gewöhnt, dass er sie mittlerweile fast benötigte, um sich gut zu fühlen. Er fühlte sich also gar nicht mies, weil er zuvor einen anstrengenden Tag gehabt hatte, denn er war schon gegen zehn Uhr wieder zu Hause in seinem Bett gewesen. Corey war der Einzige der Band, der noch länger dort geblieben war, denn auf Jons Wunsch durfte nur er einige kurze Interviews für Auftrittskritiken geben. Er durfte aber noch nicht viel über Frankie sprechen, und sogar Frankie selbst war bei diesem Auftritt in langärmelige T-Shirts gekleidet, damit seine vielen Tätowierungen nicht sichtbar waren. Alle Kritiken waren unglaublich positiv, und ihre Band wurde sofort als eine der größten Neuentdeckungen des Jahres gefeiert. Nur auf alle Fragen nach weiteren Auftritten hielt sich Corey bedeckt, Frankie konnte jedoch spüren, dass vor allem Corey selbst insgeheim sehr große Erwartungen in die Band setzte und sich schon ausmalte, damit so richtig berühmt zu werden.

„Mach mal halblang, Corey", sagte Frankie, „Wir müssen jetzt ein bisschen auf Jons Forschungspublikation warten, bevor wir die Band ganz offiziell an die Öffentlichkeit bringen können."

Aber auch Frankie hatte große Mühe, wieder auf dem Boden anzugelangen, und hatte noch keinerlei Ideen, wie es mit

Invisible Monsters weitergehen könnte. Antworten auf seine Fragen ließen aber nicht lange auf sich warten. Schon zwei Tage nach dem Auftritt lud Jon ihn zu einem Abendessen bei sich zu Hause ein.

„Ich habe ganz gute Neuigkeiten für dich", begann er, „Wie angekündigt, habe ich die ersten Rohfassungen meiner Forschungspublikation erstellt, und es sollte nichts mehr im Wege stehen, unseren Versuch an die Öffentlichkeit zu bringen. Ich habe es so beschrieben, dass unsere Möglichkeit an einem Patienten erfolgreich getestet wurde, dich aber natürlich nicht namentlich erwähnt und demnach klarerweise auch nicht beschrieben, dass es sich um einen illegalen Testversuch handelte. Die positive Nachricht für dich lautet: Frankie, du darfst bald wieder nach Hause!"

Jon erzählte ihm zwar noch einige weitere Details zu seiner Arbeit, Frankie jedoch hörte ihm gar nicht mehr genau zu, weil ihm nur noch eines oder besser gesagt eine im Kopf herumschwirrte. Es ist wohl nicht schwer für dich zu erraten, wer das war. Genau! Er rief sofort Julia an und kündigte ihr ein baldiges Wiedersehen an. Sie wusste erst nicht genau, was sie sagen sollte, erzählte ihm aber, dass speziell seine Mutter noch immer fest davon überzeugt war, dass sie alle Frankie bald wieder begrüßen dürften. Seine Mutter war immer noch topfit, okay, für ihr Alter noch topfit, nur sein Vater, der mittlerweile schon um die 80 Jahre alt war, hatte schwer mit seiner Gesundheit zu kämpfen. Aber alle waren sich zu fast 100 Prozent sicher, dass er Frankies Rückkehr noch erwarten würde. Denn die Gewissheit, dass es Frankie, seinem Sohn, immer noch bestens gehe, gab ihm unglaublich viel Energie, und wenn er dann wirklich vor ihm stünde, würde ihm das die Energie geben, noch bis ins sehr hohe Alter sehr gut weiterzuleben.

„Ach du Scheiße", sagte Frankie, „das klingt jetzt aber so, als würde es ihm extrem schlecht gehen."

„Keine Sorge, Frankie", beruhigte ihn Julia gleich wieder. „Er ist doch sehr weit davon entfernt, senil zu werden oder irgendwas Schlimmes. Wie stellst du dir deine Rückkehr vor?"

Eine längere Pause entstand, und Julia dachte schon, er hätte wieder aufgelegt. Dann aber erzählte er ihr, dass Invisible Monsters eine entscheidende Rolle spielen sollte. Er wollte, dass sie für ihn einen Auftritt dieser Band in seiner Heimatstadt organisierte, dafür sorgte, dass möglichst viele seiner alten Freunde und Bekannten anwesend wären, diese aber von nichts eine Ahnung hätten. Plötzlich würde dann aber er auf der Bühne stehen.

„Wow, das stelle ich mir auch ziemlich cool vor, und es wäre ein tolles Happy End für unseren geplanten Film!", scherzte Julia.

„Aber ich sehe da ein kleines Problem. Ich habe keinerlei Erfahrungen im Organisieren solcher Events, ich wüsste im Moment überhaupt nicht, wo ich ansetzen müsste. Denn du willst ja sicher, dass die ganze Sache so professionell wie möglich aufgezogen wird", versuchte sich Julia vorsichtig auszudrücken.

„Das weiß ich, und das verstehe ich auch, aber ich habe natürlich eine Idee, wie du das am besten angehen könntest. Mir fällt dazu nur einer ein. Dieser soll auch der Einzige werden, der von meiner Rückkehr erfahren sollte. Es handelt sich um einen meiner allerbesten Freunde, der schon seit Jahrzehnten in der Event-Branche tätig ist, und du durftest ihn auch schon kennenlernen. Es geht um meinen Freund Max, dieser weiß ganz genau, was man für ein erfolgreiches Konzert tun muss und hat auch die nötigen Kontakte dafür. Meine Bitte an dich lautet also, dass du ihn aufsuchst und ihm wirklich die ganze Geschichte von Anfang an erzählst. Er wird es verstehen", sagte Frankie.

„Von allen deinen Ex-Assistenten blieb mir Max am besten in Erinnerung, und ich glaube auch, dass er sich einmal meine ganze Geschichte anhören wird, bevor er irgendein Urteil über mich fällt", sagte Julia hoffnungsvoll, fuhr aber gleich fort: „Größere Sorgen mache ich mir eher deine Familie betreffend. So wie es aussieht, gibt deine Familie hauptsächlich mir die Schuld an deinem Verschwinden. Blöd ausgedrückt könnte es passieren, dass ich sofort gekillt werde", an dieser Stelle musste sie auch lachen, „Nein ganz ehrlich, sie würden sofort die Polizei rufen, und im Endeffekt käme Jons illegaler Testversuch ans Tageslicht, und der ganze Erfolg des Versuchs würde begraben. Außerdem bekäme deine Mutter einen Herzinfarkt, wenn ich und du plötzlich vor ihr stehen."

„Stimmt natürlich, könnte vielleicht Max machen, das entscheiden wir später, denn zuerst versuchst du bitte, nur Max diese ganze Story beizubringen", sagte Frankie, und der Rest ihres Gesprächs war geprägt von pseudo-romantischem Liebesgeplänkel.

In einem ihrer nächsten Telefonate sprach Frankie Julia darauf an, was genau der Grund für ihre Bereitschaft war, eine ernsthafte Beziehung mit ihm zu starten. War der Grund vor allem der, dass Frankies Behinderung doch nicht mehr ganz so schlimm war wie anfangs? Erst dachte sich Frankie, dass er Julia mit solchen Fragen völlig überforderte, denn sie machte eine extrem lange Pause, bevor sie ihm antwortete. Sie sprach von dem großen Zwiespalt, in dem sie steckte, weil sie ihn sehr bald so liebgewonnen hatte, trotzdem aber große Bedenken hatte, eine Beziehung mit einem Menschen zu beginnen, der eine so extrem starke Behinderung hatte. Ein bisschen verliebt war sie nämlich schon Wochen vor der Abreise nach San Diego gewesen, gezeigt hatte sie es ihm aber erst viel später, als sie gesehen hatte, wie viel besser es ihm ging. In Frankies Interpretation klang das so, als wäre vorher doch wieder nur die Behinderung daran Schuld gewesen, dass lange keine Beziehung entstanden war. Zum Teufel nochmal, er sollte doch auf keinen Fall dauernd nur der Behinderung am Scheitern oder Nicht-Zustandekommen einer Beziehung die Schuld geben. Und dann sagte sie selbst, dass anfangs die Behinderung eine so große Rolle spielte. Na was denn jetzt? Dann sagte sie aber, dass ihre Gefühle für ihn doch im Vordergrund standen und dass diese Liebe dann doch stärker war als alle anderen Bedenken, welcher Art auch immer. Super schön gesagt, aber damit kannte er sich schon gar nicht mehr aus. Ja okay, die Liebe war stärker, so wie er sich das vorher auch schon oft vorzustellen versucht hatte, aber sie war nur deshalb stärker, weil seine Behinderung geschwächt wurde, indem es ihm immer besser ging. Dieses Gespräch richtete ihn fast zugrunde, und er bekam wieder schlaflose Nächte. Er beruhigte sich mit der Tatsache, dass kein Mensch dieser Erde jemals die Liebe verstehen würde. Sie kam einfach, manchmal blieb sie ewig, manchmal nur kurz, aber zu erklären war sie nicht und würde sie niemals sein. Aber das alles war auch scheißegal, er liebte diese Frau, und sie liebte ihn, und das war alles, was zählte. Frankie sagte oft, alles was auf der Welt passierte, hatte einen Grund. Alles war auf irgendeine Weise erklärbar, und nichts passierte grundlos, außer der Liebe, die geschah einfach so. Frankie war eben so, dass es für alle Vorkommnisse seines oder besser gesagt des Lebens eine genaue Erklärung gab. Nur beim Thema Liebe war es völlig sinnlos, darüber nachzudenken. Es gab unzählige Bücher zu diesem Thema, und in jedem davon steckte ein Funken Wahrheit. Aber naja, die Liebe war oder ist eben keine Wissenschaft, und niemand, schon gar nicht Frankie, würde sie jemals begreifen können.

Frankie wurde langsam immer aufgeregter, um nicht zu sagen, richtiggehend nervös. Er freute sich schon wahnsinnig auf seine Heimat, auf seine Familie und vor allem auf Julia. Jon äußerte den Wunsch, dass Julia ein paar Tage vor seiner Abreise nach San Diego kommen und wieder mit demselben Privatjet wie bei der Ankunft zusammen mit ihm und Funky nach Hause fliegen sollte. Sie sollte deswegen ein paar Tage vorher nach San Diego kommen, damit Jon sie für die Verabreichung frischer CrispR-Substanzen anlernen konnte. Er würde nämlich diese Spritzen für ungefähr drei Monate mit bekommen und würde anschließend wieder nach San Diego kommen müssen, dann schon offiziell, also mit einem normalen Linienflug. In der Zwischenzeit würde Jon versuchen, einen Pharma-Konzern aufzutreiben, der aus den bisherigen Subkuntan-Spritzen Tabletten herzustellen versuchte. Das klang für Frankie wieder mal nach einem guten Plan, diesen Versuch erfolgreich zum Abschluss zu bringen. Frankie würde also drei Monate ohne, oder fast ohne, medizinische Beobachtung sein, er versprach Jon, ihm jede Woche Blutproben und Hautbiopsien zuzuschicken und zwar über ein Labor in seiner Heimatstadt.

Julia rief zwar jeden einzelnen Tag an, meistens aber nur weil er ihr so fehlte und sie einfach nur mit ihm sprechen wollte, sei es, um ihm zu berichten, wie ihr Tag war. Es dauerte aber fast acht Tage, ehe sie ihm von ihrem Treffen mit Max berichtete. Sie erzählte, dass er anfangs gleich über sie herfallen wollte und sie mit Anschuldigungen überhäufte. Es dauerte ein bisschen, bis er sich etwas beruhigt hatte, aber erst als sie ihm erzählte, dass es Frankie bestens gehen würde und sie alle ihn bald begrüßen dürften. Erst als er sich beruhigt hatte und ihrer Meinung nach aufnahmefähig war, begann sie, ihm die ganze Geschichte von vorne zu erzählen, und wie Frankie gesagt hatte, hörte sich Max erst mal die ganze Geschichte an. Zuerst war er völlig sprachlos und sagte, dass er ihr nicht ganz glauben könne, ehe er Frankies „Zustand" sehen und vor allem hören würde. Max wusste nämlich am besten, wie sehr sich Frankie gewünscht hatte, gut singen zu können. Als sie ihm dann erzählte, dass Frankie in einer Band singen würde und diese für seine Rückkehr einen Auftritt organisieren wollte, war er sofort hellauf begeistert und redete schon im nächsten Atemzug von irgendwelchen Auftrittsdestinationen. Er versprach aber sofort, niemandem von der ganzen Geschichte zu erzählen, bis Frankie tatsächlich da war.

„Sein einziger Wunsch war, dass er schon vorher, also sobald wie möglich, mit dir telefonieren dürfte, um sich selbst von deiner mittlerweile normalisierten Stimme zu überzeugen. Ich denke nicht, dass du irgendwas dagegen hast, also habe ich sofort zugesagt. Er wartet auf deinen Anruf!", erzählte sie Frankie und freute sich dabei selbst wie ein kleines Kind, weil sie ihm so tolle Neuigkeiten überbringen durfte. Auf seine Fragen, wie und wo das Gespräch mit Max stattgefunden hatte, antwortete sie:

„Ich habe ihn gestern Abend in seiner Privatwohnung aufgesucht. Ich erwartete, dass er sofort mit mir laut werden würde, aber Gott sei Dank dauerte es ein paar Minuten, bis er mich erkannte, da er mich bisher noch nicht blond gesehen hatte. Dann fragte er aber schon, ob ich dich etwa entführt oder dir gar etwas angetan hätte, und dann kamen auch gleich die vielen Anschuldigungen oder Unterstellungen, von wegen ich hätte dich eineinhalb Jahre lang in einem Brunnenschacht gefangen gehalten", an dieser Stelle musste sie laut lachen, erzählte aber gleich weiter. „Er versprach mir aber hoch und heilig, vorher niemandem von dieser Geschichte zu erzählen. Dann sprachen wir auch noch über deine Band, und komischerweise wusste er sofort, dass deine Band ‚Invisible Monsters‘ heißt."

„War zu erwarten, schließlich wollten wir ja seine eigene Band damals so nennen", sagte Frankie. Er war unglaublich froh, dass Max diese Geschichte so gut aufnahm und freute sich schon riesig auf das Telefonat mit Max.

Frankie freute sich nicht nur auf das Telefonat, er konnte es kaum erwarten. Trotzdem musste er noch den ganzen nächsten Tag ausharren, da er aufgrund der großen Zeitverschiebung bis zum Abend warten musste, weil er Max nicht in aller Herrgottsfrühe wecken wollte. Zuerst hörte er nur Max' Anrufbeantworter, der aber von ihm selbst besprochen worden war, also hatte er auch bestimmt die richtige Nummer. Fünf- oder sechsmal hatte er es probiert, bis Max sich endlich meldete. Es dauerte 13 Minuten, ehe Max feststellen konnte, wer da am Telefon war, denn er hatte Frankies mittlerweile normalisierte Stimme noch nie gehört. Er erzählte ihm von den Geschichten, die er mit ihm erlebt hatte, erst dann war Max völlig klar, dass es sich tatsächlich um Frankie handelte. Bis Julia ihm die ganze Geschichte erzählt hatte, war er nämlich der Meinung, dass Frankie verstorben war.

„Die meisten anderen, außer den Eltern, glauben auch, dass du schon längst tot bist", sagte Max mit zittriger Stimme, „Ich muss mich schwer im Zaum halten, nicht sofort allen von deiner Rückkehr zu berichten. Julia hat mir alles erzählt, und ich habe ihr Gott sei Dank zugehört, denn zuerst hätte ich sie am liebsten erwürgt. Mir fehlen die Worte, ich kann es kaum fassen, wie gut es dir geht, und dass es tatsächlich so ist, kann ich erst jetzt glauben, weil ich endlich selbst hören kann, wie gut du mittlerweile sprichst. Am meisten freut mich, dass du dir deinen großen Traum, Sänger einer Band zu werden, erfüllen konntest, und ich werde alles daran setzen, einen Auftritt deiner Band zu organisieren, der in die Geschichte eingehen wird. Ich habe da nur ein paar Fragen: Wie groß soll der Konzertsaal sein? Braucht oder wünscht ihr euch eine spezielle Lichtshow? Nimmt deine Band ihr eigenes Equipment mit, also Verstärker und so weiter? Welche Leute sollten dabei sein? Wie lange wollt ihr spielen beziehungsweise wollt ihr auch eine Vorband? Und vor allem, darf ich wirklich überhaupt niemandem davon erzählen?"

„Deine ganzen Fragen überfordern mich jetzt ein bisschen, wir möchten doch einfach nur ein kleines Überraschungskonzert spielen, also muss das gar nicht ganz so professionell aufgezogen werden. Wichtig wäre mir nur, dass ganz viele Leute dabei wären, die mich noch kennen. Und ja, unsere Verstärker werden natürlich mitgenommen, aber alles Weitere würde ich gerne dir überlassen. Das genaue Datum kann ich dir auch noch nicht nennen, ich schätze mal, dass ich in ungefähr drei Wochen nach Hause kommen werde. Auf jeden Fall soll oder wird dieser Auftritt eine große Rückkehr bedeuten, also darfst du vorher niemandem davon erzählen", sagte Frankie und klang dabei sehr erwartungsvoll. Max erzählte ihm dann auch, dass er in der Zwischenzeit endlich wieder eine neue Band gegründet hatte, zusammen mit einem wahnsinnig guten Schlagzeuger, den Frankie damals auch schon kennenlernen durfte, und dass seine Band liebend gerne als Opener von „Invisible Monsters" spielen würde. Max ließ einen lauten Lacher los:

„Ich wusste natürlich sofort, welchen Namen deine Band trägt!"

Die beiden telefonierten dann fast zweieinhalb Stunden, denn Frankie musste seinem besten Freund natürlich die ganze Julia-Geschichte bis ins Detail erzählen. Aber auch Max hatte ihm natürlich sehr viel zu erzählen, und Frankie war unglaublich froh, sich endlich wieder mit ihm unterhalten zu haben. Er versprach ihm, ihn noch öfter anzurufen und ihm bald das genaue Datum seiner Rückkehr zu nennen. Frankie war sich nur etwas unsicher, ob Max auch tatsächlich die Klappe halten könnte.

Fünf Tage vor seiner Abreise landete Julia auf dem International Airport in San Diego. Frankie war sonst nicht gerade der Pünktlichste, aber an diesem Tag war er schon ungefähr zweieinhalb Stunden vorher dort, zählte bis zu ihrer Ankunft zuerst die Tage, dann die Stunden, gegen Ende die Minuten und kurz vor ihrer Landung sogar die Sekunden rückwärts. Auch Funky war schon wahnsinnig aufgeregt, weil er ganz genau wusste, wer da kommen würde, denn Frankies Hund verstand alles, was Frankie ihm erzählte. Das Wiedersehen war dann so unglaublich schön, aufregend, romantisch, nahezu erotisch, ach … weiß der Teufel was noch alles. Aber um diese Erzählung weiterhin einigermaßen seriös zu halten, bleiben genaue Details deiner Interpretation überlassen. Sie wurde exklusiv von der ganzen Band „Invisible Monsters" in Empfang genommen. Frankie selbst wollte aber nichts anderes als alle wieder zu verabschieden, weil er … Ach was … du weißt schon. Ein paar Tage vorher hatte Frankie einen weiteren ganz großen Erfolg mit Theo gefeiert, denn er marschierte zum ersten Mal seit über 30 Jahren volle fünf Meter, ohne sich irgendwo festzuhalten und natürlich auch ganz ohne Lokomaten.

„Gut", scherzte er, „damit kann ich jetzt endlich wieder ganz alleine an einem Pissoir stehen!"

Max erzählte ihm, dass er einen Auftritt von „Invisible Monsters" in einem größeren Club organisiert hatte und sogar der Vorverkauf schon bestens lief. Er hatte viele Bekannte von Frankie eingeladen und diesen nur eine große Überraschung angekündigt, aber natürlich nichts Genaues. Auch die ganze Band war schon wahnsinnig aufgeregt, und sie probten vor der Abreise jeden Tag für mehrere Stunden. Unter anderem studierten sie auch wieder neue Coverversionen ein, denn sie wollten bei jedem Auftritt andere Coverversionen spielen. Für diesen Auftritt probten sie einen seiner absoluten Lieblingssongs, nämlich „More" von The Sisters of Mercy. Diesmal waren Julia und seine Bandmitglieder offiziell gemeldet, und Jon persönlich trug ihn wieder in den Privatjet auf dem kleinen Flugfeld in der Nähe von San Diego.

„Keine Sorge, wir sehen uns bald wieder!", sagte Frankie zum Abschied.

TEIL III

DIE RÜCKKEHR

„Weil ich auf den Tod nicht warten konnte,
war er so nett, auf mich zu warten"
Christopher Moore, Ein todsicherer Job

KAPITEL 26

„Ich habe es ja schon immer gewusst!"

Max Stoltski, bester Freund von Frankie: „Ich bin hier der Einzige, der von Frankies Rückkehr schon erfahren hat. Ich kann euch gar nicht sagen, wie schwer es mir gefallen ist, wirklich die Klappe zu halten. Am liebsten hätte ich gleich am ersten Tag alle angerufen, aber ich glaube, ich habe es geschafft, die ganze Sache geheim zu halten. Ich habe für Frankies Band „Invisible Monsters" einen Auftritt in einem sehr bekannten Club organisiert, sogar eigene Flyer drucken lassen und damit mächtig Werbung gemacht. Der Konzertsaal fasst ungefähr 1000 Leute, und es wird, da der Vorverkauf sehr gut läuft, wahrscheinlich ausverkauft sein. Zudem habe ich auf Frankies Wunsch sehr viele Bekannte von ihm eingeladen, diesen aber nur eine große Überraschung angekündigt. Frankie hat mir auch schon ein paar Demo-Aufnahmen geschickt, und ich bin mir fast sicher, dass seine Band gut ankommen wird. Ich persönlich kann es kaum erwarten, ihn endlich wieder begrüßen zu dürfen. Ich mache mir aber etwas Sorgen, wie seine Eltern, speziell seine Mutter, auf seine Rückkehr reagieren werden. Hoffentlich bekommt die arme Frau keinen Herzinfarkt!"

Christine Hava, Mutter von Frankie: „Fast eineinhalb Jahre ist Frankie nun verschwunden, und wir haben nichts unversucht gelassen, herauszufinden, was passiert ist. Aber ohne Erfolg. Weil es auch keinen Beweis für seinen Tod gibt, glaube ich noch immer ganz fest daran, dass es Frankie nach wie vor gut geht. Viele Leute halten mich für völlig verrückt, aber ich weiß ganz genau, dass ich meinen Frankie bald wieder in die Arme schließen darf."

Thomas Hava, Bruder von Frankie: „Wir haben unzählige Theorien, die Frankies Verschwinden zu erklären versuchen, aber wenn Frankies Verschwinden tatsächlich vertuscht wurde, muss der- oder diejenige dies wirklich grenzgenial gemacht haben. Immer noch besteht die Theorie, dass dieser Genius den Namen Julia trägt. Wenn er wirklich verstorben wäre, warum gibt es dann keine Leiche und auch keine Spur, die darauf hindeuten könnte. Ich persönlich glaube aber schon, dass er tot ist, und sogar das Gesetz geht davon aus, immerhin wurden seine Pension und sein Budget sofort gestrichen, und auch seine Wohnung wurde bereits weitervermietet. Aber vor allem unsere Mutter glaubt noch immer an seine Rückkehr. Das würde mich zwar freuen, jedoch auch sehr überraschen."

Corey, Gitarrist von Invisible Monsters: „Frankie ist gestern nach Hause geflogen, und ich sowie der Rest der Band werden morgen in seine Heimatstadt fliegen, und wir alle sind schon sehr aufgeregt wegen unseres ersten Auftritts in Übersee. Auch meine Freundin kann diesen Auftritt kaum erwarten, denn sie wurde auf Frankies Wunsch noch als Backgroundsängerin engagiert. Ich selbst freue mich schon sehr darauf, die Familie meines mittlerweile besten Freundes kennenzulernen."

Jonathan McBride, Mikrobiologe: „Am Tag, an dem Frankie nach Hause abgehoben ist, habe ich die erste Version meiner Forschungspublikation eingereicht und bin schon wahnsinnig gespannt auf die ersten Reaktionen darauf. Ich weiß, dass ich damit ein großes Risiko eingehe, aber wenn ich mit diesem bisher erfolgreichen Medikament meiner eigenen Tochter helfen kann, war es das wert. Obwohl ich den illegalen Versuch nicht erwähnt habe, glaube ich trotzdem, dass irgendwann die volle Wahrheit ans Licht kommt. Es ist mir egal, was dann mit mir passiert, wenn ich dadurch meiner Tochter helfen konnte, können mich die Gesetzgeber von mir aus sogar lebenslänglich einknasten. Hauptsache meiner Tochter geht es besser!"

Mit etwas Wehmut blickte Frankie auf San Diego zurück. Ja, fast geweint hätte er, wenn er sich nicht schon so auf seine Heimat gefreut hätte. Wahnsinnig aufregende Momente hatte er erlebt. Man könnte sagen, die letzten eineinhalb Jahre waren die besten seines Lebens. Auch das hatte er zuvor schon oft gesagt, und insgeheim glaubte er daran, dass dies noch immer nicht die beste Zeit seines Lebens war. Wer weiß schon, was noch alles kommen würde. Er versuchte, die letzten Monate Revue passieren zu lassen, musste aber nach fünf Minuten schon wieder über die Zukunft nachdenken, vor allem über die Zukunft von „Invisible Monsters". Das war für ihn eigentlich ganz was Neues, denn aufgrund seiner Behinderung durfte er nicht sonderlich viel über die Zukunft nachdenken. Funky war während des Fluges wieder einmal ungewohnt ruhig, und Frankie wurde wieder bewusst, welch unglaublich braven Hund er hatte. Funky war nur unglaublich froh, dass er während der Zwischenlandung in New York für eine halbe Stunde mit Julia spazieren gehen durfte. Frankie hatte während dieser Zeit tief und fest geschlafen und wachte erst eine Stunde vor der Landung in seiner Heimatstadt wieder auf. Er hatte vorher noch mit Max telefoniert und ihn gefragt, ob er die beiden vom Flughafen abholen könnte. Max war sehr aufgeregt, um nicht zu sagen richtig nervös und schon gespannt, wie Frankies Zustand nun tatsächlich aussehen würde. Frankie hatte Jon gebeten, für ihn und Julia ein Hotel in seiner Heimatstadt zu buchen, da ja seine Wohnung bereits weitervermietet worden war. Frankie hatte mit Max abgemacht, ein erstes Treffen mit seinen Eltern zu organisieren, jedoch nicht zu sagen, weswegen. Zuerst sollte nur er mit seinen Eltern sprechen und die Story erzählen und erst dann Frankie und Julia hinzuholen. Er sagte auch, dass das schon eine gute Idee war, immerhin wollten sie ja vermeiden, dass Frankies Mama sofort bei seinem Anblick einen Herzinfarkt bekam.

Es war schon tief in der Nacht, als sie auf der Landebahn aufsetzten und so befand sich außer Max niemand mehr auf diesem privaten Flugfeld. Julia stieg zuerst aus, und Frankie sah durch das Fenster, wie sie Max in die Arme fiel. Sie bat ihn, in den Privatjet zu steigen und Frankie herauszutragen, wo der Rollstuhl auf ihn wartete. Den Moment zu beschreiben, als Max ihn zum ersten Mal nach so langer Zeit sah, ist nahezu unmöglich, und die Gefühle, die er und Max dabei hatten, lassen sich kaum in Worte fassen. Für Frankie war es fast so, als wäre er seit über 20 Jahren verschollen gewesen und besuchte nach so langer Zeit zum ersten Mal wieder seine Heimat. Alles war komplett neu, und er hatte anfangs Schwierigkeiten, mit Max wieder in seiner Muttersprache zu sprechen. Immerhin hatte er ja eineinhalb Jahre nur noch Englisch gesprochen. Max war sehr verwundert, weil er Frankie sofort gefragt hatte, ob er nach diesem langen Flug eine Zigarette rauchen möchte und konnte es kaum fassen, als Frankie ihm erzählte, dass er das Rauchen voll und ganz aufgegeben hatte. Während sie mit dem Taxi zum Hotel fuhren, erzählte Frankie Max, dass seine Band erst am nächsten Tag landen würde und dass deren Equipment erst ein paar Stunden vor dem geplanten Auftritt landen würde, sie also nicht sonderlich viel Zeit hätten, um alles aufzubauen oder den Soundcheck zu machen. Aber Max hatte sehr viele Erfahrungen im Eventbetreuungsbereich und war es fast gewohnt, dass kaum Zeit für solche Organisationsarbeiten da war. Auch erzählte Frankie von Jons Forschungspublikation, dass sie Frankies Rückkehr noch so gut es geht geheim halten müssten und davon, dass sie alle im Endeffekt nur ganz fest die Daumen drücken konnten, dass dieser Versuch noch zum gewünschten positiven Ende führt. Max wollte die beiden gar nicht mehr verlassen, und Frankie musste ihn nahezu hinausschmeißen, um die erste wunderschöne Nacht mit Julia in seiner Heimatstadt zu genießen. Details werden natürlich ausgelassen.

Frankie war es gewohnt, dass er, wie in ausnahmslos allen Urlauben davor, das Frühstück im Hotel versäumte, weil die beiden es erst gegen zwölf Uhr schafften, ihr Bett zu verlassen. Gott sei Dank klopfte aber dann bereits Max an ihre Tür, weil er am Nachmittag ein Treffen mit Frankies Eltern organisiert hatte. Diese glaubten, sie hätten nur ein Treffen mit Max ausgemacht, hatten aber noch keine Ahnung, dass sie an diesem Tag ihren heißgeliebten Sohn wiedersehen würden. Sie trafen sich in einem Restaurant zum späten Mittagessen, und Frankie und Julia warteten in einem Café nebenan auf einen Anruf von Max. Frankie wollte von Max, dass dieser seine Eltern gut auf seine Rückkehr vorbereitete und sicherstellte, dass beide gut und sicher sitzen würden. Er sollte auch von Julia erzählen und ihnen beibringen, dass Julia keine böse Frau war, die Frankie was angetan hatte, sondern dass sie diejenige war, die für Frankies Genesung mitverantwortlich war. Hauptverantwortlich war natürlich Jon, aber ohne sie wäre das Ganze niemals möglich geworden.

„Nur, damit sie nicht gleich erwürgt wird …", meinte Frankie und lächelte dabei Julia an. 43 Minuten warteten die beiden auf Max' Anruf, und in Frankie entwickelte sich eine große Angst, Frankies Rückkehr könnte negative Auswirkungen auf den Gesundheitszustand seiner Eltern haben. Julia wartete zuerst noch an der Bar und ließ Frankie ganz alleine zu seinen Eltern fahren, auch damit diese gleich sehen konnten, wie gut er wieder mit seinem Rollstuhl umgehen konnte. Es war mucksmäuschenstill, als er zu dem reservierten Tisch in einem Nebenraum fuhr. Sein Vater sagte gar nichts, nur Tränen der Freude rannen über seine Wangen. Seine Mutter konnte ihren Augen kaum trauen, fiel ihm sofort in die Arme und sagte:

„Ich habe es ja schon immer gewusst!"

Frankie fühlte sich wie ein Kriegsheimkehrer, nur mit dem Unterschied, dass er nicht vom Krieg gezeichnet und schwer krank zurückkehrte, sondern nahezu geheilt. Er begann damit, seinen Eltern kurz nahezubringen, was Jon bei ihm getestet hatte, noch ohne dabei ins Detail zu gehen. Etwas ausführlicher kam er dann darauf zu sprechen, wie die ganze Sache überhaupt zustande gekommen war und betonte dabei immer wieder, dass er oder sie alles Julia zu verdanken hätten. Seine Mutter wäre nämlich nie, nicht einmal ansatzweise, auf die Idee gekommen, dass es sich bei Julia um eine sehr erfahrene und erfolgreiche Privatdetektivin handelte, die es, wie sich nun herausstellte, hervorragend bewerkstelligen konnte, alle Spuren so zu verwischen, dass die

Polizei, nicht einmal andere Privatdetektive, irgendetwas herausfinden konnten. Bei seiner Nachfrage, ob sie das, was Julia für ihn getan hatte, verstehen würden, rief er Julia hinzu. Die Geschichte, dass zwischen ihm und Julia eine Beziehung entstanden war, ließ er zuerst noch aus. Als sie den Raum betrat, sprang seine Mutter sofort auf, und Frankie dachte schon, seine Mutter würde ihr sofort an die Gurgel gehen wollen. Zu seiner großen Überraschung schloss sie Julia aber gleich in die Arme und bedankte sich unzählige Male bei ihr, dass sie ihr Frankie wieder heil zurückgebracht hatte. Für Frankie war es so, als würde sie sich bei ihrer zukünftigen Schwiegertochter einschleimen wollen. Frankie erzählte noch nichts von irgendwelchen Schwierigkeiten, die während der letzten eineinhalb Jahre aufgetreten waren, sondern beschränkte sich auf die unzähligen positiven Erlebnisse. Beschränken war auch nicht so das richtige Wort dafür, denn da kam so viel, dass Frankie fast die Zeit vergaß. Er erzählte vor allem davon, wie er sich gefühlt hatte, als die ersten Erfolge bei ihm eingetreten waren. Auch von all den Erfolgen, die im Zuge seiner Rehabilitationstherapie, genau genommen der Physiotherapie mit Theo, aufgetreten waren, von seinen Handbike-Ausflügen, dem Tanzkurs mit Julia und ganz allgemein von seinem „neuen" Leben. Natürlich erzählte er dann auch von der Erfüllung seines großen Lebenstraums, nämlich der Gründung der Band „Invisible Monsters". Auch seine Eltern konnten es anfangs kaum fassen, dass er schon am nächsten Tag mit seiner eigenen Band auf die Bühne gehen würde. Denn an diesem Abend landete seine Band auf dem Flughafen, und er hatte Corey versprochen, sie vom Flughafen abzuholen. Frankie bat seine Eltern, seine Rückkehr noch nicht an die große Glocke zu hängen, da alles für Jons Forschungspublikation noch ein bisschen geheim bleiben musste.

„Ich meine, der engere Familienkreis darf natürlich schon davon erfahren, nur bitte nicht gleich die Polizei anrufen oder etwas in der Art", sagte Frankie und war unermesslich froh, dass seine Eltern diese, bisher noch nicht so detailreiche, Story so positiv aufgenommen hatten und fügte noch hinzu:„Wir sehen uns wieder nach unserem großen Konzert, und ich kann es kaum erwarten, euch meine neuen besten Freunde vorzustellen."

Während der Fahrt zum Flughafen unterhielten sich Max und Julia in erster Linie. Sie erzählte ihm von ihren vielen schönen Erlebnissen mit Frankie, zum Beispiel vom Tanzkurs, den sie absolviert hatten, Frankie jedoch wurde immer ruhiger, ja richtig schweigsam. Warum das denn, wirst du dir jetzt vielleicht denken. Die Rückkehr verlief bisher ja überaus reibungslos, der Auftritt war organisiert worden, die Band würde bald ankommen, Frankie durfte seine Eltern wiedersehen, war endlich wieder zurück in seiner Heimat und so weiter, also alles sah nach einem richtig abgedroschenen Happy End aus. Und trotzdem machte er ein tief bestürztes Gesicht, als hätte er gerade jemanden ermordet. Diese ganze Situation überforderte ihn einfach gewaltig. Verdammt, er war gerade einmal eineinhalb Jahre weg gewesen, aber es war für ihn, als würde er zum allerersten Mal in seinem Leben eine für ihn völlig fremde Stadt am anderen Ende der Welt bereisen. Er traf seinen besten Freund und seine leiblichen Eltern, und trotzdem war es für ihn so, als würde er völlig fremde Menschen zum ersten Mal kennenlernen. Wahrscheinlich lag es daran, dass er zuvor seine Stadt und ihre Menschen aus dem Blickwinkel eines sehr stark körperlich behinderten Menschen gesehen hatte, nun aber war er mehr oder weniger geheilt. Dass er deswegen überfordert war, war aber etwas übertrieben, es wurde ihm nur bewusst, wie stark sich die Welt durch den eigenen Zustand verändert.

Mach das Gleiche wie bisher schon so oft, dachte er sich. *Beginne ganz einfach ein komplett neues Leben. Okay, das hast du zwar schon so oft gemacht, also bist du darin ohnehin schon geübt.*

Man könnte auch sagen, alles was bisher passiert war, war positiv und unglaublich wichtig, daraus hatte er viel gelernt, aber von nun an lautete die Devise: Tür zu, alles was war, vor allem auch die negativen Dinge, lässt sich nicht mehr ändern, also starte einfach neu durch.

Langsam wurde es Zeit, sich von seinen Eltern wieder zu verabschieden, und gegen Ende kamen auch noch sein Bruder Thomas, seine Schwägerin und sein damals elfjähriger Neffe vorbei, um seine Eltern nach dem von Max angekündigten wichtigen Treffen wieder abzuholen, und diese hatten keine Ahnung und nicht mal den Funken einer Idee, dass sie an diesem Tag Frankie wiederbegrüßen dürften. Dieses Wiedersehen in Worte zu fassen, wäre ein Vorhaben der Unmöglichkeit, du hättest einfach nur das Gesicht von Thomas sehen sollen. Seine Mutter sagte zwar, dass sie sowas sowieso schon immer gewusst hätte und nur noch auf diesen Moment gewartet hatte, Thomas jedoch wurde von diesem Moment völlig überrascht, und es dauerte fast sieben Minuten, ehe er glauben konnte, wer da vor ihm stand. Frankie versprach allen, dass sie sich in den kommenden drei Monaten noch ganz oft sehen würden, denn am Abend landete seine Band, von der er ihnen natürlich auch ausführlich berichtet hatte, und am nächsten Tag war der große Überraschungsauftritt zu seiner Rückkehr geplant. Bevor Frankie, Max und Julia losstarteten, bot ihm seine Mutter noch an, ihn und Julia in ihrem Haus aufzunehmen, damit Jon nicht allzu lange ihr teures Hotel bezahlen musste.

„Danke Mama, ich kann es kaum erwarten, Julia zu zeigen, wo ich aufgewachsen bin", sagte Frankie, schloss jeden Einzelnen in seine Arme, und sie machten sich auf den Weg zum Flughafen. Auf dem Weg dorthin schossen ihm unzählig viele Gedanken durch den Kopf, aber langsam wurde ihm bewusst: Er war da!

Er erinnerte sich an eines seiner wichtigsten Konzerte, die er besucht hatte. Er war ungefähr 35 Jahre alt gewesen, also war seine Behinderung damals schon wirklich sehr weit fortgeschritten, und es war auch noch in der Zeit, kurz bevor er seine Hörgeräte bekam. Also war er nicht nur körperlich fast am Ende, zudem hatte er auch schon kaum noch was gehört, und außer seiner damaligen zwei Assistenten konnte ihn kein Mensch mehr verstehen. In der Hauptstadt seines Landes war eine seiner Lieblingsbands seiner Jugendjahre zu einer Reunion-Tour angekündigt worden, und Frankie hatte sich schon Monate vorher Karten dafür besorgt.

Eigentlich hätte er sich das sparen können, denn wie so oft wurden seine Karten, da es fast so üblich war, dass Rollstuhlfahrer und ihre Begleitpersonen freien Eintritt hatten, nicht genau kontrolliert. Trotzdem war Frankie ehrlich genug, für Veranstaltungen aller Art so wie jeder andere zu bezahlen, auch wenn diese Karten nie abgerissen wurden. Scheiße, wäre er ein Arschloch, hätte er sich schon sehr viel Geld gespart. Egal, als sie dort angekommen waren, war Frankie schon so am Ende, dass man hätte glauben können, er wäre kurz vorm Sterben – okay, das war er auch. Das Konzert fand in einem nicht allzu großen Saal statt, und es gab keine reservierten Plätze für Rollstuhlfahrer. Deswegen hatten ihn seine zwei Assistenten eine enge Stiege in den ersten Rang hinaufgetragen, wo er freie Sicht auf die Bühne genießen konnte. Freie Sicht war auch etwas übertrieben, da seine Behinderung, genauer gesagt der zum Krankheitsbild gehörende Nystagmus, also dem starken Augenzittern, schon wahnsinnig stark ausgeprägt war und er auch schon nicht mehr scharf sehen konnte. Er fühlte sich damals fast wie ein taubstummer, ein dem Tode geweihter, schwer gezeichneter Aids-Kranker auf dem Sterbebett, und er hatte sich gefragt, was zur Hölle er da jetzt in Angriff nehmen wollte. Man könnte seine Gefühle auch mit einem sehr bekannten Bild vergleichen. Er kam sich vor wie ein kleiner Affe auf drei Porträts. Auf dem ersten hielt er sich die Ohren zu, auf dem zweiten verdeckte er seinen Mund, und auf dem dritten verdeckte er seine Augen. Als ihn die beiden dort hinaufgebracht hatten und er am liebsten alles, einschließlich sein gesamtes Leben, weggeworfen hätte, dachte er sich:

Ach, scheiß drauf, du bist vielleicht völlig am Ende, aber, verdammt noch mal, du bist hier, und das kann dir keiner nehmen.

Und dann erlebte er eines der genialsten Konzerte seines Lebens, und er war sich danach fast sicher, dass es nur deswegen so genial war, weil er eben diese ganze Prozedur auf sich nehmen musste.

Mit halbstündiger Verspätung landete seine Band auf dem großen Flughafen seiner Heimatstadt. Zumindest war dieser Flughafen für Verhältnisse in seinem Geburtsland groß, aber Menschen aus einer so großen Stadt wie San Diego glaubten, sie würden irgendwo in der Einöde landen. Corey sagte:

„Ich habe zwar vier Jahre lang in der Schule deine Muttersprache gelernt, aber hier verstehe ich fast kein Wort. Zum Teufel, welche Sprache sprecht ihr hier überhaupt?"

„Slang!", antwortete Frankie, als würde dies alles erklären, lächelte und fügte hinzu: „Sogar viele Menschen aus dem eigenen Land verstehen unseren Dialekt nicht. Ich habe ohnehin vor, morgen bei unserem Konzert einige Sachen im Dialekt zu sprechen. Ich werde für euch dann übersetzen."

Sie alle wollten aber gleich ins Hotel fahren, damit sie sich für den großen Auftritt am nächsten Tag ausruhen konnten, genau genommen, um sich den immens großen Jetlag auszuschlafen. Frankie erzählte nur ganz kurz von seinem ersten Treffen mit seinen Eltern und dass er sich schon wahnsinnig darauf freute, seinen Eltern seine „neuen" besten Freunde vorzustellen.

KAPITEL 27

„My personal Baby"

Frankies großer Tag erwies sich als äußerst seltsam. Wie Frankie sich erhofft hatte, fühlte er sich zwar trotz der großen Aufregung relativ gut, und er war bereit für diesen Auftritt, trotzdem kam es doch zu diversen Schwierigkeiten. Das Flugzeug mit ihrem Equipment landete erst am späten Nachmittag, und es blieb deshalb extrem wenig Zeit für diverse Aufbauarbeiten. Zudem wurde Coreys spezieller Gitarrenverstärker nicht geliefert, und Max musste in Windeseile einen ähnlichen Verstärker eines guten Freundes organisieren, welcher sich noch dazu gerade in einer ganz anderen Stadt befand.

„Ach, zum Teufel, unser Auftritt ist zwar um 20 Uhr angesetzt, wir machen das aber einfach wie Guns n'Roses und betreten erst gegen 22 Uhr die Bühne", sagte Frankie und setzte dabei ein schelmisches Gesicht auf.

Auch sonst hatten sie kleinere Schwierigkeiten, die gesamte Anlage richtig einzustellen, da überhaupt keine Zeit blieb, einen anständigen Soundcheck durchzuführen. Das stand ganz im Gegensatz zu Frankies Dasein als Perfektionist, und Frankie bekam richtig Angst, dieser Auftritt könnte zu einem Misserfolg mutieren. Während Max mit seinem Auto besagten Freund aufsuchte, um den Verstärker abzuholen, wurde Frankie immer nervöser. Eigentlich nur um einen kleinen Scherz anzubringen, meinte Corey:

„Du solltest vielleicht vorher einfach noch ein bisschen koksen. Dann bist du vielleicht nicht mehr so nervös."

Aber Frankie hatte keine guten Erfahrungen mit Drogen gemacht, auch wenn da nie Koks dabei gewesen war.

Er war zwar nie besonders stolz darauf, aber er hatte, so wie die meisten anderen auch, mit Drogen ein bisschen herumexperimentiert. Vor allem in seinen wildesten Jugendjahren, als er um die 20 Jahre alt gewesen war, hatte er doch seine Erfahrungen mit Drogen gemacht. Er hatte dabei nie mit wirklich harten Drogen herumexperimentiert, aber einmal war doch, so glaubte er zumindest, ein ziemlich starkes LSD dabei gewesen. Ob es tatsächlich LSD war, hatte er nie so genau gewusst, aber die damals aufgetretenen Nebenwirkungen hatten auf LSD hingedeutet. Er war 21 Jahre alt gewesen und damals zum wiederholten Male in seinem, vorher schon öfter erwähnten, Metal-Schuppen unterwegs. Als er dort schon einige Gläser Whiskey intus hatte, wurde ihm von einem Besucher des Lokals eine Tablette angeboten. Erst hatte er sich gedacht, dass es sich wahrscheinlich nur um irgendein Ecstasy oder eine andere Designer-Droge handelte, und er hatte sich diese Tablette einfach eingeworfen, ohne groß darüber nachzudenken. Dafür war er schon viel zu betrunken. Eigentlich war es, zumindest anfangs, eine ziemlich coole Erfahrung gewesen. Er hatte geglaubt, dass es sich um ein starkes LSD handelte, weil er sich dadurch gefühlt hatte, als wäre er ein neugeborenes Kind, welches zum ersten Mal das Licht der Welt erblickte. Alles war wie ein Wunder und wie neu für ihn. Vor ihm hatte ein Glas Bier gestanden, und er hatte die ganze Zeit darauf gestarrt und es kaum glauben können, was da vor ihm stand und wie bunt es war. Und er konnte es sogar trinken, es war, als würde er aus einem Regenbogen trinken. Dann hatte er seine Hand erblickt und konnte dieses Wunder kaum fassen, dass er eine Hand besaß und sogar deren Finger bewegen konnte. Danach hatte er seine zweite Hand erblickt, und er hatte ganz laut in die Runde gerufen:

„Ja verdammt noch mal, ich habe sogar zwei davon!"

Der Rest des Abends, oder besser gesagt dieser Nacht, war ihm dann entfallen. Er wusste auch gar nicht mehr, wie er überhaupt nach Hause gekommen war, und schon gar nicht wusste er, wie die Frau geheißen hatte, neben der er aufgewacht war. In den nächsten Tagen hatten sich dann einige Nebenwirkungen gezeigt, die auf ein stärkeres LSD hindeuteten. Er hatte nämlich die totalen Black-Outs. Ihm war dann eingefallen, dass er unbedingt ein

Medikament aus der Apotheke brauchte, und er ging – haha, fuhr los. Zu diesem Zeitpunkt war es ihm ja noch möglich gewesen, ganz alleine quer durch die Stadt zu fahren. Die Apotheke in seiner Nähe war leider geschlossen, also fuhr er mit den öffentlichen Verkehrsmitteln in die Innenstadt, wo sich eine große Apotheke befand, die rund um die Uhr geöffnet hatte. So weit, so gut, aber als er dort aus der Straßenbahn wieder ausgestiegen war – haha, rausgefahren war – kam das große Black-Out. Denn er hatte absolut keine Ahnung mehr, was er überhaupt da wollte. Er hatte sich eine Zigarette angezündet und war danach wieder nach Hause gefahren. Erst als er wieder in seiner Wohnung gewesen war, war es ihm wieder eingefallen, und er hatte sich gedacht:

Okay, was bisher immer alle zu mir sagten, stimmt vielleicht doch: Lass die Finger von den Drogen.

Diese kleine Geschichte war ja einfach nur ein bisschen lustig gewesen, aber Black-Outs dieser Art könnten doch auch sehr negative Folgen haben. Aber diese kleine Erfahrung mit LSD war auch die einzige etwas coolere Erfahrung, die er mit Drogen machen durfte. Er hatte zum Beispiel, so wie die meisten anderen auch, einige Male gekifft. Viele sagten immer, dass das Kiffen so cool wäre und man sich dadurch so gut fühlte, dass man am liebsten die ganze Welt umarmt hätte. Frankie war dadurch aber nie gut drauf. Ganz im Gegenteil, er fühlte sich dadurch immer wie kurz vorm Sterben. Wenn er wirklich zugekifft war, konnte er sich fast keinen Millimeter mehr bewegen, und ihm war zum Kotzen übel. Sehr viel später hatten auch immer wieder Leute eine Schmerztherapie mit legalisiertem Cannabis empfohlen. Hatte Frankie natürlich auch probiert, nur war die angebliche Wirkung gegen seine heftigen Schmerzen viel zu gering und vor allem von zu kurzer Dauer. Davon die Finger zu lassen, fiel ihm jedoch ganz leicht, denn, wie man so schön sagte, Kiffen macht dumm und dumm wollte er nie sein. Obwohl er sich manchmal gewünscht hätte, er wäre ein bisschen dumm gewesen. Immerhin, dumme Menschen schliefen gut und waren im Endeffekt glücklicher. Und das Beste dabei war, dumme Menschen wussten nicht, dass sie dumm waren. Menschen, die nicht dumm waren, waren im Prinzip auch dumm, nur wussten sie es eben. Denk mal nach über die Bedeutung des viel zitierten Sprichwortes: Ich weiß, dass ich nichts weiß! Damit schweifen wir jetzt aber vom eigentlichen Thema ab.

Frankie war schon 35 Jahre alt gewesen, also war seine Behinderung wirklich schon sehr weit fortgeschritten. Da hatte er sich dann eingebildet, und das kam wirklich einer Dummheit gleich, er sollte mal, weil er kurz darüber gelesen hatte, eine Droge ausprobieren, die ganz allgemein die Funktion des Gehirns steigert oder einfach nur viel empfindlicher machte. Ohne sich genauer darüber zu informieren, was sich später als großer Fehler erwiesen hatte, hatte er sich über einen Freund ein paar Kapseln Amphetamine besorgt, besser bekannt als Speed. Er besorgte sich das, weil es angeblich so stark wach halten sollte, und er hatte sich eben gerade in einer mehrwöchigen Phase ohne Tiefschlaf befunden. Deswegen wollte er also irgendwas dagegen unternehmen. Dummerweise waren ihm eben nur Mittel eingefallen, die ihn wach halten sollten, anstatt Mittel, die seinen Tiefschlaf fördern sollten. Okay, er war dadurch für eine längere Zeit wirklich hellwach, aber bezogen auf seinen Krankheitszustand hatte es extrem negative Wirkungen. Er erlebte dadurch fast einen Krankheitsschub und wünschte sich danach nichts mehr, als dass er diesen Blödsinn sein gelassen hätte. Außerdem war er dadurch komplett irre drauf gewesen und hatte die ganze Zeit nur Blödsinn geschwafelt. Das Schlimmste aber war, dass er sich vielleicht damals einige gute Freundschaften zerstört hatte. Einige damalige Freunde hatten aufgrund seiner erweiterten Pupillen sofort bemerkt, dass er auf Speed war, hatten zwar nie mit ihm darüber gesprochen, brachen aber doch den Kontakt zu ihm mehr oder weniger ab. Später kam er zu dem Schluss, dass ihm diese Leute nur eine gute Freundschaft vorgegaukelt hatten, denn tatsächliche Freunde würden solche kleinen, wenn auch in diesem Fall einen etwas größeren, Fehler einfach verzeihen.

Aber ohne ins Detail gehen zu wollen, fand Julia schon Wege, die Zeit bis zur Ankunft des ganzen Equipments zu überbrücken beziehungsweise ihn zu entspannen. Gegen 19 Uhr machte sich seine gesamte Band sowie die zwei Tontechniker, die von Corey organisiert wurden, auf den Weg zu ihrem Veranstaltungsort, um die letzten Vorbereitungen für den Auftritt zu treffen. Einzig der Auftritt der Band von Max als Support musste abgesagt werden, da ja Max unterwegs war, um den Kemper-Verstärker, der von Corey benötigt wurde, abzuholen. Max tauchte erst um viertel acht mit dem Verstärker auf, und sie bauten die fertige Anlage erst kurz vor dem Auftritt auf, absolvierten nur einen fünfminütigen Soundcheck, und Frankie wusste überhaupt nicht mehr, wie er alles gut über die Bühne bringen sollte. Kurz vor dem Auftritt wagte Frankie noch einen kurzen Blick vor die Bühne, und als er sah, dass sich knapp 2.000 Menschen vor der Bühne versammelt hatten, pinkelte er sich fast in die Hosen. Frankie war sein ganzes Leben lang kein „Hosenscheißer", aber diesmal war es, zum ersten und vielleicht einzigen Mal, ganz anders. Als er in die vorderen Reihen blickte, erkannte er auch so einige sehr bekannte Gesichter, unter anderem auch einige ehemalige persönliche Assistenten von ihm. Und auch einige Rollstuhlfahrer, denn auf Frankies Wunsch war vor der Bühne extra für Rollstuhlfahrer eine kleine, in diesem Fall sogar eine ziemlich große Rollstuhltribüne aufgebaut worden. Diese Rollstuhltribüne war bis auf den letzten Platz gefüllt, neben einigen Rollstuhlfahrern die ihm nicht bekannt waren, erkannte er dort auch seine gute Freundin Sarah sowie einen seiner besten Kumpel Rambo.

Da bin ich aber gespannt, wie die reagieren werden. Hoffentlich müssen wir keine Toten beklagen, denn einige dieser Leute da draußen könnten an einem Herzinfarkt sterben, wenn sie mein Gesicht erkennen, dachte er sich.

Frankies Nervosität stieg, bevor es losging, in ungeahnte Höhen, und es wurde ihm bewusst, dass alle großen Momente in seinem Leben völlig nichtig waren im Vergleich zu diesem Moment, der jetzt kommen würde. Um ungefähr viertel neun erloschen sämtliche Lichter auf und sogar in der Nähe der Bühne, und eine Maschine hüllte die ganze Bühne in fast undurchsichtigen Nebel, damit, auf Frankies Wunsch, niemand sichtbar war, wenn die Bühne betreten wurde. Von einem Tonband wurde als Intro das Lied „The bionic vapour boy" von Mr. Bungle gespielt, und die gesamte Band ging – haha, in Frankies Fall fuhr – auf die Bühne. Als das Intro nach ungefähr zwei Minuten langsam verstummte, machten sie absichtlich ein paar Sekunden Pause, in denen es mucksmäuschenstill in der ganzen Halle wurde. Man konnte behaupten, dass man sprichwörtlich eine Stecknadel hören konnte, die zu Boden fiel. Als Corey, Josh, Matt und Wayne zu spielen begannen, wurde die Bühne langsam erleuchtet, aber erst, als Frankie die erste Strophe von – dreimal darfst du raten – „Nothing at all" zu singen begann, wurde ein Spotlight auf ihn und den Rollstuhl gerichtet. Dieser Moment war überwältigend, und obwohl Frankie sich auf seinen Gesang konzentrieren musste, dachte er sich:

Ich musste sehr sehr lange auf diesen Moment warten, und es sah teilweise extrem schlecht aus, dass ich so einen Moment jemals erleben würde, und ganz egal wie die Sache mit dem Versuch auch ausgehen wird, das war es wert.

Wie bei ihrem ersten Auftritt in San Diego waren ihre Zuhörer natürlich begeistert von der Tatsache, dass sie einen Rollstuhlfahrer auf der Bühne sahen und von Frankies – mittlerweile konnte man es ja so nennen – Gesangsqualitäten, vor allem aber auch von Coreys hervorragender Gitarrenarbeit. Frankie hatte sich zuerst gedacht, dass es einige Zeit in Anspruch nehmen würde, bis er erkannt werden würde, aber schon beim ersten Lied hatten die Securitys schwer zu arbeiten, um zu verhindern, dass die Leute die Bühne stürmten. Zugegebenermaßen verlief dieser Auftritt nicht komplett reibungslos, sie hatten zwar keine Soundschwierigkeiten, der neue Verstärker von Corey war blendend eingestellt, und auch Frankies Mikrofone funktionierten einwandfrei, jedoch gab es einige Schwierigkeiten mit ihren Visuals, die nur unter größeren Zeitverschiebungen auf der LCD-Leinwand erschienen. Frankie musste dieses Konzert einige Male kurz unterbrechen, da er sich nicht immer zurückhalten konnte, immer wieder zum Publikum, vor allem zur Rollstuhltribüne hinzufahren, um seinen alten Freunden wenigstens die

Hände zu schütteln, ins Mikrofon sagte er immer wieder, dass sie nach dem Konzert noch sehr viel Zeit hätten, ihn zu begrüßen. Knapp zwei Stunden dauerte dieser Auftritt, und die Band musste so viele Zugaben spielen, dass sie überhaupt kein Material mehr vorbereitet hatten. Deshalb sang Frankie bei der letzten Zugabe ohne Instrumente noch zwei in seiner Umgebung sehr bekannte Lieder in seiner Muttersprache und sagte in Richtung der Band, dass er den Text später übersetzen würde. Er sah auch viele Leute, die mit ihren Handys Videos von diesem Auftritt aufzeichneten und freute sich schon darauf, dass zum ersten Mal in ihrer Geschichte „Invisible Monsters" auf Youtube vertreten sein würde. Ein kleines Highlight ihres Auftritts war natürlich ein bestimmtes Lied, und an diesem Abend war sogar, auf Frankies Einladung hin, der Songwriter dieses Covers anwesend. Frankie kündigte das Lied wie folgt an:

„This is my personal Baby from the Set. This is something called Alive!"

Gott sei Dank funktionierten bei diesem Lied ihre vorbereiteten Visuals gut, denn dieser Text war ihm extrem wichtig. Was Frankie während des gesamten Auftritts fühlte, lässt sich beim besten Willen nicht in Worte fassen. Versuch dir einfach vorzustellen, der größte Traum deines gesamten Lebens, dessen Verwirklichung bereits in unendliche Ferne gerückt war, würde plötzlich in Erfüllung gehen. Du würdest auch keine Worte finden, dieses Gefühl zu beschreiben. Nach diesem Auftritt verzog sich Frankie mal für eine halbe Stunde in den Backstage-Raum, denn wenn er sofort wieder herausgekommen wäre, hätte er um sein Leben fürchten müssen, genauer gesagt hätte man ihn in Grund und Boden getrampelt. Zumindest hatte er sich das so vorgestellt oder fast erträumt, aber seine Rückkehr verlief doch etwas anders. Es waren natürlich sehr viele Bekannte von ihm anwesend, aber diese verhielten sich doch sehr ruhig. Wie er später herausfand, hatten die meisten schon gewusst, was da auf sie zukommen würde. Wie Max ihm versichert hatte, wurde zwar nicht genau angekündigt, dass alle bald Frankie begrüßen dürften, aber einige wussten ganz genau, um wen es sich handeln mochte, nur hatte es sich keiner getraut, dies auszusprechen. Frankie war völlig überfordert und wusste nie so wirklich, wie viele Details er über diesen illegalen Testversuch überhaupt preisgeben durfte.

KAPITEL 28

„Die Arschkarte"

Frankie verweilte knapp eine Stunde ganz alleine im Backstage-Raum. Er hätte am liebsten gleich dort übernachtet, denn er wurde von allen erdenklichen Gefühlen überrollt. Einerseits fühlte er sich natürlich so großartig, als hätte er gerade die Weltherrschaft erobert, andererseits wurde er von einer tiefen Trauer erfüllt. Warum das denn jetzt, wirst du dich fragen. Eigentlich verlief dieser ganze Auftritt ja überaus positiv, also gab es keinen Grund, um traurig zu sein. Er wusste selbst nicht ganz genau, was er jetzt denken sollte. Ja, er und seine Band absolvierten den Auftritt ohne größere Probleme. Viele Leute erkannten Frankie sofort, und diejenigen, die ihn etwas näher gekannt hatten, waren nahezu angetan. Angetan, weil Frankie sich diesen einen großen Traum, mit einer eigenen Band auf der Bühne zu stehen, nach so langer Zeit, in der es schon als undenkbar gegolten hatte, im letzten Abdruck doch noch erfüllen konnte. Aber Frankie dachte sich:

Verdammt, war es das jetzt? Mein ganzes Leben lang habe ich immer wieder meine Ziele verfolgt und diese nie aus den Augen verloren, auch wenn die Erreichung schon in unendliche Ferne gerückt war. Und was soll jetzt mein nächstes Ziel werden?

Julia kam zum wiederholten Male zu ihm. Sie bemerkte natürlich, dass Frankie so gemischte Gefühle hatte, meinte aber, dass es bald Verletzte oder zumindest größere Sachschäden geben würde, wenn er nicht bald den Backstage-Raum verlassen würde. Viele warteten nur noch auf Frankie, und gerade deshalb wollte er schon gar nicht raus. Denn er glaubte, dass die meisten nur deshalb am Durchdrehen waren, weil sie eben Frankie auf der Bühne stehen sahen. Frankie selbst wäre es aber lieber gewesen, ihre „Fans" wären ausschließlich von ihrer Musik begeistert

gewesen. Allerdings war für die meisten die Musik völlig neben-
sächlich, Hauptsache sie sahen Frankie auf der Bühne. Eigentlich
hätte sich Frankie seine Rückkehr ein klein wenig anders vorgestellt. Er hatte sich gedacht, er würde freudestrahlend und mit
größter Euphorie die ganze Nacht feiern und jedem Einzelnen
in die Arme fallen. Stattdessen saß er nun hier, war von Trauer
erfüllt und wollte niemanden mehr sehen, schon gar nicht wollte er die ganze Geschichte mit dem illegalen Testversuch zum
x-ten Mal von vorne erzählen.

Am besten, ich schreibe mal ein ganzes Buch darüber, dachte er
sich, lächelte in sich hinein, sammelte den letzten Mut und ging –
haha, fuhr – hinaus zur wartenden Bestie.

Frankie hatte sich diesen Moment in den Wochen davor schon
sehr oft vorzustellen versucht. Er kam immer wieder zu dem
Schluss, dass er wahrscheinlich jedem Einzelnen die ganze Story
mit dem illegalen Testversuch auf's Neue würde erzählen müssen. Allerdings hatte ihm Jon verboten, genaue Details über diesen Versuch preiszugeben. Deswegen erzählte er nur ganz kurz,
dass er eben über ein Jahr am anderen Ende der Welt war, um
dort ein neu entdecktes Medikament an sich selbst testen zu lassen. Aber er verlor kein Wort darüber, wo er genau war und vor
allem nicht, dass dieser Versuch illegal war. Da er lange Zeit alleine im Backstage-Raum geblieben war, musste er diese Geschichte zum Glück nicht so oft erzählen, weil viele Leute schon
wieder nach Hause gegangen waren. Übrig blieben nur seine
engsten Freunde, doch selbst diese vertröstete er mit den wichtigsten Eckdaten. Jedoch konnte er spüren, dass sich die meisten
nicht so wirklich damit zufrieden gaben. Aber welche völlig aus
der Luft gegriffenen Gerüchte danach entstehen könnten oder
sogar würden, war ihm in diesem Moment komplett egal. Das
Einzige, was ihn störte, war, dass natürlich Julia an seinem Verschwinden die Schuld gegeben wurde, und er versuchte verzweifelt, sie wieder in ein positives Licht zu rücken. Er sagte immer
nur, dass ohne sie seine Rückkehr und vor allem seine wiedererlernten Fähigkeiten unmöglich gewesen wären. An längst vergangenen Tagen hätte er höchstwahrscheinlich die ganze Nacht

bis zum bitteren Ende durchgefeiert, doch diesmal hatte er schon nach 47 Minuten die Nase gestrichen voll und verabschiedete sich mit dem Hinweis, dass alle noch genügend Zeit haben würden, sich ausführlich mit ihm zu unterhalten. Komischerweise musste er am gesamten Abend keine einzige Frage zu seiner Band beantworten, was ihn am meisten enttäuschte. Er musste einfach seine große Enttäuschung zum Ausdruck bringen, indemersagte: „Scheint niemanden zu interessieren, aber ganz nebenbei erwähnt, habe ich vor kurzem die Band ‚Invisible Monsters' gegründet und wollte euch eigentlich mit unserer Musik begeistern."
Danach verließ er alle, ohne sich richtig zu verabschieden.

Julia war die Einzige, die Frankies Enttäuschung verstehen konnte, vermied es aber, ihn näher darauf anzusprechen. Das war auch gut so, sonst hätten sich die beiden zum ersten Mal schwer gestritten. Erst nach dem Frühstück in ihrem Hotel gestaltete sich dieser Tag wieder positiver, als er auf dem Parkplatz ein ihm sehr bekanntes Auto vorfahren sah, aus welchem der ältere seiner zwei Brüder, Carl, ausstieg.

Sein Bruder Carl war immer schon sein großes Vorbild gewesen, dem er nachzueifern versuchte. Natürlich in erster Linie was seine berufliche Laufbahn betraf oder besser gesagt, seine große Liebe zur Mathematik, Physik und anderen wissenschaftlichen Fächern. Er besuchte eine höhere technische Lehranstalt, die er mit Bravour abschloss und suchte sich danach eines der schwersten Elektrotechnik-Studien überhaupt aus. Selbst dieses schloss er in der Mindeststudiendauer ab. Frankie konnte sich noch gut daran erinnern, dass ihm Carl, vor allem in Mathematik, immer wieder geholfen hatte. Von ihm hatte er sich auch sein großes Talent, selbst die kompliziertesten mathematischen Vorgehensweisen so einfach zu erklären, dass sie sogar der größte Idiot verstehen konnte, abgeschaut. Dieses Talent hatte Frankie natürlich auch, was er sich von Carl abgeschaut hatte, war also nur, wie man so ein Talent am Besten einsetzen konnte. Aber auch menschlich war er eine sehr beeindruckende Person. Nach dem Abschluss seines Studiums hatte er einen hochbezahlten Job im Ausland bekommen. Diese sehr große und angesehene Firma hatte ihn dann zu einem Top-Manager befördern, ihn in der ganzen Welt herumschicken und ihn dafür mit Geld zuschütten wollen, bis er nicht mehr hätte wissen können, wofür er das ganze Geld überhaupt ausgeben sollte. So ziemlich jeder hätte da sofort zugesagt und nur noch für den Job gelebt. Bei Carl hatte aber die Geburt seines ersten Sohnes, also Frankies Neffen, vor der Tür gestanden. Carl hatte das Angebot abgelehnt, weil er wollte, dass sein Sohn in seiner geliebten Heimat aufwuchs, dort die Schule besuchte und ganz allgemein eine ähnlich schöne Kindheit erlebte wie er selbst. Das viele Geld, welches sie ihm ins Arschloch gestopft hätten, war ihm egal. Als Frankie dies zum ersten Mal gehört hatte, hatte er sich nur gedacht:

Wow, die Eier musst du mal haben!

Ansonsten war er eigentlich ein eher ruhiger Typ, der nicht besonders viel über seine Gefühle preisgab. Doch einmal hatte Frankie ihn „erwischt". Frankie war 22 Jahre alt gewesen, und Carl arbeitete gerade in dieser großen Firma, die er aber später wieder verlassen hatte, um in seine Heimat zurückzukehren. Frankie hatte ihn unbedingt dort besuchen wollen und trat diese mehrstündige Reise zusammen mit Mario an. Zuvor hatten sich die beiden fast ein Jahr nicht gesehen, und Frankie hatte ein bisschen Angst vor diesem Treffen gehabt, da sich sein körperlicher Zustand in dieser Zeit gravierend verschlechtert hatte. Diese kleine Angst hatte sich jedoch als völlig unbegründet erwiesen, und sie hatten drei Tage lang großen Spaß miteinander gehabt. Am ersten Abend hatten sie auf Carls Terrasse gesessen, und Mario hatte die beiden mal alleine gelassen, damit sich die beiden Brüder unterhalten konnten. Frankie versuchte, Näheres zu seiner Arbeit herauszufinden, bemerkte aber doch, dass sein Bruder, der in seinem Job immer schwer ausgelastet war, sich in seiner privaten Zeit nicht wieder nur über seine Arbeit unterhalten wollte. Also sprachen sie über ihre gemeinsame wunderschöne Kindheit und mussten dabei immer laut darüber lachen, wie sie damals mitten auf der Straße durch ihre Ortschaft Fußball gespielt und immer nur dann unterbrochen hatten, wenn ein Auto kam. Frankie stand dabei natürlich im Tor, aber auch viel später, als Frankie überhaupt nicht mehr laufen konnte, spielten die beiden Fußball. Wie das gehen konnte? Naja, natürlich nur in der Wohnung, und Carl hatte mit einem Tennisball in Richtung von Frankies Schreibtisch geschossen, welcher das Tor darstellen sollte. Frankie saß davor in seinem Bürosessel und hatte versucht, die Bälle abzuwehren. Klang ein bisschen blöd, aber die beiden hatten einen riesen Spaß dabei. Carl hatte nach vielem Gelächter gesagt:

„Warum hat diese Krankheit ausgerechnet dich erwischt?"

„Hör sofort auf damit", hatte Frankie geantwortet. „Es ist völlig sinnlos, über dieses Warum nachzudenken. Dafür gibt es keine Antwort. Wie wir mittlerweile wissen, ist die Krankheit vererbbar, und ich habe nun mal die Arschkarte gezogen. Was soll's …"

„Das weiß ich schon, aber ich wünsche mir manchmal so sehr, dass es mich erwischt hätte statt dich."

Als Carl das gesagt und auch sehr ernst gemeint hatte, konnte Frankie zum ersten und vielleicht einzigen Mal sehen, dass ihm Tränen über die Wangen rollten. Scheiße, sein Bruder hätte den Kampf mit dieser beschissenen Krankheit sofort auf sich genommen, nur damit Frankie nicht dieses Schicksal hätte ertragen müssen. Und das Beste war, dass Frankie mit Sicherheit wusste, dass seine anderen Geschwister fast dieselben Gedanken hatten. Es gibt leider Gottes nicht besonders viele Menschen, die das große Glück haben, in einer Familie aufzuwachsen, die einen so wahnsinnig starken Zusammenhalt an den Tag legte wie die Familie Hava. Frankie war dadurch bewusst geworden, dass er nur deshalb ein angeblich so „starker" Mensch geworden war, weil er das Glück hatte, in so einer wunderbaren Familie aufzuwachsen.

Die beiden unterhielten sich stundenlang vorzüglich, und auch Carl hatte ihm sehr viel zu erzählen, was in der Zwischenzeit alles passiert war. Zum Beispiel war er mit Frankies Schwägerin immer noch sehr glücklich verheiratet, und auch ihre beiden Kinder wurden langsam aber sicher schon erwachsen. In dieser

Zeit hatten sie auch mal überlegt, noch ein weiteres Kind in die Welt zu setzen, aber damals erschien ihre Familie schon groß genug. Frankie sagte dazu nur:

„Das wäre natürlich eine große Neuigkeit gewesen, aber angesichts des Klimawandels hätte ich große Bedenken, noch ein Kind in diese Welt zu setzen. Verdammt noch mal, wenn man allen Prognosen Glauben schenkt, steht einem Kind, welches jetzt geboren wird, keine rosige Zukunft bevor. Aber wenn es dann so weit ist, freut man sich natürlich nur noch darauf. "

„Stimmt schon", sagte Carl, „aber natürlich ist das ein großes Ereignis, und im Endeffekt sieht die Zukunft ohnehin immer ein bisschen anders aus. Aber du hast recht, viele sagen, wir hätten fünf vor zwölf, aber in Wahrheit ist es bereits fünf nach zwölf."

Frankie wechselte sofort das Thema, denn wenn man über dieses Thema diskutieren möchte, wird man nie fertig.

„Stell dir einfach vor, deine Julia würde schwanger werden, deine Bedenken wären auch sofort wie weggewaschen."

Auch Frankie drehte bei diesem Thema oft fast durch. Da hätte man vielleicht eine gute Idee für Maßnahmen zum Klimaschutz, aber wenn man dann unsere große Welt betrachtet, erkennt man, dass kleine Maßnahmen, so gut sie auch sein mögen, global gesehen wieder wenig bis gar nichts bewirken. Nur, irgendwo muss man doch anfangen und damit gute Beispiele für andere geben. Aber Frankie sagte darauf nichts mehr, weil das nämlich ganz konträr zu seiner Lebenseinstellung lag. Diese Lebenseinstellung lässt sich in drei Worten treffend beschreiben, und diese waren jedermann bekannt: Lebe den Moment!

KAPITEL 29

„Ich bin nicht normal"

Die ersten paar Tage in seiner Heimat waren geprägt von unzähligen Telefonaten. Alle fünf Minuten bimmelte das Telefon, und viele Anrufe konnte er nicht einmal entgegennehmen. Oft rief er gar nicht zurück, weil er ja wusste, dass wieder nur der nächste ehemalige „Freund" am Apparat war, um ein Treffen mit ihm auszumachen.

Okay, dachte er sich, *ist doch ganz logisch. Immerhin war ich eineinhalb Jahre lang verschwunden, und die meisten haben geglaubt, ich wäre tot. Da ist es doch verständlich, dass mich jeder gern treffen würde.*

Trotzdem entstand in ihm ein seltsames Gefühl. Denn genau das hätte er sich die Jahre davor so sehr gewünscht, doch da wurde er viel zu sehr alleine gelassen. Zuvor war es schon sehr viel, wenn ihn alle drei Monate mal jemand anrief und fragte, ob er Zeit für ein Treffen hätte. Es musste damals immer von ihm selbst ausgehen, aber selten hatte ihn jemand angerufen, einzig und alleine aus dem einen Grund, Frankie gerne zu sehen. Er fand nicht einmal die Zeit, um jedem Treffen nachzukommen und vertröstete die meisten damit, dass er schon noch länger hier sein würde. Bei manchen war es wieder okay, aber einige hätte er am Telefon beinahe beschimpft, weil er seit Jahren nichts mehr von ihnen gehört, geschweige denn gesehen hatte.

Aber am ersten Tag nach dem Auftritt hätte er ohnehin überhaupt keine Zeit gehabt, da er in einem Labor seiner Heimatstadt Blut abnehmen und Hautbiopsien durchführen lassen musste. Außerdem fühlte er sich wieder einmal etwas schwindelig, weil ihm Julia gleich nach dem Konzert frische CrispR-Substanzen verabreichte.

Frankie wollte von Jon wissen, wie die ersten Reaktionen auf seine Forschungspublikation waren. Aber damit war er natürlich zu voreilig, denn Jon erzählte ihm, dass die Forschungspublikation erst noch das sogenannte „Clear Review" durchlaufen müsste. Dabei wurden die Texte an viele Fachleute geschickt, welche diese genau durchgingen und korrigierten und entschieden, ob die Arbeit einer Veröffentlichung wert wäre. Erst dann würde alles veröffentlicht werden, und dieses Clear Review musste er erst abwarten, bevor er sagen konnte, ob was daraus würde oder nicht. Man könnte lediglich behaupten, dass aus diesem Versuch eine anerkannte und wirkungsvolle Behandlungsmöglichkeit entstehen könnte, allerdings würde es sich nicht ganz vermeiden lassen, dass irgendwann die ganze Wahrheit über den illegalen Testversuch ans Tageslicht kommen würde.

„Ich habe noch keine Ahnung, wie ich dann reagieren soll", sagte Jon:

„Ich weiß nur, dass ich so bald wie möglich unsere Methode an meiner Tochter testen möchte. Seit sie gesehen hat, wie gut es dir mittlerweile geht, möchte sie selbst das auch."

Zum wiederholten Male meldete sich Susan bei ihm. Sie war vor sieben Jahren mal für längere Zeit eine persönliche Assistentin von ihm, und er musste zugeben, dass er sich damals ziemlich stark in sie verliebt hatte. Sie war eine derjenigen, denen er seine Liebe gestanden hatte. Jedoch hatte sie ihn nach seinem Geständnis mehr oder weniger abgelehnt, dabei nur den Grund der professionellen Distanz vorgeschoben und den Kontakt zu ihm völlig abgebrochen. Sie kam damals noch ihrem Studium nach, und er hatte ihr sehr dabei geholfen, ihr Studium erfolgreich zum Abschluss zu bringen. Sie waren aber auch sehr viel privat zusammen unterwegs, erzählten sich beide ihre intimsten Geheimnisse, und für andere sah es danach aus, als wären sie schon ein Paar. Damit war sie aber nicht die Einzige, sehr viele Frauen gab es, denen er sehr nahe gestanden hatte. Aber immer bedeutete das Gestehen der Liebe gleichzeitig den endgültigen Kontaktabbruch. Obwohl die Frauen ihn natürlich wirklich sehr gern hatten, er ihnen wichtig war und sie sogar davon sprachen, dass Frankie der Mann ihrer Träume wäre. Aber für Frankie war dieses Geplapper nichts weiter als sein berühmtes „Blablabla". Denn kaum hatte er seine Liebe gestanden, brachen sie den Kontakt ab. Jetzt auf einmal wollten sie diese Liebe wieder aufwärmen oder was? Vielleicht ja auch nicht, vielleicht freuten sie sich ja wirklich nur, dass es ihm so gut ging. Trotzdem hatte er etwas gemischte Gefühle und dachte sich:

Du wolltest mich vorher nie, obwohl du mich jederzeit hättest haben können und jetzt schon gar nicht mehr. Außerdem bin ich mittlerweile vergeben. Manchmal hatte er das Gefühl, als würden ihn andere behandeln, als wäre er nicht ganz normal.

„Na hoffentlich!", antwortete Frankie oft. „Ich möchte auch gar nicht normal sein."

Frankie bekam immer wieder zu hören, dass er beziehungsweise sein körperlicher Zustand nicht ganz normal wäre. Das stimmte ihn immer sehr nachdenklich, denn eigentlich fühlte er sich normaler als viele andere. Er hatte auch schon mal damit begonnen, einen Songtext über Normalität zu schreiben, aber dieses komplexe Thema lässt sich schwer in einem kurzen Text zusammenfassen. Für Frankie bedeutete Normalität immer genau das, was am häufigsten war. Deswegen galten alle Menschen, die in einer Minderheit lebten, zum Beispiel körperlich beeinträchtige Menschen, als nicht normal. Er wollte einen Text schreiben oder besser gesagt eine Welt beschreiben, in der der allergrößte Teil der Menschheit im Rohlstuhl war, und die Menschen, die gehen konnten, waren die Behinderten. Also genau umgekehrt. Klingt ein bisschen witzig, ist es vielleicht auch. Die ganze Welt, die er beschrieb, wurde völlig barrierefrei gebaut, und es gab überhaupt keine Diskussion, da nämlich sowas ganz normal war. Frankie war, wie schon oft gesagt, liebend gerne im Rollstuhl, und weil er sich damit in der Minderheit befand, war er schon nicht mehr normal.

Corey rief ihn aus San Diego an und berichtete ihm, dass ihr Auftritt in Europa sogar in der kalifornischen PresseWellen schlug. Es gab ein langes Youtube-Video von diesem ganzen Auftritt, und dieses Video hatte schon unzählige Aufrufe. Sogar die berühmte Musikzeitschrift „Rolling Stone" schrieb eine lange und sehr positive Kritik zu einer, so schrieben sie, der größten Neuentdeckungen des Jahres. Corey erträumte sich einen Plattenvertrag und komponierte bereits neue Songs.

„Jetzt warte erst mal ab, bis ich wieder in San Diego bin, und dann sehen wir weiter", beruhigte ihn Frankie, freute sich aber selbst über diese Neuigkeiten.

KAPITEL 30

„Ich bin kein Guru"

Frankie lebte sich wieder in seiner Heimat ein und war vor allem sehr froh, wieder in den Genuss einer relativ gesunden Ernährung zu kommen. Denn in Kalifornien gab es nur die großen Supermärkte, in denen fast nur Import-Waren aus irgendwelchen Massenproduktionen verkauft wurden, außer man hatte Geld im Überfluss. Hier konnte er wieder in den lokalen Märkten einkaufen, wo die Bauern aus der Umgebung ihre frisch geernteten Waren zum Verkauf anboten. An einem Abend ging – haha, fuhr – er gemeinsam mit Julia in ein ziemlich teures Restaurant und bestellte sich dort ein gutes Steak vom Mittelstück eines Lungenbratens in einer hervorragend schmeckenden Pfeffersauce. Natürlich bestand er darauf, dass das Fleisch von einem Rind aus guter Tierhaltung serviert wurde. Das war in San Diego nicht möglich. Als sie dieses vorzügliche Essen beendet hatten, klopfte plötzlich jemand auf seine Schulter. Fast erschrocken drehte er sich um und erblickte einen großgewachsenen Mann, den er im ersten Moment nicht erkannte.

„Simon!", rief er dann. „Bist du das wirklich?" Simon war ein alter Freund, der auch mal längere Zeit als Assistent für ihn gearbeitet hatte. Er musste ihm natürlich die ganze Geschichte erzählen, achtete jedoch darauf, nicht zu viele Details zu seinem illegalen Testversuch preiszugeben. Sie sprachen vordergründig darüber, was in seinem Leben alles passiert war. Simon war erst knapp über 30 Jahre alt, und er hatte ihn vor ungefähr zwölf Jahren kennengelernt, als er sich für einen Job als persönlicher Assistent bei ihm beworben hatte. Damals hatte er noch studiert und zur Finanzierung seines Studiums eine Arbeit gesucht. Natürlich war der Job als persönlicher Assistent perfekt, da er bei ihm sehr unterschiedliche Dienstzeiten hatte, er also nur dann für Frankie arbeitete, wenn er auch wirklich Zeit hatte. Zum Beispiel wurde er kurz vor seinen großen Prüfungen von Frankie auch nicht eingeteilt, dafür arbeitete er zu Zeiten, in denen er viel Zeit hatte, ein bisschen mehr. Er war also wirklich frei. Simon konnte es kaum glauben, wie gut Frankie sich mittlerweile bewegen konnte und freute sich sehr für ihn, dass sich sein Sprachbild mittlerweile so stark gebessert hatte, sodass man wirklich gut mit ihm kommunizieren konnte. Als sie damals Kontakt hatten, hatte Frankie noch nicht einmal seine Hörgeräte, und jetzt auf einmal konnten sie ein angeregtes Gespräch führen. Er meinte, dass Frankie nun endlich wieder Frankie sein durfte und nicht mehr durch seine Behinderung dazu gezwungen war, ein anderer zu sein. Simon berichtete ihm, dass er mittlerweile sein Physik-Studium beendet hatte und jetzt für die Universität seiner Stadt an verschiedenen Forschungsprojekten arbeitete und zudem bereits als Assistent der Lehrkräfte für Vorlesungen eingesetzt wurde. Die größte Neuigkeit war aber, dass seine Freundin, die Frankie damals kurz kennenlernen durfte, schwanger war. Sie planten sogar eine Vermählung, und Simon freute sich schon sehr darauf, Vater zu sein.

Julia bemerkte sofort, dass die beiden sicher sehr viel zu erzählen hatten und verabschiedete sich. Sie sagte zwar, sie müsse kurz weg, Frankie wusste aber genau, dass sie die beiden einfach kurz alleine lassen wollte.

Frankie fragte Simon:

„Sag einmal, war euer Kind geplant? Als wir damals viel Kontakt hatten, hatte ich nicht den Eindruck, als hättest du einen großen Kinderwunsch und dachtest überhaupt nicht daran, eine Familie zu gründen. Wie kam es doch so weit, und was hat sich dadurch an deiner Einstellung geändert?"

„Nein, es war natürlich nicht geplant, und ich wollte auch nie wirklich Kinder haben. Aus mehreren Gründen nicht, du weißt schon, bevorstehende Klimakrise und so weiter. Aber als mir meine Freundin sagte, dass sie schwanger sei, hat sich für mich schlagartig meine ganze Einstellung geändert. Nun denke ich darüber ganz anders, und ich werde meinem Kind, übrigens bekomme ich eine Tochter, alle Liebe angedeihen lassen, zu der ich fähig bin."

Frankie machte daraufhin eine längere Pause und bereitete sich gedanklich die folgende Worte vor:

„Ich habe auch absolut überhaupt keinen Kinderwunsch, und bezogen auf die heutige Gesellschaft ist es für mich völlig verantwortungslos, ein Kind in diese Welt zu setzen. Aber davon mal ganz abgesehen, hätte ich große Angst davor, dass mein bisheriges Leben total aus den Fugen geraten würde. Ich habe so lange mit dieser verdammt schweren Behinderung gelebt, und ich müsste die meisten Einstellungen, an denen ich so lange gearbeitet habe, auf einen Schlag über Bord werfen."

„Was meinst du damit?"

„Ich meine solche Einstellungen wie zum Beispiel mein gelebtes Leben-im-Moment. Wenn man ein Kind hat und dieses Kind auch liebt, so muss man sich doch Gedanken über dessen Zukunft machen und kann nicht mehr, so wie ich es bisher getan habe, in jeden Tag hineinleben, ohne sich darüber Gedanken zu machen, was am nächsten Tag passiert beziehungsweise welche Zukunft deinem Kind bevorstehen würde. Das ist nur ein Beispiel, es gibt aber sehr viele Einstellungen zum Leben, die ich völlig verändern müsste. Mit einem Kind würde sich alles ändern, und das will ich nicht. Hinzu kommt dann noch die ganze genetische Frage, also die Frau, mit der ich ein Kind zeugen würde, müsste auf alle Fälle völlig gesunde Gene aufweisen. Denn ein Kind, welches diese beschissene Krankheit bekommen würde oder sogar nur könnte, würde ich auf gar keinen Fall verantworten wollen."

„Genau diese Einstellung hatte ich vorher auch, aber als es passierte, musste ich diese Einstellung gar nicht komplett ändern, sondern ich musste nur diese große, verantwortungsvolle Herausforderung annehmen. Ich habe jetzt keine Angst mehr davor, sondern sehe darin nur noch die größte Aufgabe meines Lebens, der ich mich auch stellen werde."

„Das stimmt, man sollte das Leben immer so annehmen, wie es kommt, also soll man auch keine Angst davor haben, wenn eine

Schwangerschaft ‚passiert‘, etwa durch einen geplatzten Gummi. So wie ich es bisher immer getan habe, würde ich alle Vorkommnisse des Lebens so nehmen, wie sie kommen, die momentane Situation analysieren, damit umgehen und das Beste daraus machen. Okay, ich habe zwar keinen Kinderwunsch, aber wenn es passiert, würde ich damit umgehen müssen. Planen will zumindest ich das nicht. Ganz abgesehen davon bin ich mir extrem unsicher, ob ich überhaupt ein guter Vater sein könnte.“

„Ich verstehe schon, du meinst das aber nur rein körperlich. Ich persönlich glaube schon, dass du deinem Kind sehr viel Liebe geben könntest.“

„Dankeschön, ich frage mich aber, ob Liebe allein reicht.“

Sie sprachen noch ganz lange darüber, vor allem über seine Pläne, welche Zukunft er seiner Tochter bereiten würde. Genau das kreuzte sich total mit Frankies Einstellung, nicht zu viel über die Zukunft nachzudenken, sondern das Leben einfach auf sich zukommen zu lassen. Denn mit einem geliebten Kind war es sehr wohl notwendig, für eine gute Zukunft seines Kindes zu sorgen. Damit kamen sie auf ein Thema, wodurch alles, was Frankie an bisherigen Lebensweisheiten von sich gegeben hatte, sich als Bockmist erwies. Frankie dachte sich, dass er langsam mal alles, wofür er bisher eingetreten war, ein bisschen relativieren sollte, und sagte:

„Vieles, was ich bisher für so absolut richtig gehalten habe, stimmt nicht für jeden anderen Menschen. Ich bin kein allwissender Super-Guru, der die ganze Welt zu belehren versucht. Auch ich mache sehr viele große Fehler. Das muss ich auch, denn daraus lerne ich und zwar immer noch. Ich liefere anderen also kein Allgemein-Rezept, sondern jeder Mensch sollte anderen Menschen zuhören, auch aus den Fehlern anderer lernen und sich mit diesen vielen Informationen seinen eigenen Weg zusammenbasteln. Eines meiner Lebenszitate lautet: ‚Ich will nicht, dass du denkst wie ich, ich will einfach nur, dass du denkst‘. Alle so genannten Lebensweisheiten passen zu nahezu 100 Prozent, aber eben mit Sicherheit nicht für alle.“

Simon sah ihn entgeistert an und fragte sich, wo er denn nun geblieben wäre? Der Ich-bin-der-König-der-Welt-Frankie, der so oft den Erklärbär spielte und alles wusste. Frankie meinte, dass dieser schon noch da wäre, dass sich aber dadurch dass es ihm jetzt viel besser ging, sein ganzes Leben verändert hatte, er also alle seine Einstellungen an die momentane Situation anpassen musste.

„Wie man so schön sagt", scherzte Frankie, „Nobody is perfect, okay, da gab es mal den einen Typen, aber den haben wir umgebracht."

„Da ist er ja wieder!", schmunzelte Simon, „der Frankie, der selbst die ernsthaftesten Gespräche mit einem Scherz beenden kann."

Die beiden unterhielten sich dann noch sehr lange über verschiedenste Themen, unter anderem über den Begriff Schicksal. Frankie meinte, dass es für ihn nicht wirklich ein allgemeines Schicksal gäbe, sondern dass alles nur eine Folgeerscheinung von etwas war, was zuvor passiert war. Alles im Leben hatte einen Grund. Frankie glaubte, dass er wohl zu lange Programmierer war und für ihn das ganze Leben logisch aufgebaut war. Frankie meinte, dass das Leben wie ein Computerprogramm funktionierte. Grundlegend lief alles nach If-then-else-Verzweigungen ab. Also, wenn ETWAS passierte, dann geschah DAS, und sonst passierte JENES. Diese Verzweigungen waren extrem komplex und sehr kompliziert ineinander verschachtelt. Deswegen lauteten in allen Gesprächen seine Lieblingssätze: Dies und das passierte, damit diese oder jene Folgeerscheinung eintrat, oder man ließ zum Beispiel irgendetwas passieren, um eine Folgeerscheinung eintreten zu lassen. Das Einzige, was man als Schicksal bezeichnen könnte, war, dass bei seiner Zeugung ausgerechnet diese eine verfluchte Samenzelle seines Vaters die Eizelle seiner Mutter befruchtet hatte. Leider Gottes funktioniert das ganze Leben doch nicht so einfach, aber dieses Prinzip war für Frankie unumgänglich. Mit solchen Ansagen konnte selbst der hochintelligente Simon nichts anfangen, da man seiner Meinung nach das Leben nicht so einfach betrachten konnte. Das bestätigte Frankie klarerweise, Simon jedoch bestätigte auch, dass das Prinzip durchaus ein bisschen stimmen würde, man es aber nicht auf ein schwachsinniges Computerprogramm reduzieren konnte und schon gar nicht sollte. Dann sagte Frankie:

„Ach Simon, es ist jetzt schon so spät, und wir könnten noch tagelang über dieses Thema sprechen, würden aber nie auf einen Nenner kommen. Das ganze Leben kann man mit Sicherheit nicht auf ein blödes Computerprogramm reduzieren, und es überhaupt zu versuchen, wäre kompletter Schwachsinn. Das Einzige, was ich damit sagen möchte, ist nur: Alles im Leben hat einen Grund, aber wo genau diese Gründe liegen, darüber lässt sich streiten."

„Okay Frankie, meine zukünftige Frau wird schon auf mich warten, und Julia wartet bestimmt auch schon auf deinen Anruf. Es war sehr schön, sich wieder einmal mit dir unterhalten zu haben, und wir bleiben mit Sicherheit in angeregtem Kontakt. Ciao Frankie und bis bald!"

Frankie schnappte sich sein Telefon und rief Julia an, die schon sehnsüchtig auf Frankies Anruf wartete. Dieses Gespräch mit Simon würde Frankie noch bis zu seinem Abgang in Erinnerung bleiben.

KAPITEL 31

„Daddy Cool"

An einem der folgenden Abende stand plötzlich, völlig unerwartet, seine Mama vor ihm.

„Ich hoffe, ihr seid noch nicht ganz verplant, denn dein Vater wartet in deinem Hotel auf dich. Ich sagte zwar, dass er dich noch oft genug sehen würde, denn es geht ihm heute körperlich leider nicht besonders gut. Er bestand aber darauf, sich sofort ins Auto zu setzen, weil er sich unbedingt nur mit dir alleine unterhalten wollte. Und du weißt ja, er ist wie du. Wenn er sich etwas einbildet, dann lässt er sich durch nichts davon abhalten. Bevor wir jetzt zu ihm fahren, muss ich dir leider mitteilen, dass dein Vater mittlerweile wirklich schon sehr krank ist. Er ist natürlich der gleiche Kämpfer wie du, beziehungsweise du bist wie er, aber wir alle müssen uns darauf einstellen, dass ihm wahrscheinlich nicht mehr sehr viel Zeit bleibt."

„Was meinst du damit, dass er nicht mehr viel Zeit hat? Hat er etwa einen beschissenen Krebs oder so?"

„Nein, das nicht, aber er ist mittlerweile schon bald 80 Jahre alt und hat deshalb nicht mehr ganz so viel Energie. Vor allem ich merke das, weil ich die Einzige bin, die fast jede Minute mit ihm verbringt. So wie auch du lässt er sich seinen körperlichen Zustand nicht sofort anmerken und stopft sich für andere mit Schmerzmitteln voll. Aber wir alle werden ihn auf alle Fälle weiterhin tatkräftig unterstützen, und er wird deshalb noch ein langes Leben führen."

Frankie bekam nun ein bisschen Angst, freute sich aber darauf, mit seinem Vater wieder ein Gespräch führen zu können. Frankie wollte ganz alleine mit ihm sprechen, fuhr alleine zum Hotel und bat Mama und Julia, erst in zwei Stunden nachzukommen. Frankie sagte zwar, er würde gerne alleine zu seinem Vater fahren, aber natürlich würde Funky fast durchdrehen, wenn er ihn alleine zurückgelassen hätte. Also band ihn Frankie an seinem Rollstuhl fest, und sie machten sich gemeinsam auf den Weg.

„Funky möchte Opa sicher auch gerne wiedersehen", sagte Frankie, denn er nannte ihn, seit seine Geschwister Kinder hatten, nur noch Opa.

Auf dem Weg zum Hotel hatte Frankie irrwitzige Gedankengänge, dachte schon fast, sein Vater würde sich mehr oder weniger von ihm verabschieden wollen, stoppte solche Gedanken aber sofort ab und freute sich im Endeffekt nur noch darauf, mit seinem Vater, den er so sehr liebte, nach sehr langer Zeit wieder ein längeres Gespräch führen zu können. Vor allem, weil die Kommunikation mit beiden seiner Eltern in den Jahren zuvor schon so extrem schwierig geworden war, da sie Frankie aufgrund seiner verschwommenen Aussprache einfach akustisch nicht mehr verstehen konnten. In den letzten Jahren war eine schriftliche Kommunikation mit seinen Eltern die einzige Möglichkeit, um ihnen beizubringen, was wirklich in ihm vorging. Und in den vergangenen eineinhalb Jahren fiel sogar das weg.

Daddy Cool saß in der Lobby des Hotels bei einer Tasse Kaffee, und vor allem Funky war außer sich, als er seinen Vater erblickte. Schon beim Betreten der Lobby musste Frankie ihn von der Leine lassen und rief nur:

„Geh zu Opa!"

Seinem Vater standen die Tränen in den Augen, und Frankie war sich noch immer unsicher, was ihr Treffen jetzt bedeuten sollte. Aber ihr Gespräch gestaltete sich sehr lustig und richtig aufregend. Frankie hatte nicht den Eindruck, wie es ihm auf dem Weg dorthin vorkam, als würde sich sein Vater von ihm mehr oder weniger verabschieden wollen oder so irgendeinen Blödsinn. Frankie war vor allem unglaublich froh, ja fast beeindruckt, über welche aufregenden Themen sie sich unterhalten konnten. Frankies Vater war nun schon fast 80 Jahre alt. Sehr viele Menschen wurden im hohen Alter leicht dement, sein Vater jedoch war geistig immer noch voll fit. Frankie konnte sich sogar noch wunderbar über solche Themen wie Politik mit ihm unterhalten. Sein Vater sprach auch, was er sowieso gerne tat, über seinen körperlichen Zustand, wie er mit seinen vielen Medikamenten umging. Und er erzählte auch wieder viel darüber, wie und warum er beschlossen hatte, mit dem Kopf durch die Wand das Hotel zu renovieren, ihr Einfamilienhaus zu bauen, und Frankie wurde immer mehr bewusst, dass er fast eine Kopie seines Vaters war. Frankie hatte aber noch immer nicht den Eindruck, als wäre sein Vater schon am Ende und war sich fast sicher, dass sie noch sehr viele solch gute Gespräche führen würden. Knapp zwei Stunden unterhielten sich die beiden, ehe Mama und Julia wieder auftauchten, und ganz im Gegenteil zu früher war es nicht Frankie, den schon die Energie verließ, sondern sein Vater. Als sie sich verabschiedeten sagte er noch:

„Wir sehen uns in ein paar Tagen wieder!"

Frankie musste Julia natürlich von diesem ganzen Gespräch ausführlich erzählen, versicherte ihr aber, er hätte nicht den Eindruck gehabt, als wäre es eine Verabschiedung gewesen, er hatte sich lediglich gedacht, dass sein Vater doch irgendwie gespürt hatte, ihm würde nicht mehr allzu viel Zeit bleiben. Er wusste nur nicht wie wenig.

Frankie und Julia zogen sich wieder auf ihr Zimmer zurück, und Frankie wurde sehr ruhig, um nicht zu sagen, fast traurig. Frankie konnte in dieser Nacht nicht besonders gut schlafen. Er erzählte Julia von diesem ganzen Gespräch ausführlich, und er erzählte ihr auch von einigen lustigen Anekdoten, die er mit seinem Vater erlebt hatte. Beide mussten dabei auch mehrmals laut lachen, zum Beispiel erzählte er, teilweise richtig sarkastisch, wie Frankie und seine Brüder seinem Vater immer dabei zugesehen hatten, wenn er die selbstaufgezogenen, glücklich gehaltenen Schweine geschlachtet und das Fleisch aufgeschnitten hatte, damit seine Mama dieses Fleisch zum Verkauf anbieten konnte. Eigentlich war das immer eine ekelerregende und bestialische Arbeit, dafür wurde aber ihren Gästen Fleisch aus guter Tierhaltung angeboten. Klar, diese Tiere wurden auch für unseren Verzehr getötet, aber wenigstens waren es glücklich aufgewachsene Tiere, die nicht nach Massentiertransporten auf brutalste Weise ermordet wurden. Aber Frankie wurde immer fast übel, wenn er zusehen musste, wie sein Vater die heißen und stinkenden Gedärme aus den Schweinen entfernte. Auch sonst erzählte Frankie von vielen Erlebnissen mit seinem Vater, unter anderem von den vielen Ausflügen in die Berge, wo Frankie immer angsterfüllt im Auto gesessen und sich vorgestellt hatte tödlich zu verunglücken. Frankie konnte kaum damit aufhören, erst gegen drei Uhr früh schlief er dann doch ein.

Am nächsten Tag fühlte sich Frankie, vorsichtig ausgedrückt, nicht besonders gut. Er konnte es sich nicht ganz erklären, aber plötzlich machte sich seine Ataxie wieder bemerkbar, indem er sich wieder ein bisschen schwerer tat, sich im Bett umzudrehen. Alle Transfers fielen ihm wieder schwerer, und sogar seine Dysarthrie verstärkte sich. Er hoffte aber, er wäre nur aufgrund der vergangenen Tage zu sehr angestrengt und berichtete deswegen nicht einmal Jon von diesem Zustand, weil er ohnehin bald vorbei gehen würde.

Als Frankie und Julia am nächsten Tag ihr Frühstück beendet hatten, stand plötzlich seine Mama vor ihm. Frankie ahnte sofort eine schlimme Neuigkeit, und sie war total aufgeregt, aber doch gefasst. Sie musste ihm erzählen, dass sie gerade aus dem Krankenhaus kam, in welches sein Vater eingeliefert worden war.
„Was ist denn passiert? Bitte erzähl mir jetzt nicht, Dad wäre irgendetwas Schlimmes passiert", sagte Frankie mit sich fast überschlagender Stimme.
„Vielleicht ist es nicht ganz so schlimm, aber dein Vater wurde vor ungefähr zwei Stunden ins Krankenhaus eingeliefert und momentan wird er gerade am Oberschenkel notoperiert. Ich ließ ihn heute früh nur kurz alleine, da ich kurz einkaufen musste und bat ihn noch, nicht irgendeinen Blödsinn zu veranstalten.

Aber du weißt ja, wie er ist, so wie du hat er auch immer irgendwelche Einbildungen und geht oft Sachen, selbst wenn sie unerreichbar erscheinen, völlig ungestüm an, ohne Rücksicht auf irgendwelche Verluste. Er sah im Garten irgendwelche Äste von einem Baum herunterhängen und wollte diese abschneiden. Dieses Vorhaben ging jedoch in die Hose, er stürzte zu Boden und brach sich dabei den Oberschenkelknochen. Das alles klingt nicht so schlimm, es ist eine reine Routineoperation, und das alles ist nach ein paar Wochen wieder verheilt. Aber dein Vater ist eben schon knapp 80 Jahre alt und ohnehin schon ziemlich krank und schwach, deswegen kann selbst eine so kleine Operation gefährlich werden", erzählte sie Frankie und beruhigte sich langsam wieder, was ihn selbst auch sehr beruhigte. „Aber du kennst deinen Vater, und ich bin überzeugt, dass er auch diese Operation überstehen wird."

Frankie war durch diese Neuigkeit noch gar nicht in Sorge, denn sein Vater, der große Kämpfer, ließ sich von so einer Routineoperation doch nicht unterkriegen, und in ein paar Wochen würden sie gemeinsam nur noch darüber lachen. Viel mehr sprach Mama nicht, denn sie brach schon drei Minuten später wieder auf, um bei Ivan zu sein, wenn dieser aus seiner Narkose erwachte. Sie sagte nur, sie würde heute noch den ganzen Tag bei ihm bleiben, bat Frankie aber, Ivan erst am nächsten Tag zu besuchen.

Frankie war dann am nächsten Tag gerade erst erwacht, also noch im Bett, als Julia die Tür für seine Mama und ihre Zwillingsschwester öffnete. Frankie ahnte zwar sofort etwas Schlimmes, aber seine Mama wirkte doch sehr ruhig und gefasst.

„Ich habe leider ganz schlimme Neuigkeiten für dich", sagte sie und erweckte für ihn den Eindruck, als wäre nicht wirklich etwas passiert und sprach weiter, „Opa ist in der Nacht im Krankenhaus verstorben."

Jetzt war ihm klar, warum seine Mama und auch seine Tante so gefasst wirkten, sie alle waren sehr geschockt. Dieser Schock überdeckte im ersten Moment jegliche Trauer. Auch Frankie war anfangs einfach nur geschockt. Es fiel ihm sowieso etwas schwer, Trauer zu zeigen. Trotzdem war er doch ein sehr sensibler Mensch, aber er konnte selten weinen, was aber nicht bedeuten soll, er wäre nie traurig, er trauerte nur auf seine eigene Weise. Seine Mama wirkte sehr ruhig und verkündete ihm diese Neuigkeit ganz trocken, ohne große Trauer. Frankie konnte aber schon spüren, dass seine Mama dadurch ihre Lebensaufgabe verlor. Sie hatte nur die traurige Aufgabe, allen Menschen, die seinen Vater so sehr liebten, der Reihe nach von diesem Todesfall zu berichten und dabei auch noch so ruhig wie möglich zu bleiben. Seine Mama erzählte, dass sie gestern noch sehr lange bei ihm geblieben war und erst aufbrechen musste, als es schon dämmerte. Sie war eben nicht mehr so gut mit dem Auto unterwegs, wenn es schon dunkel wurde. Sein Vater hatte sich schwer von ihr trennen können und immer wieder gesagt:

„Bleib bitte noch ein bisschen bei mir."

Auch Frankie war natürlich tieftraurig, auch wenn er nicht sofort in Tränen ausbrach, vom ersten Moment an tat ihm vor allem seine Mama wahnsinnig leid. Die beiden waren mehr als 55 Jahre lang glücklich verheiratet gewesen, und von jetzt an war sie alleine im Haus in den Bergen.

„Es wird ein bisschen dauern, bis ich oder wir alle das Ganze realisiert haben, aber einer Sache kannst du dir ganz sicher sein: Er lebt in uns ewig weiter!", murmelte Frankie, fast unverständlich. „Immer, wenn er dir fehlt, brauchst du nur mich anzusehen. Mir wird immer mehr bewusst, dass ich mehr oder weniger eine Kopie meines Vaters bin."

Mehr brachte Frankie im ersten Moment nicht raus, und Mama hatte auch keine Zeit mehr, denn der Tod eines geliebten Menschen bedeutet anfangs nur Stress. Allen muss man davon erzählen, muss ein schönes Begräbnis organisieren, man hat viele Termine mit Versicherungsvertretern, hat so viele Telefonate mit Bankangestellten und Notaren zu führen, und erst danach wird sich dieser anfängliche Stress in Trauer umwandeln. Mama bekam dann mitten in der Nacht einen Anruf aus dem Krankenhaus. Man versicherte ihr nur, dass sein Vater ganz ruhig und völlig schmerzfrei einfach eingeschlafen wäre. Mama hatte gerade mal 23 Minuten Zeit, da der Leichnam schon an diesem Nachmittag in die Leichenhalle ihrer Kirche überstellt werden würde und es noch sehr viele Leute gab, die noch nichts von dem Todesfall gehört hatten. Frankie konnte kein Wort mehr sprechen und wusste erst einmal nicht, wie er jetzt reagieren sollte. Sollte er jetzt weinen? Das konnte er aber gar nicht, andere hatten vielleicht den Eindruck, als wäre er ein unsensibles Arschloch.

„Wir bleiben stark!", waren die einzigen Worte von Mama, denn langsam standen auch ihr die Tränen in den Augen.

Als Frankie Julia nach vielen Telefonaten mit seinen Geschwistern wieder einige Geschichten über seinen Vater erzählte, bekam er einen übertrieben sensiblen Moment, und ihm rannen die Tränen in Strömen über seine Wangen. Schon drei Tage nach diesem traurigen Tag fand das Begräbnis in seinem Heimatdorf statt. Sein Vater wurde im großen Familiengrab auf dem Friedhof direkt neben ihrem Haus bestattet. Fast 240 Menschen waren anwesend, und dies zeigte, wie viele Menschen seinen Vater geliebt hatten. Viele davon wussten nicht einmal, dass Frankie so lange verschollen gewesen war, aber selbst wenn sie es wussten, musste er zum Glück nicht schon wieder die ganze Geschichte von vorne erzählen. Es war der Tag seines Vaters! Frankie sagte vorher dem Priester, er würde gerne auf dem Friedhof, bevor der Sarg ins Grab hinabgelassen wurde, ein paar Worte zu seinem Vater sprechen. Seine Aussprache wurde zwar langsam wieder ein bisschen verschwommener, trotzdem hielt er es für wichtig, folgende Worte zu sagen:

„Wir alle haben einen unglaublich wertvollen Menschen verloren … aber nur körperlich verloren, denn er wird in uns bis in alle Ewigkeit weiterleben. Er hat mir, seinen Kindern und allen Menschen, die ihn gern hatten, sehr viel gegeben, und genau daran sollten wir uns gerade heute erinnern. Was ich zum Beispiel am meisten von meinem Vater gelernt habe, ist der berühmte ‚Hava-Sturkopf', welcher natürlich nicht immer absolut gut, aber im Endeffekt als sehr positiv zu betrachten ist. Wenn ich mir Ziele setze, die anfangs unerreichbar erscheinen, ziehe ich die Sache durch, möge es auch noch so schwer sein. Ich bin meinem Daddy Cool, wie ich ihn immer genannt habe, dafür extrem dankbar.

In meiner Wohnung hängt ein Plakat mit einem Zitat von Albert Einstein welches lautet: ‚Versuche nicht nur ein erfolgreicher Mensch zu werden, sondern besser ein wertvoller‘. Genau genommen ist man als wertvoller Mensch weitaus erfolgreicher als jeder, der nur einen beruflichen Erfolg hat, mein Vater hat beides erreicht. Er hat unser Hotel aufgebaut und erfolgreich geleitet. Er hat uns ein wunderbares Haus überlassen und so weiter und so fort. Und obendrauf war er auch noch ein so liebenswerter Mensch, der uns alle beeindruckt hat. Er findet jetzt seinen Frieden. Er muss nicht mehr leiden. Natürlich sind wir alle sehr traurig, aber er wird in uns weiterleben. Was wir ihm auch zu verdanken haben, ist unser wahnsinnig starker Familienzusammenhalt. Wir alle werden weiterhin zusammenhalten, und auch vom Tod meines Vaters, der selbst von schweren Schicksalsschlägen geplagt wurde, lassen wir uns nicht unterkriegen. Wir haben so viel von meinem Vater gelernt, und nur daran sollen wir uns jetzt erinnern. Ich selbst bin wahnsinnig froh, dass ich noch vor ein paar Tagen ausführlich und länger mit ihm gesprochen habe, und es ist sehr schön, dass mein Vater bis zum Schluss geistig voll fit war. Wir bleiben stark! Dankeschön.“

Frankie war sich unsicher, ob er die richtigen Worte gefunden hatte, aber alle anderen fanden seine Worte sehr schön und treffend formuliert. Das Schönste für Frankie war, dass sich dieser Tag fast lustig gestaltete. Es wurden sehr viele tolle Geschichten erzählt und zwar sogar sehr viel, was Frankie selbst noch nie gehört hatte. Sein Vater wurde an diesem Tag nur gefeiert statt betrauert. Frankie dachte sich, sein eigenes Begräbnis sollte auch so ablaufen. Schon vor dem Begräbnis hatte er Julia gebeten, mit ihm nach diesem Tag ins Einfamilienhaus von Daddy Cool zu ziehen, weil Frankie seine Mama nicht alleine lassen wollte. Denn seine

Mama tat ihm am meisten von allen leid. Mama ging nun auch schon auf die 80 zu, natürlich machte sich ihr hohes Alter schon bemerkbar, indem sie nicht mehr ganz so viel Energie hatte wie zuvor, aber sie war immerhin noch sicher mit dem Auto unterwegs. Auch seine Mama hatte schon eine Krebserkrankung und mehrere Schlaganfälle überstanden, war für ihr Alter aber besser unterwegs als viele andere. Frankie war dankbar, in so einer wunderbaren Familie aufgewachsen zu sein und war vor allem dankbar für die Werte, die ihm und auch seinen Geschwistern von seinen Eltern mitgegeben wurden. Werte wie Treue, Familienzusammenhalt oder Verlässlichkeit. Solche Werte werden heutzutage in vielen Familien schwer vermisst.

KAPITEL 32

„Die Pandemie"

Frankie und Julia erlebten die wunderschönste Zeit, die man sich nur vorstellen konnte. Wirklich alles, was er sich je erträumt hatte, erfüllte sich, und Frankie durfte wieder den Frankie zeigen, der er war. Er musste nicht mehr durch seine starke Behinderung einen Menschen darstellen, der gezwungen war, ein anderer zu sein. Es ärgerte ihn nur, dass er fast jeden Tag irgendwelche alte Bekannte treffen musste und schaltete deswegen sogar sein Handy ab. Er verbrachte seine Zeit nur mit Julia. Die beiden borgten sich sogar ein ganz gutes Handbike aus und unternahmen damit lange, teilweise anstrengende Ausflüge in seiner wunderschönen Heimat. Frankie fühlte sich zwar gut dabei, aber langsam fehlten dem Workaholic die Aufgaben, und er begann schon damit, sich Gedanken über sein nächstes Projekt zu machen. Julia meinte aber, dass er in den kommenden Monaten einfach sein Leben genießen sollte. Frankie solle sich gar keine Gedanken über neue Projekte machen, denn immerhin stecke er ohnehin noch am Anfang eines seiner größten Projekte, und dieses hieß „Invisible Monsters". Corey rief fast jeden Tag auf Julias Handy an und berichtete, dass selbst in Kaliforniens Medien der Premierenauftritt ihrer Band gefeiert wurde. Frankie musste ihn jedoch ein bisschen dazu bewegen, einen Gang herunter zu schalten und einfach auf Frankie zu warten. Frankie schrieb sogar schon an neuen Texten und hatte bereits sehr viele Ideen, die nur noch darauf warteten, umgesetzt zu werden.

Natürlich telefonierte Frankie auch mit Jon. Dieser hatte für ihn Neuigkeiten, bei denen Frankie nicht genau wusste, ob sie positiv oder negativ waren. Jon hatte die Forschungspublikation noch immer nicht offiziell eingereicht, sondern sie vorerst nur an ausgewählte Kollegen geschickt, erst einmal nur für ein privates Clear Review. Die ersten Reaktionen waren schon positiv, zumindest was die Neuentdeckung betraf. Aber die meisten waren sich extrem unsicher, ob allein durch diese eine Publikation schon eine neue Behandlungsmöglichkeit entstehen würde. Das würde also nicht reichen, aber es könnte einen ersten Schritt in die richtige Richtung bedeuten. Jon meinte, dass sie noch sehr viele Tests durchführen müssten, und er könne es kaum erwarten, bis Frankie wieder nach Amerika zurückkehrte. Frankie erzählte ihm, dass er langsam einen Gewöhnungseffekt spüre. Frankie vergaß nämlich einmal mehrere Tage, sich frische CrispR-Substanzen zu spritzen und fühlte sich unglaublich schlecht, als wäre er schon süchtig danach, als könne er ohne das Zeug gar nicht mehr leben.

„Du musst unbedingt bald nach San Diego kommen!", sagte Jon in einem Befehlston.

Fast zwei Monate waren Frankie und Julia nun wieder in seiner Heimat, und langsam wurde ihm schon wieder langweilig, und er freute sich nur noch darauf, mit seiner Band wieder Musik zu machen. Aber da sich seine Dysarthrie langsam wieder bemerkbar machte, war mit Singen sowieso nichts los. Es würde also schon noch sehr lange dauern, bis er wieder so gut singen konnte wie am Tag ihres Auftritts. Dann jedoch geschah etwas, was nicht nur sein Leben, sondern das Leben der gesamten Menschheit verändern könnte, oder seiner Meinung nach sogar sollte. Es brach eine Pandemie aus und legte die ganze Welt lahm. Es handelte sich um ein Virus, der sehr ansteckend war. Frankie kam es so vor, als würde die Natur die Krankheit des Planeten namens Menschheit mit einem Virus zu bekämpfen versuchen. Frankie hoffte, dass die Menschheit dadurch ein bisschen umdenken würde und endlich begriff, dass unsere Wegwerfgesellschaft nicht so wie bisher weitergeführt werden konnte. Er bezweifelte jedoch, dass dies passieren würde, denn über acht Milliarden Menschen kann selbst das tödlichste Virus nicht zum Umdenken bewegen. Der Mensch ist dumm und ein Gewohnheitstier. Eigentlich wäre diese Pandemie eine Chance, und Frankie war immer derjenige, der seine Chancen auch ergriffen hatte. Ob das die ganze Menschheit auch tun würde? Frankie glaubte nicht daran, denn dafür war dieses Virus nicht gefährlich genug. Frankie machte sich sehr viele Gedanken über dieses Thema, die teilweise tief in die Materie eingriffen, zum Beispiel machte er sich auch viele Gedanken über die Dualität des Menschen, aber seine oft wirren Vorstellungen lassen sich kaum in einem kurzen Absatz zusammenfassen. Ich möchte dir vorwiegend Frankies Geschichte erzählen, deswegen halten wir uns nicht länger mit diesem Thema auf, sondern ich erzähle dir die Geschichte einfach zu Ende.

Frankie musste Jon berichten, dass es ihm nach einer sehr langen und aufregenden Zeit der Besserung immer schlechter ging. Er musste die Dosis seiner CrispR-Substanzen stark reduzieren, weil es noch länger dauern würde, ehe er wieder nach San Diego kommen könnte. Durch die Pandemie hatten Europäer in Amerika Einreiseverbot, und in Kalifornien oder überhaupt in ganz Amerika breitete sich das Virus unkontrolliert aus. Vielleicht war ja die Krankheit selbst wirklich nicht ganz so schlimm, aber durch die unkontrollierte Ausbreitung konnte sie sehr gefährlich werden, vor allem für alte beziehungsweise Menschen mit Vorerkrankungen. Wegen Frankies stark manifestierter Behinderung konnte sie also sehr gefährlich oder sogar tödlich werden.

„Ich suche nach irgendeiner Möglichkeit, dir frische Substanzen zukommen zu lassen", versuchte ihn Jon zu beruhigen, was ihm jedoch nicht so gut gelang. Frankies starke Schlaflosigkeit kehrte zurück, seine Bewegungen wurden wieder unkontrollierter, und auch seine Aussprache verschlechterte sich von Tag zu Tag. Frankie fühlte sich wie vor dem Testversuch und fragte sich selbst oft, wie er es überhaupt so lange durchgehalten hatte.

Was hast du damals bloß für ein furchtbares Leben geführt?, dachte er und musste gleich darauf wieder schmunzeln, *haha, diese Frage hast du dir aber schon sehr oft gestellt, und es ging trotzdem immer weiter.*

Frankie und Julia waren froh, ins Haus seiner Mama in den Bergen gezogen zu sein, weil es ihm in der Stadt zu gefährlich war. Das Virus war vor allem in Großstädten viel schwerer zu kontrollieren als in den Bergen. Das war aber nicht der einzige Grund, ihn zog es sowieso wieder in seine ursprüngliche Heimat, und auch Julia war schwer begeistert von der guten Luft dort oben. Schade nur, dass es Frankie immer schlechter ging, sonst hätte er seine Rückkehr noch mehr genießen können. Frankie brach alle seine Kontakte ab und verbrachte seine Zeit nur noch mit Julia, seiner Mama und natürlich Funky, dem es übrigens nach wie vor bestens ging. Frankie fühlte sich jeden Tag etwas schlechter, und er fürchtete, sein bisher durchaus positiv verlaufener Testversuch würde doch noch ein sehr schlimmes Ende nehmen.

KAPITEL 33

„Der süße Kuchen"

Verdammt noch mal, dachte er, *ich fühle mich jetzt wieder so wie vor meinem Testversuch. Damals überspielte ich das meistens, aber nachdem ich in letzter Zeit so vieles wieder neu erlernt habe, kann ich mir ein Leben ohne diese Fähigkeiten kaum noch vorstellen.*

Warum hatte Frankie plötzlich solche depressiven Gedanken, wirst du dir jetzt vielleicht denken. Frankie lag am Boden, hatte sich vielleicht, zumindest blutete sie, die Nase gebrochen, und zudem kotzte er den ganzen Boden voll. Er erledigte seinen Transfer vom Bett in den Rollstuhl schon seit Wochen wieder ganz alleine, dank einer Transfertechnik, die er damals im Rehabilitationszentrum gelernt hatte. Aber an diesem Tag war es schiefgegangen. In den vergangenen Wochen war sein körperlicher Zustand von Tag zu Tag schlechter geworden. Anfangs wurden nur seine Bewegungen wieder ein bisschen unkoordinierter, aber in den letzten Tagen sprach er sogar wieder viel unverständlicher. Erst dachte er, dass es nur an seiner stark reduzierten Dosis an CrispR-Substanzen liegen würde und er sich schon an diese geringe Dosis gewöhnen würde. Trotzdem bekam er etwas Angst vor einem großen Rückschritt. Noch dazu konnte er in diesen Tagen noch nicht nach San Diego zurück. Aber was sollte er tun? Selbstmord? Schwachsinn, erstens war Selbstmord für ihn feige und zweitens: Wie hätte er das überhaupt anstellen sollen? Schon vor seinem Testversuch hatte er sich Gedanken darüber gemacht. Er kam aber nie auf die Idee, wie er dies zustande bringen sollte. Er hätte keine Pistole in die Hand nehmen können, er konnte nicht vom zehnten Stock aus dem Fenster hüpfen, er konnte nicht einmal irgendwelche Handlungen vornehmen, die zum Tode geführt hätten, ohne sich von Dritten dabei helfen zu lassen, denn sogar wenn ihm jemand eine

Überdosis-Tabletten zurechtgelegt hätte, hätte dies im Endeffekt illegale Sterbehilfe bedeutet. Er war also dazu gezwungen, auf einen natürlichen Tod zu warten. Aber es war ohnehin ein bisschen blöd, überhaupt über sowas nachzudenken. Er musste eher ein bisschen schmunzeln, da es nur ein Ausdruck seines tiefschwarzen Humors war. Hahaha, selbst wenn er es gewollt hätte, er hätte gar keinen Selbstmord begehen können. Es relativierte sich zwar in dieser Zeit ein bisschen, aber vorher hatte er nach jeder Injektion immer schon ein etwas mulmiges Gefühl gehabt. Deswegen dachte er sich zuerst nichts Schlimmes dabei. Bisher verschwand dieses Gefühl des Schwindels nach nur ein paar Stunden, aber nun fühlte er sich schon seit Tagen schrecklich, und es wurde sogar von Tag zu Tag schlechter. Also war es fast übertrieben, von einem Gefühl zu sprechen, denn in Wahrheit konnte er seinen gesamten Körper nicht mehr fühlen.

Er war 21 Jahre alt gewesen, als er sich beim Transfer die Nase gebrochen hatte. Er hatte fast eine Stunde gebraucht, in seiner damaligen Wohnung zur Glocke zu gelangen, damit er einen Pfleger rufen konnte. Frankie hatte ihn fast zu Tode erschreckt, er dachte nämlich zuerst, Frankie wäre bei dem Sturz zu Tode gekommen. Denn der Pfleger hatte nur einen bedauernswerten Freak inmitten einer riesigen Blutlache gesehen, der sich nicht mehr bewegen konnte. Zugegebenermaßen war damals der Alkohol zu beschuldigen, aber diesmal hatte er doch keinen Tropfen Alkohol getrunken. Trotzdem fühlte er sich, als hätte er drei Tage lang durchgemacht. Sogar noch viel schlimmer, er konnte sich fast keinen Millimeter mehr bewegen. Alle seine Bewegungen waren so extrem unkoordiniert, dass er nicht einmal fähig war, sich mit beiden Händen an den Kopf zu greifen. Obwohl es an diesem Tag noch viel schlimmer war, erinnerte ihn sein Zustand an die letzten paar Jahre, bevor sein Testversuch startete. Das Einzige, was damals noch funktionierte, war sein Gehirn, und das reichte, um ihm noch ausreichend Lebensqualität zu geben. Vielleicht waren diese Tage doch nur Eintagsfliegen gewesen. Sofort dachte er aber auch, dass die ihm

verabreichten CrispR-Substanzen plötzlich irgendwelche unvorhergesehenen Nebenwirkungen zeigen könnten, etwa Mu-
tationen benachbarter Gene. Selbst wenn, das würde er einfach
ertragen müssen, und Frankie, Jon, George und wie sie sonst
noch alle hießen, würden daran arbeiten, diese Probleme zu
lösen. Aber genau das war nun Frankies großes Problem. Denn
bisher wurde seine Krankheit immer nur schleichend schlechter, und er hatte deswegen immer ausreichend Zeit, sich an die
neuen Begebenheiten anzupassen. Nun aber fehlte ihm diese
Zeit, denn er befand sich bis vor kurzem auf dem Höhepunkt
seines Lebens. Alles, was er sich je erträumt hatte, durfte er genießen. Er konnte wieder handbiken, hatte mit Julia die Liebe
seines Lebens gefunden, hatte gleich viel Energie wie andere
auch, war mit seinem Rollstuhl ähnlich gut unterwegs wie ein
Querschnittsgelähmter, und zu guter Letzt war er auch noch
mit seiner eigenen Band auf der Bühne. Viele Menschen hatten von ihm, oder besser gesagt von seinem Verein profitiert,
viele waren beeindruckt, wie er sein Leben gemeistert hatte,
und andere begeisterte er mit seiner Musik oder einfach nur mit
seiner Lebenseinstellung. Er war sich sicher, dass er aus seinem
Leben etwas Gutes gemacht hatte. Die Menschen konnten sich
ein Stück von seinem Kuchen abschneiden, und viele hatten
ihn sogar bejubelt. Oft sagen Menschen, wenn sie auf den Tod
zugehen, sie hätten nie eine Chance gehabt, etwas aus ihrem
Leben zu machen, und sogar wenn sie mal die Chance gehabt
hätten, hatten sie diese nicht ergriffen. Frankie hatte das alles,
er hatte seine Chancen bekommen, und er hatte diese auch ge-
nutzt. Er hatte an diesen Tagen viele solcher Gedankengänge.
Julia war die Einzige, die bemerken konnte, dass irgendetwas
gravierend Schlechtes in Frankies Kopf herumschwirrte, aber
allen anderen ging – haha, fuhr – er absichtlich aus dem Weg.

„Frankie, denkst du jetzt über eine Sterbehilfe nach?", fragte Julia mit bedächtiger Stimme.

„Oh Gott, nein, für mich steht Selbstmord außer Frage, und
eine Sterbehilfe ist für mich nichts anderes als Selbstmord. Ich

müsste nur damit aufhören, ständig gegen diese Behinderung anzukämpfen, dann würde es früher oder später sowieso passieren."

Sein ganzes Leben hatte Frankie damit verbracht, sich immer wieder an veränderte Begebenheiten anzupassen und wurde immer durch neue Erfolge dafür belohnt. Wahrscheinlich würde er auch diesmal so verfahren, aber im Moment war er von einer tiefen Depression geplagt, konnte sich also schwer auf die Zukunft konzentrieren.

Frankie und Julia wohnten schon seit Wochen im Haus seiner Eltern in den Bergen. Sie erlebten unheimlich aufregende Momente, und Frankie kam es oft so vor, als hätte er seine Heimat niemals verlassen. Wunderschön war zum Beispiel der Tag, an dem er seinen alten Kindheitsfreund Andy traf. Es war für die beiden, als wären sie immer noch zwei zehnjährige Buben, die die ganze Zeit nur die aberwitzigsten Pläne schmiedeten. Beide schwelgten in Erinnerungen, und kaum hatten sie eine Kindheitsgeschichte beendet, war ihnen schon die nächste eingefallen. Sie waren zwar beide schon weit über 40 Jahre alt, aber sie fühlten sich, als hätten sie noch gestern in der Sandkiste gespielt. Beide wussten erst jetzt so richtig zu schätzen, welch eine wunderschöne Kindheit sie erleben durften. Frankie telefonierte wieder mit Jon und erzählte ihm nicht nur die Fakten, sondern auch, welche Gefühle sein momentaner Zustand in ihm auslöste. Jon riet ihm, die Injektionen der CrispR-Substanzen sofort zu unterlassen und, sobald die Pandemie es erlauben würde, wieder nach San Diego zu reisen. Sie würden bestimmt noch gute Lösungen finden, aber auch Jon merkte, dass Frankie langsam aber sicher die Kraft und vor allem der Wille verließen, noch länger weiterzukämpfen. Er versuchte, Frankie neuen Mut zu geben. Er meinte, dass nicht nur Frankie oder er selbst, sondern alle Patienten mit dieser Krankheit weltweit kurz vor der, in Anführungszeichen, Endlösung standen und wenn er jetzt schon aufgeben würde, würde diese niemals erreicht werden.

„Also sollte ich doch wieder für andere weiterkämpfen. Ich selbst habe doch in meinem gesamten Leben schon alles erlebt, was ich je zu erträumen gewagt habe, ich wüsste jetzt nicht, wofür sich ein weiterer Kampf noch lohnen würde", sagte Frankie und konnte es selbst kaum fassen, welch unfassbarer Blödsinn gerade eben seinen Mund verlassen hatte. Jon versuchte noch sehr lange, Frankie neuen Mut zuzusprechen, jedoch hielt sich sein Erfolg in Grenzen.

Julia verfolgte dieses Gespräch und wurde währenddessen immer ruhiger, ja fast traurig.

„Wie auch meinen Vater verlässt mich fast die Kraft. Meiner Band steht vielleicht noch eine große Zukunft bevor, sobald ich wieder fähig bin, gut zu singen. Also hätte ich schon noch weitere Ziele, aber mir fehlt da was, wofür es sich für mich lohnen würde, noch weiterzukämpfen", sagte Frankie.

„Ich habe in letzter Zeit sehr viel überlegt. Du befindest dich momentan in einer tiefen Depression und weißt nicht genau, wofür es sich noch lohnt, weiterzukämpfen. Erstens würde ich mir natürlich wünschen, dass du für mich noch lange da sein wirst, aber es wird bald noch jemanden geben, welcher dich unbedingt braucht", sagte Julia und senkte dabei die Lautstärke ihrer Stimme bis zu einem Flüstern.

„Wen meinst du?", fragte Frankie.

„Ich bin schwanger!"

ENDE

EIN HERZ FÜR AUTOREN A HEART FOR AUTHORS À L'ÉCOUTE DES AUTEURS MIA KAPΔIA ΓIA ΣΥΓΓ
EN HJÄRTA FÖR FÖRFATTARE UN CORAZÓN POR LOS AUTORES YAZARLARIMIZA GÖNÜL VERELIM SZÍ
TEMOS OS AUTORI ET HJERTE FOR FORFATTERE EEN HART VOOR SCHRIJVERS TEMOS OS AUTO
SZERZŐINKÉRT SERCE DLA AUTORÓW EIN HERZ FÜR AUTOREN A HEART FOR AUTHORS À L'ÉCOU
K ABTOPAM BCEЙ ДУШOЙ K ABTOPAM ETT HJÄRTA FÖR FÖRFATTARE À LA ESCUCHA DE LOS AUTOI
ΣΥΓΓΡAΦEIΣ MIA KAPΔIA ΓIA ΣΥΓΓΡAΦEIΣ UN CUORE PER AUTORI ET HJERTE FOR FORFATTERE EEN
YAZARLARIMIZA GÖNÜL VERELIM SZERZŐINKÉRT SERCE DLA AUTORÓW EIN HERZ FÜP
VOOR SCHRIJVERS TEMOS OS AUTORI CORAÇÃO BCEЙ ДУШОЙ K ABTOPAM ETT HJÄRTA FÖ

Der Autor

Frankie Hava wurde 1976 im deutschsprachigen
Raum geboren, dort besuchte er die Schule, die
er mit der Matura abschloss. Trotz einer schweren
körperlichen Behinderung nahm er ein Studium
auf und arbeitete anschließend als Programmierer. In seiner Freizeit hört er Musik, schaut Eisho-
ckey-Spiele und liebt es, mit seinem Hund an der
frischen Luft zu sein. Außerdem liest er viel und
schätzt gute Gespräche, bei denen er die Partner
mit seinem logischen Denken beeindruckt. Frankie
Hava lebt mit seinem Hund Funky in seiner eigenen
Wohnung mit persönlicher Assistenz und ist ledig.
Frankie möchte mit seinem Buch humorvoll ver-
anschaulichen, dass nichts auf dieser Welt ohne
Grund passiert. In seinem Buch werden viele gut
recherchierte wissenschaftliche Fakten, mit einfachen Worten erklärt. Frankie ist erreichbar unter
frankie.hava@yahoo.com.